O campeão de audiência

Uma autobiografia

CIP-BRASIL. CATALOGAÇÃO NA PUBLICAÇÃO
SINDICATO NACIONAL DOS EDITORES DE LIVROS, RJ

C544c
2. ed.
Clark, Walter, 1936-1997
    O campeão de audiência : uma autobiografia / Walter Clark, Gabriel Priolli. – 2. ed. – São Paulo : Summus Ed., 2015.
    400 p.

    ISBN 978-85-323-1035-4

    1. Clark, Walter, 1936-1997. 2. Diretores e produtores de televisão – Brasil – Biografia. I. Priolli, Gabriel, 1953-. II. Título.

15-24341   CDD: 927.91450233
                                                    CDU: 929:7.07

www.summus.com.br

Compre em lugar de fotocopiar.
Cada real que você dá por um livro recompensa seus autores
e os convida a produzir mais sobre o tema;
incentiva seus editores a encomendar, traduzir e publicar
outras obras sobre o assunto;
e paga aos livreiros por estocar e levar até você livros
para a sua informação e o seu entretenimento.
Cada real que você dá pela fotocópia não autorizada de um livro
financia o crime
e ajuda a matar a produção intelectual de seu país.

O campeão de audiência

Uma autobiografia

WALTER CLARK
COM GABRIEL PRIOLLI

O CAMPEÃO DE AUDIÊNCIA
Uma autobiografia
Copyright © 1991, 2015 by Walter Clark e Gabriel Priolli
Direitos desta edição reservados por Summus Editorial

Editora executiva: **Soraia Bini Cury**
Assistente editorial: **Michelle Neris**
Capa: **Alberto Mateus**
Imagem da capa: **Folhapress**
Projeto gráfico: **Crayon Editorial**
Diagramação: **Santana**
Impressão: **Geográfica Editora**

Summus Editorial
Departamento editorial
Rua Itapicuru, 613 – 7º andar
05006-000 – São Paulo – SP
Fone: (11) 3872-3322
Fax: (11) 3872-7476
http://www.summus.com.br
e-mail: summus@summus.com.br

Atendimento ao consumidor
Summus Editorial
Fone: (11) 3865-9890

Vendas por atacado
Fone: (11) 3873-8638
Fax: (11) 3872-7476
e-mail: vendas@summus.com.br

Impresso no Brasil

Para
Ronald Russel Wallace de Chevalier, o Roniquito,
e José Ulisses Alvarez Arce, o Velho,
ambos Quixote e Sancho Pança numa só pessoa,
amigos que a vida jamais vai repor.

Sumário

Prefácio – Na mágica telinha, um sonho de poeta 9
Otto Lara Resende

Apresentação – Do outro lado de uma vida 11
Gabriel Priolli

1. O príncipe e o plebeu 13

2. Radio days 33

3. O primeiro sutiã 47

4. Irmãos Coragem 64

5. Noites de gala 90

6. A deusa vencida 112

7. Eu compro esta mulher 148

8. Estúpido cupido 175

9. Estado de sítio 191

10. O dono do mundo 223

11. O homem que deve morrer 237

12. Assim na terra como no céu 266

13. Amor bandido 293

14. Pantanal 330

15. *All that jazz* 351

16. A próxima atração 382

Posfácio 393

Prefácio

Na mágica telinha, um sonho de poeta

Otto Lara Resende

Walter Clark era apenas um garoto quando a televisão foi inaugurada no Brasil – primeiro em São Paulo, em 1950; depois no Rio, em 1951. Carioca da gema nascido em São Paulo, paulistano quatrocentão criado no Rio, Walter e a televisão logo se encontraram. E, mais do que uma coincidência, havia nesse encontro um destino.

A experiência do jovem Clark era curta e vinha da publicidade. Era lógico que o rapaz entrasse na televisão pela porta do Comercial. Quem o viu, como eu, na TV Rio daqueles hoje remotos anos de 1950 sabe com que rapidez e talento ele ampliou o seu espaço e se tornou uma presença indispensável no novo veículo, que mal sabíamos o que era e o que viria a ser.

Há sempre uma nota de bom humor na evocação desses tempos heroicos e pioneiros da televisão. Não é só a alegria de todo começo. É que no caso, além do começo, havia a novidade. Havia a inovação. Havia a revolução social que a TV em breve significaria. Pense o que quiser da televisão, mas ninguém pode negar que o Brasil é um antes dela e outro depois. Umbilicalmente ligada ao rádio, como era fatal, a televisão logo atraiu gente de todos os setores.

O que distinguia aquele rapaz inquieto e perspicaz que encontrei na TV Rio no final dos anos 1950 era exatamente a sua capacidade de entender e dominar a mágica telinha. Pois foi nela que Walter projetou o seu sonho de poeta.

Desde muito cedo, ninguém era mais homem de televisão do que Walter Clark. A profissão, a rigor, ainda não existia. Nem existia o mercado. Muito menos uma empresa organizada. A televisão era uma festa. Daí a alegria que está por baixo da recordação nostálgica daqueles tempos. À medida que se impôs ao grande público e se estruturou, a TV foi se transformando num ponto de polarização.

No universo da televisão cabem todos os mundos. Para representar o papel que representou, para ser o vetor que foi, Walter Clark tinha de ser, como foi, um traço de união. Para tanto, era dotado da empatia e da imantação necessárias. Seu interesse não se restringia ao *show business* ou à dramaturgia, ao jornalismo ou ao cinema. Basta ver o número de profissionais e o tipo de gente que atraiu para a televisão.

Em 1965, quando a TV Globo, Canal 4 do Rio, pôs no ar o seu sinal, Walter Clark era sem dúvida a mais visível das emergentes lideranças televisivas. No mesmo ano, ele se instalou na direção-geral da emissora que consolidaria a televisão entre nós e a transformaria em rede nacional. A televisão ligou o Brasil de Norte a Sul e o Brasil se ligou na televisão. A mágica telinha passou à categoria de sucedâneo da realidade; se não é por si mesma uma segunda realidade.

Dizemos todos que somos um país sem memória. Pode ser que o videoteipe e outros recursos nos ajudem a curar a nossa amnésia. Nada, porém, substitui o memorialismo, que deve ser incentivado e ampliado. É preciso contar tudo, segundo o ponto de vista e o ângulo de cada um. Nenhuma versão pode ser posta de lado ou esquecida. No caso da televisão, por mais recente que seja, há um protagonista cujo depoimento cumpre conhecer: Walter Clark.

Ainda não li, postas em ordem por Gabriel Priolli, as histórias que Walter Clark vai contar. Durante alguns anos, acompanhei o dia a dia dessa aventura pioneira. Hoje, a distância, dá para olhar para trás e fazer uma avaliação, que não precisa ser isenta de calor humano. Nem do empenho e da paixão com que Walter Clark se atirou à oportunidade e à missão histórica que a vida em boa hora lhe deu.

◂

Apresentação

Do outro lado de uma vida

Gabriel Priolli

Qual é, afinal, a função de um *ghost writer*? Melhorar a forma, copidescar o texto básico do autor? Ouvir a história dele e contá-la nas próprias palavras? Colocar-se na pele do outro e tentar escrever como se fosse ele, narrando os fatos e fazendo comentários com base em suas ideias, sua cabeça?

Esses problemas começaram a me angustiar quando Walter Clark me convidou para trabalhar com ele neste livro. Se optássemos pelo método do copidesque, não terminaríamos o trabalho nunca. Ele não teria o tempo necessário para escrever e, mesmo que o conseguisse, haveria uma considerável "incompatibilidade de textos" entre nós dois. Estilo é estilo e cada um tem o seu. Por isso, optamos pelo método do depoimento editado e posteriormente revisado.

Entre novembro de 1990 e fevereiro de 1991, tivemos uma série de encontros, sempre em sua casa, que resultou em cerca de 50 horas de fitas gravadas. Com a experiência de ex-secretária da redação da revista *Realidade*, nos anos 1960, e uma precisão incomum nesse tipo de trabalho, Zeugma Sgroi transformou as fitas numa pilha de quase 1.500 laudas de depoimentos transcritos. Essa maçaroca foi a seguir classificada e indexada (por assunto, nomes, datas etc.) pela pesquisadora Márcia Maresti Lima, minha mulher. E, do final de fevereiro ao início de julho, as centenas de histórias e comentários de Walter foram editadas por mim, com a ajuda de Ana Cristina Souza Paiva, que digitou os capítulos.

Ao longo da redação, Walter e eu conversamos quase diariamente sobre o texto. Ele leu todos os capítulos mais de uma vez, fez inclusões, cortou trechos (poucos e insignificantes), melhorou algumas passagens, trocou adjetivos aqui e ali, conteve alguns arroubos da fase de gravação, deu mais entusiasmo a certos momentos. O resultado, que o leitor poderá analisar nas páginas seguintes, é uma narrativa oral vertida em linguagem jornalística, isto é, com a coloquialidade, as expressões, os superlativos e mesmo algumas imperfeições típicos da língua falada. Em vez da precisão literária de um texto longamente refletido, portanto, oferecemos o calor e a vibração de uma história contada com entusiasmo a um interlocutor interessado, que estimulou com perguntas a recordação de vários temas.

Da experiência de *ghost writer*, finalmente – aliás, um *ghost* não tão *ghost* assim, posto que materializado com o nome da capa –, guardo comigo a fantástica sensação de mergulhar no íntimo de outra pessoa, vibrar e sofrer com ela. Isso não é força de expressão: em vários momentos, senti as histórias de Walter com emoção intensa. Quando terminamos, ele disse que sua "sauna da alma", intensiva como foi (sessões de gravação de até quatro horas seguidas), valeu por uns 12 anos de psicanálise. Para mim, também – com o detalhe de que não disponho do instrumental técnico para manter o distanciamento emocional, como os analistas. De qualquer forma, descobri que o *ghost writer* é essa espécie de "terapeuta informal". Vai ao outro lado de uma vida e expõe à luz o máximo dela. Pode não aliviar o "paciente" biografado, mas extrai dele as entranhas, para a curiosidade do leitor.

Eis o íntimo de Walter Clark, farto e cru. Sirva-se. Bom apetite.

1.
O príncipe e o plebeu

"Muitos anos depois, diante do pelotão de fuzilamento, o coronel Aureliano Buendía havia de recordar aquela tarde remota em que seu pai o levou para conhecer o gelo. Macondo era então uma aldeia de 20 casas de barro e taquara, construídas à margem de um rio de águas diáfanas que se precipitavam por um leito de pedras polidas, brancas e enormes como ovos pré-históricos. O mundo era então tão recente que muitas coisas careciam de nome e para mencioná-las se precisava apontar com o dedo. Todos os anos, pelo mês de março, uma família de ciganos esfarrapados plantava a sua tenda perto da aldeia e, com um grande alvoroço de apitos e tambores, dava a conhecer os novos inventos [...]

Os meninos [...] teimavam para que seu pai os levasse para conhecer a portentosa novidade dos sábios de Mênfis, anunciada na entrada de uma tenda que, segundo diziam, pertenceu ao Rei Salomão. Tanto insistiram que José Arcádio Buendía pagou os 30 reais e os conduziu até o centro da barraca, onde havia um gigante de torso peludo e cabeça raspada, com um anel de cobre no nariz e uma pesada corrente de ferro no tornozelo, vigiando um cofre de pirata. Ao ser destampado pelo gigante, o cofre deixou escapar um hálito glacial. Dentro havia apenas um enorme bloco transparente, com infinitas agulhas internas nas quais se despedaçava em estrelas de cores a claridade do crepúsculo. Desconcertado, sabendo que os meninos esperavam uma explicação imediata, José Arcádio Buendía atreveu-se a murmurar:

– É o maior diamante do mundo.
– Não – corrigiu o cigano. – É gelo.
José Arcádio Buendía, sem entender, estendeu a mão para o bloco, mas o gigante afastou-a. 'Para pegar, mais cinco reais', disse. José Arcádio Buendía pagou, e então pôs a mão sobre o gelo, e a manteve posta por vários minutos, enquanto o coração crescia de medo e júbilo ao contato do mistério. Sem saber o que dizer, pagou outros dez reais para que seus filhos vivessem a prodigiosa experiência. O pequeno José Arcádio negou--se a tocá-lo. Aureliano, em compensação, deu um passo para diante, pôs a mão e retirou-a no ato. 'Está fervendo', exclamou assustado. Mas o pai não lhe prestou atenção. Embriagado pela evidência do prodígio, naquele momento se esqueceu da frustração das suas empresas delirantes [...]. Pagou outros cinco reais, e com a mão posta no bloco, como que prestando um juramento sobre o texto sagrado, exclamou:
– Este é o grande invento do nosso tempo."

O Rio de Janeiro não é Macondo, a família Clark Bueno não tem nada que ver com os Buendía e eu nem remotamente poderia comparar a minha escrita ao exuberante estilo literário de Gabriel García-Márquez, autor desta maravilha da cultura latino-americana que é *Cem anos de solidão*. Mas, feita a ressalva e já avisando o leitor que não espere nenhuma obra de realismo fantástico, devo dizer que existem alguns pontos em comum entre essa cena do gelo, que García-Márquez narra logo na abertura de seu livro, e o que aconteceu na minha vida. Por isso, talvez valha a pena começar esta autobiografia contando como foi o meu contato inicial não com o gelo, mas com aquele que é, para mim, o verdadeiro grande invento do nosso tempo: a televisão.

A primeira vez que vi uma imagem de televisão foi em 1948, no Rio de Janeiro. Eu tinha 12 anos, talvez a idade do pequeno Aureliano Buendía, e também fui levado por meu pai, que não era José Arcádio, mas Milton, Milton Bueno. Não estávamos, claro, na tenda de um gigante careca de torso peludo, com um anel no nariz, de passagem por uma poeirenta cidadezinha dos confins da Colômbia. Estávamos no centro da cidade maravilhosa de São Sebastião do Rio de Janeiro, mais precisamente na praça Mauá, no térreo do prédio da Rádio Nacional, junto do Bar do Zica – Manoel da Silva Abreu, o rei do contrabando. Naquele ponto, uma espécie de catedral ecumênica da boêmia do cais do porto, foi instalado um receptor de televisão, que os transeuntes cariocas observavam com uma curiosidade equivalente à dos macondenses diante das novidades trazidas pelos ciganos.

Logo depois da Segunda Guerra Mundial, começaram a surgir no Brasil as fantásticas novidades americanas que nós só conhecíamos pelas revistas: o Cadillac rabo de peixe, o liquidificador, o ioiô, o disco *long play*. Isso era resultado da política esquizofrênica do ínclito marechal Eurico Gaspar Dutra, nosso mui digno presidente da República. Enquanto se mostrava um governante austero e moralista, e fechava os cassinos por pressão do cardeal Dom Jayme Câmara e da primeira-dama, dona Santinha Dutra – aliás, com grande respaldo na imprensa de Roberto Marinho –, ele também não hesitava em torrar as reservas cambiais do país em bens de consumo para a elite, como o liquidificador ou o Cadillac.

Mas os brasileiros, como de hábito, não faziam considerações sobre as discutíveis importações do marechal Dutra. Mostravam-se curiosos com os avanços da tecnologia e tinham interesse imediato por tudo que aparecia, mesmo que fossem quinquilharias como o ioiô. Nesse clima de deslumbramento, então, o César Ladeira, um dos reis do rádio no Brasil, foi aos Estados Unidos e voltou com duas grandes sensações. Uma era o rádio-relógio, que passava o dia dando a hora de minuto em minuto. A outra era a televisão.

A televisão já era um negócio muito comentado por aqui. Depois de inventada nos anos 1920, lançada comercialmente nos anos 1930 e suspensa durante o período da guerra, ela fizera um retorno triunfal nos Estados Unidos e crescia tanto que ameaçava o futuro do cinema. As pessoas que vinham de lá chegavam fascinadas com a televisão, diziam coisas maravilhosas. Falavam no *I love Lucy*, com a Lucille Ball; falavam no show do Jack Paar, primeiro apresentador do célebre *Tonight Show*; contavam histórias do Ed Sullivan, o verdadeiro "by appointment" do *show business*. Os turistas brasileiros, com certeza, passavam umas boas noites nos hotéis americanos com os olhos grudados na tela luminosa da TV.

Foi então que o César Ladeira, assumindo o papel do cigano que encantava o populacho de Macondo com as grandes novidades, organizou uma emissão experimental de TV, ali junto do quartel-general do contrabando – indiretamente alertando os *habitués* do pedaço para a grande oportunidade de negócios que se descortinava para eles, na importação "informal" daquela engenhoca. Obviamente, o César queria aproveitar a proximidade não do Zica, vigário da contravenção, mas da Rádio Nacional, emissora que concentrava na época praticamente todo o sonho brasileiro, o imaginário popular. E, bom sonhador, ouvinte fiel da Nacional, lá fui eu ver a tal da televisão.

Por irônico que seja, considerada a minha futura relação com a TV, não tive naquele dia uma reação de encantamento semelhante à de Aureliano Buendía com o gelo. Quase não me lembro do que passou. Recordo apenas – e vagamente – do César Ladeira apresentando o show e de que achei aquilo uma coisa estranha, tosca, paupérrima. Eu tinha a cabeça cheia das imagens perfeitas do cinema, dos filmes a que assistia compulsivamente, e não achei muita graça naquela telinha pequena, pálida, com imagens mal definidas num preto e branco que estava sempre mais para o cinza.

Na verdade, assim como aconteceu com o velho José Arcádio Buendía, o interesse pela televisão foi muito maior em meu pai. Ele era técnico de rádio e adorava tudo que fosse eletrônico. Não perderia jamais uma demonstração de televisão, mesmo que passassem o pior programa do planeta. Mas ele não estava atrás de fantasia. O rádio era o aparelho que ele consertava e com o qual sustentava a família. A televisão era apenas o próximo aparelho que ele consertaria. Daí a sua curiosidade.

Para mim, ao contrário, o rádio era uma máquina de sonhos, uma fábrica de fantasia. Eu jamais me preocupava com o aparelho, mas deixava a imaginação correr com a música, os sons e as ideias que fluíam através dele. E, como a televisão me ofereceu muito pouco desse deslumbramento naquele dia, não senti a mesma palpitação que invadiu o coração dos Buendía quando encostaram a mão na superfície do gelo. Acho que isso explica por que não ficou quase nada na minha memória do dia em que, pela primeira vez, vi uma imagem de televisão. Minha primeira impressão dela foi apenas isto: uma tela tosca, com imagens borradas.

Mas o que não me faltavam na vida, naqueles tempos de criança, eram sons, imagens, sonhos e fantasias – a matéria-prima da TV. Eu era louco por cinema e um radiouvinte aplicado, desde muito cedo. Antes dos 6 anos de idade eu ouvia horas e horas de rádio, todos os dias, e também passava tardes inteiras no cinema, graças a uma amizade estratégica. Dois dias depois do meu nascimento, em 14 de julho de 1936, na Maternidade de São Paulo, na rua Frei Caneca, meus pais se mudaram para um apartamento no subsolo de um prédio na rua Vergueiro. Tratava-se de um lugar um tanto desolador para crianças. A rua não tinha sequer uma árvore, era tudo cinzento, frio, triste. O único grito de cor nessa paisagem era o bonde camarão, alaranjado, que cortava a rua de vez em quando. Muitos anos depois, quando visitei Berlim Oriental, encontrei o lugar mais parecido com esse meu primeiro ninho. Mas, por mais soturno que ele fosse, tinha a incomparável vantagem de ficar vizinho do antigo Cine Paulistano. E eu logo fiquei amigo do filho do gerente, que morava num pequeno apartamento dentro do cinema.

O apartamento deles era tudo que um cinemaníaco precoce poderia querer na vida. Tinha uma porta de acesso direto ao balcão, junto da sala de projeção, que era o próprio Portal do Paraíso. Meu amigo e eu, entrando sorrateiramente por ela, assistíamos a filmes horas a fio, sessão atrás de sessão, naquele camarote privilegiado, sem pagar ingresso e a salvo do Juizado de Menores. Era como ter livre acesso ao balcão de doces de uma confeitaria. Esse foi o meu primeiro contato com o fantástico mundo do cinema.

Vi muitos filmes antes de ver a vida propriamente dita. Assisti a'*O mágico de Oz*, fiquei apreensivo com o destino de Pinóquio, ri com o Mickey Mouse e o Pato Donald – todos eles meus contemporâneos, hoje provectos setentões. Curti muito o seriado do Sombra e todas aquelas fitas em série que abriam as sessões de cinema: *Flash Gordon, Buck Rogers, Tom Mix*. Algo me diz também que vi *E o vento levou...*, mas não tenho certeza. De tudo a que assisti, nada me marcou tanto na infância como as cenas lacrimejantes de *El día que me quieras,* em que Libertad Lamarque sofria suas dores latinas de amante rejeitada, cantando a obra-prima de Carlos Gardel na música-tema. Era uma choradeira infernal, lá e cá da tela, que obviamente contava com a intensa participação de meus soluços. Certo, é brega, eu admito, mas até hoje me lembro emocionado desse dramalhão quando escuto os acordes do tango de Gardel. A interpretação de Libertad Lamarque, para mim, é muito especial.

Chorei pra burro no Cine Paulistano, mas também tive êxtases sensuais ali. No carnaval, como acontecia com outros cinemas da cidade, o Paulistano se transformava em salão de baile e eu sempre emplacava as três tardes da matinê, quase sempre fantasiado de cigano pobre e timidíssimo. Quando penso nisso, tocam imediatamente na vitrola da minha cabeça *Alá-lá-ô*, *A jardineira*, *Periquitinho verde* e – maravilha! – A *estrela d'alva*, os grandes *hits* carnavalescos do início da década de 1940. Eu ouvia todos eles fascinado, dia e noite, o que me garantia quatro noites certas de insônia. Mas, antes de ser para mim o templo da folia, o Paulistano era mesmo o palácio dos sonhos, daquele doce envolvimento dos olhos, dos ouvidos e do coração com uma bela história, aquela coisa mágica do cinema – que às vezes podia não ser tão doce assim.

Dos primeiros anos de minha vida eu guardo um pesadelo recorrente, muito estranho, que só pode ter nascido das imagens fortes dos muitos filmes proibidos a que assisti e da atmosfera inóspita daqueles dias. Uma carroça de entrega de leite, puxada por uma parelha de cavalos, desembestava rua Vergueiro abaixo na minha direção, conduzida – ou desvirtuada – por um sujeito no mínimo aterrorizante: bigode imenso, chapelão mexicano enorme e um chicote impiedoso nas mãos, que sangrava os pobres animais. Um enredo maluco. Era um Pancho Villa alucinado transformando os pacatos pangarés leiteiros em bestas do apocalipse e invadindo o meu sono para me molhar de medo. Passei a vida refletindo sobre esse pesadelo, falei muito dele em minhas sessões de psicanálise, mas ainda não concluí se foi só a impressão com *Viva Villa*, assistido antes da idade adequada, ou se houve também alguma invasão, em meu inconsciente, dos eventuais ruídos de meus pais numa noite de intimidades...

Mais tarde, quando eu já morava no Rio de Janeiro, o cinema continuou sendo uma paixão irresistível. Primeiro em Copacabana, onde eu era assíduo em todos os cinemas: o Metro, que tinha um ar-condicionado tão frio que diziam congelar até as pessoas que passavam em frente, no bonde; o Roxy, ele mesmo quase um cenário de filme bíblico, com suas pilastras iguais às que Sansão derrubou; e até o proletário Americano, onde a molecada do Morro do Pavãozinho fazia a festa, entre as gargalhadas com as ratazanas que passavam correndo e as tragadas no saudoso cigarro Estória, um formidável arranca-peito daquele tempo.

Depois, quando mudei para Ipanema, marcava presença nos cinemas da região: o Pirajá, o Ipanema e o Astória, que depois virou auditório da TV Excelsior e onde apertei, pela primeira vez, uns peitinhos (não me lembro o nome da dona deles). Eles eram típicos cinemas de bairro, com três programações por semana: uma segunda e terça; outra quarta e quinta; e a terceira na sexta, no sábado e no domingo. Nesta última, eles faziam os lançamentos. Nas outras, as sessões duplas.

Cada sessão tinha seriado curto, um cinejornal brasileiro e um estrangeiro – *Atualidades francesas ou Movietone* –, um desenho animado e dois longas-metragens. Em geral, eram bangue-bangues, policiais ou filmes de guerra.

Durante alguns anos fui ao cinema três vezes por semana, sistematicamente. Nos sábados e domingos, na sessão única, eu exagerava e assistia ao mesmo filme mais de uma vez. Era uma sedução muito grande e eu me entregava por completo, talvez fugindo da realidade dura de uma família pobre, morando numa cidade nova, longe das raízes tão queridas e com uma guerra distante soando no ouvido. Eu não sonhava apenas com os filmes, mas em ser cineasta. Era uma opção profissional que eu guardava para assumir no momento oportuno.

Mas, se eu era tarado por cinema, minha obsessão pelo rádio não era menor nem menos precoce. Também, não poderia ser de outro jeito. Minha casa sempre foi abarrotada de aparelhos de rádio, que meu pai consertava. Milton Nascimento Bueno nunca precisou comprar um rádio para o lazer de sua família. Em casa, sempre estava sintonizado algum aparelho dos clientes dele, que não eram poucos. Como sempre moramos em apartamentos pequenos, eu vivia literalmente envolvido pelo rádio. Por falta de espaço e excesso de necessidade, meu pai montava sua oficina no quarto que eu dividia com a minha irmã Lilian. Nós dormíamos cercados de bobinas, condensadores, transformadores e válvulas. Em vez de ursinhos e bonecas, tínhamos aquele transformador pesado que, quando queimava, tinha de enrolar de novo. Era o tipo do quarto sugestivo na infância de um sujeito que depois viveria intensamente a aventura do rádio, da televisão, da comunicação eletrônica.

Meu melhor companheiro de maratonas radiofônicas era meu avô Juca, pai de meu pai, a pessoa que eu mais amei na infância. Ele morava em São Paulo e, antes de eu vir para o Rio, nós ouvíamos tudo que o rádio oferecia, principalmente os boletins da agência Reuters sobre a guerra e as novelas de aventura da Rádio São Paulo. Havia uma adaptação de *Os três mosqueteiros*, em que o Túlio de Lemos fazia o Portus, que nós adorávamos.

Acompanhávamos tudo que havia no rádio como os mais fanáticos radiouvintes. O programa do Nhô Totico, por exemplo, humorístico famoso da Rádio Cultura. A PRK-30, outro humorístico genial, do Lauro Borges e do Castro Barbosa. As novelas do Amaral Gurgel, como *Banzo*, que tinham nomes famosos: Leonor

Navarro, Ênio Santos, Nélio Pinheiro, Nara Navarro, Manoel Durães, Dulce Santucci. Eu gostava especialmente de um programa do Silas Roberg e do Walter George Durst, na Rádio Bandeirantes, chamado *Cinema em casa*, que oferecia a radiofonização dos filmes da época. Eles pegavam a trilha sonora dos filmes e a misturavam com uma versão teatralizada da história. Um negócio incrível, com resultado idêntico ao de uma radionovela.

Meu avô era um grande companheiro, do tipo que deixava o neto ganhar no jogo de damas só para ele se sentir esperto, "adulto". Acho que aprendi a ler com a revista *Radioler*, editada pela Rádio São Paulo, que ele sempre me trazia – junto com o tablete de manteiga que comprava todas as tardes. Tempos depois, quando fui para o Rio, vovô ficou muito doente. Teve um derrame cerebral, perdeu a fala e praticamente não se levantou mais da cama. Mas eu não o abandonei. Nas férias, quando ia a São Paulo, ficava quase todas as tardes com ele, na cabeceira de sua cama. Ouvindo rádio, é claro.

Eu era um moleque alucinado por rádio. No Rio, ouvia os programas famosos do Ari Barroso e do Renato Murce, mas também acompanhava atrações menos lembradas hoje, como o programa do Carlos Palut, sujeito que, um pouco mais tarde, lá por 1949, montou uma estação 100% esportiva e informativa, a Rádio Continental. Ainda me lembro perfeitamente da crônica de Genolino Amado, lida pelo Sinclair Lopes, um negócio muito marcante. Do *Boa noite para você*, no tempo de guerra, em que Carlos Frias mandava mensagens de otimismo ao som de Glenn Miller e dedicava músicas aos pracinhas brasileiros. Do *Repórter Esso*, com Heron Domingues, trazendo notícias das frentes de batalha.

Eu me abastecia de informações por meio do rádio. Gostava demais de ouvir noticiários. Era tão fanático que ouvia todo dia a *Hora do Brasil*, programa já bastante chato no tempo do Getúlio, mas ainda importante. Aliás, quando Getúlio foi obrigado a propor eleições, antes de cair, em outubro de 1945, quando ficou claro que o Estado Novo não sobreviveria e o país retornaria à democracia, Silvino Neto fez um programa maluquíssimo, que se chamava *Futebol da sucessão*. Era um tipo de campeonato, com times do PTB, do PSD, da UDN, que ele narrava como se fosse um jogo de futebol.

– Lá vai Carlos Lacerda com a bola! Dutra vem para fazer o corte! Lacerda entra na dividida e chuta a canela do adversário! É falta! É falta da UDN!

Um negócio divertidíssimo. Não havia pesquisa de intenção de voto naquela época e, quando ele achava que a UDN estava melhor na campanha eleitoral, ela ganhava o jogo. Senão, ganhava o PSD, ou o PTB. Nas eleições de 1946, com tudo isso, quem ganhou foi o rádio – e de goleada. Silvino Neto foi o vereador mais votado do Rio. Ari Barroso também se elegeu bem. Em São Paulo, Manoel da Nóbrega teve ótima votação. E, no meio dessa agitação toda, eu, um moleque doido por informação, acabei virando udenista.

Não sei bem por que fiz essa "opção ideológica". Acho que era aquele clima do final da guerra, o espírito liberal impregnando tudo, a democracia sendo cantada como a grande conquista da civilização. Getúlio era o ditador odiado pela classe média e o brigadeiro Eduardo Gomes, justamente o oposto: democrata, com ótima reputação e, além do mais, um tremendo boa-pinta. O tipo do cara que poderia facilmente virar herói de um garoto. Só que havia um problema: em casa, todos odiavam o brigadeiro.

O garboso soldado havia bombardeado São Paulo não sei em que revolução, se a de 1924, 1930 ou 1932. Só sei que, nesta última, ele combateu os constitucionalistas, entre os quais o jovem Milton Bueno, que se bateu contra o governo central com grande espírito cívico e imorredouro amor pela causa bandeirante. Aliás, meu pai foi um dos que mais lutaram naquela revolução. Seu pelotão se perdeu na Serra do Mar e, quando foi negociado o cessar-fogo, não houve como avisá-lo. Ele continuou "em guerra" por mais três meses, de modo que, por todas essas razões, não foi exatamente uma alegria lá em casa quando abracei entusiasmado a candidatura de Eduardo Gomes.

O rádio era uma alegria, mas também, de certa forma, um símbolo do empobrecimento da minha família. A posição de meu pai, técnico de rádio, era humilde, se comparada à das outras gerações da família. Eu me sentia absolutamente desconfortável de acompanhá-lo nas visitas aos clientes. Morria de medo de encontrar algum conhecido, que me visse naquela condição subalterna. É claro que a gente é mais sensível para essas coisas quando é criança e ainda não tem o distanciamento e a serenidade para entender a vida, a nossa condição nela, todos esses problemas. Mas, para quem cresceu ouvindo histórias de parentes endinheirados, era um tormento testemunhar a ruína financeira dos parentes que eu conhecia.

Meu avô Juca, por exemplo. Descendente do mais amador dos amadores – aquele Amador Bueno que os paulistas tentaram proclamar rei no século 16 –, José Bueno dos Reis fora o próspero gerente de um grande magazine, o Park Royal, que pegou fogo e o deixou sem emprego. Sem muitas alternativas, ele se tornou funcionário público e deu adeus ao dinheiro. Passou a levar uma vida modesta e metódica, acordando todo dia às seis horas da manhã. Era bonito, eu o achava parecido com o Mr. Gillette, aquele que vinha estampado na caixinha azul da lâmina de barbear. Mas ele já não podia cultivar a velha elegância dos tempos de bonança.

Minha avó, Cosette do Nascimento Bueno, era sergipana de Lagarto e filha do coronel Miguel do Nascimento, comerciante e líder político. Poderoso na região, o coronel Nascimento carregava o fardo de 12 filhos para criar – um dos quais, aliás, tornou-se depois comandante de polícia e participou da tocaia a Lampião. O coronel era um homem rico. No final do século 19, em vez de mandar as filhas Cosette e Erundina estudarem em Paris, como era praxe entre os endinheirados nordestinos, mandou as moças para São Paulo mesmo. Elas vieram e nunca mais voltaram. Nem se separaram.

Quando meu avô Juca se casou com vovó Cosette, levou no enxoval também a tia Erundina, que nunca mais se separou deles. Foi uma relação de afeto e amizade muito intensa, que durou anos e terminou numa intrigante coincidência de mortes. Vovó foi a primeira, num 23 de março. Dois anos depois, foi meu avô, no dia 24 de março. E, mais tarde, tia Erundina, num 25 de março. Parece que eles sincronizaram tanto a vida como a morte.

Pelo lado de minha mãe, Lúcia Clark, minha linhagem era mais nobre – e igualmente arruinada. Minha avó materna, Guiomar, era neta de Vicente Ferreira de Sillos, barão de Casa Branca. Como acontecia naquela época, foi prometida a um homem muito mais velho, o fazendeiro Alberto Clark, amigo do seu pai e uma figura curiosa. Ele era filho de William Henry Clark, contra-almirante da Marinha americana, que um belo dia aportou em Santos, apaixonou-se por uma jovem beleza local e decidiu ficar por aqui.

Consta que foi no quarto desse meu bisavô William Henry que morreu Abraham Lincoln. Em seus tempos de cadete da Marinha, ele morava numa pensão mixuruca que ficava bem na frente do teatro onde Lincoln foi baleado. E diz a história que Lincoln foi levado para seu quarto, onde agonizou e morreu – "um quarto imundo, cheirando a repolho", segundo Gore Vidal, que descreveu a morte do presidente americano em seu romance *Lincoln*.

Meu avô Alberto, que não conheci, era um fazendeiro muito rico, dado a *hobbies* estranhos, como a alquimia. No porão de sua casa, ele quebrava a cabeça tentando transformar metais em ouro. Mas não só não conseguiu como perdeu o que tinha. Vendeu suas terras e começou a fazer negócios com imóveis, mas, quando morreu, descobriu-se que ele não deixara nada registrado. Apenas uma casa de veraneio em Vila Conceição, hoje município de Diadema, em São Paulo. Foi para lá que minha avó se mudou, com cinco filhos, seus finos lençóis de linho (onde – garante a tradição familiar – D. Pedro II teria dormido) e sem nenhum tostão, para enfrentar a vida nos anos 1930.

A morte do marido não foi o único golpe que vovó Guiomar sofreu. Um ano antes, em 1934, ela havia perdido um filho, William. Era um garotão forte, de 17 anos, que, apesar disso, não conseguiu resistir a uma meningite. Abatida com a viuvez e a perda do filho, pressionada pela situação financeira agora dificílima, vovó foi buscar amparo na religião. Conheceu os livros da Irmã White, fundadora da Igreja Adventista do Sétimo Dia, identificou-se com ela e tornou-se uma protestante fervorosa. Sua casa virou o Núcleo Adventista de Vila Conceição.

Mas Irmã Guiomar não era como certos pastores de hoje em dia, que passam a sacolinha entre os fiéis e ganham tanto dinheiro que até compram canais de televisão. Sua vida era duríssima. A família sobreviveu basicamente por meio do dinheiro que ela conseguia fazendo doces para vender aos amigos e parentes e com o salário de meu tio Edson, o segundo filho, que largou os estudos para trabalhar. Por isso mesmo, foi com certo alívio que os Clark receberam a notícia de que Lúcia pensava em se casar com o jovem Milton Bueno, atleta que remava no rio Tietê, participava da Corrida Internacional de São Silvestre, tinha profissão definida e era um bom moço.

Quem não morreu de entusiasmo com o enlace foi minha avó Cosette. Lúcia era adventista, e para ter a bênção da sogra teve de se converter à Igreja Católica. O que não deve ter sido lá muito fácil de ela engolir, porque era uma moça de personalidade forte. Mas era também prendada, pianista diplomada e dona de fidalguia, uma nobreza de modos bem característica da aristocracia paulista mais antiga. Enfim, uma boa nora, apesar da família protestante.

Esse problema da religião, aliás, foi um grande tormento da minha infância. Eu não cheguei a viver uma Guerra dos Cem Anos entre os dois lados da família, mas tive conflitos bem complicados para um garoto que está descobrindo Deus, os mistérios da fé, os ritos. Quando estava com vovó Guiomar, no sítio de Vila Conceição, eu era o próprio pastorzinho de ovelhas desgarradas do rebanho de Deus. Sua casa era o local dos cultos do Núcleo Adventista, que ela animava tocando órgão. Influenciado por aquele ambiente, eu recitava os Salmos de Davi, guardava o sábado como bom adventista, enchia o saco dos meus amigos católicos que não se guiavam pela Bíblia e criticava os adoradores de ídolos e imagens.

Quando ficava com vovô Juca e vovó Cosette, na casa da rua Amâncio de Carvalho, no Paraíso, eu mudava da água benta para o vinho santo. Ou do pão para o peixe. Trocava o sábado pelo domingo como dia sagrado e sonhava em ser Santo Antoninho Marmo, garoto que morreu muito cedo e a quem atribuíam alguns milagres. Uma de minhas brincadeiras mais frequentes era a de rezar a missa. Eu usava a tampa de uma máquina de costura Singer como altar, colocava uma toalha de linho branco sobre os ombros, como se fosse os paramentos dos padres, e passava horas imitando o vigário da igreja que frequentávamos.

Minha maior companheira da infância – e a maior amiga de toda a vida – era minha irmã Lilian, que desembarcou no lar dos Clark Bueno no dia 11 de abril de 1940, quase quatro anos depois de mim. Sua chegada foi tão emocionante que me abriu o apetite. No primeiro momento que fiquei sozinho com ela, na maternidade, dei-lhe uma enorme mordida na bochecha. No meio daquela gritaria danada que ela fez, do choro, da confusão dos adultos tentando avaliar o estrago no rosto da recém-nascida, minha mãe me perguntava, desolada, o porquê.

– É que eu achei ela tão bonita – respondi, ingênuo. – Parecia uma maçãzinha...

Para sustentar o seu perigoso devorador de maçãs e o resto da família, Milton Bueno trabalhava duro com os rádios. Foi ele que instalou a maioria dos serviços de alto-falantes no interior de São Paulo, no final da década de 1930. Os clientes pagavam o serviço das formas mais estranhas. Uma vez, ele apareceu em casa com um fabuloso Opel cupê, azul, reluzente. É que ele tinha recebido um garanhão zebu como pagamento por um trabalho feito em Uberaba e, como não tinha exatamente afinidade com o mundo rural, rapidamente trocou o zebu pelo Opel, que nos conduziu por doces passeios até que a Segunda Guerra começasse, caísse a oferta de serviços para o velho e ele fosse obrigado a vender o carro.

A guerra mudou completamente a minha vida. Em setembro de 1942, a Panair do Brasil, entrando no esforço bélico, convocou os melhores técnicos de eletrônica do país para trabalhar na proteção do espaço aéreo do Atlântico Sul. Papai foi chamado para supervisionar o sistema de rádio dos aviões, mas o emprego era no Rio de Janeiro. Para meus avós, especialmente vovó Cosette, tratava-se de uma tragédia. De repente, todos sairiam da barra de sua saia. Mas, para Milton e Lúcia, era uma boa chance de começar, finalmente, a vida longe daquela pressão dos pais sobre os filhos casados havia pouco tempo. Os dois jovens rebentos dos Clark Bueno foram devidamente batizados na Igreja Santa Generosa, no Paraíso – eu vestido de marinheiro, com calça azul e blusa vermelha; Lilian de vestido cor-de-rosa bordado a mão –, e todos partiram para o Rio no trem noturno Cruzeiro do Sul, numa noite de 1942.

Logo no meu primeiro dia de Rio de Janeiro, descobri o mar e apaixonei-me para todo o sempre. Ainda tenho as sensações desse primeiro encontro: o cheiro da maresia, o vento soprando na areia, a água de um azul que não existe mais. Era um cenário lindo, completamente diferente do primeiro lugar onde fomos morar, o decadentíssimo Hotel Paulistano, na Lapa. Mas ficamos pouco tempo naquela quase espelunca. Logo papai nos levou para um lugar bem mais confortável, a pensão de dona Deolinda, na rua Paula Freitas, em Copacabana, a um quarteirão do mar.

Naquela época, era comum que famílias da classe média morassem em pensões. Dona Deolinda, uma viúva portuguesa, sobrevivia alugando os oito quartos de sua mansão. Nossos vizinhos de quarto eram dois oficiais do Exército, com suas esposas; o famoso beque uruguaio do Fluminense, Renganeschi; os pais da Rose Rondelli e algumas pessoas que trabalhavam em rádio: Jaime Faria da Rocha, Luís Quirino e Noêmia Aguiar, secretária do Victor Costa. Apesar do incômodo de o banheiro ficar no corredor, todos morávamos muito bem. Nossa janela, por exemplo, dava para um imenso quintal, que tinha um pomar e uma pequena horta.

Rapidamente fiquei amigo dos meninos da vizinhança e passava boa parte do tempo jogando bola na rua ou pedras nas árvores, para derrubar amêndoas. Eu comia tanto que sofria com avassaladoras disenterias. Mas a comida da pensão não valia nem uma pedra e logo começou a entalar na minha garganta. Passei então a almoçar e jantar todos os dias na casa de tio Fenelon e tia Judith. Ele era irmão de vovó Cosette, um dentista bem-sucedido que morava a dois quarteirões da pensão, na esquina de Serzedelo Correia com Siqueira Campos, bem em cima da Casa Frota, do velho Frota Aguiar, incansável inimigo das prostitutas do pedaço.

Para mim, o cardápio estava ótimo, mas é óbvio que papai não poderia me deixar filando eternamente a comida de meus tios. Assim, meu exigente paladar nos obrigou a procurar um novo endereço e acabamos indo para o Hotel Balneário, ao lado da antiga estação do bonde Feirinha, na praça Serzedelo. Foi lá que comecei a curtir realmente o Rio de Janeiro, na linda e inesquecível Copacabana dos anos 1950. Era um lugar quase mágico. Poucos prédios, poucos hotéis, quase nenhum restaurante. Carrocinhas vermelhas da Coca-Cola e amarelas da Kibon, na avenida Atlântica. Mulheres lindas, em seus maiôs de fru-fru. Músicas de Cole Porter, Ari Barroso, Custódio Mesquita e George Gershwin saindo das casas.

Era um lugar onde as pessoas podiam simplesmente se esquecer da vida. Como fez minha amada mãe, aliás, no meu primeiro dia de aula. Aos 6 anos, fui matriculado na escola pública Cocio Barcellos e, como qualquer garoto na primeira vez, fiquei com um medo dos diabos. Eu era tímido, inseguro, nem podia imaginar o que seria ficar sozinho com estranhos num lugar desconhecido. Mas tive sorte e caí na classe de dona Lucy, uma gorda e gentilíssima mestra, muito carinhosa, que conseguiu me acalmar durante o período de aula. Quando chegou a hora de ir embora, entretanto, mamãe se esqueceu de ir me buscar. E eu fiquei lá plantado, por mais de duas horas, já me sentindo completamente órfão e abandonado.

Deixando de lado experiências como essas e a falta de espaço no Hotel Balneário, a vida era muito boa. E em 1944 melhorou, quando mudamos para um apartamento mais confortável, na rua Teixeira de Melo, em Ipanema, ao lado da praça General Osório. Claro, havia os incômodos da guerra, que obrigavam a mim e a Lilian a passar horas nas filas da carne, do leite e até mesmo da água, que também foi racionada no Rio. Em compensação, eu me divertia intensamente quando ia de casa para o Colégio Rio de Janeiro, na rua Nascimento Silva, próximo do Jardim de Alá, onde estudava. Com um grupo de garotos, eu pegava carona nos bondes, que eram abertos. Quando o cobrador vinha para o nosso lado, pulávamos para o lado oposto. E ficávamos nesse pula-pula até o nosso ponto. Com esse dinheiro surrupiado à saudosa companhia Light, eu financiava as minhas maratonas cinematográficas.

Foi no colégio que conheci aquele que foi, provavelmente, o maior amigo que tive na vida: Ronald Russel Wallace de Chevalier. Tinha nome de duque franco-britânico, mas um apelido muito mais brasileiro, pelo qual o Rio de Janeiro o conheceu e o transformou mais tarde numa de suas lendas: Roniquito. Aliás, nomes pomposos não faltavam em sua família. A começar pelo do pai: Walmiki Ramayana Paula e Souza de Chevalier. O velho Walmiki devia seu nome ao autor do *Ramayana*, poema épico hindu que deve ter marcado indelevelmente o avô do Roniquito. Mas, em vez de se vingar do nome exótico, aderiu ao estilo quando teve filhos: além do Roniquito, teve Stanley Emerson Carlyle de Chevalier, Bárbara Beatriz de Chevalier e a adorável Scarlet Moon de Chevalier, que todos conhecem. Essa era a origem do meu bom amigo Ronald. Aos 11 anos, ele era um moleque muito atrevido. No primeiro mês de aulas, tivemos uma prova de português. Era uma redação e eu, que gostava muito de ler, era bom na matéria. Tirei 10 e o Roniquito, 9. Ele veio me perguntar:

– Ah! Então é você o cara que tirou 10! Você me parece medíocre...

– Bom, se você acha isso, por que não lê a redação? – respondi.

Ele leu e não sei se chegou a admitir que o meu texto era melhor que o dele, mas se convenceu de que, também, eu não era um sujeito que pudesse ser esculhambado assim publicamente. E ficou meu amigo, amigo querido e inseparável, até o fim de sua vida.

Além da turma do colégio, eu tinha a turma da praça General Osório, que antes de ser urbanizada e virar propriamente uma praça tinha um gramadão enorme onde dava para fazer até quatro campinhos de futebol. Eu passava as tardes lá, batendo bola com os colegas e, às vezes, fugindo da polícia, o pessoal da DGI – famosos "Chapeuzinhos Vermelhos", que baixavam ali para tomar as bolas (de futebol, é claro). Depois que a praça foi reformada, o ludopédio transferiu-se para a praia de Ipanema, ali em frente.

Ipanema era um espaço altamente democrático, que congregava todas as classes sociais. Ali não tinha rico nem pobre – apenas craques ou bagres. Era o futebol que dividia o mundo. Eu, garoto de classe média, me mantive fiel às minhas origens: nunca cheguei a ser um cobra, mas até que fui um médio lateral esquerdo quase razoável. Pelo menos eu tinha lugar assegurado no segundo time dos Onze Tatuís, famoso esquadrão do futebol de praia carioca.

Tatuí é um bichinho de praia, e quem se inspirou nele para batizar o time foi o Luís Ciranda, figura lendária de Ipanema, um maluco, um valentão que dava porrada em todo mundo. O Ciranda era goleiro e organizou esse time que acabou misturando todo tipo de gente, mas se firmou como um dos destaques no futebol de praia. Mais tarde, quando foi montada a sua sede social, numa casinha na rua Gomes Carneiro, ao lado do posto Shell, a música popular brasileira ficou devendo muito aos Tatuís: ali foi uma espécie de berçário da bossa-nova.

O futebol era uma grande atração da praia de Ipanema, mas não a única nem a mais importante. Afinal, havia as garotas e eu, já adolescendo, estava bastante interessado nelas. Na verdade, dava o melhor de mim nos jogos só para despertar sua admiração. É o clássico recurso dos tímidos. Aliás, eu era tão tímido nesse negócio que a minha primeira namorada, ainda no primário, nem sabia que desfrutava dessa condição privilegiada. Ela era a minha garota, mas eu não tinha coragem de comunicar a ela esse fato transcendental de sua vida. Seu nome era Dulce, uma linda portuguesinha, filha do dono de um açougue de Copacabana.

Um dia, depois de muito tempo juntando coragem para lhe revelar o meu amor, decidi abrir o coração:

– Dulce, eu queria ser seu namorado – ataquei, meio trêmulo. Ela nem pestanejou para responder, com uma delicadeza que me encanta até hoje:

– Vá à merda!

Um começo de vida amorosa assim era para traumatizar qualquer um. Mas, por sorte, essa brutal rejeição não me marcou de modo profundo. Nem por muito tempo. Meses depois, eu já estava descobrindo as possibilidades eróticas do terceiro andar do Cine Astória, discretíssimo, que o pessoal de Ipanema elegera como o lugar ideal para namorar. Evidentemente, esse ninho de amor estava vetado às irmãs dos garotos da turma. Lilian jamais esteve lá, coitada. Eu tomava uma conta danada.

Um namoro marcante de minha adolescência foi com a Miriam, ou melhor, Mirinha, uma morena muito bonita, a própria Lena Horne. Eu já estava com 17 anos, achava-me muito homem, e a Mirinha tinha 15. Nós tínhamos um namoro inocente, trocávamos beijinhos e algumas bolinadas no Astória, nada de espetacular. Mas ela não era branca, o que, na época, a tornava automaticamente inadequada para um rapazola como eu.

Um dia, sem aviso, meu pai me deu o maior esporro por causa de Mirinha. Que aquilo não podia continuar, que não havia futuro, que eu deveria saber que não podia ficar enrolando a moça, aquelas coisas. Não entendi direito, porque jamais havia pensado em estender o namoro para algum limite mais sério. Mas fiquei magoadíssimo. Sofri muito. Continuei com ela por algum tempo, mas acabei terminando o namoro, no meio de uma enxurrada de lágrimas.

Coração partido um bom porre cura. Mas eu não tomei, não. Estava escaldado de um porre que tomara no segundo ano do curso científico. Eu tinha uma prova de matemática e precisava tirar 9 com o Jacques Chabriar, um dos melhores professores do Rio. Tarefa para um gigante dos números. Papai tinha acabado de comprar a duras penas, com financiamento da Caixa dos Aeroviários, um apartamento na rua Visconde de Albuquerque, perto do canal do Leblon, um bom imóvel, bem maior que os anteriores. Mas ainda não havíamos mudado para lá. Foi então que tive a brilhante ideia de pedir o apartamento para estudar e levei a turma comigo, não sem antes passar num mercadinho e comprar alimentos para um lanche: sardinha, pão, mortadela, queijo, refresco de maracujá... e cachaça. A ideia era estudar e fazer uma farrinha ao mesmo tempo. No final, só deu para cumprir a segunda parte do programa. Inauguramos o apartamento em grande estilo.

No dia seguinte, a cabeça doendo de ressaca, fomos para a escola. Era uma prova de trigonometria, não tão difícil, era só prestar atenção para não errar os sinais. Mas, naquele estado, não houve concentração possível. Fiquei em má situação. Roniquito, que sempre colava de mim nas provas de matemática, ficou pior ainda. Resolvi checar os resultados com um colega muito bom em trigonometria, olhando na prova dele. Tudo diferente. Aí, no desespero, com o Roniquito em pânico diante da minha impotência, resolvi apelar. Levantei e, num acesso de raiva, atirei a tábua de logaritmos pela janela, numa cena absolutamente teatral. O nosso bom Chabriar devia gostar de teatro, porque, coincidência ou não, a partir daquela data ele passou a me tratar com muito mais compreensão e eu até que me recuperei na matéria.

Compreensão que me faltou em casa, diga-se. Quando cheguei da escola, havia uma corte marcial me esperando, com ares de que a sentença já tinha sido dada e era fuzilamento mesmo. Eles tinham ido ao apartamento e descobriram os restos de nossa "sessão de estudos": sardinha e mortadela por todos os lados, copos com restos de cachaça e refresco jogados no chão, uma sujeira dos infernos. Não quiseram brindar comigo ao primeiro porre de minha vida.

Foi também na adolescência que comecei a ter contato mais direto com o mundo do rádio e da televisão. Desde a pensão de dona Deolinda meus pais ficaram amigos do Jaime Faria Rocha, do Luís Quirino e de outras pessoas que trabalhavam em rádio. Eu, evidentemente, tinha grande admiração por todos eles, tarado que era no negócio do rádio, aquela coisa mágica, sempre fascinante. Quando fomos morar em Ipanema, eles estavam vivendo no Leme, num prédio da rua Gustavo Sampaio. Naquela época, o Assis Chateaubriand já havia inaugurado a TV Tupi do Rio; a televisão já era realidade, depois da experiência pioneira do César Ladeira. E era também um negócio que me interessava muito.

Foi assim que me transformei num dos primeiros "televizinhos" do Brasil, aqueles caras que iam visitar os amigos só para filar um pouco da televisão deles. Papai ainda não consertava aparelhos de TV, de modo que eu tinha de encontrar um bom lugar para satisfazer a minha crescente curiosidade pela irmã mais nova do rádio. Aquele apartamento do Leme era ideal, mesmo porque oferecia aos televizinhos um serviço completo, incluindo almoço, lanche e jantar. Aos domingos, eu pegava o bonde 20, que saía da divisa de Ipanema com o Leblon e ia até o Leme, por volta do meio-dia.

Chegava à casa dos meus amigos, aboletava-me no sofá e passava o dia vendo televisão. Xepava logo o almoço, na hora em que eu chegava. Aí assistia aos programas até a hora do futebol, via todo o futebol, xepava o jantar e ainda pegava o show, o grande show que tinha à noite. Eu tomava um porre de televisão aos domingos. Provavelmente, devia incomodar muito os meus delicadíssimos amigos, que nunca reclamaram nada. Mas imagine-se um adolescente enfurnado na sua sala de visitas o dia inteiro, com os olhos vidrados na televisão. Acho que eles só aguentavam porque eram do ramo e também curtiam a televisão.

Eram fantásticos os programas que passavam. Eu me lembro de um grande show do Chianca de Garcia, produtor português famoso que o Joaquim Rolas havia trazido para o Cassino da Urca e foi levado à TV Tupi. Lembro também do *Falando francamente*, programa de entrevistas do Arnaldo Nogueira. E dos comerciais, os geniais comerciais ao vivo. Tinha o Trio Maravilhoso Regina, que era o sabonete, a água de colônia e o talco. Cada um deles era animado por um ator, e a trinca era o Jaci Campos, o Alcino Diniz e o Alberto Perez. Eram no mínimo pitorescos, metidos numa roupa de arlequim. "Eu sou o talco Regina!", dizia um. "Eu sou o sabonete Regina!", falava o outro. Uma coisa ótima, saborosíssima.

Assim eu ia levando a minha doce adolescência. Muito rádio, cineminhas, futebol e garotas na praia, a turma de amigos, o colégio, televisão aos domingos. Estava tudo muito bom. Mas dona Lúcia Clark Bueno tinha outros planos para mim. Ela achava que já era hora de eu começar a trabalhar. Àquela altura, 1952, papai tinha uma situação financeira relativamente estabilizada, mas trabalhava umas 12 horas por dia, por aí. Era uma puxada e tanto.

Ele trabalhava na Panair e completava o orçamento consertando os rádios de muita gente famosa da zona sul do Rio. Os pais do Márcio Moreira Alves, por exemplo. Ênio Silveira. Ernani de Freitas, grande treinador do Jockey Club. Luiz Rigoni, jóquei. O comandante Edu, da Panair, o célebre Edu do Grupo dos Cafajestes, que foi um mito. Quer dizer, papai não estava exatamente mal de vida, mesmo sendo sócio-atleta do Jockey e deixando uma boa grana nos cavalinhos nos fins de semana. Mas ele e minha mãe estavam se separando e qualquer separação requer mais dinheiro. E, de qualquer forma, mamãe queria que eu trabalhasse para tomar juízo, me encaminhar na vida – a eterna preocupação de mãe.

Durante algum tempo, houve certo empenho da família em me transformar num advogado. Chegaram até a arranjar um estágio num escritório de advocacia, mas não deu certo, sei lá por quê. Foi ótimo, eu não tinha mesmo nada que ver com o mundo das leis, dos processos, dos tribunais. Depois, como eu sonhava em viajar, dar a volta ao mundo, fiz como tantos outros garotos: prestei exames para o Colégio Naval. Mais uma vez, para minha sorte, não deu certo. Levei bomba.

Se não tenho jeito para advogado, imagine para militar. Acho que só me daria bem usando farda se fosse para seduzir as mocinhas românticas daqueles anos dourados...

Foi então que, numa roda de pife-pafe com os amigos, minha mãe perguntou ao Luís Quirino:

– Você não está precisando de um secretário?

Ele estava. E assim, por intermédio do Quirino, deixei aquele *dolce far niente* da Ipanema dos anos 1950 e adentrei no mundo encantado da radiodifusão.

2.
Radio days

No início da década de 1950, a Rádio Nacional do Rio de Janeiro era a melhor emissora do Brasil – gloriosa, completa, com atrações para todos os segmentos do público e só comparável em qualidade à televisão que a Rede Globo faz hoje. Quem gostava de novelas tinha aqueles dramalhões cubanos, ou mexicanos, como *O direito de nascer* ou *Em busca da felicidade*. Quem queria um bom musical, bem produzido, tinha *Um milhão de melodias*, do Haroldo Barbosa, ou o *Festival GE*, ou ainda a Orquestra Sinfônica regida por Leo Peracchi. A Nacional também tinha o *Repórter Esso*, o radiojornal de maior importância, e ótimas transmissões esportivas.

Em matéria de talento, a Nacional ganhava de goleada. Era a seleção brasileira do rádio. Victor Costa, por exemplo, era o mago das novelas. Sujeito iletrado, contrarregra de teatro, descobriu o potencial da radionovela e entupiu o público com aquelas histórias marcantes que mexiam com as emoções. Nos programas de auditório, brilhavam César de Alencar, Renato Murce e Paulo Roberto, meu ídolo, com quem tive a honra de trabalhar mais tarde. Para mim, ele era o símbolo do produtor moderno, que trazia as novidades dos Estados Unidos e fazia programas geniais, como o *Nada além de dois minutos*. Era um programa de variedades em que, como o nome dizia, cada quadro não durava mais que dois minutos – a duração média de uma música, sem o solo de orquestra. Paulo Roberto era o apresentador. Médico, roteirista de cinema, ele tinha uma das personalidades mais ricas do rádio. Eram seus, também, o seriado *Obrigado, doutor*, que depois virou filme e sucesso na TV Globo, e o retumbante *Esta é a sua vida*, outro programa que emplacou na televisão.

No humor, eu era vidrado no Max Nunes. Ele era filho de um humorista, Terra de Siena, que não chegou a ser uma grande estrela, mas transmitiu ao filho um talento fantástico para extrair graça das coisas mais absurdas. Fascinavam-me nele a noção de ritmo das piadas e o *nonsense*. Ele conseguia subverter o ritmo e fazer rir com as situações mais estranhas. Tinha diálogos do tipo: "Que fazes? Recauchuto. E você? Resfolego". Aí vinha um corte abrupto, um acorde musical forte e, sem perceber, o sujeito estava rindo do que ouvira.

Max Nunes era um gênio. Médico cardiologista – e cardíaco –, ele fundou o Prontocor, o primeiro pronto-socorro do coração, na rua Canning, e se vivesse apenas da medicina já teria sucesso suficiente. Mas seu prazer maior era mesmo o humor, com o qual deliciava os cariocas. Quando era dia de *Balança mas não cai*, seu programa mais famoso, a cidade parava para curtir as loucuras do Max.

Enfrentar o prestígio da Rádio Nacional não era exatamente uma tarefa simples. Mas era esse o objetivo da Rádio Tupi e da Rádio Tamoio, as duas emissoras de Assis Chateaubriand. Se a Nacional era a Globo da época, a Tupi era a Manchete, e a Tamoio, o SBT. Uma tentava competir com programação equivalente, de nível artístico mais elevado, enquanto a outra enveredava pelo popular, pelo brega. Por ironia, quem conseguia abalar a sólida audiência da Nacional, uma instituição consolidada em meio ao público carioca, era a Tamoio. Mas tanto ela quanto a Tupi tinham lá as suas estrelas.

Como o Almirante, por exemplo. Ele era um dos grandes da Rádio Tupi. Mulatão enfezado, com cara de poucos amigos e voz de baixo profundo, Almirante era um missionário, um sujeito totalmente obcecado pelo rádio. Levava aquilo a sério como ninguém. Ele fazia programas muito bons sobre música popular brasileira, que, aliás, conhecia de dentro. Nos anos 1930, foi um dos integrantes do Bando dos Tangarás, conjunto musical no qual trabalharam também Noel Rosa e Braguinha.

A música brasileira estava numa fase importante, com Ari Barroso, Lamartine Babo, Silvino Neto, Mário Lago, todos no auge da forma. Entre os intérpretes, minha paixão era a Araci de Almeida, com aquela melancolia, uma forma rude de cantar, voz muito seca, angulosa. Todos esses cobras frequentavam os programas do Almirante, que fazia ainda, de quebra, a radiofonização de casos inexplicáveis, sobrenaturais, em *Incrível, fantástico, extraordinário*. De onde se vê que os nomes de programas, no rádio e na TV brasileira, vão e vêm, somem e voltam...

Sobre o Almirante, há uma história bem divertida com Assis Chateaubriand. O nosso Cidadão Kane dos trópicos lutava bravamente para açambarcar a liderança da Nacional e vivia fazendo ofertas de emprego aos artistas. O que, aliás, era muito comum. Havia um rodízio enorme de profissionais entre as rádios. O cara saía da Nacional, ia para a Mayrink Veiga, voltava para a Nacional, ia para a Tupi, saía. Era um entra e sai danado. Certo dia, Chateaubriand encontrou Almirante no elevador da Rádio Tupi. Rápido no gatilho, nem esperou o elevador chegar a seu andar para chamá-lo a uma conversa. Foi logo disparando o convite:

– Ô, seu Almirante! O senhor precisa vir trabalhar aqui comigo!

Ao que Almirante respondeu, absolutamente surpreso e quase matando de rir quem estava no elevador:

– Mas, doutor Assis! Há dois meses eu sou diretor da sua rádio!

Chateaubriand tinha contratado uma superestrela, caríssima, e nem sabia... A Tupi copiava muito a Nacional. Até no auditório, que era uma réplica pretensiosa do que ela tinha. Muito "modestamente", os locutores apresentavam o local como o Maracanã dos auditórios. Quem brilhava ali era o Wilton Franco. Ele devia ser um garoto prodígio, mas na Tupi era o César de Alencar dos pobres.

Um vozeirão, pilotando um vasto auditório, cujo tamanho era a única justificativa para o nome. No Maracanã dos auditórios, houve momentos memoráveis, como quando esteve aqui a orquestra do Tommy Dorsey. A Tupi tinha uma orquestra arretada, a Tabajara, do Severino Araújo. E alguém inventou uma disputa, um Brasil *versus* Estados Unidos dos metais. Tommy Dorsey fez o seu show, com a competência habitual, mas logo depois entrou o Severino. Provavelmente tomado de fervor patriótico, ele atacou com as armas do adversário: *Rhapsody in blue,* do Gershwin. Foi um arraso. O Severino era um grande clarinetista e o Maracanã dos auditórios veio abaixo.

Enquanto a Tupi seguia nessa linha de programação, com Tommy Dorsey e equivalentes nacionais do mesmo calibre, a Tamoio apostava no gosto mais popular e fazia um rádio bastante apelativo. Tinha o *Pausa para meditação*, com textos absolutamente piegas do Júlio Louzada. Tinha a *Melodia da saudade*, em que os sujeitos mandavam sugestões de músicas, contavam passagens da vida e era tudo misturado, numa teatralização bem lacrimogênea. E tinha muita novela, além de seriados de aventura. Se a Nacional fazia O *vingador*, *O Zorro* e *Jerônimo*, a Tamoio saía com *Capitão Atlas*, o famoso super-herói criado por Péricles do Amaral. Era uma emissora muito bem armada. Custava dez vezes menos que a Tupi e dava mais audiência. Só ficava devendo prestígio.

A Tamoio também tinha a sua constelação de talentos. Brilhavam lá Ademilde Fonseca e Claudette Soares, que faziam *No mundo do baião*, um programa do Zé Gonzaga, irmão do Luiz. A Rádio Nacional tinha Carmélia Alves, "a rainha do baião", então a Tamoio inventou a Claudette, "a princesinha do baião". Heloísa Mafalda, essa grande atriz, estava começando na Tamoio. E também Oriovaldo Vargas, Fernando Garcia, Haydeé Miranda e Dóris Monteiro, que fazia um programa com o Lúcio Alves e a polivalente Lana Bittencourt. A Tamoio não era certamente o Olimpo da criação radiofônica carioca, mas ocupava seu espaço direitinho, com competência, e dava muita dor de cabeça à Nacional, que acabava perdendo audiência em horários estratégicos.

Pois foi nessa emissora, que agia como Davi em luta contra o poderoso Golias, que desembarquei em dezembro de 1952, como ajudante do Luís Quirino. No início dos anos 1950, ele fora diretor artístico da Rádio Tupi, mas àquela época era novelista na Tamoio, um sujeito bastante conhecido do público e do meio artístico – na verdade o grande responsável pelo sucesso da rádio, junto com o Péricles do Amaral. Quirino era completamente desorganizado, além de atolado de trabalho. Escrevia dezenas de programas ao mesmo tempo, fazia textos comerciais, vendia seus roteiros para emissoras do interior. Por isso, precisava de alguém que fizesse os textos mais simples e pusesse a papelada em ordem. Eu, um garotão inteligente, vivo, com um nível de informação relativamente alto para a idade e veleidades intelectuais, era o ajudante ideal – mesmo porque custava baratíssimo. Por meio expediente de trabalho, das 13h às 18h, eu ganhava a espantosa quantia de 600 cruzeiros. Uma ninharia, suficiente apenas para pagar o cinema e o *milk-shake.*

Mas o salário era o que menos me importava. O emprego me dava a chance de entrar na Hollywood brasileira, no mundo encantado do rádio – ainda que pela porta da *Republic* e não da *Metro*. Só a sensação de fazer parte daquele mundo já era um pagamento e tanto. Agora, eu não era mais um reles fã do rádio, um tipo vulgar como milhões de outros no Brasil. Eu fazia parte da tribo. Ainda era apenas um curumim, assistente de estagiário de um radialista de verdade, mas me sentia o próprio Orson Welles, que arrebentou no rádio americano com menos de 20 anos. Eu entrava no prédio das Emissoras Associadas, na rua Venezuela, próximo da praça Mauá, cheio de orgulho e entusiasmo.

A Rádio Tamoio ficava no segundo andar. O terceiro e o quinto eram ocupados pela Rádio Tupi, e no quarto estava a TV Tupi, que começara suas transmissões menos de dois anos antes, em janeiro de 1951. Fui colocado numa sala apertada, que ficava pendurada num jirau paralelo ao estúdio. Ali não era, certamente, o reduto dos privilegiados da estação. Comigo trabalhava o Mimi, sujeito magrinho que operava um mimeógrafo a álcool, com estêncil azul, que fazia uma sujeira danada. E trabalhava também um tipo meio amalucado, vindo recentemente de uma rádio de Niterói, que não era levado muito a sério: Abelardo Barbosa, um tal de Chacrinha.

O cassino do Chacrinha era um programa despretensioso da Tamoio, que entrava no ar às 23h – alta madrugada, para os hábitos da época. Em virtude da diferença de horários de trabalho, nós nos víamos pouco. Mas o Chacrinha era um pária social, um marginalizado, na Tamoio e no rádio do Rio de Janeiro. Devia ter chegado de Recife uns quatro anos antes, se tanto, e só encontrava apoio mesmo em Antônio Maria e Fernando Lobo, dois pernambucanos que também tinham vindo ao Rio e vencido. Eles moravam num apartamento da rua do Passeio e o Chacrinha ia lá xepar uma comida. Mas os dois, que eram grandes gozadores, gostavam de sacanear o novato. Faziam um monte de molecagens com ele. Naquele tempo, acreditava-se que tomar banho frio dava pneumonia, então os caras faziam o pobre do Chacrinha entrar na água fria para poder comer. Ele era um completo *outsider*, mas como tinha vindo de Recife, onde era conhecido, o Maria e o Lobo tinham uma generosa complacência com ele. Depois, quem diria, o Chacrinha seria um mito muito maior do que foram os dois em seu tempo...

Já no meu primeiro dia de trabalho, enfrentei uma parada dura. O Quirino estava apaixonado e não tinha cabeça para produzir nada. A Tamoio ia transmitir um show com Nicola Paone, cantor argentino de origem italiana que fazia sucesso em Nova York e estava em temporada no Brasil. Tinham vendido o patrocínio do programa para a Organdi Paramount, fábrica de tecidos que pertencia ao pai do Luiz Mattar, futuro campeão de tênis. Eu cheguei e me apresentei ao Quirino:

– Você sabe escrever? – ele perguntou.

– Sei – respondi. – Aliás, o que eu gosto mesmo de fazer é escrever.

– Então, vamos ver se você tem jeito para a coisa. Faz aí uns textos para a Organdi Paramount.

E se mandou, atrás da sua paixão. Fiquei com aquela batata quente nas mãos, uma enorme responsabilidade. Logo na estreia, eu teria de assumir os textos comerciais de um programa especial, vendido a um preço razoável ao patrocinador. Pensando com a cabeça do rádio ou da televisão de hoje, entregar essa missão a um garoto inexperiente configurava uma tremenda loucura. Mas, no rádio daquela época, era normal. Ninguém mexia no texto de ninguém, nem o revisava. O que era escrito ia para o ar. Responsabilidade e irresponsabilidade tinham limites tão estreitos quanto as duas letrinhas que diferem uma palavra da outra.

Não me intimidei com a tarefa. Sentei à máquina de escrever e mandei lá as minhas pérolas publicitárias, vendendo o show e o cliente da melhor forma que encontrei. "Organdi Permanente Paramount, uma novidade que chega trazendo junto o formidável Nicola Paone" – foram coisas assim que escrevi. À noite, na hora do programa, os Clark Bueno se reuniram orgulhosos em torno do rádio para ouvir o primeiro trabalho de seu rebento. E fiquei todo vaidoso quando o Osvaldo Luís, grande locutor, reputadíssimo, deu vida àquelas frases que eu tinha escrito. Foi o meu batismo de fogo no rádio.

A partir daí, comecei a escrever muita coisa. Naquele tempo, toda a programação do rádio era escrita, minuciosamente roteirizada. O espaço para improvisações era limitado. Fosse nas falas dos apresentadores, fosse nas locuções que ilustravam os números musicais – os chamados textos-legendas –, tudo era redigido por alguém. Por mais simplório que fosse o programa, ele tinha um texto. Às vezes, os apresentadores pareciam estar improvisando, mas era pura técnica. Eles estavam lendo. Como esse consumo de texto gerava um volume de trabalho brutal para os redatores, o Quirino, evidentemente, passava para mim tudo aquilo que não dependia de uma redação muito elaborada.

Logo passei a fazer também textos de programas. Escrevi muito o *Pausa para meditação*, que o Júlio Louzada fazia no Rio e o Pedro Geraldo Costa, em São Paulo. Era um programa de conselhos para pessoas em situação aflitiva. O camarada escrevia uma carta contando o problema, sua história era radioteatralizada e o apresentador entrava depois, dando seus conselhos. Era uma loucura, o programa conseguia talvez mais audiência que a Rádio Nacional naquele horário. E eu dramatizava as cartas dos ouvintes. Pegava histórias como a do sujeito que bebia muito, batia na mulher, quase jogou a filha do décimo andar, mas queria se regenerar e faltava-lhe fé. Eu trabalhava aquilo, fazia uma coisa dramática, uma letra de tango. Era um "nariz de cera", um preâmbulo para o Júlio Louzada entrar.

Outro programa que eu escrevia era o *Melodia da saudade*, num gênero semelhante ao de *Pausa para meditação*. O sujeito escrevia contando as suas desventuras amorosas, relacionando-as com músicas que tratassem dos mesmos problemas. A produção sorteava uma carta e radiofonizava a dor de cotovelo. Eu, carregando nos tons dramáticos, devo ter feito muita gente chorar e se descabelar com a própria história. Era um ritual de sadomasoquismo. Mas eu também fazia um musical mais ameno, que era o *Sua música e Cilion*. Cilion era a marca do patrocinador, um colírio. O programa tinha temas. Por exemplo, nomes de mulher. Então eu relacionava lá as músicas que falavam de mulher – "Maria, o teu nome principia...", "Helena, Helena, não me faça chorar...", "Ai, ai, ai, Isaura, hoje eu não posso ficar..." – e costurava tudo com um texto. Amanhã, o tema era nomes de rua, cidades ou flores, e assim por diante.

O trabalho que mais me ocupava na Rádio Tamoio era o de organizar o arquivo do Quirino. Ele tinha feito uma adaptação de *As mil e uma noites* – não posso garantir se eram mesmo mil e uma, mas com certeza havia centenas. A Sherazade enganando o Sultão, o Sultão dando mais uma noite para ela e o Quirino mandando bala na história. Na esculhambação que era o rádio do período, ele devia ter uns 40% dos capítulos arquivados. O restante estava perdido. E, como os redatores vendiam seus *scripts* para outras emissoras, ele estava perdendo dinheiro com isso. Fui então encarregado de remontar *As mil e uma noites*.

Era a minha coleção de figurinhas. Eu tentava obter os capítulos como os moleques batalham para ter a figurinha difícil, a carimbada. Escrevia para a Rádio Inconfidência de Minas, a Rádio Gaúcha de Porto Alegre, a Rádio Tamandaré de

Recife, a Rádio Baré de Manaus – sempre atrás dos capítulos do Quirino, que já tinham sido vendidos a essas emissoras. Eu recuperava os *scripts*, refazia os originais e tirava cópias com o Mimi. Não lembro quantos capítulos consegui organizar. Provavelmente não foram 1.001, porque na versão do Quirino é quase certo que a Sherazade tenha dado para o Sultão bem antes de completar seus quase três anos de histórias diárias. Mas era capítulo que não acabava mais.

Essa produção de *As mil e uma noites* foi conturbada desde a estreia, na Rádio Tamoio. Logo no primeiro capítulo, o sujeito que montou o *script* trocou a ordem das páginas e colocou o texto de abertura com o de encerramento. O Normando Lopes, que era um locutor experiente, ex-presidente do Sindicato dos Radialistas, provavelmente não teve tempo de conferir e entrou no ar com o *script* daquele jeito. Foi o maior fiasco. Entraram os acordes de abertura, ele leu a primeira lauda.

– Está no ar a primeira aventura de *As mil e uma noites*!

Subiu a música, voltou para ele e veio o desastre.

– E acabamos de apresentar *As mil e uma noites*!

Ele falou automaticamente, sem pensar. E, como já havia falado, não teve conserto. O programa começou e acabou em menos de um minuto. Deve ter sido a mais sintética adaptação de *As mil e uma noites* em toda a história do rádio mundial.

Por essas e outras, a vida numa estação de rádio era divertidíssima. Eu adorava o meu trabalho. Mas havia também os percalços. Além de redigir parte dos textos do Quirino, eu cumpria as funções de secretário dele. Como todo boêmio, ele tinha todas as contas atrasadas e sobrava para mim fazer os pagamentos. Eu pagava o aluguel, a conta de gás, a luz, e toda vez enfrentava as broncas dos credores. Normalmente, o Quirino devia dois ou três meses, mas eu chegava com dinheiro suficiente para quitar apenas um. Logo, era recebido com um entusiasmo e uma gentileza que dá para imaginar.

A falta de dinheiro era um problema comum a todo o pessoal do rádio. Redatores e produtores não eram renumerados à altura do que valiam e, quando ganhavam dinheiro, não sabiam administrá-lo. O que entrava geralmente saía direto para pagar dívidas. Todo mundo sempre estava cavando um jeito de ganhar mais algum, por fora. Em virtude disso, arranjei meu primeiro desafeto na vida profissional: Radamés Celestino, irmão do Vicente, o cantor.

Quando eu escrevia os textos do Quirino, usava uma máquina que ficava na sala dos produtores. Como sempre acontece nas emissoras de rádio e televisão, havia máquinas de menos para redatores demais. Ficava aquela disputa por um lugar às teclas. Eu costumava passar horas encarapitado na máquina, com ares de James Joyce escrevendo *Ulisses*. Além de fazer meu trabalho, eu aproveitava para praticar a datilografia e dar vazão às minhas ansiedades intelectuais. Cometia lá meus versos, minhas histórias.

Mas o Radamés, um sujeito conhecido por sua inteligência não muito brilhante, ficava louco da vida em ver aquele moleque empatando o seu instrumento de trabalho. Ele precisando defender um cachê extra para compor o salário e eu nas minhas literatices. Nós brigávamos muito, trocávamos recados malcriados. Ele reclamava de mim à direção da rádio e a coisa só não engrossava para o meu lado porque o Quirino me dava cobertura: "O garoto está aqui me ajudando".

"Ajudando", a propósito, era o termo exato para definir a minha situação. Eu não era funcionário da Rádio Tamoio, era empregado pessoal do Quirino. Ele, sempre enrolado em dívidas, não me pagava. Prometia, falava, mas não me pagava. Não por sacanagem, que ele era um sujeito muito decente. Ele não tinha mesmo. Na sua ordem de prioridades, entre enfrentar uma execução judicial e chutar para a frente as suas dívidas comigo, um garotão que trabalhava basicamente para pagar as despesas com lazer, ele não hesitava e optava pelos credores mais urgentes. Nos primeiros tempos de trabalho, entretanto, eu nem me preocupava com isso. Estava interessado demais em aprender rádio para me lembrar que andava duro.

O dinheiro, no rádio, circulava mesmo na área comercial. Naquele tempo, as verbas de propaganda quase não vinham das agências e isso obrigava as emissoras a ter corretores de anúncios muito eficientes, para buscar o dinheiro diretamente com o anunciante. Ademar Casé – avô da Regina –, Luís Vassalo, Jair Picaluga e Souza Barros eram os grandes nomes da área comercial do rádio. Eles sabiam passar a lábia nos anunciantes, que em todas as emissoras tinham um tratamento principesco. Melhor ainda do que têm hoje na TV.

O Maracanã dos auditórios, por exemplo, tinha poltronas especiais para os patrocinadores e seus convidados. Era uma tribuna de honra. Os patrocinadores eram donos de seus horários, mandavam e desmandavam. Em alguns casos, remuneravam diretamente os artistas e a produção. A Sidney Ross, por exemplo, tinha um esquema próprio, comandado por Alberto Hernandes Catar com a assistência de Luís Alves. Catar foi, mais tarde, uma personagem importante no acordo da TV Globo com o grupo Time-Life. Eles tinham estrutura própria de produção de radionovelas e programas. Sem dúvida nenhuma, a Sidney Ross sabia fazer rádio tão bem quanto produzir as Pílulas de Vida do Dr. Ross. A Colgate, igualmente, patrocinava muitas novelas. Ou a Brilhantina Glostora. O rádio era colonizado pelas grandes empresas da área da pasta de dentes e do sabonete.

Não havia uma política de vendas definida, era tudo muito primitivo. Nem se falava em marketing – palavra então desconhecida. Assim, havia desníveis brutais na remuneração dos artistas. As relações de trabalho não eram profissionalizadas como hoje. Havia os grandes nomes, como Max Nunes ou César Ladeira, que tinham carros americanos, moravam em apartamentos enormes em Copacabana, eram extraordinariamente bem remunerados. Mas a maioria tinha de viver de cavação.

Acontecia todo tipo de jogada na área comercial. O corretor de anúncios subornava o cara da programação para melhorar a posição do *spot* de seu cliente. Quer dizer, o cliente comprava determinado horário, o corretor cupinchava com o programador e o comercial entrava num horário melhor. Outro truque comum era alterar o tamanho do comercial que tinha sido negociado. O cliente comprava um *spot* de 15 segundos, mas rolava uma grana por fora para o programador e mandava um texto de 40 segundos. Ou, então, mandava o texto de 15 segundos, dava uns 100 mil réis para o locutor e ele lia o negócio em 25 segundos, colocando cacos e ênfases. As rádios tomavam um grande prejuízo, mas faziam vista grossa, pois sabiam que pagavam mal. Era uma esculhambação institucionalizada, legitimada.

Eu raramente via a cor do dinheiro, mas me sentia bem pago pelo "salário moral". Podia me apresentar como profissional de rádio, tinha a chance de ver de perto meus ídolos e – o melhor de tudo – convivia com eles. O centro ecumênico das Emissoras Associadas era o bar da Rádio Tupi. Ali eu encontrava todos os dias as grandes estrelas e aquelas que estavam no vestibular do estrelato. A Yoná Magalhães, por exemplo. Ela estava começando. Era tão novinha que circulava pelo bar ainda com roupinha de normalista. Devia pegar o colégio de manhã e a rádio à tarde. Eu tinha uma enorme paixão por ela, mas era uma coisa platônica, nunca me declarei. Aliás, não namorei ninguém da Rádio Tamoio. Eu não era propriamente o Prêmio Nobel da autoconfiança. Ainda assim, gostava tanto de lá que, se me dessem um sanduíche por dia, uma Coca-Cola e a possibilidade de frequentar aquele bar, eu estava satisfeito. Não precisavam me pagar.

Além do pessoal da rádio, comecei a ter contato com os artistas e os técnicos da TV Tupi. Foi quando conheci de perto uma televisão. A Tupi, comparada ao que são hoje as estações de TV, era um negócio ridículo. Tinha um estúdio minúsculo, com uns 60 m² e uma coluna no meio. Nunca se ouviu falar de um estúdio que tivesse uma coluna de sustentação no meio, mas o da Tupi tinha. O Pernambuco de Oliveira, que foi o primeiro cenógrafo, tinha pesadelos com ele. Teve de quebrar tanto a cabeça para inventar soluções cenográficas com a coluna, permitindo a movimentação das câmeras, que acabou se acostumando. Quando a Tupi saiu desse estúdio, todo cenário dele tinha uma coluna. Ela atrapalhava todo mundo: diretor de TV, câmeras, carregadores dos cabos. Só os atores gostavam, porque podiam pendurar as "dálias" nela, com o texto que deviam falar.

As câmeras da Tupi também eram um absurdo. Enormes, pesadas, exigiam que os sujeitos fossem bem grandes para operá-las. Os comandos ficavam em dois braços, semelhantes ao guidão de uma motocicleta. Não por acaso, a TV Tupi recrutava seus câmeras entre motociclistas. Era um negócio para atletas mesmo. Para caras que pudessem pilotar uma moto Harley-Davidson de 1.500 cilindradas como se fosse uma humilde bicicleta. A questão estética, a sensibilidade artística que o câmera devia ter, o olhar de cineasta, tudo isso era muito menos importante do que altura e massa muscular.

Os câmeras dessa época eram o Fernando Amaral, que depois virou ator e trabalhou em *Rainha da sucata*; o Moacir Masson, grande figura; e o Carlos Alberto Loffler, depois um grande diretor e amigo querido. Segundo o Sérgio Porto, o Loffler tinha cara de lutador de boxe depois de um nocaute no 15º assalto, em radiofoto mal transmitida. Não era bonito, certamente, mas fazia coisas lindas com a câmera.

Masson, Loffler e Amaral eram grandes em todos os sentidos. Já o Rui Viotti, que operava o *dolly*, o carrinho no qual se montava a câmera para algumas cenas, era um sujeito pequeno. No tamanho, obviamente, porque logo ele se tornou um dos grandes nomes da TV. A equipe da Tupi tinha também o Jaci Campos, diretor artístico, e o Provenzano, locutor de esportes. Eu via essa gente toda trabalhando porque circulava pelo prédio das Emissoras Associadas e frequentemente ia assistir aos programas.

Ainda me lembro de um teleteatro que a Tupi fez certo dia, acho que *A vida de Cristo*. Sei que era uma história bíblica e tinha uma cena com Jesus crucificado. Naquele momento dramático, triste, Jesus pendurado na cruz, Maria chorando, aquela desolação entre os cristãos, uma mosca começou a rodear a cabeça do ator que fazia o Cristo. Ele aguentou o que pôde, mas mosca voando em torno, quando a gente tem de ficar imóvel, é um negócio insuportável. Então, quando as câmeras ainda o estavam enquadrando e rolava aquela cena dramática, ele tirou a mão da cruz e deu um tapa no inseto! *A vida de Cristo* virou comédia dos Trapalhões.

Eram essas coisas que compunham o meu salário moral. A convivência, os momentos engraçados, aquele ambiente encantador, completamente diferente de um emprego convencional. Mas era uma gratificação estritamente íntima que eu recebia com tudo aquilo. O emprego não me rendia dividendos sociais significativos, apesar do fascínio que o rádio e a televisão despertavam. Isso tinha uma explicação. Eu morava em Ipanema, que era o que poderia haver de sofisticado no Brasil, no início dos anos 1950. O bairro era quase uma área florestal, uma reserva ecológica. Tinha dois ou três grandes prédios em toda a região, o resto eram casas e mansões, a maioria de gente bem situada na vida – embora convivessem tranquilamente ali, nas rodas de praia, garotos de classe média como eu e a molecada pobre dos morros. A Rádio Nacional, nesse segmento da zona sul, era absoluta. A Tamoio tinha fama de brega. Por isso, o fato de trabalhar ali não me valia muita coisa como *status*. Bom mesmo, em Ipanema, era quem brilhava no futebol e sabia ser atirado com as garotas. Não era, definitivamente, meu caso.

Eu estava sempre tentando melhorar a minha *performance* no grupo da praia, mas também cultivava amizades mais intelectualizadas. Meus companheiros constantes daquela época eram dois aspirantes a cineastas, que conheci na casa do Luís Quirino: o Carlos Coimbra, seresteiro vindo da Rádio Clube de Ribeirão Preto, e o Aurélio Teixeira, radioator da Tamoio, que tinha feito papel de vilão em *Amei um bicheiro*. Mais tarde, Coimbra dirigiu *Lampião, o rei do cangaço* e Aurélio, *Meu pé de laranja lima*. Nós éramos vidrados em cinema – sobretudo o brasileiro, porque queríamos trabalhar no negócio. O rádio era uma circunstância momentânea da gloriosa vida artística que a sétima arte, confiávamos, logo nos daria.

Razões objetivas estimulavam nossa confiança no futuro de uma carreira cinematográfica. A Vera Cruz era um projeto recente, de grande repercussão. Lembro que saí entusiasmado do cinema quando assisti a *Caiçara*, primeiro filme da companhia. Finalmente surgia um filme brasileiro de nível técnico internacional, com fotografia impecável, boas interpretações, boa direção. Mas eu também vibrava com as produções da Atlântida, da Maristela, da Multifilmes. Assistia a todas as películas estreladas ou dirigidas por Oscarito, Grande Otelo, Watson Macedo, José Carlos Burle. Sabia tudo de Tom Payne, Tônia Carrero, Eliane Lage. Era muito mais do que um fã: eu me preparava para entrar no meio.

Uma das atividades que eu mais apreciava era me enfurnar com o Aurélio e o Coimbra num pardieiro da Bartolomeu Mitre, pouco depois do Antonio's, para escrever roteiros de cinema. Lá era a nossa "casa de criação". Eu acalentava o ambicioso projeto de fazer o filme definitivo sobre o cangaço. O Nordeste, a seca, os retirantes, o banditismo social do cangaço, aquilo me seduzia. Eu queria fazer um roteiro que misturasse o lado épico da coisa com uma visão histórica, sociológica, que explicasse os porquês do fenômeno. Não queria um simples faroeste com chapéu de couro e gibão, fragilidade que eu vi em *O cangaceiro*, do Lima Barreto, apesar de sua beleza.

Assim, imaginei a história de uma família nordestina, que foge da seca para a Amazônia, no começo do século. Lá, ela é derrotada pelo fim do ciclo da borracha e forçada a voltar ao Nordeste, onde cai no cangaço. Uma coisa densa, como se vê... Eu era um pré-cineasta rigoroso, não estava para fazer concessões de nenhum tipo. Só filme sério. Mas meu argumento nunca saiu do papel. Não chegou a virar roteiro. De forma que sublimei essa frustração alguns anos mais tarde, quando assisti a *Deus e o Diabo na Terra do Sol*, do Glauber Rocha. Ali estava o filme que eu gostaria de ter feito.

O cinema era o sonho da minha vida, mas a realidade palpável era mesmo o rádio. Era a minha profissão, ao menos até que eu conseguisse dar o pulo para o cinema. Eu já estava na Tamoio havia quase seis meses, escrevia vários programas, fazia seleções musicais, estava me enfronhando no negócio. Mas começava a me irritar com a falta de dinheiro. Meu salário moral já era insuficiente. Eu estava me profissionalizando e queria ter uma relação madura de trabalho, uma coisa séria, remunerada de forma correta. E havia uma oportunidade na discoteca da rádio.

Para produzir os programas musicais, obviamente eu tinha de frequentar muito a discoteca. Era um lugar onde eu me dava bem porque adorava música, conhecia os sucessos de cor, sabia a discografia dos artistas, essas coisas que são comuns nos adolescentes mais espertos. Então aconteceu de o Walter Tardan, assistente de discotecário, ser promovido a discotecário. O percurso profissional, nesse setor do rádio, era este: o cara entrava como assistente, passava a discotecário, depois a operador da mesa e, finalmente, a sonoplasta, que era a glória. Os sonoplastas eram artistas importantíssimos no rádio. Havia até um grande mito, o Arlênio Araújo, um menino que foi revelado num programa de calouros, o Clube dos Curumins, e se transformou numa grande estrela da sonoplastia. Ele foi o Salatiel Coelho do rádio carioca daquele tempo, que também começou na Tupi.

Assim, com a promoção do Walter Tardan, o lugar de assistente ficou vago. Tudo levava a crer que eu pegaria esse emprego. Foi quando aconteceu uma reviravolta, que me levou para um caminho bem diferente. Durante aqueles meses de Tamoio, eu continuava frequentando os saraus televisivos do Leme, no apartamento de meus amigos. Mas, àquela altura, o Quirino e o Péricles do Amaral, antes amigos inseparáveis, estavam brigados. Totalmente rompidos, uma briga feia, cheia de mágoas e rancor. O Péricles, que fora diretor da Tamoio, agora era chefe de redação de uma agência de publicidade, a Interamericana. Um belo dia, provavelmente para fazer pirraça e criar problemas ao Quirino, ele soltou a mosca azul para me morder, com uma proposta muito interessante.

– Walter, que tal você trabalhar comigo lá na Interamericana?

A essa frase seguiu-se outra que me animou muito mais: a que tratava do salário. Péricles me ofereceu 1.200 cruzeiros, o dobro do que eu ganhava – ou deveria ganhar – do Quirino, também por meio período de trabalho. E me garantiu que eu não teria problemas para continuar meus estudos. Está certo que a Tamoio era fascinante; as pessoas, divertidas; a Yoná, linda; o Quirino, um bom sujeito, mas eu já estava um tanto cansado de viver sem dinheiro. O Péricles soube tocar no ponto certo. Assim, novamente por acaso, desembarquei da canoa do rádio e pulei para a da publicidade.

3.
O primeiro sutiã

Em abril de 1953, quando entrei na Interamericana, tratava-se de uma das maiores agências de propaganda do Brasil. Disputava as melhores fatias do mercado com as duas gigantes americanas, a McCann Erickson e a J. W. Thompson; com a Grant, que tinha seus clientes internacionais – Souza Cruz, Texaco –; e especialmente com a Standard, brilhante, sofisticada. Ao contrário do que acontece hoje, o Rio de Janeiro era o grande polo publicitário do país. Cerca de 80% das agências se concentravam lá, ficando em São Paulo uma ou outra que fazia um trabalho interessante, criativo, mas não chegava a alterar o equilíbrio de forças do mercado. Caso da Norton, que era dirigida pelo Geraldo Alonso, com pouco mais de 30 anos, um sujeito revolucionário.

Na distribuição das verbas, a mídia impressa estava disparada na frente. Abocanhava a parte do leão do dinheiro que circulava nas mãos dos anunciantes. E, no confronto entre jornal e revista, o jornal faturava mais. A publicidade, em larga medida, era um negócio de papel e tinta, para o consumidor ler. O rádio tinha uma tradição de negócios diretos com os anunciantes, alguns deles grandes clientes, como Sidney Ross, Gessy Lever, Colgate. As emissoras vendiam os comerciais, faziam a produção, cuidavam do problema do cliente de fio a pavio. A televisão, por outro lado, era ainda muito nova. Não tinha definido uma linguagem publicitária e operava comercialmente nos moldes do rádio, mas sem a mesma força. Apoiava-se no varejo, anunciando as promoções dos magazines – Tonelux, Casa Garson, do Costa e do Medina. Por tudo isso, os departamentos de rádio e televisão eram muito pequenos na estrutura das agências. Algumas delas nem sequer haviam organizado o seu.

Na McCann Erickson, o departamento de RTV era uma espécie de filial de seus clientes internacionais. Funcionava quase como *house agency* da Esso e da Coca-Cola, as principais contas, adaptando as ideias lançadas na matriz. A Thompson fazia menos que isso. Era uma agência conservadora, que confiava basicamente na mídia impressa e tinha uma estrutura acanhada para a produção de rádio. De televisão, nem se falava. A Standard, ao contrário, foi a primeira a investir maciçamente em mídia eletrônica, sob o comando do Cícero Leuenroth, rara figura da publicidade brasileira. Ela tinha a conta da Gessy e montou uma grande equipe para produzir programas de rádio, como O *vingador*, *Tarzan* e outros sucessos: Gilberto Martins, J. Silvestre, Dias Gomes, Sangirardi Jr.

A Interamericana, de Armando D'Almeida e Carlos M. Bittencourt, que polarizava com a Standard a liderança das agências nacionais, não tinha nada em rádio e TV. Ou melhor, estava começando a ter. Acabara de contratar o Péricles do Amaral como redator, exatamente com o projeto de implantar um núcleo de produção para o rádio. Talvez porque fosse um empreendimento de risco; talvez porque fosse necessário sangue jovem para uma área nova; talvez porque ele simplesmente quisesse aborrecer o Luís Quirino, seu ex-amigo íntimo e atual inimigo mortal; talvez por tudo isso o Péricles tenha me convidado para trabalhar com ele. Eu não era exatamente o Gilberto Martins da nova geração do rádio, mas estava afetivamente ligado ao veículo, era interessado, ambicioso e gostava de escrever. Tinha, enfim, o perfil de um garoto em quem valia a pena investir.

Meus primeiros tempos de agência foram um curso intensivo de propaganda. Eu entrei como *trainee*, nome elegante dado aos estagiários. Assim que cheguei, o Péricles logo avisou: "Sem bater à máquina, você é um aleijado neste negócio". Eu até que catava o meu milho com afinco na Rádio Tamoio, praticava horas a fio naquelas mastodônticas máquinas Underwood dos produtores – apesar de todo o "apoio moral" do Radamés Celestino. Mas não tinha muito método. Na Interamericana, fiquei com uma moderna Remington só para mim e passei um mês fazendo exercícios até aprender tudo de datilografia, além de acentuação e revisão.

A partir daí, começou propriamente o meu programa de *trainee*. Primeiro, fui a um estúdio de gravação de *jingles* que pertencia ao Russo do Pandeiro, do Bando da Lua. Quem dirigia as coisas ali era o Gilberto Martins e o grande compositor de *jingles* era o Severino Silva, de Os Cariocas. Passei um mês ali, observando como se produzia a música publicitária. Em seguida, fui fazer um estágio de produção gráfica. Atravessei 15 dias vestido de macacão, enfurnado na Gráfica Irmãos Brum, aprendendo a fazer clichê, foto com retícula, banho de ácido nítrico, gravação de chapa de metal, essas coisas. Eu tinha de acompanhar o processo de produção e apresentar minuciosos relatórios. Mas me dei bem e acabei amigo íntimo dos operadores da clicheria.

Passei ainda por uma gráfica em Bonsucesso, para estudar o processo de impressão em ofsete. Por um estúdio anexo à AS Propaganda, para conhecer o *silk screen*. Pela recentíssima TV Rio, para tomar aulas de iluminação com o Jack Trompowski, engenheiro-chefe da estação. E pela gráfica da Bloch, para conhecer as etapas de impressão de uma revista. Esse estágio durou, ao todo, oito meses e valeu como um curso completo de propaganda.

Quando comecei finalmente a trabalhar na Interamericana, encontrei uma agência dividida entre duas concepções completamente opostas, segundo as tendências e a personalidade de cada um de seus sócios. De um lado estava o Bittencourt, sujeito que marcou muito a minha vida. Jovem de família rica, descendente do marechal Machado Bittencourt, figura célebre na Guerra do Paraguai, era um cara exuberante, divertido, animado. Ele teve por algum tempo uma agência de médio porte com o Moacir Medeiros e o Poyares, mas saiu e se associou ao Almeida com participação minoritária, quase um acordo operacional. Era a união da água com o azeite. Absolutamente incompatível. Enquanto Bittencourt era aberto, avançado, criativo, informal, Almeida era o oposto. Grande cardeal da propaganda, tinha uma personalidade conservadora, difícil, formal. O tipo de pessoa com quem era desagradável trabalhar. Eu morria de medo dele.

Obviamente, liguei-me ao Bittencourt. Em torno dele, girava todo o núcleo criativo da Interamericana, aquele fervilhamento de talentos, de ideias, onde pontificavam o Péricles e o Newton Resende, considerado um dos grandes pintores do Brasil e uma das pessoas mais doces que conheci. Além de um incrível profissional, era capaz de fazer três leiautes ao mesmo tempo e ainda acabar uma arte-final a bico de pena.

A convivência com Bittencourt era a harmonização do trabalho intenso, altamente criativo, com a boêmia, a molecagem, a farra. Ele era louco por mulher, estava desquitado e eu era o seu companheiro de noitadas. Era um tipo assim, de se abrir com um moleque de 17 anos, imberbe. Eu, é lógico, adorava. Ficava fascinado com ele, ia junto para as boates. Todo tímido, não conseguia chamá-lo de "você" e levava enormes broncas: "Porra, Walter! Você está proibido de me chamar de senhor! Eu te ponho na rua!" Grande sujeito.

O pessoal da agência mexia muito com a minha cabeça. Nesse período, por exemplo, eu tive contato com as ideias de esquerda. Na Interamericana, quase todo mundo era comunista, o que não deixava de ser irônico, porque era um pessoal muito bem pago, que vivia em apartamentos fantásticos e tinha carros Hudson, Oldsmobile, Studebaker. A exceção era o Dimitrieff Diniz, que tinha um perfil bem mais próximo do comunista clássico, a começar pelo nome. Figura estranhíssima, parecido com o ator americano Joseph Cotten, ele tinha uma ocupação misteriosa na agência – ninguém sabia de fato qual era a sua função. Mas era militante do PC, quadro de carteirinha, e vivia como um asceta, num apartamento que tinha apenas um catre e um armário onde havia no máximo dois ternos e duas camisas "Volta ao Mundo". O Dimitrieff era uma ótima figura, eu tinha muita camaradagem com ele.

Mas se ele era um comunista coerente, os outros estavam bem longe disso. Trabalhando na propaganda "reacionária" e vivendo uma "vida burguesa", os caras sofriam conflitos profundos, administrando muito mal suas contradições. Fazer anúncios, vender o modo de vida capitalista, para os intelectuais daquele tempo, era uma grande violência. Uma autoflagelação.

O Newton Resende produzia um leiaute ou uma arte-final como se estivesse entregando uma filha aos bárbaros. Ele se violentava com aquilo. Os redatores também sofriam. Ricardo Ramos, Orígenes Lessa, Oswaldo Loponte, Oswaldo Alves, eles viviam aquele ambiente da agência como se fosse um campo de concentração, infelizes com a obrigação de trabalhar em desacordo com as próprias ideias. Era comum você ouvir alguém lamentando: "Estou me violentando! Isto é uma merda!" Mesmo os que não eram de esquerda achavam a propaganda uma coisa menor.

Pois eu, que era bastante CDF, um idealista completo, todo imbuído de responsabilidade, achando que a vida era uma missão, não tive a menor dificuldade de empunhar a bandeira vermelha. Fiz quase tão gratuitamente como o Carlitos, naquela cena famosa de *Tempos modernos* em que ele pega a bandeira que cai do caminhão e é carregado pela passeata como um grande líder operário. Para facilitar essa minha repentina guinada à esquerda, havia o fracasso da minha formação religiosa. Tão contraditória ela foi, tão dividido eu fiquei entre o meu lado católico e o meu lado protestante que muito cedo me tornei agnóstico. Daí ao socialismo foi mera questão de tempo.

Frequentei muitas reuniões de proselitismo. Conheci o Agildo Barata – codinome "Professor Ciro" – explicando como seria a revolução, aquele negócio de a burguesia nacional tomar primeiro o poder, derrotando o imperialismo, depois as massas revolucionárias derrubando a burguesia, sob a liderança do glorioso Partido Comunista. Noites de discussões intensas sobre o futuro do Brasil proletário. E tudo naqueles apartamentos luxuosos, ultraburgueses, ali do Morro da Viúva, onde conheci Agildo Barata, o "camarada Ciro".

Eu tinha uma função importante para o Partido, embora modesta: chefiava a caixinha da Interamericana. Nem todo mundo na agência era militante de carteirinha, mas quase todos simpatizavam com a sacolinha. Contribuíam para as finanças do PC, pagando seu dízimo religiosamente, todo mês. Eu, zeloso, arrecadava o dinheiro e entregava-o à mulher do Alex Viany, que era funcionária do Partido. Levava aquilo muito a sério, jamais desviei um centavo da revolução para financiar tentações do mundo capitalista. Aliás, ficava indignado quando me faziam sugestões nesse sentido. Fui um tesoureiro tão exemplar que ganhei um prêmio de produtividade, como o melhor colaborador. Era um álbum lindo, todo ufanista, sobre a China Popular.

O Bittencourt vivia tudo isso com a gente. Ele era o sonhador, o visionário, um homem de grandes ideias, sem ser um criador. O Almeida, ao contrário, era o pé no chão. Fazia a política do feijão com arroz, do bom senso, da economia, e ganhava muito dinheiro. Era o guardião da mediocridade. Só que havia um detalhe fundamental nessa relação atritada dos dois sócios: a diferença de capital. Almeida tinha 80% da agência e Bittencourt, os outros 20%. Eu, que evidentemente não sabia disso, estava apostando minhas fichas no cavalo errado. Não demorei muito a descobrir o erro. As tensões entre eles foram se agravando, o clima foi piorando, até que o Bittencourt estourou. Vendeu sua parte e caiu fora.

Senti-me abandonado. Um pouco antes, o Péricles também tinha deixado a Interamericana, indo para a TV Rio, que acabara de inaugurar. Sobrei na mão do Almeida, que não me admirava. Ele não podia me ver, por exemplo, lendo os jornais do dia, ou as revistas da semana, o que é uma obrigação para qualquer sujeito que trabalhe com comunicação. "Esse menino não faz nada, só lê jornal", resmungava. Quando vinha alguém visitar a agência e ele tinha de me apresentar, jamais deixava de ressaltar quem eram os meus padrinhos ali. "Muito amigo do Bittencourt", ele dizia, "muito amigo do Péricles". Dizia isso num tom que era meio de queixa, meio de recriminação, como se eu fosse o próprio Judas sentado ali no escritório dele, um perigosíssimo quinta-coluna.

Desde o começo, ele me tratou com desprezo. No fundo, achava que a política do Bittencourt, de abrir a agência para gente nova, arejar as ideias, implantar um esquema de *trainees* – que era, exatamente, o meu caso –, não passava de frescura. Ele me olhava e eu lia naqueles olhos exatamente o que ele pensava. Algo como: "Porra, esse menininho chato, o que tem de fazer aqui? Vai me encher o saco, dar despesa". Estava na cara dele. Então, quando o Bittencourt saiu, eu fiquei no desamparo. Imaginei que não duraria nem mais dois dias na Interamericana, mas, para minha surpresa, não foi o que aconteceu.

Durante algum tempo, fiquei hibernando. Estava na geladeira. Meu processo de aprendizado, que tinha sido muito rápido, estagnou. Foi então que, sei lá por que cargas d'água, o Almeida decidiu me aproveitar no esquema dele. A Interamericana ainda não tinha um departamento de tráfego eficiente. O meio de campo entre os contatos, os redatores, a arte e a produção era uma coisa embolada, os trabalhos atrasavam, os caras esqueciam de detalhes, dava muito problema. Eu não conhecia profundamente todos os setores da agência, mas sabia um pouquinho de cada coisa. Era um garoto vivo, interessado, e acho que ao menos isso o Almeida reconheceu em mim. Aí, fui encarregado de organizar o tráfego, que é seguramente o pior trabalho numa agência. Faz de você um cobrador, um pentelho profissional.

Almeida trouxe um francês, Maxime Castelnau, para me dar umas aulas sobre pesquisa de opinião pública e organização do tráfego, assuntos dos quais ele entendia muito. Maxime devia ter uns 28 anos, era bonitão, tinha casado com uma brasileira e decidido se estabelecer no Brasil. Era um sujeito presunçoso, mascarado, que achava que dominava todo o conhecimento universal e estava ali quebrando o meu galho, fazendo-me um favor. Mas ele era mesmo fantástico no que fazia. Entendia barbaridade de pesquisa e desse negócio de organizar o fluxo de uma agência de propaganda. Especialmente de pesquisa, tanto que mais tarde foi dono do instituto Audi-TV e diretor importante do Ibope. Com diplomacia e um jeitinho insinuante que acho que tenho desde pequeno, fui levando o Maxime e aprendi muita coisa com ele.

Meu primeiro trabalho foi uma pesquisa sobre um produto de cabelo, o Toni, que ajudava a enrolar as melenas das moçoilas. Eu andava pelos subúrbios do Rio, fazendo perguntas sobre como as moças enrolavam os cabelos, e, nessa inocente tarefa, despertava a fúria dos cabeleireiros.

Era óbvio que, usando Toni e bobes em casa, elas dispensariam os seus serviços. Depois desse sufoco, peguei uma pesquisa mais mole. Eu tinha de conferir se os bondes da linha de Santa Teresa estavam circulando com os cartazes do Café Globo. Sentava no largo do França, próximo da estação dos bondes, e ficava ali com a prancheta, anotando, na frente do solar dos Monteiro de Carvalho, do qual mais tarde fui assíduo frequentador.

Só após esse treinamento de pesquisador é que o Maxime me introduziu no tráfego. Ele me ensinou a ser um bom profissional nessa área, que não é nada fácil. Porque o tráfego, numa agência de propaganda, é aquele profissional que administra a loucura, o mau humor, o ovo virado da equipe. O anúncio tem de sair amanhã, o cliente está esperando o leiaute e não tem nada pronto. Aí vai o tráfego pressionar o diretor de arte para fazer. O cara está de saco cheio, brigou com a mulher, ele já aproveita e desabafa com o tráfego. Então, o tráfego tem de ser hábil, contornar a situação. "Porra, quebra o meu galho, faz esse anúncio que amanhã tem de ir para a composição." É um profissional da lábia.

E, de repente, virei um ótimo tráfego. Tinha um enorme senso de responsabilidade, condição fundamental para a coisa, e era um diplomata. Transitava com facilidade entre os vários setores da agência, o que não era tão fácil como pode parecer. Ao contrário do rádio, onde era tudo desorganizado, individualista, na base de cada um por si e Deus por todos, as agências de propaganda tinham uma estrutura rigidamente hierarquizada e muito controlada. A mídia e a produção eram as funções mais humildes, o pessoal das tarefas. Depois, vinham os contatos, que já tinham mais *status* porque atendiam os clientes, administravam diretamente as feras e detinham o poder de tê-los à mão. Finalmente, havia as estrelas, o pessoal da criação: o redator e, acima de todos, o *layout man*. Este era um Deus, vivendo ali no seu Olimpo particular, cercado dos seus pincéis – e geralmente odiando tudo aquilo.

Claro que cada um se comportava conforme a sua posição na hierarquia. Tudo se mantinha num precaríssimo equilíbrio, sustentado pelas vaidades, pelas suscetibilidades. No final, o time atuava de forma harmônica, mas isso à custa de um enorme trabalho de persuasão de cada uma das partes. Se, na hora de fazer o clichê, a produção fizesse um mau serviço, o trabalho da arte-finalista ia para o vinagre. Se o *layout man* não dava uma boa solução gráfica ao que o redator tinha bolado, era briga certa. Eu ficava no meio disso tudo, evitando que os caras se pegassem pelo pescoço e não fizessem o que devia ser feito, porque, afinal, o anúncio tinha de sair.

Nesse trabalho, comecei a ter contato com profissionais fantásticos da publicidade. Fiquei amigo do José Ulisses Alvarez Arce, argentino que estava aqui colaborando para desenvolver a publicidade brasileira. Ele já era uma grande estrela e teve papel fundamental na propaganda de varejo. Foi ele quem introduziu a fotografia nos anúncios de varejo, substituindo os desenhos. Na época, a técnica dominante era o *scratchboard*, que hoje parece caquético. Em vez de pintar a figura, ou o produto, o diretor de arte passava uma tinta preta especial no papel e ia desbastando aqui, raspando com um estilete ali, até formar a imagem que ele queria. Era feito assim porque dava melhor impressão que o desenho pintado.

Os problemas dessa técnica eram o tempo que levava e, em decorrência, o custo. Você pegava uma conta como a da Ducal, por exemplo, que fazia 20 anúncios por semana, e gastava uma fortuna em arte-final. Não havia orçamento que aguentasse. Para fazer a arte de uma eletrola Chippendale, demorava dois dias. Mesmo que o artista usasse outras técnicas, como a aguada ou o bico de pena, levava muito tempo. Era um negócio infernal.

Então, o Arce, junto com o Sepp Baendereck, quando os dois pegaram a conta da Ducal, introduziram a fotografia. Eles encomendavam fotos dos produtos, retocavam-nas, punham uma retícula mais grossa e mandavam fazer o clichê. Simples, rápido e barato. Os anúncios saíam do estúdio como pãezinhos da boca do forno. Era um atrás do outro. A Ducal chegou a fazer 30 anúncios por semana, várias páginas duplas nos jornais de domingo. Aumentou brutalmente o volume de inserções. Tudo isso por causa do Arce e do Sepp. Os anúncios com fotografia foram uma pequena revolução no marketing de varejo. Com o sucesso, a agência deles – AS Propaganda – se consolidou, para mais tarde se transformar na poderosa Denison.

O Arce ficou muito meu amigo e eu comecei a conviver intensamente com o pessoal da publicidade. Conheci Daniel Guimarães, chefe de arte da McCann; Jimmy Abercomber, inglês estranho, chefe de arte da Thompson; Milton Luz, da Standard; Pearce Dine, que era um grande ilustrador. Passei a frequentar os lugares onde os publicitários se reuniam, como o Vilarinho. Aquele, aliás, era o reduto de toda a intelectualidade carioca, do mundo artístico. Foi no Vilarinho que conheci Vinicius de Moraes, Tom Jobim, Haroldo Barbosa, Sérgio Porto, Antônio Maria, Luís Jatobá.

Mas o grande reduto da comunidade publicitária, ao menos do pessoal com quem eu convivia, era o Em Pé, botequim que ficava em frente à Faculdade de Filosofia, na rua Graça Aranha. Toda sexta-feira, no final do expediente, a turma da agência se reunia lá. Eu ficava bebendo batida de maracujá, a mais doce que já provei, ou cuba-libre. Depois ia jantar na Churrascaria Recreio e terminava a noite nos inferninhos de Copacabana. Nessa época, eu tinha uma amante boliviana, uma mulher barra-pesada de uns 30 anos, que se virava ali pelo Chez Colbert, Dominó, Little Club, os bares da região, e me dava uma colher de chá depois do "expediente". Também nesse tempo, comecei a encher os cornos de verdade – a bebida tornou-se um componente estimulante da minha vida. Mas era uma farra controlada, eu jamais fui aquele boêmio que perde o rumo da vida, se entrega à dissipação e ao vício, arruína a vida profissional, a relação com a família.

Longe disso. Eu era o contrário. O garotão tipo sério que pegava duro no batente e lutava para completar seus estudos. Logo depois que eu entrei na Interamericana, ainda em 1953, meus pais se separaram. Meu trabalho, que antes era apenas diletantismo, virou coisa séria. Tornei-me arrimo de família, tinha de pôr dinheiro em casa, não podia falhar. Aí, comecei a batalhar duro. Nós fomos morar no apartamento da rua Visconde de Albuquerque, e a turminha da praça General Osório, o pessoal da praia, do futebol, eu mal via, porque enfrentava uma rotina de peão.

Acordava todo dia, de segunda a sexta, às 7h30 da manhã. Pegava um lotação para chegar à agência no máximo às 8h45, que era o horário do fechamento do ponto. Ficava tão aflito para não atrasar que sabia de cor onde ficavam todos os relógios do percurso: uma padaria da Voluntários da Pátria, o relógio da Esso, o relógio da Central, um açougue da outra extremidade da Voluntários da Pátria, uma mercearia da Dias Ferreira. Eu não tinha relógio de pulso, mas controlava os minutos rigorosamente pelo caminho. Chegava às 8h30, 8h40. Quando atrasava, subia as escadas esbaforido, até o 9º andar, porque o elevador era lentíssimo, parava em todos os andares e a tolerância aos atrasos era só de 15 minutos.

Ao meio-dia, eu batia o ponto, descia as escadas desembestado e corria para o lotação. Chegava em casa, esquentava minha comida ali no bafo da água quente – uma salsinha com arroz, coisas assim –, engolia e voltava. Chegava quase às 13h45, subia novamente os nove andares, trabalhava a tarde inteira e, no fim do dia, ainda tinha de enfrentar o último ano do curso científico. Quase nunca peguei a primeira aula. Saía às 22h45, pegava um bonde ou um lotação, chegava em casa, batia outro rango de banho-maria e ia dormir. O ritual recomeçava no dia seguinte.

Meu companheiro de maratona era o João Araújo, mais tarde pai do Cazuza e meu futuro sócio na Som Livre, que estava começando a trabalhar com discos naquela época. Disputávamos ombro a ombro uma vaga no lotação e nas filas, no mesmo ponto final, ali na Dias Ferreira. Não sei se o cotidiano dele era sacrificado, mas eu não tinha dúvidas quanto ao meu. Completar o científico foi um negócio tão difícil que até hoje ainda tenho o pesadelo de que não me formei. Aliás, eu só me formei graças à dulcíssima figura do professor de geometria, Max Linder. Ele dava a última aula para um bando de fulanos que dormiam em cima do lápis, mortos de cansaço pelo dia de trabalho. O Roniquito era um deles. Fizemos juntos o terceiro ano.

Quando o curso estava perto de acabar, eu só dependia de uma prova oral com o Max Linder para me formar. E precisava de 7, senão era bomba. Em vez de enrolar o mestre, preferi expor a ele a minha precaríssima condição, com a maior franqueza. Disse que não tinha estudado para a prova, não dominava a matéria e certamente ia me dar mal. Ele me olhou muito sério e mandou apenas que eu desenhasse um trapézio isósceles, apontando os lados não paralelos. Convenhamos que isso é muito menos do que o mínimo que se espera de um sujeito que está completando o curso científico, e o mestre sabia disso muito bem. Levei um susto, mas fiz o que ele mandou, rapidinho, e ganhei o 7 de que precisava. Se consegui me formar, foi pela extrema gentileza, pelo carinho e pela compreensão do Max Linder.

O trabalho ocupava muito da minha vida. Eu era obcecado por ele. Tanto que consegui fazer do tráfego, antes uma função subalterna, um cargo de razoável expressão na agência e tornei-me um profissional respeitado antes dos 20 anos. Eu não realizava nada de especialmente genial, não criava anúncios, não trazia clientes, não dava espetáculo. Mas conseguia fazer que a equipe trabalhasse afinada. Consegui a amizade de todas aquelas pessoas, algumas delas estrelíssimas, difíceis, arredias. Todas, menos uma. Havia um diretor de arte com o qual passei a ter uma série de problemas: um sujeito chamado Baroni.

Baroni era um gaúcho que tinha trabalhado na Editora Globo, dos Irmãos Bertazzo. Um cara grosso, sempre de má vontade. Cada vez que eu pedia um trabalho, ele reclamava. No mínimo, fazia corpo mole. Mas o mais comum era dar esporro, como se eu estivesse cometendo a maior sacanagem de pedir a ele que cumprisse suas obrigações. Como eu fazia o controle da produção e administrava os prazos de entrega dos materiais, passei a concentrar certo poder. Era eu quem contratava os *freelancers* quando a equipe da agência não tinha condições de entregar os trabalhos. Comecei a passar as artes para o Sadi Almada, garoto pouco mais velho do que eu, que fazia o *paste-up* e depois se tornou um dos grandes cartazistas do país. Durante aquele tempo, era meu amigo de todos os dias.

O Baroni ficou indignado com isso e passou a fazer campanha contra mim. Ia ao Almeida e dizia que assim não era possível, que eu era um porra-louca, que não tinha conhecimento para exercer minhas funções, que não podia decidir quem deveria ou não fazer os serviços da agência etc. Era uma voz solitária, porque os contatos, o Newton Resende, o pessoal do estúdio – Luiz de Araújo Guimarães, Walter Martinelli, Nei Damasceno –, todos achavam que eu fazia muito bem o meu trabalho e escolhia corretamente as pessoas a quem dava os serviços. No fundo, o Baroni não gostava de mim porque era lacerdista, e eu, além de ser um garoto metido, cheio de iniciativa, ainda era comunista, arrecadador do Partido.

Pois o Baroni tanto fez, tanto pressionou o Almeida que acabaram contratando uma cidadã para chefiar o tráfego, "importada" de uma agência de São Paulo. Dona Albanice era o nome dela. Não era propriamente má pessoa, mas ficou minha inimiga nas circunstâncias e, antes de tudo, era incompetente para a função. Não dominava tudo que uma grande agência como a Interamericana exigia. Ela cometia os erros e eu é que tinha de consertá-los. Uma vez, a Gulf, companhia de petróleo que era grande cliente nossa, ia anunciar na Revista dos Automóveis e tínhamos de mandar para lá o original do anúncio. Porém, havia vários formatos de clichê, adaptados a cada publicação.

A dona Albanice, claro, na sua inexperiência, trocou os clichês. Mandou o da Manchete para a Revista dos Automóveis, que tinha um formato todo especial, e o da Revista dos Automóveis para a Manchete. Lá pelas tantas, a revista já rodando, liga o chefe da oficina louco da vida, dizendo que não dava para usar aquele material. E eu tive de consertar a cagada. A trêfega tráfego ganhava 12 mil cruzeiros, muito mais que os meus 4.500, e era eu quem tinha de sair de madrugada para consertar os erros dela. Não podia gostar muito da minha situação na agência.

Comecei então a falar em sair, realimentando o velho sonho de trabalhar no cinema. Houve uma noite em que aborreci meus amigos Alberto Lopes e Nei Damasceno só falando nisso. Foi no Alcazar e eu já devia estar meio bêbado, no ponto em que a gente começa inevitavelmente a dar trabalho aos amigos. Ainda mais quando está amargurado.

– Estou de saco cheio do Almeida! – eu dizia. – Não aguento mais aturar aquele velho, aturar cliente que vem dizer como eu devo fazer o meu trabalho! Eu vou ser diretor de cinema! Vocês podem anotar aí, vou ser diretor de cinema!

Alberto Lopes era um tipo intelectual, diplomático, elegante, bom em línguas e uns 15 anos mais velho que eu. Ele achava que a ideia era uma loucura, muito pretensiosa.

– Ah, Walter, deixa de ser presunçoso! Você vai acabar igualzinho ao Almeida. Estou lendo um livro sobre um menino que era um merda e se transformou num grande empresário passando sobre a cabeça de todo mundo. Acho que é isso o que você quer.

– Não quero passar por cima de ninguém – eu retrucava. – Estou é cansado de sacanagem. Vou ser diretor de cinema!

Eu gostaria muito que as coisas tivessem acontecido da forma como previ para o Lopes. Mas não foram exatamente assim. De qualquer forma, aquela conversa me ajudou a confirmar o desejo de sair da Interamericana, em busca de novos ares. Com a entrada da Albanice, fui transformado num contínuo de luxo, embora me dissessem que eu era contato. Minha função era levar anúncios de um lado para o outro, do cliente para a agência, da agência para o cliente. Um trabalho braçal. Eu não tinha o menor entusiasmo para fazer aquilo.

Enquanto eu enfrentava essa pasmaceira profissional, o Sadi Almada crescia, começava a aparecer. Ficamos muito amigos e dividíamos a nossa indignação com o Almeida. Ele era o prato principal dos nossos almoços no Cap Arcona, restaurante que ficava no prédio do *Jornal do Brasil*, montado com a cozinha de um transatlântico que encalhou na Baía da Guanabara, ou no Cavalito Branco, um bar onde frequentemente afogávamos nossas mágoas. Mas as coisas estavam melhorando para o Sadi, que recebeu um convite para trabalhar na J. M. Medeiros como diretor de arte. Ele já estava se preparando para pedir demissão ao Almeida, o que era arriscado, pois o velho detestava que saíssem espontaneamente de sua agência. Ele infernizava a vida de seus empregados, mas levava como ofensa pessoal um pedido de demissão. Recebia-o como uma desonra para a Interamericana.

Apesar disso, em breve ele teria de enfrentar o problema. E seriam dois pedidos de demissão, não apenas o do Sadi. Eu também ia me demitir. É que, de repente, a Gulf resolveu patrocinar um programa na TV Rio, com o Ademir Menezes e o Luís Mendes, dirigido pelo Mário Wilson. Houve um coquetel de lançamento do programa e, no meio da festa, Péricles do Amaral me chamou.

– Você não quer trabalhar aqui? O Cerqueira Leite, diretor comercial, está precisando de um assistente. Vai ser formidável para você, vai lhe abrir a carreira. Você vai ser assessor do cara mais importante da TV Rio.

Ele nem precisou se estender muito nos "pontos de venda". Eu andava predisposto a aceitar qualquer oferta de emprego, só para me ver livre do Almeida e de suas sacanagens. E depois, trabalhar na televisão, um negócio novo, cheio de oportunidades, me interessava muito.

A televisão começava a florescer no Brasil e o Almeida ficava na janela, assistindo. As verbas de propaganda que a Interamericana canalizava para a TV eram praticamente nulas. Durante os meus anos de agência, a TV Tupi, por exemplo, fazia grande sucesso, já era faladíssima em toda a cidade, mas eu não cheguei a ir lá uma vez sequer para tratar dos interesses de um cliente. Nem como produtor nem como contato. Almeida insistia em passar ao largo da nova mídia, coerente com a eterna visão conservadora que ele tinha. O grande anunciante da Inter era a Gillette, patrocinadora do futebol no rádio, mas o Almeida avocava a ele toda a negociação. Por isso, minha primeira incursão profissional nos estúdios de uma emissora demorou a acontecer. A TV era uma mídia ainda muito fraca politicamente, sem o mesmo poder de negociação com os clientes que tinham o rádio, as revistas, os jornais. Era praticamente ocupada pelos grandes anunciantes – Coca-Cola, Esso, Gillette, Kolynos, Nestlé. Loteava o tempo de programação entre eles, que cuidavam sozinhos dos programas. Se faziam os comerciais ao vivo, podiam fazer também os programas.

No caso da TV Tupi, as multinacionais faziam uma política de boa vizinhança com o Chateaubriand. Em parte porque ele era aquele sujeito difícil, que não vacilava em denunciar as falcatruas ou meter em encrencas todo mundo que atrapalhasse o seu caminho. Era famoso e temido por isso. Mas, de outro lado, também era visto como um homem do sistema, um empreendedor empenhado em desenvolver a televisão – o que interessava, obviamente, aos anunciantes. Era um defensor tão apaixonado do capital estrangeiro que, ao inaugurar uma impressora Hoe de *O Jornal*, batizou-a de "Nelson Rockefeller". Isso tudo carreava para a Tupi o grosso das verbas de televisão.

Pois era nesse lado do mundo da propaganda que eu ia entrar, indo para a TV Rio. Era agosto de 1956, eu topei na hora a proposta do Péricles do Amaral e fui à Interamericana para pedir demissão.

Alberto Lopes foi o primeiro que tentou me demover. Eu disse a ele que não aceitava o fato de ganhar três vezes menos do que a Albanice, quando era eu quem segurava os pepinos.

— Mas vão te aumentar para seis mil cruzeiros — argumentou o Lopes.

— Mesmo assim, quero sair — retruquei. — Na TV Rio, ofereceram-me oito mil e ainda tem um monte de vantagens. A estação fica em Copacabana, no Posto 6, ao lado da minha casa e de tudo que eu gosto na vida. Não vou ter mais esse negócio de lotação, vou comer em casa, vai sobrar dinheiro para eu gastar nas coisas de que eu gosto. Esses oito mil vão valer 12. Avise o velho que estou saindo.

Aí foi aquele drama. Sadi e eu fomos enfrentar juntos a fera. Nós nos pelávamos de medo dele, que era um sujeito raivoso e dava os maiores esporros pelas coisas mais insignificantes. Contavam até, de piada, que ele ficou tão nervoso com um camarada que errou lá um negócio qualquer que tirou a cueca pela cabeça, e por dentro da camisa.

— Não, seu Walter, o senhor não vai embora, não — disse o Almeida.

— Mas eu gostaria de ir, seu Almeida — respondi, com toda a delicadeza. — Vou ter uma boa oportunidade na TV Rio. Aqui nós não nos entendemos, é muito melhor que eu saia.

— Mas esta é uma agência muito boa, seu Walter — retrucou ele, sem contestar que a nossa relação não era exatamente maravilhosa. — Não vale a pena sair daqui. O senhor ainda tem muita coisa que aprender.

— Talvez, seu Almeida, mas o que eu tenho a aprender eu prefiro aprender na TV Rio. Inclusive, fica mais perto da minha casa, eu vou ganhar mais e...

Ficamos naquela lenga-lenga um tempão. O Almeida meio irritado, não aceitando de modo nenhum a demissão. Ainda mais de dois funcionários crias da casa, porque o Sadi argumentava, da mesma forma que eu, que teria mais oportunidades na outra agência, que estava na hora de dar um passo à frente na carreira, aquelas histórias. Depois de muito tempo, o Almeida cedeu e me assinou a liberação na carteira profissional. O Sadi ele enrolou, sutilmente. Segurou sua carteira e arranjou um jeito de ficar um bom tempo com ela, para lhe dar uma canseira.

Sadi acabou permanecendo lá por muitos anos.

Sair da Interamericana foi o meu 13 de Maio. Libertei-me do Tirano. O engraçado é que, com o passar dos anos, o Almeida até conseguiu me respeitar um pouco e revelar alguma simpatia, embora jamais desse o braço a torcer. Bem mais tarde, em 1960, fui eleito o Homem do Ano da Televisão pela *Revista do Rádio* e recebi uma homenagem. Durante a cerimônia, as pessoas discursando, aquele paparico todo, alguém me diz que o Almeida tinha mandado uma mensagem para ser lida em público. Ele dizia que não podia estar presente, mas me fazia uma série de elogios, rasgava metros de seda para mim. Surpresa total. O carinho dele tinha efeito retardado...

Depois disso, em 1974, houve a entrega do Prêmio Personalidade Global, que a Globo promovia todo ano em grande estilo. Demos uma grande festa no Hotel Nacional, de *black-tie*, uma cerimônia de importância nacional. Eu estava lá de anfitrião, com Roberto Marinho, fazendo as honras da casa. Aí aparece o Almeida. Nesse tempo, ele já era viúvo e tinha casado novamente com a Dulce, uma mulher de uns 45 anos, muito bonita, que fora sua secretária na Interamericana.

– Ô, seu Walter, lembra da Dulce? – começa o Almeida.

– Claro, seu Almeida, fomos colegas na Interamericana.

– O senhor Walter foi um bom funcionário nosso – diz ele à mulher, com indulgência.

Não sei se era ironia ou remorso. Passou anos me tolhendo e agora falava de mim como se tivesse me ajudado a crescer. De certa forma, aquilo era um ato de penitência, um grande gesto, muito difícil para ele. Mas fui cortês.

– Ah, sem dúvida! Aprendi muito lá.

Foi o princípio de tudo. Ainda tive outros contatos com o Almeida, no tempo em que o Mauro Salles presidiu a International Advertising Association (IAA). Eu era um dos vice-presidentes e o Almeida, o outro. A última vez em que o vi foi no seu enterro. Eu era amigo de praia de seus três filhos, Arnaldo, Armando e Artur. Achei que deveria passar no velório para não magoá-los e no fundo para prestar-lhe homenagem. Afinal, Armando D'Almeida foi um dos grandes da propaganda e eu, gostasse ou não, começara com ele. Então, naquela tarde – devia ser 1975 –, peguei o Otto Lara Resende e o Paiva Chaves, meus assessores na Globo, e fui ao velório.

– Vamos até lá marcar presença – eu disse. – Apesar de tudo o que aconteceu, não deixa de ser uma espécie de pai meu que morre.

Era um final de tarde e o Cemitério São João Batista não estava muito cheio. Enterro normal, umas 30 ou 40 pessoas, quase todas da família. Chegamos quase na hora de o corpo sair. Entrei, vi o Almeida no caixão e fiquei chocado. Acho que, inconscientemente, eu imaginava que ele nunca morreria, um homem tão forte, tão autoritário, tão referente para mim como chefe. Mas lá estava ele. Mal tive tempo de me adaptar àquela emoção quando os filhos dele me puxaram e passaram a me apresentar às pessoas.

– Você conhece o Walter Clark? Pois ele trabalhou com o papai!

E foi aperto de mão aqui, cumprimento ali, as pessoas encantadas em conhecer a grande estrela da TV, falada nas colunas sociais, nas revistas. Eu, aquele humilde contínuo, o garoto que o Almeida desdenhava e dizia que não fazia nada a não ser ler jornais no horário de trabalho, roubei a cena no enterro dele...

4.
Irmãos Coragem

Esse problema de a televisão não ter memória, de trabalhar apenas com o presente e tornar antediluviana qualquer coisa que tenha acontecido há mais de 15 minutos traz um enorme prejuízo à compreensão de sua história. Pouca gente sabe, por exemplo, o que foi a TV Rio, Canal 13 do Rio de Janeiro, e o que ela representou no desenvolvimento da televisão brasileira. Os telespectadores mais velhos se lembrarão, claro, de muitos programas, provavelmente com saudades porque eram produções realmente fantásticas, inesquecíveis. Mas, além dos que viveram diretamente a experiência da TV Rio e de um ou outro pesquisador do assunto, ninguém tem noção de sua importância. É quase como se ela não houvesse existido e a moderna TV brasileira tivesse começado com a Globo.

Pois a TV Rio foi a segunda emissora em importância na década de 1950, perdendo apenas para a TV Tupi de São Paulo, pioneira, mais rica e mais poderosa. Praticamente tudo que se criou em linguagem, esquemas de programação, concepção de rede, fórmulas comerciais e até mesmo os grandes astros e estrelas, tudo nasceu na TV Tupi de São Paulo ou na TV Rio. Cada emissora, a seu modo, cada qual a seu tempo, foi laboratório fundamental da nossa TV, e o próprio fato de as duas não terem sobrevivido ao sucesso inicial é riquíssimo em ensinamentos sobre a complexa arte de fazer televisão.

Assim como a TV Tupi foi produto do pioneirismo e do espírito de aventura de Assis Chateaubriand, a TV Rio também nasceu pelas mãos de um visionário: João Batista do Amaral, o "Pipa" Amaral. Chatô, ao menos, teve a satisfação de ver seu trabalho reconhecido em vida, justiça que ainda não foi feita a Pipa Amaral. Eu, de minha parte, rendo minhas homenagens aos dois e declaro que não teria aprendido o que sei de televisão se não tivesse analisado o que fizeram para torná-la um veículo de comunicação importante no Brasil.

Chateaubriand eu não conheci pessoalmente. Nunca cruzei com ele num corredor do prédio das Emissoras Associadas, numa cerimônia, num coquetel. Ainda assim, ele sempre foi uma referência permanente, uma figura mitológica que encarnou uma série de virtudes, para mim mais importantes do que os inegáveis defeitos que teve. A principal, creio, era a sua impulsividade quase irresponsável, o sentido do risco e da aventura. Foi exatamente assim que ele trouxe a televisão ao Brasil. Não como uma bandeira, uma missão, nem mesmo um projeto calculado, racional. A TV, para Chateaubriand, foi uma paixão instantânea e um ato reflexo.

Com carreira de advogado e jornalista, ele fundou jornais em todos os estados, transformou *O Cruzeiro* na revista mais vendida do Brasil e montou uma rede de rádio como o país nunca mais teve. A televisão foi apenas o seu passo seguinte. Acredito que em momento nenhum passou por sua cabeça que ela se transformaria na mídia central de nosso século, que seria quase o coroamento de uma civilização e determinaria os rumos da sociedade. Acho que ele não atentou para isso.

Quando Chateaubriand inaugurou a TV Tupi, em 1950, aquilo foi um capricho para ele. Foi o corolário de sua aventura pessoal, o auge do empreendedor que montou um império. Quando penso nisso, comparo Chatô a um diletante que mal guia automóvel e compra logo um fantástico carro esporte, uma Ferrari, apenas para se locomover. Não sabe que tem um bólido nas mãos. A própria história da compra dos equipamentos da emissora, nos Estados Unidos, demonstra bem isso.

Ele foi à fábrica da RCA Victor, então a mais avançada do mundo na pesquisa de televisão, e foi recebido pelo próprio presidente da empresa, David Sarnoff. Isso por volta de 1947 ou 1948, mais ou menos na época em que o César Ladeira também se interessou por TV. O Sarnoff, mais do que executivo de uma grande corporação eletrônica, era um cientista, um sujeito que só se preocupava com o *hardware* da TV, com o seu futuro – assim como com o do rádio, do disco etc. E, por gentileza, durante a visita de Chatô, convidou-o a conhecer o laboratório onde os técnicos pesquisavam a TV em cores. Assim que viu a aparelhagem, Chatô reagiu fascinado, com aquele jeito nordestino.

– Quero esse treco todo!

Ele era assim. Foi lá comprar uma estação de TV em preto e branco – que, aliás, seria a primeira da América Latina e uma das cinco primeiras do mundo – e já queria a TV em cores. Mesmo sem cor nenhuma em sua TV, ele estava fazendo uma revolução, fechando um negócio que muita gente julgou uma perfeita loucura, já que o Brasil não tinha sequer indústria, quanto mais a sofisticada indústria eletrônica, e não podia, em consequência, fabricar televisores. Por tudo isso, em muitos momentos de minha vida, inclusive bem mais tarde, na TV Globo, eu sempre disse que toda emissora de TV devia ter um busto do Chateaubriand no pátio. Foi ele quem nos abriu os caminhos para crescer.

Já o Pipa Amaral era completamente diferente. Se para o Chatô a TV foi um capricho, para o Pipa ela foi o centro da vida. Nunca conheci um empresário de televisão que vivesse tão intensamente o veículo, que tivesse tanta visão de futuro. Tivemos muitas divergências e estou certo de que ele cometeu erros graves em momentos cruciais da TV Rio. Mas não posso deixar de reconhecer seu fabuloso trabalho na determinação do formato comercial da TV. Eu não apenas reconheço como sou grato a ele. Foi ele quem acendeu em mim a chama da TV, quem me instigou, me provocou e ensinou tudo – embora essa jamais tenha sido sua intenção.

João Batista do Amaral veio do rádio. Ele era sócio de Paulo Machado de Carvalho, fundador da Rádio e da TV Record. Além de sócio, era cunhado, casado com uma irmã dele, Maria Luiza. Os dois tinham uma parceria de 50% nos negócios de rádio, que, à época, envolviam a Rádio Record, a Rádio Cruzeiro do Sul (depois Jovem Pan), a Rádio São Paulo e a Rádio Bandeirantes, ainda não vendida a João Saad. Mas havia uma diferença fundamental entre o Pipa e os Machado de Carvalho. Enquanto seus parentes eram paulistas autossuficientes, de um bairrismo extremado – uma gente que achava que São Paulo acabava em São Bernardo e que Vila Conceição era outro país –, Pipa era um sujeito aberto ao mundo. Ia muito aos Estados Unidos, conheceu a televisão *in loco* e logo percebeu seu potencial.

Foi ele quem, no início da década de 1950, no segundo governo de Getúlio Vargas, pleiteou concessões de canais de TV para as Emissoras Unidas. A TV Record saiu primeiro, em função da força da Rádio Record, e foi inaugurada em 1953. Mas logo depois saiu a concessão da TV Rio, por intermédio do Amaral Peixoto, ministro do interior e genro do Getúlio.

Já naquele tempo, o Pipa tinha clara noção de que a televisão deveria operar em rede, com diversos canais. Acreditava que esse seria o futuro do negócio – como, de fato, foi. Daí seu interesse em implantar estações em São Paulo e no Rio de Janeiro. A ideia era interligá-las, dando início a uma grande rede, em torno das Emissoras Unidas – cujo nome poderia ser uma ironia a seus principais concorrentes, poderosos, mas muito pouco "associados".

As emissoras podiam ser unidas, mas a família não era. Havia sérias divergências entre os Amaral e os Machado de Carvalho. Estes sempre foram muito medrosos, muito conservadores. Achavam que São Paulo era o centro da civilização ocidental, que não precisavam de rede, de televisão nenhuma em outras cidades. Então, fecharam um acordo com o Pipa que praticamente selaria a sua separação. O Pipa ficaria com o controle da TV Rio, 100% das ações, e manteria ainda 50% das ações da TV Record, mas não teria direito a participar de nenhuma decisão da emissora. Os Machado de Carvalho montariam a TV Rio para o Pipa brincar e ele só entraria na TV Record, que já estava fazendo dinheiro, como visita – ou para pegar a sua parte no lucro, no final do ano.

Claro que Paulo Machado de Carvalho e seus filhos não acreditavam que a televisão fosse se desenvolver no Rio, embora a cidade fosse a capital da República, onde pontificava a Rádio Nacional. Os Carvalho imaginavam que São Paulo seria eternamente a locomotiva eletrônica, puxando os vagões das televisões vazias. Assim, deram ao Pipa apenas um caminhão de externas com duas câmeras e um micro-ondas, para pôr no ar a sua estação. O transmissor, um General Electric pré-histórico de 20 kW, o Pipa conseguiu de presente de uma emissora evangélica dos Estados Unidos. Esse transmissor ficava instalado no topo do Empire State Building, em Nova York; era um trambolho descomunal, refrigerado a água, três vezes maior do que os modelos mais modernos. Era um elefante tão branco que, embora estivessem abrindo centenas de estações nos Estados Unidos, os evangélicos não conseguiram vendê-lo a ninguém e o deram ao Pipa. Foi, portanto, com essa glória da tecnologia que a TV Rio estreou, em 1955.

O Pipa não conseguiu transformar as Emissoras Unidas numa rede, mas não desistiu da ideia. Tanto assim que conseguiu a concessão de 30 canais no interior do Estado de São Paulo para formar a base de sua futura rede. Ele se preparou para isso, montando inclusive uma empresa para fabricar micro-ondas no Brasil. Eram os transmissores de micro-ondas que permitiam ao sinal de televisão chegar a lugares distantes naquele tempo, muito antes dos satélites. O Pipa contratou os melhores oficiais de eletrônica do Instituto Militar do Exército e outros tantos do Instituto Tecnológico da Aeronáutica, e montou a sua empresa, a Sociedade de Radiocomunicações. Tinha o Jorge Marsiaj, o Lourenço, o Hervê Pedrosa, o Silva Araújo, esse pessoal que depois organizou o Ministério das Comunicações.

A Sociedade de Radiocomunicações chegou a manter uma ligação de micro--ondas entre Rio e São Paulo, um serviço privado de telefonia bem anterior à Embratel. A TV Rio, por exemplo, tinha uma linha direta para o escritório de São Paulo, era só tirar o telefone do gancho que os caras atendiam lá, a 400 quilômetros de distância. Com esse sistema de micro-ondas, havia também uma interligação entre a TV Rio e a TV Record – precária, sem dúvida, sempre sujeita a quedas do sinal, os famosos *fadings*, que aconteciam nos fins de tarde ou quando chovia muito. Mas, de qualquer modo, era um *link* e isso não era pouca coisa. A Record poderia ter sido a cabeça da primeira rede de TV do Brasil. Poderia sair na frente, consolidar-se, mas preferiu permanecer pequena, porque os Machado de Carvalho nunca conseguiram superar as divergências e a desconfiança que mantinham com relação ao Pipa.

Sem rede e sem dinheiro para montar as estações do interior, a alternativa do Pipa era tocar a TV Rio como uma estação local. Seu projeto para a emissora tinha a marca do visionário. Ele queria montar uma TV educativa na programação diurna, vendendo os telecursos para outras estações que quisessem entrar em rede, para o governo e para empresas que quisessem alfabetizar seus empregados, com isso obtendo abatimento do imposto de renda. Iniciativa privada e governo criariam uma rede de telepostos, conectados à TV Rio e suas afiliadas. Mas Pipa não queria produzir nada além dos educativos. Os programas da noite, de entretenimento, seriam feitos pelos próprios clientes. Pipa queria uma estação que vendesse espaços a agências e anunciantes. Eles que produzissem os programas.

Boas intenções e ideias visionárias não produzem necessariamente resultados positivos. Uma rede de televisão educativa, num país de analfabetos, era por certo um projeto relevante, meritório, mas estava na cara que daria muito mais problemas que dinheiro. E a proposta de deixar toda a programação noturna a cargo dos clientes – embora fosse normal nessa época de TV ao vivo que os anunciantes produzissem os programas que patrocinavam, além dos comerciais – era um óbvio exagero. Significava que a estação não teria controle sobre aquilo que emitiria.

Mas o Pipa não tinha essas dúvidas quando concebeu o projeto da TV Rio e tratou de implementá-lo. A estação ocupava o prédio do antigo Cassino Atlântico, uma construção enorme. Tinha dois estúdios gigantescos, maiores do que os de muita emissora mais recente. Mas apenas um terço do espaço total era reservado à área de entretenimento. O resto, a maior parte, era ocupado pelo projeto da telescola. Era uma coisa megalomaníaca, baseada na experiência da telescola italiana, que deu muito certo e erradicou o analfabetismo no sul da Itália. Quem pilotava era Alfredina de Paiva e Souza, a grande mentora da televisão educativa no Brasil e nome cultuado nesse setor.

Para tocar a TV Rio, o Pipa colocou Aristides Cerqueira Leite, funcionário antigo e diretor da Rádio Record no Rio, homem da sua absoluta confiança, na direção comercial. Pôs Jack Trompowski, um sino-russo-americano entendidíssimo de eletrônica, na direção técnica e chamou David Cohen para dirigir a produção. O Cohen era diretor de televisão na McCann Erickson, a agência que mais investia no veículo, ao lado da Standard. Ela emprestou seu passe à TV Rio, numa demonstração de boa vontade. Astolpho Vasconcelos cuidava da direção administrativa, e esse era o time da TV Rio para enfrentar a liderança tranquila da Tupi, com quatro anos de mercado, consolidada entre a audiência e os anunciantes.

Deu tudo errado. Para começar, o equipamento disponível era insuficiente para atender ao projeto da telescola, que foi postergado, e ao restante da programação. O melhor exemplo disso era o que acontecia aos domingos, quando havia as transmissões dos jogos de futebol. A equipe de externa chegava cedo, lá pelas dez horas da manhã, para desmontar as câmeras de estúdio e o micro-ondas e colocar tudo dentro do caminhão. Toda aquela tralha ia para o Maracanã e levava horas para ser montada e ajustada, para estar em condições na hora do futebol. O jogo ia das 15h às 17h. Quando acabava, entrava no ar o *Cineminha Estrela*, que usava só o telecine, o equipamento de projeção de filmes. Enquanto isso, as câmeras eram desmontadas no Maracanã, trazidas de volta ao estúdio e remontadas, o que levava no mínimo duas horas. Nesse meio-tempo, ficava correndo o *Cineminha Estrela*. Só depois das 19h, às vezes 20h, a programação voltava ao estúdio.

Era tudo muito precário. Pouco equipamento para muitas horas de programação. Embora a estação ficasse no ar apenas sete horas por dia, das 17h à meia-noite nos dias de semana, não havia câmeras, luzes e microfones em quantidade satisfatória. Quando se implantasse o projeto da telescola e a emissora entrasse no ar ainda mais cedo, a coisa se agravaria. Ficaria evidente o descompasso entre o projeto megalomaníaco e a realidade microscópica da TV Rio.

Para complicar, a programação não ajudava. Enquanto a TV Tupi tinha *Repórter Esso*, *Espetáculos Tonelux*, *Boliche Royal*, *O céu é o limite*, toda uma linha de programas já vitoriosos – embora nem de longe comparáveis aos da Tupi de São Paulo, *TV de vanguarda*, *TV de comédia*, *Antarctica no mundo dos sons*, trabalhos de qualidade excepcional de Cassiano Gabus Mendes, Túlio de Lemos, Walter George Durst e outros craques –, a TV Rio não tinha nada. Nem um único sucesso marcante, mas apenas programas menores, descartáveis, como aquele da Gulf que a Interamericana produzia. O David Cohen não estava se dando muito bem na função.

Foi assim que, em 1956, o Pipa convidou Péricles do Amaral para dividir a direção da produção, que acumulava também a programação, com o David Cohen. O Péricles era um grande produtor de rádio, tinha uma fileira de sucessos no currículo, como *Rádio sequência G3*, que fez com Aloísio Silva Araújo, ou *Capitão Atlas* – programas populares que incomodavam a Nacional. Não tinha ainda grande conhecimento em linguagem específica de televisão, mas nem precisava, porque a própria TV estava descobrindo essa linguagem. Os programas ainda eram essencialmente radiofônicos e o Péricles sabia como ninguém o que interessava ou não às grandes audiências. Aliás, ele tinha uma característica interessante. Era um intelectual, um homem preparadíssimo, filho do Rubens do Amaral, grande jornalista, diretor do *Correio Paulistano*, mas detestava qualquer tipo de intelectualismo na TV ou no rádio. Era um defensor radical da programação mais popular. O negócio dele era produzir sucessos, fazer audiência. Seu trabalho não tinha veleidades artísticas.

Então, o Péricles assumiu a Direção de Programação, que foi separada da Direção de Produção. Esta continuou com David Cohen. Mas seu parceiro mais importante não era o Cohen, e sim o Cerqueira Leite. Isso porque, numa emissora que não tinha recursos para investir em produção, o diretor comercial era um homem-chave para fazer os programas. Era ele quem trazia os anunciantes que sustentavam as atrações. Cerqueira Leite, que tinha feito o nome na Rádio Record, era uma das estrelas da área comercial. Não entendia nada de TV, mas acreditava que a sua simples presença era suficiente para que as verbas jorrassem na TV Rio. Não cuidava muito dos detalhes do trabalho, agia olimpicamente, não tinha aquela preocupação de organizar o seu setor, azeitá-lo, ajustá-lo à modernidade do veículo e aos tempos JK que vivíamos.

Foi exatamente aí que eu entrei. O cargo de assistente do Cerqueira Leite, que o Péricles me propôs no final de agosto de 1956, era isso: a ligação entre o diretor e o restante do Departamento Comercial e da emissora. Péricles sabia que precisava de alguém mais ágil e mais ligado a ele, por isso me indicou. Esse trabalho de meio de campo era o mesmo que eu executava na Interamericana. Apesar da minha cara de garoto, dos meus verdíssimos 20 anos, eu devia ser um tipo que as pessoas olhavam e pensavam: "Eis aqui o sujeito que vai organizar esta zorra". Felizmente, nunca decepcionei.

Quando conheci o Cerqueira Leite, já tive uma boa demonstração da sua personalidade e do que me aguardava no novo trabalho. Ele marcou de me receber às 15h, me deixou mais de quatro horas esperando e só me atendeu quase às 20h. Aí me veio com seu ar imponente.

– Você não vai ser meu assistente. Você vai ser o chefe do meu Estado-Maior. A empresa precisa de mim para outras missões, então você vai chefiar as operações aqui no Comercial.

Ele era um sujeito meio antigo, adorava essas imagens grandiloquentes, essa coisa de "Estado-Maior", "missões". Senti que estava diante de um homem que andava a, no mínimo, um palmo do chão, inflado pela própria glória. Eu teria de fazer o fio terra. Mas se isso tinha seu lado ruim, tinha também uma enorme vantagem: o espaço para trabalhar. Havia um milhão de coisas a ser organizadas no Departamento Comercial, como eu rapidamente percebi. E o Cerqueira Leite não estava nem aí para as minúcias. Eu podia me espalhar à vontade, desde que seguisse as linhas gerais traçadas por ele.

Praticamente junto comigo entrou na TV Rio o Pipinha, João Batista do Amaral Filho. Com 24 ou 25 anos, engenheiro, ele tinha uma carreira bem encaminhada em São Paulo e era muito diferente do pai. Sentia pavor de rádio e televisão, queria que se lixassem, não gostava de trabalhar nisso. Mas, a pedido do Pipa, veio ajudar na administração da TV Rio. Pipa estava doente, em viagem de tratamento para se curar de uma estafa, e a emissora ia mal, naquela política fracassada de loteamento da programação e implantação da faraônica TV Educativa. Sobrou para o Pipinha segurar a barra. No primeiro mês à frente da estação, ele vendeu um carro para cobrir a folha de pagamento. No segundo mês, outro; no terceiro, mais um. A folha de pagamento não era muito cara, mas ainda assim devastou sua frota automobilística, consumindo inclusive um Thunderbird que me deixava doido.

As vacas magras, entretanto, estavam prestes a engordar. Péricles assumiu e logo começou a sacudir a programação, levando com ele Wilton Franco, Armando Couto e José Miziara. Não se pode dizer que esses profissionais tenham dado uma grande contribuição artística à televisão brasileira, mas eles sempre souberam o que fazer para que o público assistisse a um programa. Tinham habilidade em produzir farta audiência. Assim, com uma série de programas apelativos, a TV Rio foi descobrindo o doce sabor do sucesso e surgindo no mapa como uma televisão alternativa à Tupi.

Comecei a trabalhar neste momento, setembro de 1956. Quando cheguei, o Departamento Comercial era um exército de Brancaleone, composto de três bravos gatos-pingados: o Cerqueira Leite, na direção; um tráfego, o Vianninha, que cuidava das operações, da parte burocrática; e o Nelson Simas, encarregado de bater as autorizações de inserção dos comerciais. Meu trabalho, inicialmente, seria o de intermediar o Nelson e o Cerqueira Leite. Eu recebia as autorizações do Nelson, conferia e passava ao Leite. Uma rotina bastante chata, que me dava tempo até para escrever poesias no verso das tabelas de preço. No final de 1956, as modificações da emissora ainda não haviam provocado uma explosão de faturamento e o Comercial ainda ressonava na monotonia.

Mas a TV Rio era um ambiente fascinante para trabalhar. Havia um clima descontraído, de camaradagem, que dava prazer aos funcionários. Logo no meu primeiro dia, tive uma demonstração de como eram divertidas as coisas ali. Assim que cheguei ao departamento, no 4º andar – a avenida Atlântica e o mar a meus pés –, o Nelson me levou para conhecer a estação. O prédio do antigo Cassino Atlântico, adaptado para televisão, parecia locação das catacumbas de Roma em filme bíblico. Era cheio de meandros, corredores, saletas, puxadinhos, jiraus, um labirinto dos diabos.

E lá vou eu com o Nelson Simas por aqueles lugares estranhos. Ele me mostrou a técnica, a sala de direção de TV, com aqueles caras trabalhando em frente a um painel cheio de botões e comandos. Depois fomos a um estúdio de cinema alugado pelo Herbert Richers, onde o Alípio Ramos – chamado com maldade pelo pessoal de Ali Pioramos – e o Eurides Ramos produziam seus filmes. De lá chegamos ao auditório, onde estava sendo preparado o show daquela noite.

Fomos até um canto, subimos por uma escada de marinheiro e entramos num corredor minúsculo, baixo, onde precisávamos rastejar. Caminhamos um trecho até chegar a uma câmara que já estava apinhada de marmanjos. Ela ficava exatamente em cima do camarim feminino e tinha uma abertura discreta sobre o espelho iluminado das atrizes, suficiente para que se pudesse ver sem ser visto. Ali era o cineminha de sacanagem dos varões da TV Rio. Os caras ficavam lá babando nas bailarinas e nas atrizes que se despiam e retocavam a maquiagem alguns metros abaixo, na maior inocência. Essa janela indiscreta durou até a véspera da estreia de um show do Carlos Machado, onde dançava a Madeleine Rosay, mulher do David Cohen. Quando ele percebeu que a sua mulher seria também devidamente esmiuçada por vários pares de olhos ávidos, mandou tapar o buraco. Com isso, a rapaziada perdeu o que se anunciava como o grande espetáculo da temporada: a nudez de uma rumbeira cubana que trabalhava com o Machado, a Gladys Ibanez, escultural, gostosíssima.

O conflito entre a posição do Pipa Amaral, de locar a sua programação, e a de Péricles, Cerqueira Leite e João Batista, todos favoráveis a que a TV Rio tomasse as rédeas da produção e transformasse os anunciantes apenas nisso, anunciantes, estava no auge no início de 1957. O Pipa já começava a ceder na sua intransigência. Foi aí que, em março, estreou um programa totalmente contraditório com a nova linha da emissora, mas que, apesar disso, foi o seu maior sucesso em todos os tempos. Seu nome: *Noite de gala*.

Esse programa nasceu como uma extensão dos negócios do Abraão Medina, grande comerciante de eletrodomésticos no Rio, pai do Roberto Medina do Rock in Rio e do Rubem, deputado federal. Ele era um homem vivíssimo, com uma noção bem clara do que acontecia em seu mercado. Percebeu que, naquela metade da década de 1950, quase todo mundo já tinha rádio, vitrola e geladeira, havendo apenas um mercado de reposição desses aparelhos. Com a televisão, ao contrário, o mercado era de implantação. Ainda havia muita gente para comprar o seu primeiro televisor. Então, o Medina entendeu que, para vender televisores, tinha de oferecer aos consumidores programação. E decidiu investir num programa que fosse o mais marcante, o mais caro e deslumbrante de todos.

O Medina procurou o Guimarães da Philco e o Martins da Philips e convenceu os sujeitos a investir com ele em televisão. "Eu compro mil aparelhos e em vez de me dar um desconto de 5% no preço de cada um, vocês me dão 10% em propaganda. Com esse montante, eu produzo o programa." Esse foi o argumento dele. Uma jogada de craque, porque foi basicamente uma ação institucional, que contribuiu para ampliar o mercado de televisão, criando interesse nos telespectadores. Vendiam-se mais televisores, os fabricantes produziam mais; ele girava seu estoque.

Noite de gala já nasceu luxuoso. Se o programa mais caro do mercado custava 2 mil, o Medina pagava 20 mil para fazer o seu. Financiou a construção de um novo estúdio e comprou mais três câmeras. Ele não regateava mesmo. *Noite de gala* foi precursor do *Fantástico*, um programa "ônibus", dividido em quadros comandados por um grande nome. Tinha, por exemplo, o Stanislaw Ponte Preta com as suas "Certinhas". O Sérgio Porto levava para o vídeo aquelas boazudas que ele apresentava nas suas colunas na imprensa. Tinha também a entrevista do Oscar Ornstein na piscina do Copacabana Palace. Nós fizemos uma réplica do bar da piscina no estúdio.

Toda semana, *Noite de gala* trazia uma atração internacional. Na estreia, lembro bem, foi o Bienvenido Granda, um cantor cubano bigodudo. Os shows importantes que aconteciam na cidade acabavam no programa, de um jeito ou de outro. O *Fantasias e Fantasias,* por exemplo, uma superatração com o grupo das "emancipadas" – Norma Bengell, Elizabeth Gasper e Leda Iuqui –, grande sucesso do Copa, foi remontado no *Noite de gala*. Tom Jobim estava toda hora lá, João Gilberto se apresentou, o Benê Nunes tinha um quadro.

O programa era produzido por uma equipe fantástica: Carlos Alberto Loffler, Geraldo Casé, Carlos Thiré e Flávio Cavalcanti, todos novos e cheios de ideias.

O Flávio era um grande produtor antes de se meter a apresentador. Foi dele um grande furo jornalístico, a entrevista ao vivo com Tenório Cavalcanti, o deputado da capa preta e da metralhadora "Lurdinha", paladino da Baixada Fluminense. Foram dele também as entrevistas com John Kennedy, em Washington, e com Jango Goulart, em casa, muito comentada porque foi interrompida algumas vezes pelo João Vicente, filho do presidente, então um garotinho, o que lhe deu um tom completamente informal. Era uma equipe que só fazia coisas espetaculares, campeã em "efeitos especiais".

Nesse aspecto, aliás, quem conseguiu o maior feito foi o Hélio Fernandes, que fazia comentários políticos não exatamente gentis no programa. Ele esculhambava tanto o Juscelino, criticava tanto, fazia uma oposição tão cerrada que acabou tirando aquele monumento à tolerância do sério e o levou a protagonizar um dos primeiros episódios de censura na TV brasileira. O Juscelino se encheu do Hélio e mandou avisar ao Pipa que, se ele não fosse afastado, a TV Rio podia dar adeus às concessões de canais no interior que estava pleiteando. O Pipa não teve como contornar a coisa e foi pedir a cabeça do Hélio. Mas o Medina, lacerdista fanático, adversário feroz de JK, ficou irritado com a pressão e acabou levando o *Noite de gala* para a TV Tupi, em 1958, com Hélio e tudo. Isso complicou muito a nossa vida, mas com o tempo os ânimos serenaram e no ano seguinte o Medina já trazia o programa de volta.

Noite de gala marcou a virada da TV Rio. Contraditoriamente, um programa patrocinado e produzido por um cliente foi o responsável por sua passagem de *outsider* a estação séria, conceituada. Na esteira desse sucesso, começaram a vir outros programas de nível melhor. O *Grande Teatro Philco*, por exemplo, que reunia aquele pessoal do TBC, da Vera Cruz: Ruggero Jacobbi, Carla Civelli, Cacilda Becker, Walmor Chagas, Ziembinski. O *TV Rio Ring*, patrocinado pela Esso. O programa da Maysa, que era um fenômeno recente e foi levada para lá pela McCann Erickson, com verba da Bombril. O da Ângela Maria, patrocinado pela Nestlé.

O Victor Berbara, ex-diretor de rádio e TV da Grant, que havia fundado a sua própria agência, a Century, foi para lá com dois clientes, o Moinho de Ouro e os Biscoitos Piraquê. Para o primeiro, ele fazia o *Teatro Moinho de Ouro*, um teleteatro excelente, que realizou grandes trabalhos, como um inesquecível

Romeu e Julieta com Érico de Freitas e Terezinha Rúbia, filha da Mara Rúbia. E, para a Piraquê, dirigia *Aí vem dona Isaura*, humorístico saboroso com a Ema D'Ávila e a turma de comediantes da Mayrink Veiga: Zé Trindade, Antônio Carlos Pires etc.

A programação começou a melhorar sensivelmente. Os bons seriados americanos, como *Lassie*, nós também já conseguíamos comprar. Podíamos até nos dar ao luxo de fazer algumas ousadias, como lançar o Chacrinha no horário nobre. O guerreiro, que ainda não era velho nem muito prestigiado pela elite, fazia dois programas na Tupi – o *Rancho do Mr. Chacrinha* e a *Discoteca do Chacrinha* –, ambos na hora do almoço, em dias de semana. Então, foi convidado pelo Péricles a transferir-se para a TV Rio, para ocupar horários no fim de semana. Mas, por alguma razão, surgiu um problema de programação às 20h de quarta-feira e não tínhamos o que pôr no ar. Foi quando o José Otávio de Castro Neves, meu querido amigo, contato comercial da emissora, vendeu às Casas da Banha a ideia ousadíssima de lançar aquele doido varrido do Chacrinha no horário nobre.

Para sua eterna felicidade, o Venâncio das Casas da Banha topou o risco. Chacrinha estreou no horário, explodiu na audiência e as Casas da Banha começaram a crescer vertiginosamente, transformando-se numa das maiores cadeias de supermercados do país. Mas nós tínhamos medo de que o público reagisse mal. Tanto que, na hora de o programa entrar no ar, púnhamos um locutor para fazer uma introdução que era quase uma advertência.

– A TV Rio tem a coragem de apresentar... a *Discoteca do Chacrinha!!!*

Isso mesmo: "a coragem de apresentar". Era um empreendimento de risco. Mas, depois de algum tempo, risco era tirar o programa do ar, não colocá-lo. Chacrinha fez um sucesso danado, instantâneo. E quase deixou de desfrutá-lo, porque teve um câncer no pulmão. Operou, extraiu alguns metros cúbicos de alvéolos e resíduos de cigarro e sobreviveu, forte e sacudido. Para a sua alegria, a nossa e a de todos os telespectadores.

De matuto pobretão que chegara do Nordeste, o Chacrinha se transformou logo num competentíssimo profissional de televisão. Nunca houve, provavelmente, um produtor tão preocupado com o Ibope quanto ele. Seu problema não era apenas saber se os índices haviam subido ou descido, mas entender como, onde e por que isso acontecia. Ele era do tipo que conferia tudo, analisava, estudava. Se o Ibope apontasse uma queda de sua audiência em Madureira, por exemplo, ele ia lá saber o que acontecera. Descobria eventualmente que havia faltado luz no bairro na hora de seu programa, então brigava com o Ibope para corrigir os índices.

Era um cara humilde e decente, que enriqueceu e não ficou imbecil. Quando o conheci, morava no Rocha, subúrbio do Rio, numa casinha modesta de alpendre, com a mulher, Florinda, e os filhos. Na TV Rio, já ganhava bem melhor, mas ainda habitava um apartamento simples, de dois quartos e sala, em Copacabana, devidamente equipado com uma imagem de São Jorge na parede e um pinguim sobre a geladeira. Mas foi essa figura irreverente, bizarra e tida como louca que se afirmou como mito da TV brasileira e contribuiu para o lançamento de muitos nomes da nossa música. Chacrinha foi a MTV de seu tempo, o espaço privilegiado da música na televisão. E, para nós, uma ótima solução de programação, porque dava audiência e era produzido pela TV Rio, não comprava o nosso horário e não "pertencia" às Casas da Banha.

O grande problema de ter horários locados na programação era quando o anunciante desistia. Se a Philco, por exemplo, parava de bancar o teleteatro da Cacilda Becker, era a TV Rio quem tinha de custeá-lo até encontrar um patrocinador. No caso de muitos programas, era fácil bancar, porque o custo era baixo. Mas os shows iam se sofisticando, ficando cada vez mais caros, o que exigia toda a diplomacia do mundo no trato com os anunciantes. Era crucial mantê-los felizes e satisfeitos para que os programas não saíssem do ar.

Nesse aspecto, acredito que dei uma contribuição importante para o sucesso na TV Rio. O Cerqueira Leite era aquela personalidade arrogante, distanciada, superior; portanto, os clientes vinham se queixar comigo. Eu fornecia o cafuné, o tapinha nas costas, o abraço amigo. Às vezes, tinha de me virar para contornar as confusões que o Cerqueira Leite criava. Um caso célebre foi com o Edson Borges, o Passarinho, gerente de propaganda da União dos Refinadores. O Café Caboclo e o Açúcar União eram grandes anunciantes, e Passarinho tinha o projeto de um musical, *Caboclo faz o sucesso*, que seria produzido pela Renata Fronzi e teria transmissão simultânea pela Rádio Nacional. O programa tinha tudo para ser bom: a Renata, que estava casada com o César Ladeira, era uma atriz importante e diretora conceituada no teatro de revista. Sabia fazer um bom espetáculo.

Passarinho procurou o Cerqueira Leite a fim de levar o programa para a TV Rio. Mas o Leite, com aquele jeito dele, deu uma canseira de quatro dias no camarada, sem atendê-lo. O Passarinho ia e voltava, esperava e esperava, e o Leite não atendia. Até que ele se encheu e saiu pisando duro para levar o programa à Tupi. Eu não me conformei. Discuti com o Leite, insisti, pressionei, tanto fiz que ele afinal concordou em receber o Passarinho. O coitado já estava na fila do ônibus, o Meyer-Copacabana, famoso 133, com o projeto embaixo do braço. Da janela, eu gritava para ele subir, mas ele, puto da vida, acenava dizendo que não ia. Então, fui buscá-lo lá embaixo. Como se diz, trouxe o cliente no laço. Para resumir a história, o *Caboclo faz o sucesso* acabou iniciando uma série de programas em parceria com a Nacional: *Grande Teatro Orniex, Programa César de Alencar* etc. E quase o perdemos.

Era assim que o Cerqueira Leite tratava os anunciantes. Ele agia como se estivéssemos na NBC, com clientes fazendo fila na porta, o que não era exatamente o caso. Tinha uma atitude imperial, superior. Por isso, aos poucos fui ganhando força. Eu fazia as coisas práticas, administrava os problemas e dava colo aos clientes, que não paravam de nos procurar, mesmo porque não havia outra alternativa. A Tupi chutava as canelas dos anunciantes – chutava mesmo, era a líder, não precisava se preocupar em repor os horários que perdesse – e eu entrava com a mão de gato.

Se eu tinha de administrar o temperamento do Cerqueira Leite, precisava também manter um bom relacionamento com o Péricles. Nós discordávamos cada vez mais sobre o tipo de programa que devíamos fazer. Ele era intransigente na defesa dos populares, enquanto eu achava que deveríamos investir na qualidade. Sempre acreditei que, em televisão, "o melhor é o melhor", isto é, só programas de alto nível trazem prestígio e audiência qualificada. Já o Péricles era da linha "o melhor é o pior". Quanto mais popularesco, quanto mais baixaria, mais audiência. Ele trabalhava para fazer volume de audiência. Não se preocupava com prestígio, com qualificação de público – conceitos, aliás, que só se afirmaram na TV bem depois. Na verdade, o ideal era uma mistura dessas duas posições: fazer audiência e depois conduzir o público, gradualmente, a uma programação melhor. Mas o Péricles dispensava essa estratégia de qualificação dos programas e desprezava quem se preocupava com isso.

Não ia muito com a cara, por exemplo, daqueles profissionais que tinham vindo da TV Tupi: Carlos Alberto Loffler, Moacir Masson e Luís Fernando do Amaral, além do Otávio Olive, que se juntou à turma já na TV Rio. Eu ficava cada vez mais ligado a eles, que tinham preocupações intelectuais e estéticas iguais às minhas. Foi o Loffler, por exemplo, quem me introduziu na leitura do Hermann Hesse e do Jacob Wassermann. Nós também líamos muito Drummond, Vinicius e Manuel Bandeira, discutíamos cinema; eram amizades estimulantes para um garoto metido a intelectual.

Nosso ponto de encontro era o Belmiro, bar que ficava na esquina da avenida Atlântica com a Joaquim Nabuco, perto da Colônia de Pescadores Z5 e do Forte de Copacabana. Nós almoçávamos ali e voltávamos depois de encerrada a programação para jantar. Comíamos peixes fantásticos, que chegavam quase vivos à mesa, e tomávamos cachaça com Coca-Cola, bebida chamada de "Samba em Berlim". Era o botequim dos pescadores e o QG boêmio da TV Rio, onde nos embebedávamos em pacífica convivência etílica com as figuras mais incríveis, como o Isnaldo e o Cabinha, também pescador na Z5 e grande fera do vôlei de praia. Foi o cara que inventou a "deixadinha". Foi no Belmiro, aliás, que testemunhei um fato divertidíssimo, envolvendo uma grande glória da música popular brasileira: Lamartine Babo.

Quando cheguei à TV Rio, Lamartine, Héber de Bôscoli e Yara Salles tinham acabado o *Trem da alegria*, lendário programa de auditório que trouxeram da Rádio Mayrink Veiga. Os três formavam o Trio de Osso, que tinha esse sugestivo nome em razão da magreza cadavérica de seus componentes. Héber era uma grande personalidade e Yara, uma ótima atriz e apresentadora, mas o Lamartine era o gênio da trinca. Compositor, produtor de revistas musicais, humorista, tratava-se de um sujeito indescritível. Só mesmo convivendo com ele para desfrutar de toda a riqueza daquela personagem. Algumas horas de conversa com ele garantiam entretenimento seguro até para a mais mal-humorada das criaturas.

Um sábado à tarde do verão de 1958, eu estava no Belmiro com o Lamartine e uma bela moça que o acompanhava, não sei se atriz, cantora, garota-propaganda, vedete, mas boa, muito boa. Ele tinha acabado de dar os retoques finais em duas novas músicas, *Os rouxinóis* e *As velhas catedrais*, e estava bastante entusiasmado. Para me mostrar a maravilha de suas novas criações, ele não apenas cantava, mas imitava a orquestra inteira. Daquele corpo minúsculo, magérrimo, saíam os sons mais variados, toda a onomatopeia da simulação de uma orquestra: os pistons, os trombones, os violinos, a bateria, o piano. Ele cantava e "tocava" tudo ao mesmo tempo, frenético, agitado, passava a mão no rosto, no cabelo, no corpo e nas pernas da moça. Mexer com as mãos e tocar as pessoas eram hábitos dele, uma expressão de sua afetividade. E ele tocava e bolinava a moça, cantava, bufava e passava a mão nela, nele, em mim. Realmente, Lamartine Babo exigia pouquíssimos recursos técnicos para fazer um grande espetáculo.

Ele tinha histórias fantásticas. A melhor de todas era a de seu amor platônico em Minas Gerais. Quando compôs a *Serra da Boa Esperança*, ele foi homenageado com o título de cidadão da pujante cidadezinha mineira onde a serra se encerra. Ao ir até lá para receber a homenagem, seguiu animado, porque mantinha uma correspondência intensa com um rabo de saia local, que lhe mandava copiosas cartas, muito afetuosas. E, mulherengo como era, imaginou que a temporada nas Alterosas poderia incluir um interlúdio romântico. Mas, quando chegou, apareceram o prefeito, o juiz, o delegado, autoridades civis, eclesiásticas e militares, fãs de todo tipo, o povo em geral, mas nada da mulher.

Depois da sessão solene na Câmara e do almoço de confraternização, ele achou melhor procurar pela moça, em vez de esperar que ela viesse a seu encontro. Comentou sobre ela com um dentista muito simpático, com quem tinha feito camaradagem logo que chegou.

– Será que ela é feia e está se escondendo de mim? – perguntou ao cara. – Será que tem algum problema, tem medo de aparecer?

– Olha, Lamartine, eu vou te confessar uma coisa – respondeu o dentista. – Aquela mulher sou eu!

O cara não era homossexual, para alívio do grande Lala. Era sim um grande gozador, que inventou uma personagem feminina para brincar com o Lamartine e, quando viu que ele se entusiasmou, resolveu "namorá-lo" por via postal...

Personagens como o Lamartine e histórias divertidas eram o cardápio central do Belmiro nos meus encontros diários com o grupo "intelectual" da TV Rio. Ali tomávamos todas, flertávamos com muitas e passávamos horas deliciosas, sempre discutindo, especulando, falando de diversos assuntos – principalmente televisão. Esse meu grupo da TV também se misturou com o grupo do Clube dos Tatuís, no qual eu agora ocupava o prestigioso cargo de diretor social. Nossa sede já tinha um piano e, em torno dele, começou a se agregar toda a turma de Ipanema e adjacências, especialmente os músicos. Tom Jobim e Newton Mendonça eram assíduos, assim como o Ronaldo Bôscoli, que namorava a minha irmã. Mais ou menos por essa época, Vinicius de Moraes veio da França para montar *Orfeu da Conceição,* sua versão favelada do mito de Orfeu, e esse musical foi planejado praticamente ali, nos encontros do Tatuís. Chico Fim de Noite, Haroldo Costa, Daisy Paiva, esse pessoal que trabalhou na montagem estava sempre por lá.

No Clube dos Tatuís eu exercitava a minha veia poética em todo seu esplendor. O Cláudio Mello e Souza, o Roniquito e eu. Éramos os literatos da turma – quando o Vinicius não estava, evidentemente, porque o que produzíamos não dava para comparar nem com os bilhetes que ele escrevia. Nesse tempo, ainda não éramos muito amigos. Mas o Tom Jobim gostava muito de mim – e eu dele. Ele me tratava por "Poeta" e eu o chamava de "Maestro". Era uma grande gentileza dele me atribuir esse título, porque as obras que eu fazia não resistiam a uma análise mais séria. Serviam para fazer um charme com as moças, quando não acabavam em vexame.

Um dia, chegou ao Tatuís uma moça belíssima, para quem eu cismei de recitar os versos de meu último poema, "O pastor de gatos". Fomos dançar e, entre uma volta e outra no salão, eu preenchia seu belo ouvidinho com a minha poética imorredoura. Só que, muito mais do que de poesia, eu estava cheio era de cuba-libre, que, por alguma razão insondável, naquele dia não me caiu muito bem. Resultado: em vez de derramar sobre a moça a minha lírica, acabei derramando certo suco gástrico que manchou para sempre a minha reputação. Azares de um bardo...

Porém, se a poesia era de qualidade discutível, e o comportamento do poeta mais ainda, a música que tocava no Clube dos Tatuís era de primeira. Era a bossa--nova, então em gestação. As novas vozes e faces da música confraternizavam com os jovens talentos da televisão e o resultado disso foi pelo menos um programa na TV Rio: *Música e romance,* que Sylvinha Telles e Candinho faziam. Tratava-se de uma versão musical de *I love Lucy,* ou de uma antecipação de *Alô doçura,* com um toque musical. Os dois recebiam amigos em sua "casa" para ouvir música, cantar, tocar. Tom Jobim, Johnny Alf, Dolores Duran, muita gente boa passou por ali, a caminho da fama ou já no seu exercício.

Entre programas de qualidade e shows popularescos, todos convivendo na mesma emissora, eu vivia cercado por concepções diferentes, por vezes antagônicas, sobre o que era uma boa programação de televisão. A TV Rio exibia uma grade muito desequilibrada, com enormes desníveis. Na verdade, tinha apenas programas, não chegava ainda a ter uma programação, um conjunto coerente de atrações, distribuídas em faixas de horários para atrair os diversos segmentos do público. Era tudo meio jogado, sem nexo. Entrava um show popularesco e, na sequência, um programa jornalístico sofisticado. Eram públicos diferentes que atingíamos, não fazíamos o telespectador de um programa permanecer ligado no canal para assistir ao seguinte. E, evidentemente, o pau quebrava no choque das opiniões.

Mas acho que foi minha capacidade de exercer a diplomacia e harmonizar os conflitos entre Péricles, Cerqueira Leite, Cohen, João Batista, João Loredo – que era diretor de comerciais –, Loffler, Masson, todas essas pessoas, que me preparou para ser diretor de televisão. Foi o que me ensinou a fazer uma programação, a entender do que se trata. Porque, na minha visão, montar uma programação nada mais é do que articular vários elementos para atingir um mesmo fim: o crescimento geral da audiência da emissora. É dar coerência aos diversos programas, ordená-los de modo que a audiência se transfira de um para o outro. Isso atendendo à heterogeneidade do público, às suas múltiplas expectativas.

Fazer programação tornou-se uma decorrência natural do meu trabalho na área comercial. Eu operava numa estação sem programação e tinha de vender os seus horários, portanto precisava de audiência. Assim, era minha obrigação descobrir o que seria interessante oferecer ao público e como fazê-lo. As ações do Péricles na produção só tinham sucesso articuladas com as minhas ações no comercial. Era um lavando e o outro enxugando. E o Cerqueira Leite atrapalhando, em geral. Ele mais obstruía o trabalho do que o fazia andar.

Eu já estava ficando incomodado com essa situação quando surgiu uma oportunidade que ampliava o meu campo de trabalho. David Cohen saiu da TV Rio e João Loredo foi designado para o seu lugar, na direção de produção. Com isso, vagou a direção de comerciais ao vivo. O Pipa, o João Batista e o Péricles já haviam notado que eu não era um sujeito de ficar muito acomodado, que era um potro de corrida, dinâmico, ambicioso. E me ofereceram o lugar. Na verdade, eles estavam fazendo uma grande economia, porque o Loredo ganhava 20 mil cruzeiros e eu, 8 mil. Eles me aumentavam para 13 mil e ainda economizavam quase o meu salário. Tinha ainda um detalhe. Como eu era muito garoto, não me deram o título de diretor de comerciais. Esse cargo foi formalmente extinto e eu passei a ser chefe da produção comercial.

Os intervalos comerciais, na televisão dos anos 1950, eram completamente diferentes dos de hoje. Não tinham, nem de longe, o controle matemático do tempo, a operação técnica precisa como uma missão espacial ou os filmes altamente elaborados, com orçamentos milionários e acabamento no exterior. Os comerciais eram encenados ao vivo, no estúdio da emissora, ou simplesmente narrados sobre uma imagem fixa, de um slide ou um cartão desenhado. Os intervalos duravam bem mais do que os dois ou três minutos de hoje, e este era o maior problema de todos. Não existia o conceito de "segundagem", a venda dos espaços comerciais por segundos. Cada comercial tinha um preço fechado, dependendo de seu tempo total, e esse preço não era divisível. Um *spot* de um minuto, por exemplo, podia valer dez unidades, mas um de 30 segundos não custaria necessariamente cinco. Era mais provável que custasse oito. Isso valia também para os de 15 segundos, os de dez, todo e qualquer formato. Só havia preço fixo e os valores fixados também variavam com a cara do freguês – eram os famosos *packages*.

Se o tempo não era rigorosamente controlado, é claro que a operação da faixa comercial também não tinha precisão nenhuma. Era frequente haver mais comerciais na programação do que tempo disponível para colocá-los no ar. Os programas atrasavam, os comerciais sobravam e eram suprimidos. Tudo na mais completa desorganização. Para agravar ainda mais o quadro, persistia a velha prática do início do rádio – corretores e anunciantes pagavam algum por fora aos operadores, fraudando a inserção dos comerciais. O *script* vinha com uma autorização para 15 segundos, mas o corretor mandava na verdade um texto de 30 segundos, molhava a mão do operador e tudo bem. Eram mais de 15 segundos de atraso na programação. E, de 15 em 15, atrasavam-se horas – problema que persiste ainda hoje, não tão gravemente, por outras razões que desconheço.

Na minha nova função, de chefe da produção comercial, eu era responsável pelo controle de tudo isso. Passei a comandar toda a equipe técnica do Departamento Comercial: os operadores de intervalo, os operadores de telecine, as garotas-propaganda, os locutores, todos eram funcionários meus. Além dessa função executiva, eu tinha uma função artística. Devia dirigir os comerciais ao vivo, atuar como diretor de TV, selecionando as imagens numa mesa de corte. Quer dizer: eu fazia e mandava fazer. Em paralelo a isso tudo, permanecia como assistente do Cerqueira Leite, não perdia a condição de valete do diretor comercial. Continuava, portanto, fechando negócios e pensando a programação. Embora eu não percebesse de imediato, minhas novas funções tinham uma amplitude de responsabilidades que praticamente me colocavam como vice-diretor comercial, ou diretor de fato. Fui o primeiro sujeito a participar do problema do anunciante desde a venda até a entrega do "produto", a publicidade. Logo, fui o primeiro a entender a verdadeira importância do anunciante, sua real participação no processo da TV, e por isso estabeleci com ele sempre uma relação justa, equilibrada, sem usar a Lei de Gérson.

Mas, de tudo que eu fazia, o que mais me interessava era a direção dos comerciais – função na qual eu podia exercitar um pouco do sonho de ser diretor de cinema, embora a distância entre o cinema e a TV, naquele tempo, fosse como a da Terra a Plutão. Mas eu era fascinado naquilo. Tinha admiração pelo Geraldo Casé, que era o maior diretor de comerciais da praça, um sujeito revolucionário, criativo. Ele sempre usava soluções técnicas não convencionais, criava efeitos ultraelaborados, fazia superposições, trucagens, e faturava todos os prêmios de publicidade. Era o Washington Olivetto da época. Passei muito tempo trabalhando com ele, aprendendo os truques, treinando-me para dirigir. Agora estava com a faca e o queijo na mão.

Logo no começo desse novo trabalho, o Masson me aprontou uma bela cagada. Foi num comercial do Leite Moça, da Nestlé, que era estrelado pela Neide Aparecida, a garota-propaganda mais famosa e mais cara. O Manoel Leite, diretor de rádio e TV da McCann Erickson, talvez um dos maiores *experts* do rádio brasileiro, foi com a minha cara e me incumbiu de produzir esse comercial, para ser transmitido no programa da Ângela Maria. Fiquei todo orgulhoso, fui até a casa da

Neide ensaiar o texto com ela, apliquei-me ao máximo. Mas, na hora de ir ao ar, quem estava na mesa de corte era o Masson e ele tinha de comandar um *close* de câmera na lata de Leite Moça para encerrar o comercial. Acontece que o Masson estava muito interessado na Ângela Maria e, quando chegou a hora do intervalo, concentrou-se mais nela do que na Neide Aparecida e no Leite Moça. Não deu *close* nenhum. E foi aquele fiasco. Então, pedi ao Masson para assumir a mesa e passei a pilotar os comerciais até o encerramento do programa. Foi a minha estreia como diretor.

Esse pessoal da imagem – câmeras, diretores, iluminadores – era muito especial. Eram todos uns gênios, artistas mesmo, muito mais informados e preparados do que os caras que exercem essas funções hoje. Eles detestavam trabalhar em comerciais, tinham uma enorme má vontade. Mas eu, embora não me achasse menos genial que nenhum deles, gostava da coisa. E, a partir daí, virei o Orson Welles da faixa comercial. Inventava os anúncios mais complicados, com superposição de cones para fazer a imagem girar, contraplanos em espelhos para fazer a atriz conversar com ela mesma. Eu me esbaldava, fazia aquilo feliz, como se estivesse dirigindo cinema. No primeiro carnaval que passei como diretor de comerciais, fiquei os quatro dias enfurnado na emissora, dirigindo – cortando, na gíria técnica – em todos os intervalos. Não vi a cara da rua e me diverti imensamente cortando os comerciais de anunciantes como Orniex, Odd, Lustra-Móveis Shell.

Eu precisava me divertir com isso, porque nas minhas outras tarefas enfrentava uma guerra desgastante. Havia me proposto a limpar a faixa comercial, organizar a operação dos intervalos, controlar o tempo e terminar com a corrupção no departamento. Estava, portanto, enfrentando o fogo cerrado dos interesses estabelecidos e mudando comportamentos profissionais já sedimentados. Parada dura.

Fui eu quem introduziu o cronômetro na TV Rio, por exemplo. Pode parecer incrível, mas toda a operação comercial, que se mede em segundos, não era controlada pelo relógio. Passei a exigir um controle severo de cada segundo da emissão. Acabaram as trocas de *scripts*, a pilantragem de os locutores lerem o texto mais devagar para esticar o tempo em favor do anunciante. Fui duríssimo nisso. Apertei também os caras que trabalhavam nos telecines e chegavam a levar dez, 15 segundos para trocar um rolo de filmes comerciais por outro. Enquanto bocejavam e faziam a troca nesse ritmo de jabuti, deixavam no ar um slide com o padrão da emissora, quase convidando o telespectador a mudar de canal. Acabei logo com essa lerdeza, mandei para o espaço os recalcitrantes, impus a ordem a ferro e fogo. Aos poucos, a TV Rio recuperou o domínio sobre a sua faixa comercial.

Depois, comecei a trabalhar a própria venda dos espaços comerciais aos clientes. A venda era feita às cegas, sem considerar a capacidade operacional da estação. Era frequente o contato oferecer bonificações no horário nobre para seduzir um anunciante. Quer dizer: o sujeito comprava um pacote de comerciais para as 17h, por exemplo, e ganhava de presente comerciais às 20h, no melhor horário. Pagava pelo que custava menos e ganhava de graça o que custava mais. Isso, é óbvio, atravancava o horário nobre e limitava a receita que a TV Rio podia obter com a venda de seus melhores espaços.

Esse negócio de bonificações era realmente um inferno. A coisa não tinha o menor critério. Ao longo do ano, os contatos iam vendendo comerciais e oferecendo bonificações a torto e a direito. Os clientes topavam e, claro, cobravam as suas bonificações, que eram largadas na programação sem muito controle. Resultado: a programação ia atrasando. Atrasava uma hora hoje, deixava ainda alguns comerciais para o dia seguinte, que também atrasava, deixava para o outro e assim por diante, numa bola de neve.

Quando chegava outubro, mais ou menos, já não havia tempo disponível para vender. Todo o tempo comercial que restava até o final do ano estava comprometido com as bonificações. É claro que a estação não parava de vender só por causa desse "detalhe". Em dezembro, então, os intervalos comerciais eram maiores que os programas. Lembro que, num Natal, dirigi os comerciais de um intervalo que durou 63 minutos. Mais de uma hora seguida de propaganda!

Foi um custo acabar com isso, introduzir o conceito de segundagem e acabar com os pacotes fechados. A TV Rio ficava no ar sete horas por dia, sua audiência aumentava, ela já era conceituada entre os telespectadores, mas não dava dinheiro. Era um absurdo. Por isso, combatíamos também o esquema de locação de espaços para as agências de propaganda e seus clientes. Esses anunciantes pagavam um preço fechado pelo programa, relativamente menor do que o preço do comercial isolado, e só eles anunciavam dentro daquele horário. A TV Rio dispunha apenas dos intervalos entre os programas, para atender aos outros anunciantes, não patrocinadores de programas. Era puro prejuízo.

Eu não me conformava com isso e comprava grandes brigas quando os anunciantes vinham renovar seus contratos. Enfrentei a bronca do Molina, da Toddy, um dominicano arrogante, aristocrata da América Central que se achava o dono do mundo. Ele comprou diretamente dos distribuidores o seriado *Perry Mason* e queria colocá-lo na nossa programação quase de graça, sem nos pagar praticamente nada. Com o Carrano, da Orniex, foi a mesma coisa. Ele queria estabelecer o preço dos programas que patrocinava. Nos dois casos, eu resisti, e a reação de ambos foi a mesma.

– Onde está o Cerqueira Leite? Onde está o Amaral? Eu não quero ser atendido por um menino, quero falar com os diretores da empresa! – disseram, furiosos.

Mas não adiantou nada. Nesse e em outros casos, tive o apoio do Pipa e do Leite, e as condições que estabeleci foram mantidas. De tanto insistir que tínhamos de mudar nossa filosofia comercial, fui liberado para endurecer com os clientes.

Para "relaxar" de todas essas tensões, que não eram poucas, eu cortava comerciais. Nessas ocasiões eu tinha contato com as garotas-propaganda. As mais famosas estavam no elenco da Tupi: Maria da Glória, Wilma Rocha, Maninha de Castro e Neide Aparecida. Depois de algum tempo, a Neide passou a trabalhar sozinha, deixando de ser exclusiva da Tupi. Mas, no esquema normal, as garotas-propaganda eram vinculadas à emissora, a uma agência ou a um cliente. A maioria tinha certa preferência pelas agências, que pagavam melhor e produziam com mais recursos, mais acabamento. Raríssimas, como a Neide Aparecida, trabalhavam como *freelancers*, para quem pagasse melhor, na estação que fosse. Era preciso ser uma grande estrela para conseguir isso.

As garotas-propaganda tinham *status* de artistas: eram tão conhecidas do público e tão adoradas por ele quanto qualquer ator. Odete Lara e Marly Bueno, por exemplo, ficaram conhecidas na Tupi. Ilka Soares fazia os intervalos de *O céu é o limite*, também na Tupi, antes de se transferir para a TV Rio. Nesta, quem ficou famosa foi a Betty Faria, que era garota-propaganda da Kibon e apresentava a *Gincana Kibon*. Aliás, o Silvio Santos foi recusado como apresentador de um programa dessa marca. Tentaram fazer uma dupla com ele e a Betty, mas não funcionou. Havia pouquíssimos homens nesse ramo. Fernando Garcia era talvez o mais conhecido, fazia os comerciais da *Imperatriz das sedas*.

Apesar dos meus 21 anos e de a TV Rio empregar as garotas-propaganda mais bonitas da cidade, eu não namorava nenhuma delas. Era o protótipo do garotão compenetrado, o tal *workaholic* de hoje em dia. Obsessivo no trabalho, eu corria tanto de um lado para outro, zunindo pelos corredores e escadas da TV Rio, que ganhei do meu amigo Arce um apelido que me acompanhou a vida toda: Vento. Eu era isso mesmo, um verdadeiro furacão, um ciclone. E talvez o meu ritmo não deixasse muito tempo para eu me preocupar com as belezinhas que gravitavam ao meu redor. Na verdade, só sucumbi aos encantos das garotas-propaganda depois de um bom tempo como seu chefe. Foi quando eu conheci a Vânia de Assis. Ela era neta de Dilermando e Ana de Assis, tinha 18 anos, era alta, linda, um tipo de modelo mesmo. E resolveu trabalhar com isso.

Quem me apresentou foi o Cerqueira Leite. O pai dela, João de Assis, lhe pediu o favor de testar a moça e ele passou a incumbência a mim. Eu detestava esse negócio de indicações de parentes dos amigos, de primos do dono, de sobrinhos do gerente, essa merda toda, tão comum na televisão. Por isso, apesar de achar a Vânia muito bonita, não tive a princípio a menor simpatia por ela. Pensei que ela fosse chata, pretensiosa, uma pentelha que estava ali para atrapalhar o meu trabalho, botando banca.

Mas eu estava errado. Fiz o teste, ela era boa. Não excepcional, porque lhe faltava o carisma, aquela simpatia radiante que fazia as grandes estrelas do negócio. Ela me pareceu meio amarga, como, aliás, não poderia deixar de ser, consideradas as circunstâncias de sua trajetória familiar. Mas, enfim, eu a aprovei e a designei para os comerciais do *Cine Max Factor*, sessão de cinema patrocinada pela fábrica de cosméticos, que apresentava os primeiros longas-metragens legendados para TV. Era no sábado, às 23h, e como eu cortava os comerciais, ficamos nos conhecendo melhor.

Um domingo, em fevereiro de 1958, eu estava na praia, no Arpoador, e ela passou. Nós nos entendíamos bem no trabalho, ela era simpática comigo, mas naquele dia deu um sorriso especial, diferente. E eu fui atrás. Começamos a conversar, aquela coisa toda, e a conversa virou namoro. Com a fama que tenho hoje, é provável que muita gente não acredite no babaca que eu era naquele tempo: um sujeito absolutamente despreparado. Na idade em que os garotos se preocupavam apenas em namorar, ali pelos 16 anos, eu já estava atolado em responsabilidades profissionais. Virei um "homem sério", para efeitos civis, muito antes de me ver assim. E não tinha a menor experiência com mulher. Apenas algumas namoradinhas, coisa ingênua, passageira.

Mulher mesmo, a primeira que tive foi uma profissional daqueles inferninhos do Beco das Garrafas, o Farolito, Chez Colbert. As minhas noitadas boêmias dos tempos de Interamericana costumavam acabar num daqueles imensos treme-tremes da Barata Ribeiro. Agora eu estava na TV Rio e já pintavam tietes querendo chegar rapidamente às luzes da Broadway. Mas a Vânia era outro tipo de mulher. Moça de família, diferente da maioria que circulava pela televisão. Ela foi a minha primeira mulher alinhada, fina. Inclusive, aparentava mais idade do que eu, não apenas porque era alta e vistosa, mas porque eu tinha cara de garoto – cara não, eu era garoto. E me apaixonei totalmente por ela. A tal ponto que resolvi casar. Essa seria uma das maiores besteiras da minha vida, como o tempo se encarregaria de mostrar. Eu nem de leve supunha que aquela moça de ar tão triste e frágil, contrastando com uma aparente arrogância e agressividade, trazia em si, atavicamente, os ventos uivantes de tragédias ancestrais. Naquela época, a paixão era muito forte e, em 18 de outubro de 1958, tornei-me chefe de família – condição indispensável para um jovem cheio de ambição, que fazia uma carreira bem rápida numa emissora de TV já importante e estava no rumo de ser o chefão na área comercial.

Em pouco tempo, eu chegaria lá.

5.
Noites de gala

Em setembro de 1959, eu era tão obviamente o diretor de fato da TV Rio que Pipa Amaral teve de se render à evidência. Cerqueira Leite era seu amigo, tinha 20 anos de casa e recebia comissão sobre o faturamento, o que o tornava quase estável, mas ficava cada vez mais nítido o descompasso que havia entre o meu pique e o dele para tocar aquele estratégico Departamento Comercial. O reconhecimento desse fato estava vindo em pílulas: primeiro, a promoção a chefe da produção comercial; depois, a secretário-geral do departamento. Mas isso ainda era pouco, porque eu não tinha autonomia total para operar a área. Continuava batendo cabeça com o Cerqueira Leite, que atravancava demais o desenvolvimento dos negócios. Para o João Batista, que sempre me apoiava, não havia dúvida de que eu deveria ficar à frente de tudo. Faltava apenas convencer o Pipa.

A oportunidade chegou em outubro, quando Cerqueira Leite saiu para uma temporada de férias em Poços de Caldas. Exatamente como fazem ainda hoje os donos das empresas, Pipa e João Batista decidiram aproveitar sua ausência para reestruturar o departamento. Não comunicaram nada a ele, certamente temendo uma reação muito forte. Cerqueira Leite tinha tal autoridade que intimidava até os patrões. Mas, a distância, não oferecia riscos. Assim, poucos dias antes de ele voltar das férias, quando a contabilidade já indicava que, sob a minha direção, o faturamento dobrara em relação a setembro, fui chamado à direção-geral.

– A partir de agora, o Departamento Comercial é seu – disse o Pipa. – Você tem carta branca para agir.

Enfim, o poder chegava às minhas mãos! Tudo aquilo que eu queria fazer e não podia, tudo que era obstruído pelo Cerqueira Leite, agora estava ao meu alcance. Eu consolidaria a profissionalização do Departamento Comercial da TV Rio. Aquilo ia deixar de ser a festa dos clientes e a nossa penúria. A programação comercial teria racionalidade, os espaços seriam vendidos pelo seu custo real e a emissora começaria a faturar na proporção de seu prestígio.

O esquema que vigorava não podia mais continuar. As estações de TV simplesmente não tinham noção exata de seus custos. Operavam no orelhômetro. De repente, alguém percebia que os intervalos comerciais já estavam estourando. Então, era a hora de aumentar o preço da tabela. O intervalo deu 63 minutos? Então aumenta a tabela em 50%. O intervalo caía para pouco mais de 30 minutos e tudo bem, bola para a frente. Ninguém se preocupava com o pequeno detalhe de que um intervalo de 30 minutos era tão desrespeitoso com o telespectador quanto o de uma hora. A coisa funcionava tão desregulada que, apesar das queixas, ninguém se dava ao trabalho de disciplinar.

As emissoras de televisão eram empresas muito atrasadas. O próprio Chateaubriand, com toda sua genialidade, não era um sujeito de parar para ver números, administrar o seu negócio na ponta do lápis. Não tinha o hábito de pedir a seus diretores um balancete, um relatório de lucros e perdas. Ele era mais do tipo que descobria um castelo à venda na França, ficava entusiasmado e passava no caixa da Tupi para ver quanto tinha. O que tivesse ele raspava. Que se danassem a folha de pagamento, os compromissos. Ele pegava o dinheiro e saía com ele embaixo do braço.

Na Record, o esquema não era muito diferente. Tratava-se de uma empresa estritamente familiar, com padrões de administração e contabilidade que vinham de 1930, do início do rádio. Ninguém percebia muito claramente que a TV representava toda uma nova tecnologia, inclusive no sentido da produção, das vendas e da administração. Era tudo novo, mas as pessoas tocavam o veículo como se fosse um rádio filmado.

Os preços eram arbitrados absolutamente nas coxas, de acordo com a cara do freguês. Quase sempre, condenavam a emissora ao prejuízo, à desgraça. Os diretores comerciais queriam vender os programas a qualquer preço, porque ganhavam à base de comissão sobre a venda. Se um deles fosse receber 3% de comissão sobre uma venda de, digamos, 300 mil cruzeiros, ele estava se lixando para a possibilidade de esse programa vir a custar 800 mil. O prejuízo era do dono da estação e não dele. Era um esquema completamente predatório, que massacrava as emissoras – e o pior é que as pessoas não enxergavam isso, por incrível que pareça.

O Alfredinho de Carvalho, da Record, é um exemplo. Ele era o melhor diretor comercial da praça, mas preferia fazer maus negócios em longo prazo do que um bom negócio em curto prazo. Isto é, ele optava por contratos comerciais de um ano, dois, até mais, pelos quais, obviamente, cobrava um preço mais baixo. Só que fazia isso numa época em que já havia inflação – embora menor do que a de hoje –, mas não a correção monetária. O cliente já começava pagando pouco hoje, amanhã estava inserindo seu comercial de graça. Fui o primeiro diretor comercial a recusar contratos de longo prazo. Preferia negócios de dois meses, mesmo que isso me desse o trabalho de correr atrás de outro cliente decorrido esse prazo.

Outro problema é que esses pacotes comerciais, além de malvendidos, ofereciam bonificações injustificáveis. A essa altura, 1959, as emissoras já funcionavam 12 horas por dia, do meio-dia à meia-noite. Então, o que acontecia? O cliente chegava para comprar, pelo preço de tabela, três inserções de comerciais à noite, no horário nobre, e propunha: "Se estou comprando três inserções à noite, são 90 por mês. Então, quero um desconto". Era até razoável que se desse um desconto, mas as emissoras davam mais. Baixavam o preço e ainda ofereciam as mesmas inserções durante o dia, como bonificação. Era um total absurdo. Isso consumia os espaços disponíveis para a comercialização, ou seja, as emissoras ficavam impossibilitadas de vender.

Os pacotes que a TV Rio vendia eram escabrosos, sobretudo para algumas agências que prestigiaram a estação no início, como a Standard ou a Denison. Elas sempre foram grandes compradoras a granel, mas cobravam muito caro o apoio que haviam dado na implantação da emissora. Clientes dessas agências, como a Mosele, a Ducal ou a Bozzano, compravam seus pacotes em janeiro com 40% de desconto sobre o preço real e sem qualquer cláusula de reajuste nos meses seguintes, mesmo com inflação no país. Era uma maravilha – para eles. Esses negócios levavam a televisão à falência e eu fui o primeiro sujeito a me opor radicalmente a eles.

Lembro que, no dia 31 de dezembro de 1959, poucas horas antes do *réveillon*, estava na sala do José Luís Moreira de Souza, dono da Denison e potentado do Grupo Ducal, enfrentando sua resistência em fechar uma programação de comerciais com a TV Rio. A Denison era um espécie de "cliente-fundador" da emissora e tinha algumas prerrogativas. Mas as coisas haviam chegado a tal ponto que eles se sentiam no direito de ter os comerciais quase de graça. Na reunião, estavam o Hélio Bloch, chefe do departamento de TV, Demóstenes Lobo, Oriovaldo Vargas e o Zé Luís, pendurado no telefone com São Paulo. Durante todo o ano eu tinha engolido um mau negócio com eles, mas em 1960 não ia dar. Era hora de tirar o pé da lama.

– Olha, eu te pago 120 por essas posições. Mais, não dá – diz o Zé Luís.

Ele era o protótipo do empresário moderno, bem-sucedido. Dono das empresas Ducal, Datamec, Zenith, Supermercados Dado e da Denison, "o estranho grupo da Ducal", como dizia a imprensa, era um homem importante.

– Não tem negócio – retruco eu, do alto da minha recente indicação para a direção comercial.

– Mas como não tem negócio? Tem de ter! Você sabe que apoiamos a TV Rio desde o início! – ele devolve, irritado.

– Sei perfeitamente, mas não posso fazer o negócio – explico. – Não posso lhe vender por 120 quando tenho um sujeito que me paga 600 pelas mesmas posições.

Era verdade. Eu tinha outras propostas da Cesta Amaral. Era o ás para jogar na mesa no momento certo.

– Mas foi vendido por 60 no ano passado, estou dobrando! Você tem de fechar comigo! – volta o Zé Luís, já acuado.

– Não tem negócio! – eu sustento. – Por 120, não tem negócio. Isso é menos do que a inflação deste ano corrigida. Sei que o senhor é nosso amigo, quer nos ajudar e por isso está anunciando. Então, se é para nos ajudar, o senhor me libera essa posição, porque eu não posso quebrar a emissora. A TV Rio não é ligada a nenhum grupo, não tem financiamento por trás. O financiamento da emissora sou eu aqui, pegando as autorizações dos clientes.

E foi aquele parto. O Zé Luís não se conformava, ameaçava apelar.

– Eu não concordo! Não abro mão! Vou falar com o Leite!

Mas aí não havia mais Cerqueira Leite. O problema do meu caro diretor comercial era justamente a lentidão. Se eu fosse consultá-lo, ele diria "Não, vamos segurar, vamos conversar" e ficaria protelando a definição do assunto por uns três meses. No quarto, ele conseguiria um pequeno aumento, deixaria o cliente satisfeito e a TV Rio não teria vantagem nenhuma. Era a velha mentalidade da inércia emperrando o desenvolvimento da emissora.

Naquela tarde de 31 de dezembro, começávamos ano novo e vida nova com nossos clientes. O Zé Luís, geralmente inflexível, cedeu aos meus argumentos.

Mas eu já não tinha o problema do Cerqueira Leite. Quando ele voltou de suas férias em Poços de Caldas, já sabia que eu ocupara o seu lugar – aliás, literalmente, porque me instalei na própria mesa dele. Um escroto que trabalhava conosco correu para lhe contar que o Pipa tinha me dado carta branca. Provavelmente o sujeito apostava que o velho voltaria como um príncipe furioso, com sua espada sedenta de vingança, para degolar o usurpador de seu trono. Mas, surpreendentemente, ele voltou manso e conformado, um pouco antes do final das férias.

Era uma segunda-feira e eu estava trabalhando quando alguém me avisou:

– O carro do Leite parou lá embaixo! Ele chegou!

Ele demorava uns quatro dias para subir do térreo até nossa sala. Fui à janela e vi lá embaixo o Oldsmobile 57 dele, azul, muito azul, que parecia um disco voador, de tão grande.

"Ninguém me falou que ele ia voltar antes", pensei, preocupado. "Será que ele vai fazer uma cena?"

Então me preparei para esperá-lo. Sentei sobre o tampo da mesa, como o Collor fazia às vezes nos seus pronunciamentos à nação. Era um jeito de não ocupar ostensivamente seu lugar, mas também de impedi-lo de se sentar, mostrando autoridade e intimidade. Sutil como uma jamanta, reconheço, mas enfim... E lá veio a fera atravessando o salão, o enorme salão onde trabalhávamos. Antes que ele me mordesse a jugular, fui logo falando, todo simpático.

– Como vai, seu Leite? Por aqui, foi tudo bem! O faturamento subiu!

Eu sabia que o afastamento era um golpe duro para ele, mas sabia também que o aumento no faturamento lhe interessava de forma direta. Afinal, ele recebia comissão sobre as vendas. Ele chegou calmo, ao que parecia sem nenhum rancor, e surpreendeu-me com uma pergunta.

– Você me deixa guardar uns papéis aí na tua gaveta?

O Cerqueira Leite era um camarada especial e tinha percebido a situação. Não valia a pena se indispor comigo. Ele estava sendo removido para um cargo "mais alto", mas negociou com o Pipa para continuar com a participação no faturamento. Enquanto isso, eu seguia com um salário fixo. Ele passou um memorando para comunicar que havia assumido uma "vice-presidência" e eu era agora o diretor-comercial "interino". No fundo, quem fez um grande negócio foi ele. Passou a ganhar mais trabalhando menos, enquanto eu me matava por um salário fixo. Até o meu final na TV Rio, quando fui para a Globo, eu ainda era interino e não participava do faturamento. Coisas do Pipa...

Mas eu não estava nem aí para essas coisas. Recebi aumento, passei a ganhar um bom salário e não me preocupava absolutamente com títulos. A compensação pelos bons serviços no Departamento Comercial eu recebia na forma de gratificações paternalistas, no final do ano. O João me dava carros importados, comprados na base da permuta por anúncios. O primeiro que ganhei foi um Ford Falcon, no final de 1959. Era bom ter uma condição de vida melhor, mas minha preocupação era mais com o trabalho. Eu estava ficando famoso na TV, criando fama de gênio, de milagreiro, apenas porque faturava muito mais que os outros.

Àquela altura, a TV Rio já havia ultrapassado a Tupi e a Record em faturamento, tornando-se líder no mercado. Eu era o responsável pela revolução comercial da TV Rio, implantava minhas ideias aos poucos e começava a resolver o problema da programação. Mas ainda havia muita instabilidade e heterogeneidade. A programação dependia sobremaneira dos anunciantes, que produziam seus programas. Eu não havia ainda mudado o conceito, arrumado as faixas de horário de acordo com critérios que me pareciam os mais razoáveis.

Foi então que a minha política para a TV Rio cruzou com a política do país e eu recebi a incomparável ajuda de uma figura surpreendente: Sua Excelência o presidente da República, Jânio da Silva Quadros.

A televisão ainda não tinha uma década no Brasil, mas a política já era uma de suas atrações, não apenas no vídeo, mas também nos bastidores. O processo de concessão de canais era a mesma ação entre amigos de hoje; os empresários de radiodifusão também puxavam o saco dos poderosos de plantão, e pressões, recomendações, sugestões e pedidos de gente do governo invariavelmente desabavam sobre as emissoras – assim como agora. A diferença é que a televisão ainda era fraca, estava a anos-luz de cobrir todo o território nacional e de ser o palanque eletrônico indispensável ao político moderno. As estações eram locais, transmitiam apenas para as cidades onde estavam instaladas (quando conseguiam cobri-las todas) ou, no máximo, para outros municípios ligados pelo precaríssimo esquema de retransmissão do sinal.

Mesmo assim, os políticos começaram logo a utilizar a TV. Juscelino Kubitschek foi o primeiro presidente a tomar posse com cobertura televisiva. Seu famoso Plano Quinquenal de Metas, aquele que prometia 50 anos de desenvolvimento em cinco, foi apresentado num programa especial, transmitido diretamente do Palácio do Catete, em 1956, logo após a posse. Eu ainda não estava na TV Rio, mas lembro de tê-lo visto na TV, usando cartazes, mapas, painéis e tudo que a embrionária tecnologia da televisão permitia para mostrar as estradas e hidrelétricas que ele pretendia construir. Apesar dos recursos precários, ridículos se comparados aos da TV atual, aquilo foi um show de modernidade, que emoldurava perfeitamente seu projeto desenvolvimentista para o país.

O otimismo que JK irradiava com seu sorriso imenso contagiava o país e a televisão. Vivia-se a sensação de que o Brasil estava dando a arrancada para um grande destino, e de dentro da cabine de comando de uma estação de TV – um fetiche tecnológico avançado, como os foguetes, os satélites e as naves espaciais – evidentemente se tinha uma perspectiva ainda mais otimista do futuro. Apesar de Aragarças, Jacareacanga, de todo o esforço de Lacerda e seus amigos golpistas da UDN, atravessamos um período de democracia e crescimento, quando tudo no país floresceu: a música, o cinema, a indústria.

Não que Juscelino fosse um santo, um ser especial, imune às mesquinharias da política. Ele foi, sim, o primeiro presidente a acreditar no poder de comunicação da TV, mas nem por isso deixou de censurá-la – como se viu no episódio com Hélio Fernandes no *Noite de gala*. Mesmo o tolerante JK, presidente bossa-nova, sucumbiu à tentação de usar suas prerrogativas de poder concedente dos canais de televisão para pressionar a TV Rio. O episódio foi bastante desagradável e só não prejudicou a emissora porque, no horário tradicional do *Noite de gala* nas segundas-feiras, estreamos *Noites cariocas*, criado por Chico Anysio e Péricles do Amaral, lançando a semente do humorismo que marcaria por mais de uma década a televisão brasileira. Um ano depois, *Noite de gala* voltava à TV Rio, e em vez de brigarmos por um, ganhamos dois dias de liderança.

Em matéria de usar a TV para fins políticos, Juscelino tinha a concorrência de Carlos Lacerda. Ele também abusava do veículo para suas célebres campanhas. Tinha tanto domínio do vídeo quanto da tribuna, onde virou uma lenda na história parlamentar brasileira. Já em 1955, Lacerda fez a TV Rio de palanque para atacar Juscelino, tentando evitar sua posse. O programa era patrocinado pelo Ponto Frio, e o Lacerda ficava lá, no ar, desancando o Juscelino e criando o clima para um golpe – que ele tentou dar, mas não conseguiu. Em 1960, entretanto, quando eu consolidava a minha posição de diretor comercial, a TV Rio estava de novo presente em uma cartada do Lacerda.

Era o ano da campanha presidencial, a primeira com cobertura intensiva da televisão. O candidato escolhido pela cúpula da UDN foi Juracy Magalhães, mas Lacerda queria impor a indicação de Jânio. Então, houve uma convenção da UDN no Palácio Tiradentes e a TV Tupi ficou encarregada de transmiti-la. Lacerda usou mais uma vez todos os seus recursos de tribuno, sempre extraordinários, e conseguiu virar o jogo a seu favor. Jânio foi indicado candidato diante dos olhos dos telespectadores cariocas. Estava começando a grande vassourada da loucura. Na mesma Tupi, um ano depois, Lacerda denunciou a tentativa de Jânio, por meio de seu ministro da Justiça, Pedroso Horta, de propor-lhe um governo de exceção – o que precipitou a renúncia de Quadros.

Quando este renunciou, Lacerda utilizou novamente a TV Rio para uma jogada política – desta vez, a tentativa de impedir a posse do Jango. Ele já governava a Guanabara e, naquele tempo, havia um Departamento de Censura Estadual rivalizando com a Censura Federal no controle do rádio e da televisão. Como Jânio renunciou numa sexta-feira e Jango estava fora do país, em visita à China, criou-se um vácuo de poder altamente perigoso para a estabilidade do regime. Era nesses momentos que o Lacerda atuava.

Ele não aceitava a posse do Jango e colocou o seu chefe de polícia, Gustavo Borges, a telefonar para a TV Rio para manipular o noticiário político a favor de um golpe. O Borges tentava plantar nos telejornais uma suposta mobilização de tropas organizada por Luís Carlos Prestes em apoio ao Jango. Era o velho truque de assustar a classe média com o fantasma comunista. Claro que não havia mobilização militar nenhuma. O que houve, na verdade, foi uma mobilização cívica no Rio Grande do Sul, comandada pelo Brizola, que conseguiu abortar o golpe. Porém, enquanto o Jango não retornou e retomou o poder, tivemos de suportar a turma do Lacerda dentro da TV Rio, metendo a mão no noticiário e estimulando a paranoia anticomunista.

Mas isso foi bem mais tarde, em agosto de 1961. Nessa época, eu já tinha uma razoável experiência com os políticos. Na campanha eleitoral de 1960, por exemplo, conheci o famoso Jânio. Lembro muito bem do Pipa Amaral entrando com ele no salão do 4º andar da TV Rio, onde fomos apresentados. Tratava-se de um ambiente adequado para receber o futuro presidente da República, que cometeria um suicídio político no ano seguinte, renunciando com apenas oito meses de mandato. É que ali ficava a chamada "Sala dos Suicidas". Quando o prédio ainda era o Cassino Atlântico, os infelizes que destruíam suas fortunas na roleta e não suportavam o peso da derrota iam até aquele salão e metiam uma bala na cabeça ou pulavam da janela. Diz a lenda que vários derrotados no jogo se mataram ali.

Não sei se dividia meu local de trabalho com fantasmas, mas os especialistas garantiam que sim. Uma vez, Chico Xavier foi fazer um programa e depois subiu à minha sala, que ficava no mesmo 4º andar, para uma visita de cortesia. Quando entrou, com aquela hipersensibilidade, recebeu um choque. Ficou terrivelmente incomodado e depois comentou com amigos que precisava voltar ali, para exorcizar as almas penadas que ainda estavam presas ao recinto. Eu, de minha parte, jamais fui importunado por elas. Quase tudo que planejei e executei naquela sala deu certo. Sobretudo o que a alma perfeitamente encarnada de Jânio Quadros nos obrigou a fazer em 1961, logo depois de sua posse.

A vitória de Jânio, como hoje sabemos, foi aquela grande manifestação da pequena burguesia, que conseguiu empolgar as grandes massas e derrotou finalmente nas urnas o esquema de poder articulado por Getúlio Vargas a partir de 1930, com base, mais tarde, depois do Estado Novo, na dobradinha PTB-PSD. Jânio era o paladino da moralidade da classe média contra a corrupção das elites parasitárias – esquema que costuma eleger presidentes com certa facilidade, como se viu no pleito de 1989. E, como era e sempre foi de seu estilo, ele governava à base de tempestades em copos d'água. Elegia temas menores, mas explosivos, como alvo de suas graves preocupações, para dar a impressão do demiurgo moralizador.

Seus alvos, no início do mandato presidencial, foram quatro: as corridas de cavalo, o biquíni, a briga de galos... e os intervalos da televisão. Jânio encampou a aspiração dos brasileiros por uma programação comercial menos torturante. Baixou um decreto draconiano impedindo que os intervalos comerciais ultrapassassem três minutos de duração com filmes ou slides. Poderiam chegar a oito minutos apenas no caso de os cinco excedentes serem preenchidos com comerciais ao vivo, que estavam rareando com o surgimento do cinema publicitário e do videoteipe, sob protesto das garotas-propaganda, atingidas em seu mercado de trabalho.

Para as emissoras, aquilo foi o inferno. Era o disciplinamento autoritário, baixado com força de lei, de seu confortável caos de programação. Agora, o tempo comercial da TV passava a ser controlado de modo rígido. Um segundo de estouro nos limites estabelecidos pelo governo e a emissora já estava na contravenção, sujeita a uma série de penalidades que poderiam terminar na cassação do canal. Mas, enquanto a Associação Brasileira das Emissoras de Rádio e Televisão (Abert) se esgoelava para defender a classe, eu comemorava o decreto de Jânio como a verdadeira Lei Áurea da televisão. Ele significava, simplesmente, que as emissoras teriam de controlar a própria grade se não quisessem trombar com a lei. Para alguém que tinha isso como objetivo central, que queria ter as rédeas da programação e colocar os anunciantes na sua condição real – de patrocinadores de programas e não mais produtores –, o decreto era maravilhosamente perfeito.

O problema que Jânio propunha à televisão – reduzir os intervalos comerciais sem perder faturamento – dependia apenas de imaginação para ser resolvido. Percebi que, se não podíamos fazer longos intervalos, deveríamos fazer vários intervalos pequenos, o que significava transmitir programas menores. Na época, com o esquema de patrocínio integral pelos anunciantes, os programas duravam em média 30 minutos. Havia muitos de 15, também. Os de uma hora ou mais não chegavam a ser raros, mas procurávamos atrações mais curtas no horário nobre para ampliar o faturamento. É bom lembrar que as emissoras praticamente só vendiam os intervalos comerciais *entre* os programas. Os intervalos *dentro* dos programas pertenciam exclusivamente ao patrocinador, salvo nos casos em que o patrocínio não era exclusivo ou a emissora era a produtora do programa.

Com o decreto do Jânio, introduzi os programetes de cinco minutos, os *strips*, no horário nobre. Eram três programas, que se sucediam e ocupavam a mesma faixa, de segunda a sábado. O primeiro apresentava os desenhos animados de Hanna-Barbera, que estavam começando a fazer sucesso por aqui: *A Tartaruga Touché*; *Lippi, o Leão*; *Wally Gator* etc. O segundo era um programa esportivo, apresentado por João Saldanha. O terceiro, um policial, apresentado por Raul Longras – locutor esportivo famoso pela irreverência, semelhante ao que Silvio Luís se tornaria mais tarde. Coloquei o Longras como repórter policial e funcionou. Eles antecediam o *Telejornal Pirelli*. Mais tarde, às 22h50, havia ainda mais uma "pílula" de informação. Era um programa com bastidores da política nacional, apresentado por Heron Domingues, com reportagens de Haroldo Holanda e texto de Armando Nogueira.

Assim, a programação da TV Rio foi a primeira diagramada com base em *strips* de cinco minutos, intercalados por três de comerciais. Enquanto os outros canais esperavam 15 minutos ou meia hora para colocar o seu intervalo, em 20 minutos eu inseria quatro intervalos de três minutos no horário nobre (dois entre os programetes, um antes e outro depois). Ou seja: enquanto os outros perdiam dinheiro, nós nos capitalizávamos. E, melhor que isso, ensaiávamos o que seria uma importante inovação da TV: o conceito de grade de programação.

Foi por aí que comecei a raciocinar exclusivamente em termos de segundos comerciais, deixando de examinar o tempo a ser vendido aos clientes como um produto fechado, um pacote. Imaginei um cálculo absolutamente banal. Primeiro, era preciso levantar todos os custos da emissora e somá-los. Depois, pesquisar todo o tempo disponível para publicidade na programação e convertê-lo em segundos. Se eu dividisse o custo pelo tempo, teria o custo industrial do segundo de televisão. Se, por exemplo, o meu custo industrial fosse de 15 cruzeiros por segundo, então eu só teria lucro se vendesse um comercial de 20 ou 30 segundos. Mesmo dando um desconto para a eventual inadimplência de alguns clientes, ou para mudanças inesperadas da programação, o conceito de custo industrial do segundo era um parâmetro seguro. Finalmente era possível ter em mãos um valor confiável para estabelecer o preço de um comercial de TV.

Mas isso, na TV Rio, era uma doce ilusão. Simplesmente não havia meios de catalogar todos os custos da emissora. O descontrole era completo e, por mais que eu tentasse, não consegui eliminá-lo. Assim, tive de trabalhar com uma ideia aproximada do custo do segundo.

De qualquer forma, o conceito de segundagem passou a ser uma orientação para as nossas vendas. O Zé Otávio Castro Neves, a essa altura meu braço direito na direção comercial, e eu montamos um enorme quadro de programação numa cartolina, na sala dos suicidas, indicando todos os espaços comerciais disponíveis, e recebíamos lá o pessoal das agências. Chegavam lá o Leão, da J. W. Thompson, o Manoel Costa, da McCann, e nós dizíamos "Tem aqui um espaço de 30 segundos antes do *Telejornal Pirelli*", "Tem 15 segundos depois do *Noite de gala*" e íamos preenchendo os quadrinhos. Era uma matriz gigantesca, fascinante, que o Zé Otávio montou com aquela fantástica cabeça matemática dele.

Os *strips* nos ajudaram a fazer dinheiro e a amarrar a programação. Eles entravam antes do telejornal, que era seguido por shows, filmes e pelos programas de entrevista das 23h. Nascia um novo conceito de programação: harmônica, segmentada em faixas, com programas de mesmas características para o mesmo tipo de público em cada faixa. Não havia nenhum segredo nisso, que era praticado havia muito tempo nos Estados Unidos. Mas nós não tínhamos a menor informação sobre isso, nem de ler (eu não lia nem falava inglês, na época como hoje) nem de ouvir falar. Estávamos pondo o ovo de Colombo em pé por pura intuição. E foi aquela cartolina que clareou nossa visão de uma programação amarrada. De uma *grade* de programação.

Em decorrência desse trabalho, montamos uma grade para o horário nobre apoiada nos shows, que tinham a maior audiência. Na segunda, *Noite de gala*. Na terça, *Praça da alegria*, *Rio, te adoro* e *Não durma no ponto*, com humorismo e prêmios, e uma grande estrela dominando a cena: Manoel da Nóbrega, que apresentava aos cariocas o genial *clown* Ronald Golias. Na quarta, *Discoteca do Chacrinha* e *Carrossel Tonelex*. Na quinta, *Programa J. Silvestre*. E, na sexta, *Noites cariocas*. O fim de semana prosseguia com *O riso é o limite*, *TV Rio Ring* e *Chico Anysio Show*, no sábado. No domingo, as atrações eram o celebérrimo *Bat Masterson*, seguido pelo *Teatro Moinho de Ouro*, do Victor Berbara, em que se encenavam clássicos, e pela *Resenha Facit*. Esaa é, seguramente, uma programação que muitos telespectadores cariocas podem citar de cabeça ainda hoje, tantos anos depois.

A investida de Jânio Quadros sobre as televisões, com todas as consequências que produziu, já seria suficiente para marcar o início dos anos 1960 como uma época importante na história da televisão. Mas houve mais naqueles dias. Aconteceu um fato muito mais decisivo, que contribuiria para mudar quase tudo na linguagem dos programas, no intercâmbio de programação entre as emissoras, no projeto de articular as diversas emissoras em redes de TV: a introdução do videoteipe. Em nosso meio, as inovações tecnológicas costumam provocar grandes alterações nos procedimentos de trabalho. Mas nada havia surgido até então que alterasse tão profundamente o rumo da TV como o videoteipe.

Os primeiros aparelhos surgiram nos Estados Unidos, em 1956, fabricados pela Ampex. Comparados aos videocassetes, eram monstrengos infernais, do tamanho de uma geladeira de 440 litros, com uma fita de rolo de diâmetro quase igual ao do pneu de um Fiat e espessura pouco menor que a metade. Como o sistema de edição eletrônica não foi inventado junto com o VT, mas anos depois, era um sufoco montar programas gravados em fita. O sujeito tinha de cortá-la, como faz o montador de cinema, que corta e junta pedaços de filme numa moviola. Só que o editor de VT apanhava mais. Ele não tinha o fotograma do filme para ver o ponto exato do corte. Cortava meio no olho, na sorte. Seu indicador, muito mais impreciso, era apenas o áudio. Evidentemente, o programa montado tinha sérias imperfeições – para não falar do custo, porque cada fita saía por oitocentos dólares e, uma vez cortada, só servia para novas exibições. Não podia ser reeditada.

Mesmo assim, quando o VT surgiu, foi uma maravilha, pois permitia que os programas fossem gravados e copiados. Com isso, podiam ser vendidos a outras emissoras. O videoteipe, portanto, deu início à verdadeira comercialização de programas de TV. Em vez de o elenco de uma atração viajar do Rio a São Paulo, ou vice-versa, o que custava uma nota em passagens, hospedagem, alimentação e cachês, o programa era gravado em uma única cidade e enviado de avião a outros lugares. Muito mais fácil, muito mais econômico. Mais racional.

Foi exatamente por isso que o Pipa mandou buscar quatro VTs nos Estados Unidos. Nós estávamos inaugurando duas novas estações, em Belo Horizonte e em Brasília, e o Pipa precisava dos aparelhos para retransmitir a nossa programação. Ele deixaria dois VTs no Rio e mandaria um para cada cidade. Essa história de Brasília, aliás, levou a uma versão bastante confusa e equivocada sobre a entrada do VT no Brasil e suas razões. Diz-se por aí que ele foi introduzido para o registro das cerimônias de inauguração da nova capital. Como Brasília ficava muito longe do Rio e de São Paulo – as duas únicas cidades do país interligadas por *links* de micro-ondas e, portanto, capazes de transmitir ou receber transmissões de TV ao vivo –, não havia como fazer o sinal chegar direto de Brasília. Diz a lenda, então, que o VT entrou no país para resolver esse dilema.

A história não foi bem assim. O problema de transmitir ao vivo, direto de Brasília, de fato existia, mas ninguém pensava em comprar aparelhos de videoteipe, caríssimos, só para transmitir a festa do Juscelino – que, aliás, estava em final de mandato. A Tupi não tinha interesse, porque todas as suas emissoras país afora tinham programação própria, com elenco e tudo. Seus principais centros de produção, além de São Paulo, eram a TV Piratini, de Porto Alegre; a TV Itacolomi, de Belo Horizonte; a TV Itapoan, de Salvador; e a TV Rádio Clube, de Recife. Cada um desses núcleos era hostil ao VT. Eles prefeririam que os artistas das outras praças pegassem um avião e se deslocassem até lá para fazer os programas ao vivo, quando fosse o caso.

A Record não tinha rede nem se interessava por isso. Mas a TV Rio, com aquela visão do Pipa de abrir novas estações para, um dia, formar uma rede, queria muito o VT. Precisava dele, também, para copiar as aulas que deseja produzir em seu projeto de telescola. Mas ele já andava de olho numa rede. Primeiro, abriu algumas estações no percurso entre Rio, São Paulo e Minas. Estive com ele, por exemplo, na inauguração da de Guaratinguetá. Depois surgiram as de Conselheiro Lafaiete e Juiz de Fora, ambas ligadas ao Rio pelo *link* de micro-ondas. Até que chegou a vez de Belo Horizonte. Aquilo era uma loucura completa. A estação foi instalada na Serra do Curral, equivalente ao pico do Jaraguá, em São Paulo, ou do Sumaré, no Rio. Hoje é um bairro nobre, de condomínios de luxo, mas há meio século era o próprio interior. Longe pra burro.

O Pipa tinha comprado o canal de um pioneiro chamado Lauro Barros, que era dono da Rádio Guarani e perdera o controle da TV Itacolomi para o Chateaubriand. Mas, como não tinha dinheiro, equipou a emissora com uma sucata inacreditável. Tinha um telecine caindo aos pedaços, uma câmera pior que essas usadas para pegar ladrão em lojas e um transmissor infame, fraquíssimo. Tudo movido por gerador a óleo diesel, porque lá em cima não havia luz. Durante muito tempo, aliás, constava da folha de pagamento o jumento que carregava o óleo diesel para a TV Belo Horizonte. Era o nosso técnico em energia...

Pois foi lá, um lugar quase inacessível, que o Pipa montou a estação. Não só a parte técnica como a comercial e a administrativa. Era uma loucura acabada. O acesso era tão infernal que, na inauguração, quase rolamos de jipe por um precipício. Estava cheio de convidados lá em cima: governador, prefeito, bispo, todo mundo. O Pipa e eu subimos sob uma chuva miserável, com o jipe derrapando na estrada de terra e oscilando entre o barranco, de um lado, e o abismo, do outro. Passei um sufoco dos diabos naquele dia.

Mais tarde, promovemos um coquetel de inauguração na rua Bahia, no centro da cidade. Do salão onde estávamos, Pipa e eu vimos uns garotinhos assistindo à TV Itacolomi, dos Associados, no prédio em frente. E tentamos conquistar nossos primeiros telespectadores.

– Liga no Canal 12! Tem uma nova televisão! – eu berrava. – Põe no 12! Lá é ótimo! – emendava o Pipa.

Os garotinhos, coitados, giravam o seletor de canais, mexiam na antena, batiam no aparelho, mas não conseguiam nada.

– Não pega! Aqui não pega nada!

E foi assim que começou a gloriosa saga da TV Belo Horizonte, o incomparável Canal 12. Mas em Brasília, a nova capital do país, apesar daquela modernidade toda, a TV Alvorada, Canal 8, não começou muito melhor. A emissora foi instalada num apartamento de três quartos em um prédio residencial, com pé-
-direito de pouco mais de dois metros, um absurdo total em matéria de instalação de TV. Você saía do estúdio e sentia o cheiro de bife que a vizinha estava fritando para o almoço. E, para administrar essa espaçosíssima estação, mandamos o José Acrísio Góes Bezerra, um sujeito extraordinariamente gordo, que devia ocupar sozinho uns dois terços do estúdio. Uma piada aquilo tudo. Nem parecia que ali havia uma TV.

No entanto, na hora de transmitir a festa de inauguração da cidade, foi essa ridícula estaçãozinha mambembe que salvou a honra da televisão nacional. Em 21 de abril de 1960, entravam no ar também a TV Nacional e a TV Tupi. Os Associados tinham se instalado num prédio enorme, novinho em folha, perto do Hotel Nacional. Estavam, como sempre, bem mais equipados do que nós e tinham um plano ambicioso: montar um sistema de *links* entre Brasília e Belo Horizonte para fazer as imagens chegarem até o centro-sul do país. Era um esquema mirabolante, que envolvia aviões equipados com micro-ondas, voando em círculos entre Brasília e Belo Horizonte. O sinal subia de Brasília para o primeiro avião, que retransmitia para o segundo e daí para outros, chegando a Minas e seguindo pela rede normal de micro-ondas até o Rio e São Paulo.

Teoricamente, era lindo e funcionava. Mas na vida real o filme foi outro. A imagem não chegou nem a Ceilândia, quanto mais a Belo Horizonte. Os caras se descabelavam, mas não conseguiam fechar o *link*. Enquanto isso, nós atacávamos de videoteipe. Antes, é claro, tínhamos mandado a Brasília o nosso valente caminhão de externas, aquele velho de guerra, com um aparelho de VT. O caminhão estava tão baleado e as estradas para Brasília eram tão ruins que não dava para ele chegar lá rodando. Solução? Pusemos o bicho dentro de um cargueiro do Lloyd Aéreo Brasileiro, um avantajado Curtiss Commando, e a equipe foi para a capital. O avião estava tão pesado na decolagem que o João Batista e eu, angustiados no aeroporto, víamos a pista comendo, o fim próximo, e a aeronave pregada no chão. Metade do patrimônio da TV Rio estava ali dentro e tudo quase se arrebentando no fim da pista! Mas o avião afinal subiu e os nossos rapazes chegaram lá.

Chegaram, mas levaram um bom tempo para organizar o carnaval. O equipamento não funcionava, a turma da coordenação não coordenava, o *link* do Palácio do Planalto não fechava com a estação – um drama. Porém, depois de muito trabalho, eles conseguiram colocar as coisas em ordem. A ideia era gravar os acontecimentos de Brasília e passar depois, quando as fitas chegassem ao Rio. Já estávamos todos conformados em perder a parada da transmissão ao vivo para o *pool* dos Associados.

No dia 21 de abril, entretanto, quem deitou e rolou fomos nós. A Tupi não fechava o bendito *link*. Só chegava ao Sul uma imagem carregada de chuviscos, na qual era impossível distinguir qualquer coisa. Quando percebemos isso, falamos com Brasília e montamos rapidamente um esquema de emergência para o tráfego das fitas de VT. Naquela época, havia três voos diários para o Rio. Então, nos organizamos para que cada um deles trouxesse fitas gravadas com as cerimônias de inauguração. O João e eu ficamos correndo entre a TV Rio e o Santos Dumont, no Thunderbird dele, pegando e despachando fitas. O pouco que os nossos câmeras conseguiram gravar lá foi para o ar pela TV Rio e pela TV Record, que usou o nosso *link* para retransmitir. Acabamos dando um banho nos Associados.

É essa a história da entrada do videoteipe no Brasil. Ele veio para passar programas gravados no Rio, trazido pela TV Rio. Ninguém pensou nele como um fantástico recurso de criação, capaz de mudar totalmente a linguagem dos programas. Ninguém da direção da emissora, vamos deixar claro. Porque, quando Chico Anysio viu o que podia fazer com aquela máquina, não sossegou mais. Nem nós.

Até 1960, Chico Anysio era um nome conhecido da TV, grande estrela do *Noites cariocas*, mas ainda não tinha programa próprio. Naquele ano, estava sendo preparado o lançamento do Rum Bacardi, cliente do Arce, que tinha saído da Interamericana e agora era dono de uma agência, a Gallus Xavier. O Arce teve a ideia de usar as personagens do Chico no lançamento do produto, montando um show especial para isso. E, quando o contratou, ele já estava mordido pela mosca azul do VT.

Aí, foi uma soma de circunstâncias. Além do Chico, quem estava louco para mexer com o VT era o Marcelo Barbosa, ex-colega de colégio a quem eu chamava de Nasal Sensual, obviamente porque tinha um nariz pra lá de grande. O Nasal era um grande técnico de gravação em áudio, sabia tudo do negócio. Quando viu o primeiro gravador de vídeo, endoidou, especialmente porque os pontos de edição nas fitas eram marcados no áudio, como nas fitas com que ele trabalhava. Ele estudou a máquina, fez, aconteceu e arranjou um jeito de fazer edição cortando a fita magnética do VT com gilete – como fazia com as fitas de áudio. O VT não tinha nem 15 dias aqui no Brasil e o cara já estava fazendo edição nele.

O Chico viu aquilo e ficou entusiasmadíssimo. Chamou o Carlos Manga, diretor de teatro de revista e cinema, grande criador dos filmes da Atlântida – que nunca tinha feito televisão –, especialmente para dirigir o seu novo programa. Então, juntaram-se todas as partes. O *Chico Anysio Show* estreou em 1960, para fazer o lançamento do Rum Bacardi. Tinha o Quém-Quém cantando "Rum, Rum, Bacardi", *jingle* que ficou célebre, e o Coronel Limoeiro, com a Maria Teresa e aquelas personagens todas. Num único dia, nasceu o *Chico Anysio Show*, surgiu o Rum Bacardi e foi utilizado o VT pela primeira vez num programa de televisão brasileiro.

A televisão brasileira já tem mais de meio século, mas para mim ela só produziu até hoje dois gigantes absolutos, gênios completos. Um deles é o Chacrinha. O outro, Chico Anysio – que modernizou a linguagem dos shows e introduziu um novo ritmo de corte nos programas, muito mais ágil e rápido, tudo a partir do videoteipe. Esse ritmo frenético da televisão de hoje, que atinge o auge nos videoclipes, deve seu tributo à modernização que o Chico, com o Carlos Manga e depois com o Daniel Filho, impôs à velha TV feita integralmente ao vivo, no timing do teatro. A maioria das pessoas que trabalha hoje em TV não tem ideia disso, mas o Chico sabe quanto ele fez. Fico imaginando o que mais poderia ter feito. Quando o vejo, sinto nele certa tristeza embaçada, uma amargura. Ele fez muito pela televisão, mas certamente tinha muito mais a dar e acabou prisioneiro de um esquema que o condena a repetir coisas de 30 anos atrás. Não pode estar satisfeito com isso. Acho que nós dois, de certa forma, fomos consumidos pelo veículo.

Mais que profundo admirador do Chico, fui amigo dele, amigo íntimo, chegadíssimo, no início dos anos 1960. Havia uma afinidade fantástica entre nós, que nos mantinha juntos no trabalho e nas farras. Até aos puteiros íamos juntos. Uma vez, fomos a Belo Horizonte, onde ele faria um show. Depois do espetáculo, fomos parar no bordel de uma tal de Nena, um lugar escrotérrimo, pouquíssimo adequado para duas grandes personalidades da TV brasileira. Não sei por que fomos à Nena, mas acabamos lá, cada um com a respectiva mariposa, num quarto enorme cheio de espelhos, aquela coisa bem de zona mesmo.

Dei logo a minha bimbada, mas comecei a ficar constrangido, porque o Chico, no outro lado do quarto, não parava. A rapariga que estava com ele não era nenhuma Miss Universo, nem mesmo a Marilyn Chambers, mas o Chico parecia estar adorando. E continuava, continuava.

– Para, homem! Você está me machucando! Assim é demais! – protestava a moça.

E o Chico nem se tocava. Eu, do meu canto, já começava a me sentir um fracasso, tendo cumprido uma performance absolutamente bisonha diante daquele portento de virilidade. E a puta protestava, lutava para cair fora.

– Escuta aqui, minha filha! – acabei berrando, impaciente, lá do meu canto. – Eu já vi muita mulher cortar os pulsos de desespero por uma envernizada dessas e você reclama? Retire-se daqui! Você não vai receber nada!

Pois esse era o meu querido amigo Chico Anysio naqueles tempos. Nós fazíamos certamente grandes farras, com uma intensidade comparável à que púnhamos no trabalho. Era um ritmo alucinado em tudo. Mas a minha vida não era só de farras, ao contrário. Eu tinha também uma enorme crise conjugal para administrar. Meu casamento havia muito desvirtuara para um pântano emocional, com gritos, agressões, cenas, um verdadeiro inferno. Minha inexperiência de vida tinha feito que eu, que até aquela época só havia pensado em trabalho, acabasse me entregando a uma paixão dominada pelo irracional. Depois de me iludir durante algum tempo e achar que as coisas podiam melhorar, finalmente percebi que estava amarrado a uma tragédia.

Vânia era uma excelente moça, mas herdeira e vítima da "Tragédia da Piedade" – o dramático caso de amor de Ana e Dilermando de Assis, que levou Euclides da Cunha à morte e o casal adúltero à infâmia. A publicidade que envolveu o caso e as reações conservadoras que suscitou no Rio de Janeiro do início do século 20 marcaram profundamente todos os membros da família Assis, incluindo os das gerações posteriores. Vânia não escapou a esse destino. Assim como o pai, João de Assis – um bom homem, mas de personalidade forte, profundamente amargurado, massacrado pela vida –, ela era uma pessoa infeliz, revoltada. Como não podia deixar de ser, a nossa relação desenvolveu-se num clima de paroxismos. Em tudo e por tudo, o nosso amor foi marcado por um tom de ópera.

Pouco tempo antes de casarmos, num domingo de abril de 1958, quando estávamos na fila do Cine Caruso, já entrando para assistir a *Aquele que deve morrer*, de Jules Dassin, tivemos uma briga feia. O Geraldo Casé havia me chamado para participar da equipe de produção do *Noite de gala*, que estrearia sua temporada daquele ano no dia seguinte. O ensaio seria naquela mesma noite de domingo e eu precisava estar presente. Mas ela não entendeu que aquela era uma grande oportunidade profissional para mim e não aceitou que eu fosse à TV Rio depois do cinema.

– Não, você não vai. Quero que você fique comigo.

Argumentei que era um compromisso importante, que não podia simplesmente faltar, mas ela não quis saber. Então, já irritado, tive uma crise esporádica de bom senso e resolvi que, se ela era incapaz de compreender minimamente os meus problemas, terminaríamos ali a nossa relação. Às 21h, ela foi para casa e eu segui para a TV Rio.

Lá pelas 22h30, 23h, eu estava cortando um comercial da Água de Quina Pinaud, no *TV Rio Ring*, quando alguém me avisou que havia uma chamada telefônica para mim. "É a Vânia." Terminei o comercial e fui atender.

– O que é, Vânia?

– Eu vou me matar – ela disse.

– Pare de bobagem – respondi, achando que era encenação. Ela já fizera aquela cena antes.

– Você não acredita, né? Pois eu estou com um tubo de Lamoron aqui – ela insistiu. Lamoron era um antidepressivo, remédio para dormir.

– Então se mata! – explodi. – Dane-se!

E bati o telefone. Mas não consegui me acalmar. Fiquei em dúvida: ela passaria da encenação ao ato real? Disquei para a casa dela, o telefone tocou, tocou, ninguém atendeu. Liguei outra vez, insisti, novamente ninguém atendeu. Aí, me apavorei. Peguei um táxi, voei para lá e fui logo esmurrando a porta, já esperando pelo pior.

Depois de algum tempo, afinal, a porta se abriu. Quem atendeu foi o pai da Vânia. Inteiramente ensandecido, contei o que se passara e a ameaça que ela fizera de tomar o barbitúrico. Porém, antes que ele comentasse qualquer coisa, ela apareceu na sala com a cara mais lavada do mundo, como se nada tivesse acontecido, e eu estivesse fazendo uma tempestade em copo d'água.

Eu deveria ficar louco de raiva, mas tive uma reação totalmente oposta. Ali mesmo, naquele confuso estado emocional, ainda transtornado, desculpei-me pela briga e pedi a sua mão em casamento. Imaginei que, com a tranquilidade de um noivado, ela não teria mais insegurança em relação a mim e me deixaria trabalhar sossegado. Mas nem isso melhorou a nossa relação. Absolutamente ciclotímica, variando de momentos da mais eufórica paixão ao ódio mais irracional, ela continuou instável. Até o casamento, foram mais seis meses aos trancos e barrancos.

Meu pai, vendo tudo aquilo, ficou preocupado. Ele era um homem experimentado, prudente, e me aconselhou.

– Garoto, vai devagar. A Vânia é uma boa menina, mas é desequilibrada. Você está entrando num beco sem saída. Pode estragar a sua vida. Não faça esse casamento.

– Ora – respondi, do alto de minha suposta autoridade. – Nós, no fundo, temos loucura um pelo outro. Nossa atração sexual é uma coisa que jamais vi.

Aos 22 anos, eu não tinha idade para ter visto muita coisa nesse campo, mas me achava o máximo da experiência. De forma que, contra todas as advertências, nos casamos em 18 de outubro de 1958, na Igreja de Santa Margarida Maria, na Lagoa. Foi uma tarde marcada por um extraordinário temporal – tão intenso quanto a tormenta emocional que marcava aquela união. Não tivemos lua de mel. Da igreja, fomos direto para casa, um pequeno apartamento no Posto 6, e começamos a vida em comum. Minha existência tinha tomado um rumo irreversível, cujas consequências eram impossíveis de prever. Naquele momento, senti que tudo ficava para trás: minha mãe, meu pai, minha irmã, meus amigos, toda uma vida de carinho e de sonho. Meu destino se atrelava a uma pessoa cuja característica fundamental era a obsessão, tarjada ainda pelas cores de uma tragédia que havia abalado o país.

Mais tarde, em janeiro, ganhei uma semana de férias em São Paulo. Ficamos no Hotel Comodoro, com carro à disposição, ingressos para o teatro, tudo correndo muito bem. Vimos Cacilda Becker em *Pinga-fogo*, Maria Della Costa em *Desejo de amor* e Leonardo Villar em *Esquina do pecado*. O único problema foi na boate Cave, onde fomos ouvir Moacir Peixoto.

Pediram meus documentos na porta, tal a minha cara de adolescente. Mas isso nem chegou a abalar o nosso bom humor. Na véspera de voltar ao Rio, entretanto, percebi que Vânia estava muito reticente. Senti que algo não ia bem, apesar da aparente calmaria de todos aqueles dias. Foi então que ela me fez uma confissão fulminante, que me atravessou o peito como um saca-rolhas.

– Eu não sinto prazer com você.

Absurda ironia! Se o sexo era a única coisa que eu achava que ia realmente bem na nossa vida, aquilo era o fim de tudo. Fiquei arrasado. Mas, por mais desesperado que estivesse e por mais ignorante que fosse nesses assuntos, parti para uma solução lógica. Assim que chegamos ao Rio, procurei um médico, que conseguiu me tranquilizar, dizendo que aquilo era normal e poderia perfeitamente se reverter. Dias depois, entretanto, na sua compulsão de me torturar, ela jurou que tudo aquilo fora uma encenação, apenas para me deixar inseguro.

Se o objetivo era esse mesmo, ela conseguiu. Daí para a frente, minha vida conjugal transformou-se num inferno. O ato de dormir com era semelhante a enfrentar um campo de batalha. Mas não desisti de salvar o casamento. Tentei terapia de casal, psicanálise e até outros tratamentos incipientes na época. Depois, foi a fase das internações. Achamos que ela poderia melhorar se passasse algum tempo numa clínica de repouso. Mas ela ficava uns tempos, melhorava e depois começava tudo de novo.

Nada funcionou, apesar do seu sincero esforço em superar os problemas e do amor indiscutível que tínhamos um pelo outro. Sua agressividade surgia nos momentos mais inesperados e a transtornava completamente. Assim, os primeiros meses de casamento passaram num clima insuportável e as coisas só pioraram nos anos seguintes. Em janeiro de 1961, nasceu minha filha Flávia e isso nos deu uma sobrevida de alguns meses. Mas, no final do ano, não deu mais. Saí de casa de vez.

Depois de nos separarmos, Vânia não conseguiu encontrar a paz. Ela não se conformou com o fim do casamento e fez tudo que pôde para me complicar a vida, mas acabou transformando a sua em tragédia – mais uma na família Assis. Em 1967, precisou fazer uma cirurgia simples, uma cauterização, mas insistiu em tomar anestesia geral. Teve uma parada cardíaca na mesa de operação, entrou em coma, ficou quase dois meses entre a vida e a morte, mas sobreviveu – completamente descerebrada. Vegetou por 21 anos, vindo a falecer em 1988. Essa foi a vida da minha linda e angustiada Vânia.

Hoje, tenho distanciamento suficiente para analisar com mais objetividade tudo o que aconteceu conosco. Comovo-me com o nosso destino. Podíamos ter tido uma bonita história juntos, e não foi assim que aconteceu. Mas em 1961, no calor dos acontecimentos, eu sentia um turbilhão de emoções desagradáveis em relação à Vânia e ao nosso casamento. Era um momento importante da minha vida profissional e a vida privada estava atolada num pântano. Eu precisava desesperadamente de estabilidade, de compreensão, de uma mulher que me desse segurança. Foi assim que, algum tempo depois de separado, acabei encontrando essa mulher.

6.
A deusa vencida

O final de 1961 foi um tempo de definições na minha vida. Na TV Rio, com as mexidas na programação e as inovações comerciais patrocinadas por Jânio Quadros, estávamos de bem com a audiência e os anunciantes. Liderávamos o mercado, razoavelmente tranquilos, com programas que faziam enorme sucesso, e eu tinha mais tempo – e a cabeça mais livre – para enfrentar os meus problemas pessoais, que não eram exatamente pequenos. O fim do casamento com a Vânia, em setembro, nas circunstâncias em que se deu, foi uma derrota pesada para um sujeito que acreditava numa relação mais séria com alguém. Mas eu nem tive tempo de sentir a frustração, de refletir se valia ou não a pena casar tão cedo. Mal percebi, já estava casado novamente – e feliz da vida.

Sandra Sandré (para mim, Sandrinha) era vedete. Foi descoberta pela Renata Fronzi e tinha trabalhado nos espetáculos do Walter Pinto. Agora, estava no elenco do *Noites cariocas*, com Chico Anysio, onde pontificavam, no departamento das beldades, Carmem Verônica, Rose Rondelli, Dorinha Duval, Silvia Fernandes, Isa Rodrigues, Marilu Bueno e Zélia Hoffman. Evidentemente, quando começamos a sair, o romance foi bastante comentado – e criticado. Havia muito preconceito contra as garotas do teatro de revista, e, no entender de algumas pessoas, ela não era mulher para mim. Mas eu nunca liguei para essa cretinice. Poucas vezes conheci uma pessoa tão honesta, tão decente. Imaginavam que ela tinha se envolvido comigo porque eu já era um sujeito conhecido, um jovem executivo de televisão promissor, que provavelmente ganharia muito dinheiro. Mas ela se envolveu comigo por amor, eu tinha certeza. E, apesar de escaldado em casamento, deixei-me levar novamente, todo apaixonado.

Fomos viver primeiro num pequeno apartamento, em cima do Beco das Garrafas. No começo, quase não tínhamos móveis. A Vânia ficou no apartamento em que morávamos, com tudo o que tinha dentro. O ex-marido de Sandrinha fez a mesma coisa. Deixou-a praticamente com as roupas do corpo e com uma filha de 3 anos, Margareth, a Meg. Durante uns dois meses, até comprarmos os móveis, dormimos num sofá-cama Dragoflex, num aperto que só o amor acomodava. Mas, aos poucos, fomos melhorando. Decoramos o apartamento direitinho, com móveis antigos, e mais tarde mudamos para uma casinha muito gostosa, na rua Barão da Torre.

Vivemos felizes durante oito meses. Depois da tempestade com a Vânia, Sandrinha foi o que se pode chamar de "a bonança". Tínhamos uma vida pacata de casal, e eu me dava muito bem com a Meg, embora a sua presença aguçasse em mim a falta da Flavinha, que agora morava com minha mãe. Nossos amigos mais constantes eram Chico Anysio e Rose Rondelli, que também tinham se casado recentemente, e Carlos Manga e Inalda. Sandrinha e Rose eram muito amigas, as duas ex-certinhas do Lalau, o Sérgio Porto. Estávamos todos sempre juntos, assistindo a *Cinema em casa*, saindo, sempre nos divertindo muito.

Era uma vida normal de casado. Aliás, excessivamente normal – e esse foi o problema que acabou surgindo. Com 24 anos, prestígio e dinheiro, eu queria aventuras que o casamento não podia dar, por melhor que fosse. Queria boêmia, conhecer outras mulheres, cair na farra com os amigos. Sandrinha era adorável, nos amávamos muito, mas ela não podia me dar tudo.

Um belo dia, fui com uma mulher para um hotel de São Conrado e só cheguei em casa às seis da manhã. Não era a primeira vez que eu aprontava, e Sandrinha, claro, não achava a menor graça nisso. Dormi um pouco, acordei pelas dez horas e ela estava lá, ao meu lado, examinando as marcas que eu tinha no corpo. Eu nem havia notado, mas estava mais estropiado que o Iraque depois do bombardeio aliado. Babaca, eu me sentia o rei da cocada preta, o magnífico sedutor. Ela não disse nada, mas senti que tinha pintado um clima ruim, meio grave. Para desanuviar, fiz uma proposta que acabou sendo uma grande besteira.

– Por que você não compra hoje os móveis que faltam? – perguntei.

Nós estávamos acabando de decorar a casa. Queríamos um novo aparelho de TV e alguma coisa para colocar em cima de uma coluna romana que tínhamos comprado. Completar a decoração era um normalíssimo plano doméstico, daqueles que a gente compartilha todo dia no casamento. Absolutamente prosaico. Mas aquele não era um bom momento para fazer a sugestão. Do jeito que falei, nas circunstâncias, a coisa soou como uma espécie de suborno, ou prêmio de consolação. Algo como: "Você fique aí com a decoração e não me encha o saco com as minhas farras". Claro, um tremendo passo em falso meu.

Ela não disse nada e foi trabalhar. Mais tarde, nos encontramos na televisão e eu propus que fôssemos jantar fora. Eu, obviamente, queria limpar a minha barra, mas só piorei as coisas. Pareceu mais um consolo. Ela me olhou com firmeza e respondeu bem calma, completamente decidida.

– Não, não vamos jantar hoje. Nem hoje nem nunca mais. Eu já me mudei da sua casa.

Fiquei pasmo. Eu sabia que as minhas aventuras extraconjugais não passavam em brancas nuvens, que Sandrinha não gostava nada delas. Mas jamais imaginei que estivessem causando tanto dano ao nosso casamento. Muito menos que ele terminaria assim, a seco, de um só golpe, mortal.

– Como mudou da minha casa? – perguntei, aparvalhado. – É a nossa casa!

– *Foi* a nossa casa, Walter – ela disse. – Agora não é mais. Fique tranquilo, você está livre.

E me deixou. Assim, sem dó nem perdão. Fiquei abalado por uns tempos e sofri com uma considerável dor de corno. Fiz até um esforço para reconquistá-la, mas não consegui nada além de me meter em situações patéticas. Certa noite, liguei para ela, em mais uma tentativa de fazer as pazes. Propus que fôssemos ao Bon Gourmet, assistir a um show do Vinicius que estava estreando e todo mundo ia ver.

– Hoje não posso, Walter – ela respondeu. – Vou ao show, mas vou com um amigo.

– Amigo? Que amigo? Liga pro cara e desmarca! Você vai é comigo! – insisti, meio irritado.

Mas ela não era do tipo que se rendia facilmente aos meus apelos. Ainda mais quando estava com raiva de mim. Além disso, o tal amigo devia ser muito interessante, ela não daria um cano no sujeito na última hora só por minha causa.

– Não adianta, Walter – ela disse, decidida. – Marquei com ele e vou com ele. Nós saímos outro dia.

Fiquei me sentindo péssimo, rejeitado, um pobre coitado. Então, num rompante do mais puro masoquismo, fui à janela para vê-la chegando com o fulano. Meu prédio ficava a uns 30 metros do Bon Gourmet, se tanto. Era um perfeito observatório para um babaca apaixonado, e me postei ali para sofrer com a sua chegada gloriosa.

Passada meia hora, estacionou na porta do Bon Gourmet um fusquinha bege--claro e desceu um sujeito todo empertigado, de terno preto. Do outro lado, saiu a Sandrinha, lindíssima num vestido preto francês que eu dera a ela pouco tempo antes. "Um fusquinha?", pensei. Do alto do meu invejadíssimo Ford Falcon zero quilômetro, avaliei pelo carro que o fulano era um duro e a minha raiva aumentou ainda mais. Ela não só estava me esnobando como a sua alternativa era um pobre coitado. Humilhação demais para a minha autoconfiança. Ali mesmo, junto da janela, entrei em coma emocional. Comecei a chorar como um louco e a vomitar de desespero. Em cinco minutos, fiquei com o corpo todo dolorido. Sentia a dor nas entranhas, nos ossos, na alma.

Porém, em vez de ficar ali definhando de dor de corno, achei melhor reagir. Decidi que, se era para sofrer, eu sofreria na frente dela. Provavelmente, não lucraria nada com isso, mas se estragasse sua noite e a de seu amiguinho pobretão já estaria mais do que bom. Comecei a ligar para as minhas amigas, para ver se alguma delas me acompanhava no show, mas estava sem sorte. Ninguém podia. Todas gostariam muito, seria ótimo, eu era uma gracinha, mas estavam ocupadas, não dava, quem sabe outro dia. Depois de muita batalha no telefone, pintou uma amiga muito divertida, que também namorava o Jango Goulart de vez em quando, uma ótima figura. E lá fomos nós.

Eu estava mesmo transtornado, porque não só fui ao Bon Gourmet como sentei bem ao lado da mesa onde a Sandra estava com o cara. Obviamente, fui inoportuno. Ela ficou profundamente incomodada com a minha presença, mal conseguia conversar. Não tirava os olhos de mim – nem eu dela. Depois de um bom tempo nessa tortura, já depois do show, propus à minha amiga uma esticada no Sacha's. Quando cheguei lá, fui ao banheiro. E quem entrou logo atrás de mim, para se aliviar bem a meu lado? O pobretão. O filho da mãe provavelmente quis conferir os meus talentos ocultos. No dia seguinte, fui sarcástico com a Sandrinha, quando nos encontramos na TV Rio.

– Muito interessante o seu amigo – eu disse. – Curioso, não? Foi me observar dentro do banheiro. Será que gostou? Não comentou nada com você?

Eu queria machucá-la, mas era eu quem estava arrebentado, numa dor incomparável. Pior para mim. Sandrinha deve ter percebido que eu estava ali rastejando de ciúmes e não passou recibo. Deixou-me plantado, curtindo a minha dor.

Poucos dias depois, marquei com minha irmã e meu cunhado de assistirmos a um show do Gilbert Bécaud. Passei para pegá-los, mas eu é que fui pego de surpresa. Sandrinha ligou para lá. Ela e minha irmã eram muito amigas, mas desde a separação praticamente não nos víamos, a não ser na televisão. Reencontrá-la mexeu comigo mais uma vez. Despertou fortes sentimentos: a nostalgia da nossa gostosa cumplicidade, uma grande ternura, um tesão maior ainda.

– Que bom te encontrar, Walter! – ela foi dizendo. – Eu ia mesmo te procurar. O Ruy Guerra me convidou para fazer um papel em O*s fuzis*, eu queria a tua opinião.

Sandrinha não era boa atriz, mas tinha uma luz especial, uma cara marota, saudável. Se o papel não fosse muito exigente, podia ser excelente para ela. Eu disse que gostaria de ler o *script* naquela noite mesmo, depois do teatro. Mas ela tinha de gravar um programa em São Paulo e já ia embora, para pegar o trem na Central do Brasil. Então, propus levá-la à estação, para a gente conversar mais um pouco. Eu encontraria com a Lilian e o Carlinhos no teatro.

No carro, ela foi me contando do projeto do filme. Disse que estava muito entusiasmada, porque sempre tinha feito teatro de revista e coisas pouco importantes na televisão. Aquela era uma boa chance de dar um salto profissional, com um trabalho mais sério, de prestígio e coisa e tal. Eu ouvia tudo, dava meus palpites, mas minha cara devia dizer a ela que o assunto de que eu queria tratar era outro. E a conversa foi esquentando. Passamos a falar de um certo camarada que andava apaixonado por ela, queria casar. Eu, fazendo o número do condescendente: "Ah, que bom, ele é que vai ser feliz, conquistar uma pessoa fantástica como você". Ela, cada vez mais envolvida naquele meu papo bonzinho, dizendo que o cara não era importante. Nesse clima, quando chegamos à Central e ela ia embarcar, a temperatura já estava elevadíssima. Não resisti a fazer uma proposta:

– Quem sabe se eu não vou com você para São Paulo?

Seu sorriso foi a resposta que eu queria. Ela tinha uma cabine dupla, não precisei fazer nada além de subir no trem. Daí para a frente, foi uma das viagens mais românticas que aquele vagão já viu. Duvido que alguém tenha amado tanto nos trilhos da Rede Ferroviária Federal quanto nós dois naquela noite. Acho que o nosso tesão transpirava, porque os caras do serviço de bordo até nos ofereceram um champanhe Georges Aubert. Tínhamos todo o jeito de casal em lua de mel. E foi assim, abraçados, amarrotados e apaixonados, que desembarcamos em São Paulo, às oito da manhã de um domingo.

Eu não tinha nada para fazer, mas ela ia ensaiar à tarde. Eu não ia ficar ali atrapalhando. Depois, aquilo tudo não significava nada além de uma recaída. Uma doce e excitante recaída, mas fugaz. Não havia nada que pudesse recomeçar entre nós. Da estação Roosevelt, portanto, seguimos direto para o aeroporto de Congonhas. Eu já estava completamente liso, tinha gastado todo o meu dinheiro no trem. Mas ela tinha uma passagem que ia usar na volta e me deu. No bar, onde ficamos enquanto o avião não saía, encontrei o Eduardo e o Marcos Magalhães Pinto, com quem eu tinha uma relação muito cerimoniosa. Ainda me lembro da cara de espanto deles, de me verem no aeroporto àquela hora, com a roupa do dia anterior. Mas eu, naquele momento, não estava nem aí. Curtia aquele romance como se fosse uma cena de filme. E foi assim que terminou: eu embarcando num Viscount vazio, ela me acenando apoiada numa gradinha de Congonhas. *As time goes by...*

Quando finalmente voltei para casa, depois de horas entre chegar ao Santos Dumont, pegar um táxi para a Central e voltar com meu carro, meus amigos estavam em polvorosa. Eles achavam que eu tinha sumido. Ao mesmo tempo, todos se preparavam para o nosso habitual almoço de domingo. Minha casa era assim: quase um clube, uma parada obrigatória dos camaradas. Por mais que a minha cabeça estivesse totalmente voltada para a Sandrinha naquele dia e vagasse por galáxias distantes enquanto eu comia um excelente arroz de forno, eu sabia perfeitamente que ela já não pertencia ao meu mundo.

Depois de superar a dor da separação, o que senti foi alívio. Era muito cedo para encontrar o "grande amor da minha vida" – se é que a gente realmente encontra esse amor definitivo. Havia ainda muita coisa para viver antes da reclusão compulsória do casamento, e a Sandrinha percebeu isso antes de mim. Ela foi uma pessoa tão decente comigo que conseguiu agir assim até na separação. Não houve drama, não brigamos, não ficou nenhum mal-estar. Ela simplesmente saiu da minha vida, tão discreta quanto quando entrou.

Não fosse a época em que aconteceu, seria um fim de casamento excelente. Mas era maio de 1962 e estava terminando naquele mês algo muito maior que um casamento, ainda que fosse o meu. Chegava ao fim um sonho, um grande sonho que eu também sonhei: o de a TV Rio se transformar numa emissora forte e poderosa, cabeça de uma rede nacional de televisão. Tudo que havíamos construído com muito trabalho nos anos anteriores começava a ruir. Dentro de pouco tempo, perderíamos a liderança de audiência no Rio e voltaríamos ao tempo das grandes dificuldades. Esse flagelo que se abateu sobre nós também era uma estação de televisão, tão charmosa quanto a TV Rio e tão forte quanto só a Globo viria a ser. Estava começando o reinado da TV Excelsior.

Um único dia daquele maio de 1962 foi suficiente para a Excelsior saquear o fabuloso elenco da TV Rio. José Carlos Rao, diretor da Excelsior, vindo de São Paulo, desembarcou no Santos Dumont com uma mala cheia de dinheiro, disposto a contratar todo artista que fosse conhecido do público e pudesse transferir seu sucesso para a emissora. Não estou falando em sentido figurado: ele *realmente* tinha uma mala cheia de dinheiro. Tinha e usava, porque já devastara o elenco da Tupi paulista. Nessa investida carioca, Rao começou a festa por Chico Anysio e Carlos Manga e acabou levando mais de 50 artistas da TV Rio, vários deles com os salários triplicados. Quando o furacão passou, especulou-se muito sobre o sentido daquela fúria de contratações. Mas não foi difícil imaginar. A Excelsior tinha pressa. Queria chegar ao topo o mais rápido possível.

Ao contrário das outras estações de televisão do país, que nasceram pelas mãos de radialistas ou de homens de imprensa, a Excelsior surgiu como trampolim para os planos de um grande empresário de fora do ramo. Mário Wallace Simonsen, grande exportador de café e dono da Panair do Brasil, tinha grandes ambições políticas e percebia perfeitamente o que significava, para um projeto desse tipo, ter nas mãos uma televisão. Amigo de João Goulart, ele obteve a concessão de dois canais – um em São Paulo, outro no Rio – ainda no governo de Juscelino e apressou-se em colocá-los no ar, sem medir despesas, para encurtar sua escalada até Brasília. Assim, montada com os melhores recursos disponíveis na época, a TV Excelsior, Canal 9 de São Paulo, estreou em 7 de setembro de 1960, ainda em tempo de ajudar na campanha de Jango à vice-presidência (nessa época, o vice era eleito independentemente do candidato à presidência; não pegava "carona" em sua chapa).

Menos de dois anos depois, ela se preparava para estrear a sua estação carioca. Novamente era um ano eleitoral e o Simonsen precisava da TV para fazer o *lobby* dos amigos. Era assim, aliás, que todo empresário de televisão agia. Primeiro, porque não havia nenhuma regulamentação sobre propaganda eleitoral na TV, sendo possível pôr os amigos no ar por quanto tempo se quisesse. Depois, porque a propaganda eleitoral era paga, e as emissoras faturavam os tubos durante as campanhas. Era um casamento perfeito de interesses, que fazia as estações de TV desejarem as eleições – e não exatamente por suas arraigadas convicções democráticas.

A campanha eleitoral de 1962 foi uma orgia de dinheiro. De um lado, havia aqueles institutos que faziam a agitação anticomunista: o Instituto de Pesquisas e Estudos Sociais (Ipes), dirigido pelo general Golbery, e o Instituto Brasileiro de Ação Democrática (Ibad). Do outro, havia o instituto do PDC e, da esquerda light, o ISEB. Mas a grana grossa vinha mesmo era do Ibad. Só desse grupo a TV Rio recebeu uma verba equivalente a três vezes o seu faturamento. E tudo por fora. O que entrou de dinheiro pelo caixa dois foi uma loucura. Ainda me lembro do Pipa na véspera da eleição, no encerramento do horário eleitoral, fazendo leilão de horários para os políticos. Estavam lá o Baby Bocaiúva e uns outros caras, tentando pegar o seu quinhão sem ser esfolados vivos. O último horário vendido terminava às 22h. Então, um comprou das 22h às 23h, outro das 23h à meia-noite e assim sucessivamente, madrugada adentro. Tudo, claro, a preços astronômicos.

Tinha gente que ficava rica agenciando publicidade em eleição. O Ivan Hasslocher, por exemplo, gestor do Ibad e dono de uma agência de propaganda chamada Promotion. Era uma agência pequena, que tinha apenas a conta da Crush. Mas o sujeito tomou mais dinheiro dos americanos com esse negócio do Ibad do que a América Latina inteira com a Aliança para o Progresso. Ficou tão rico que se mandou, nunca mais voltou ao Brasil. O Ponce de Leon, corretor de anúncios, comprou um apartamento de cobertura na zona sul apenas com os 10% da comissão que recebia pelos negócios com a TV. Era uma festa. Até o Brizola participou. Ele era candidato a deputado federal e chegava à TV Rio com uma mala de dinheiro para pagar o horário ao Pipa. No seu caso, foi um dinheiro muito bem empregado. Dos 350 mil votos possíveis naquela eleição, ele faturou "apenas" 240 mil.

Era pela política, portanto, que Simonsen estava na TV. Com Jango na presidência, ele precisava de mais rapidez ainda para atingir a liderança de audiência com a Excelsior. Precisava aproveitar enquanto o amigo estava no poder. Por isso, injetava toneladas de dinheiro na emissora, comprando o passe de quem quisesse. No comando da estação de São Paulo, por exemplo, ele tinha posto o Edson Leite e o Alberto Saad, dois supercraques do rádio. Eles estavam montando o elenco milionário da Excelsior de uma forma com a qual sonham todos os diretores, de todos os lugares, em todos os tempos: buscando os melhores profissionais onde eles estivessem.

Tivemos a maior curiosidade pela Excelsior desde o seu início, em 1960. Pela publicidade que fizeram antes de entrar no ar, imaginávamos que viriam com coisas fantásticas. Por isso, no dia da estreia, Zé Otávio, Loffler e eu fomos a São Paulo só para acompanhar o grande espetáculo de perto e ver que coelhos eles tirariam da cartola. Pegamos a suíte presidencial no Hotel Othon, na rua Líbero Badaró, e grudamos o olho na tela, à caça das tais novidades. Era uma legítima operação de pirataria. O que surgisse de interessante nós copiaríamos na TV Rio, sem a menor cerimônia. Assim, quando estreasse a Excelsior carioca, se eles quisessem usar os mesmos truques, passariam por plagiadores – e das próprias ideias.

Acompanhamos a programação de sexta a domingo. De genial mesmo o que vimos foram dois bonequinhos que funcionavam como marca e vinheta de caracterização da emissora. Eram muito parecidos com os bonecos que a Varig usava em seus comerciais, com enorme sucesso: o Seu Cabral e o japonês Urashima Taro, personagens simpaticíssimas. Imaginamos que eles também agradariam muito ao nosso público e decidimos no ato que copiaríamos aquilo. Quando fomos investigar quem tinha feito, descobrimos que era coisa do Boni.

Eu conhecia o Boni desde 1959, quando a Gessy Lever comprou qualquer coisa lá na TV Rio e ele foi seu representante na negociação. Ele era o melhor profissional da Lintas na área de rádio e TV. Já tinha fama de gênio e havia feito pelo menos um programa genial, o *Lever no espaço*. Quando os russos lançaram o primeiro satélite, o Sputnik, foi aquele impacto mundial e o Boni arranjou um jeito de pegar carona na onda de astronáutica e ciência que se espalhou. *Lever no espaço*, inspirado na famosa radiofonização de Orson Welles para *A guerra dos mundos*, de H. G. Wells, tinha histórias de ficção científica, com trucagens fantásticas para os recursos primitivos da TV ao vivo, sem VT.

O Boni tinha uma cara meio branquela, que não acusava muito a idade, e um jeito autoritário, ranzinza. Mas foi extremamente simpático comigo desde o primeiro encontro. Nós dois éramos garotos, fizemos sucesso precocemente e muito cedo recebemos uma enorme carga de responsabilidades. Por isso, tínhamos grande identificação. Logo de cara eu quis levá-lo para a TV Rio, mas não deu, porque a sua situação na Lintas era excelente. Mas, a partir daí, jamais deixei de perseguir esse objetivo. Começamos a manter contato e os bonequinhos da Excelsior, quando surgiram, nos deram a chance de trabalhar juntos. Ele fez para a TV Rio, a meu pedido, o nosso "Zé Carioca", um tucano meio calcado no personagem do Walt Disney que dava o bordão da emissora: "TV Rio, Guanabara, Brasil".

Mas o nosso adorável mascote não nos deu a sorte necessária para enfrentar o poderio da Excelsior. Em pouco tempo, ela conseguiu a liderança de audiência em São Paulo e passou a dividir conosco, com a Record e a Tupi a venda de programas gravados em videoteipe para outras emissoras. Nosso contato era muito próximo, eu até vendia a eles alguns programas do Fernando Barbosa Lima, quando o diretor comercial era o Saulo Ramos. Mas não me iludia quanto ao que vinha pela frente. Quando a Excelsior entrasse no Rio, eu certamente teria problemas, e o nosso domínio da praça, obtido a duras penas, ficaria ameaçado.

O que eu não esperava era que o golpe da Excelsior viesse antes mesmo de a emissora estrear no Rio. A contratação em massa do nosso elenco aconteceu uns meses antes de o canal entrar no ar e nos deixou absolutamente em frangalhos. Dos artistas do primeiro time, só ficaram Golias, Consuelo Leandro e Moacir Franco. Nosso fantástico elenco humorístico, o melhor que uma emissora já reunira em todos os tempos, mudou de canal da noite para o dia. Foi difícil suportar o baque. O primeiro *Noites cariocas* depois da saída do elenco só aconteceu pela garra dos artistas que ficaram e acabou sendo um espetáculo emocionante, que terminou numa choradeira dos diabos.

As maiores perdas foram as de Chico Anysio e Carlos Manga. Eles comandavam um núcleo de produção que estava renovando a linguagem do show de televisão. Mas foi exatamente por causa disso que eles ficaram insatisfeitos com a TV Rio. Depois de começar a produzir o *Chico Anysio Show* em videoteipe, não queriam mais saber de programas ao vivo, com auditório. Era um recuo inaceitável, diziam. Queriam fazer tudo em VT, incluindo *O riso é o limite* e *Noites cariocas*. Porém, fazer programas gravados custava caríssimo. As gravações do *Chico Anysio Show*, por exemplo, começavam às 8h e iam até as 22h. Depois, a edição destruía as fitas de VT, que custavam uma fortuna. Ninguém discordava que o VT era um recurso revolucionário e um poderoso atrativo para o telespectador. Mas havia o argumento do custo e também do calor dos programas com auditório ao vivo, que eram a grande marca da TV Rio.

O João Batista começou a restringir o uso do VT e o Chico, sempre suscetível, não gostou. Sua primeira reação foi me propor sociedade na empresa que ele tinha com o Manga, a Zoom Produções. Ele queria que produzíssemos os programas fora da TV Rio, vendendo a ela, se quisesse, ou a outras emissoras. Eu não tinha intenção de deixar a TV Rio e, mesmo compreendendo a angústia do Chico, aquela coisa do artista que se sente tolhido em usar um recurso criativo, eu concordava com a posição do João Batista. Achava insubstituível o auditório ao vivo, nossa marca inconfundível. Portanto, recusei a proposta. Chico não ficou ressentido comigo, mas não perdoou a intransigência da TV Rio. No primeiro convite que recebeu da Excelsior, obteve garantias de que poderia trabalhar apenas com VT e aceitou.

Fiz o que pude para impedir a sua saída. Assim que ele fechou o acordo com a Excelsior, foi para São Paulo, já para começar a produção dos programas, e fui atrás dele. Bastante transtornado com a decisão de Chico, fui encontrá-lo no Hotel Danúbio. Na verdade, ele estava fazendo uma aposta de alto risco. Na TV Rio, tinha se projetado e já era o primeiro cachê da televisão brasileira. Famoso, recebia convites para shows no Brasil inteiro e tinha uma posição estável. Na Excelsior, mesmo com toda a força que a emissora tinha em São Paulo, ele enfrentava algum risco. No mínimo, ficaria distante do público carioca até que a estação do Rio fosse inaugurada.

Foram esses os argumentos que usei, na nossa estranhíssima e desconfortável conversa. Para começar, ele me deixou plantado umas duas horas no saguão do hotel antes de me receber. Imagino que, se não fosse amigo íntimo dele, estaria esperando até hoje. Depois, desceu junto com o Manga, fumando um enorme charuto, e fomos conversar no bar. Era um lugar esquisito, que tinha um barco dentro como decoração.

– Porra, Chico, você não pode sair. Está fazendo uma bobagem – eu argumentava.

– Não, Walter, não dá – respondia ele. – A TV Rio vai acabar, vai ser massacrada pela Excelsior. Sai com a gente.

– Mas ela só vai ser massacrada se você deixar, Chico, se você sair – eu insistia. – Você não pode pular do barco agora. Não depois do desafio que eu comprei, das brigas que eu enfrentei com o Péricles para que a gente realizasse o nosso sonho, fizesse uma televisão de qualidade. Agora que nós conseguimos, agora que o próprio Péricles foi para a Excelsior, você não pode sair.

– É, mas o João Batista me brochou – ele retrucava. – Ele quer levar a TV de volta ao passado. Não dá, Walter.

– Porra, Chico, isso é intransigência sua! – eu apelava. – A empresa tem a sua operação, não pode trabalhar no risco o tempo todo. Você precisa compreender isso!

E ficamos nisso, um bate-rebate que levou horas e terminou com a minha derrota. Chico permaneceu irredutível. Frustradíssimo, rumei para o aeroporto carregando um peso na alma. Estava perdendo o meu Camisa 10, agora tinha de jogar com os reservas. Quando cheguei a Congonhas, mais de uma hora atrasado, estava uma confusão danada. O avião das 18h30 tinha caído pouco antes de chegar ao Rio. Foi aquele voo em que o Renato Consorte sobreviveu, todo queimado. Eu estava com a passagem marcada para aquele avião e, portanto, tinha escapado da morte por uma súbita intervenção do destino. Mas, de repente, me ocorreu a ideia de aproveitar a situação.

Corri para o telefone e liguei para a minha mãe, avisando que estava bem e pedindo que ela não se preocupasse com nenhuma notícia que viesse a ouvir. Depois, liguei para o Zé Otávio.

– Zé, liga agora para os jornais, chame os nossos amigos na imprensa e espalhe por aí que eu estava no voo! Vamos criar uma confusão!

Ele cumpriu perfeitamente a missão. A notícia de que Walter Clark estava no avião acidentado, provavelmente morto, o coitado, colhido pelo azar depois de tentar trazer Chico Anysio de volta à TV Rio, foi devidamente espalhada aos quatro cantos. Até que tudo se explicasse, ganhei um dia inteiro de noticiário nos jornais e nas rádios, o que despertou a compaixão dos queridos telespectadores da TV Rio e tirou o foco de cima do Chico. Ficou até uma imagem meio chata para ele, o coração duro que não atendeu ao último desejo do jovem diretor de televisão, vitimado pela fatalidade. Foi uma manobra sacana, eu sei, mas estava perdendo uma guerra e, àquela altura, eu lutava com qualquer arma.

Isso, porém, não atenuou os efeitos do grande golpe que a Excelsior aplicou na TV Rio. Quando baixou a poeira de toda a confusão, nos vimos sem elenco e próximos de enfrentar a nova concorrente ali no nosso quintal. A estreia da Excelsior no Rio já estava sendo anunciada para o meio do ano. Se queríamos reagir de alguma forma, tínhamos de fazê-lo rápido, antes que eles entrassem no ar. Minha estratégia para isso era simples: radicalizar ainda mais o processo de melhoria da programação, criando novos formatos de programas, mais arrojados, com gente ainda melhor do que tínhamos antes. A Excelsior levara muitos artistas bons, mas não todos. Havia ainda muita gente que nem estava na televisão. Eu achava que devíamos ir atrás dessas pessoas e fazer com elas programas tão avançados que, quando a Excelsior estreasse com o nosso velho elenco, fazendo shows parecidos com os nossos antigos programas, já estaríamos lá na frente – e o público estaria conosco.

O primeiro resultado dessa estratégia foi um programa chamado *A grande cidade*. Para quem costumava reclamar do baixo nível da televisão, ele era um cala-boca indiscutível. Bastava analisar a equipe. O texto era de Vinicius de Moraes, Otto Lara Resende e Fernando Lobo. A música, de Tom Jobim. O Loffler produzia e fazia direção de TV, e contratei o Gianni Ratto para fazer a cenografia e a direção de cena. A apresentação era de Ilka Soares e Tônia Carrero, com participação do Golias. Com um time desse, o programa só podia ser bom.

A grande cidade seria o precursor de uma nova programação para a TV Rio, a mais sofisticada que a TV brasileira já vira. Seria, se eu conseguisse convencer o Pipa e o João Batista de que a minha estratégia de combate à ameaça da Excelsior estava certa. Mas perdi essa parada. Com a entrada do Chico e do Manga na Excelsior, o Péricles do Amaral, que estava lá com sua turma e sua eterna concepção popularesca de televisão, ficou novamente sem espaço. O Chico chegou cheio de força e o Péricles logo percebeu que, mais uma vez, ia rodar. Então, voltou à TV Rio, trazendo na bagagem toda aquela velharia da qual eu queria me livrar. Nós iríamos para o corpo a corpo com a Excelsior sem nenhum punhal no colete. E ela venceria.

Eu tinha muita coisa com que me preocupar naqueles dias, mas nem por isso ficava enfurnado no escritório, fundindo a cabeça. Ao contrário. Depois de alforriado do segundo casamento, eu estava levando uma vida danada de boa. Agora morava num apartamento enorme na avenida Nossa Senhora de Copacabana, com vista para o mar, ali perto do Bon Gourmet. Um ponto muito conveniente para a agitadíssima vida social daquele apartamento. Por ali, passava todo o Rio de Janeiro: artistas, intelectuais, grã-finos, a fauna inteira. Não era o "surubódromo" que possa sugerir. Não mesmo. Mas também não era incomum que houvesse algum casal transando em um dos quartos nos horários mais disparatados, com ou sem o conhecimento do dono. Meus amigos levavam a sério esse negócio de se sentir em casa. No final do Campeonato Mundial de Basquete de 1963, entrei numa fria por causa dessa falta de cerimônia.

A transmissão desse campeonato, que negociei com exclusividade para a TV Rio, foi um desses golpes de sorte que salvam a gente do naufrágio quando a água já está no pescoço. Quando o elenco saiu, naquela batalha para criar eventos que reforçassem o prestígio da TV Rio diante do público, cismei de comprar os direitos de transmissão do campeonato. Nós tínhamos um time muito bom, com Rosa Branca, Wlamir, Amaury, Sucar, Algodão, Edson Bispo, aquelas feras todas, mas de qualquer modo era temerário transmitir ao vivo um torneio de um esporte muito menos popular do que o futebol. Era exatamente isso que os anunciantes pensavam. Tanto que eu fiz o impossível para vender o patrocínio. Passei até uma semana em São Paulo nessa batalha, mas não tive nenhum sucesso. O campeonato estava para começar e eu ainda não tinha vendido nada.

Acabei sendo salvo pelo gongo. Quando faltavam dez minutos para o jogo de abertura começar, eu estava na minha sala, de cabeça quente, vendo as imagens chegarem do Maracanãzinho. Aí, por milagre, surgiu o Eduardo Catinari, que era *layoutman* na Gallus Xavier, nossa agência, dizendo que um cliente da Standard, o Banco de Crédito Real, estava interessado no patrocínio. Assim que ele saiu atrás da autorização dos caras, me ligaram do escritório da TV Rio em São Paulo dizendo que o Roberto Duailibi, contato da mesma Standard, tinha fechado o patrocínio com a Bozzano. Em dez minutos, passei do desespero de pôr no ar, sem nenhum patrocinador, uma programação cara à doce situação de poder escolher entre dois clientes.

Por isso, assistir àquele campeonato na TV foi um prazer especial para mim, mesmo porque ele se transformou num grande sucesso logo a partir do primeiro jogo. O Brasil arrasou e pintou de cara como o campeão. Daí para a frente, meu apartamento se transformou numa tribuna especial do Maracanãzinho, com Deus e o mundo acompanhando os jogos lá. E na final, uma partida contra a União Soviética, estava abarrotado. Além dos amigos mais próximos – o Arce, que também estava separado e morava comigo, Lúcio Alves, Tito Madi, Silvio César, Luís Cláudio, Consuelo Leandro, Luís Delfino – e do pessoal da televisão, estava lá a Luluzinha, minha nova namorada. Ela era linda, chiquérrima, usava *tailleurs* Chanel e tinha um carro esporte Interlagos vermelho.

Nós assistimos ao jogo naquela zorra toda e, quando acabou, fomos jantar no Bon Gourmet. Os caras continuaram lá, na farra. Bem mais tarde, voltamos para namorar e comemorar o meu sucesso na promoção do campeonato. Eu produzira tudo com muito cuidado. O apartamento tinha uma instalação elétrica pensada para essas manobras românticas. Quando abria a porta, já acendia uma luz suave e ligava automaticamente uma vitrola, com um disco do Peppino di Capri sempre na agulha, para que a convidada já entrasse no clima da casa. Naquela noite, o sistema estava ativado e também havia champanhe na geladeira. Tudo perfeito para uma grande celebração.

Entrei com a Luluzinha. Fiz esse número todo de sedução *high-tech*, abafando com o broto, quando de repente, saída sabe-se lá de onde, surge uma crioula em plena sala. Eu a conhecia de vista, da porta da TV Rio. Ela ficava rondando por lá e no Belmiro, dizendo que tinha uma filha com o Luís Mendes. Era louca, sem dúvida, um tipo estranho, mas estranho mesmo foi ela aparecer na sala da minha casa.

– O que é isso, minha filha? – perguntei, espantado. – O que você está fazendo aqui?

– Eu vim com o Lúcio Alves e o Cícero – ela respondeu, desconsolada. – Eu estava dormindo no quarto de vestir e não sei quando ele foi embora. O miserável me deixou aqui!

Não foi nada fácil convencer a Luluzinha de que aquilo era coisa dos meus amigos e que a história da maluca era verdadeira. Acho que até hoje ela deve pensar que eu criava doidas de estimação para fins inconfessáveis na calada da noite...

Mas eu também não era nenhuma flor que se cheirasse. Aprontava uma barbaridade, trocava de mulher toda hora, estava sempre disposto a uma boa farra. Não me passava pela cabeça me envolver novamente a sério com ninguém. Mas aí, no meio dessa inconsequência sentimental, comecei a namorar Ilka Soares e meus planos de descompromisso foram seriamente abalados. Ilka era um deslumbramento, a mulher mais bonita do Brasil. Na TV Rio, era a rainha, apresentadora do *Noite de gala*, o principal programa da estação, e de todos os eventos especiais. Nosso namoro começou por acaso, sem que nenhum dos dois apostasse muito em seu futuro.

Ilka saiu bastante traumatizada de um casamento espetacular com Anselmo Duarte, do qual teve dois filhos: o Junior e a Lidia.

Enquanto a Ilka me fazia esquecer definitivamente os últimos resquícios de dor de corno da Sandrinha, a TV Excelsior me fazia doer o calo. Ela estreou em julho de 1963 no Rio, com um elenco de primeira linha, e não teve a menor dificuldade de ganhar espaço entre os telespectadores. A TV Rio, se não quisesse ser fragorosamente derrotada nos índices de audiência, teria de tirar alguma carta da manga – de preferência, um ás. Foi então que, depois de quebrar a cabeça estudando o problema da programação, o Zé Otávio e eu chegamos a uma ideia simples e revolucionária: a de fazer uma programação em faixas divididas por gêneros de programas e compatíveis com o público de cada horário. Se já não podíamos oferecer os melhores shows musicais e humorísticos, daríamos ao telespectador uma programação mais ordenada. Em cada faixa de horário, todos os dias da semana, haveria programas semelhantes. O telespectador escolheria o seu gênero preferido e procuraria os programas na faixa respectiva.

Chamamos esse projeto de Esquema 64, e assim nasceu na TV brasileira o conceito de grade de programação: programas arranjados verticalmente, por faixa de horário, ao longo do dia, e distribuídos horizontalmente, nos dias da semana, por semelhança de gênero. Às 20h, por exemplo, entrávamos com seriados: *Ivanhoé*, *Patrulha rodoviária*, *Aventuras submarinas*, *O homem do espaço*. Depois, vinha a faixa de shows, às 21h. A seguir, jornalismo, com debates e entrevistas; para fechar, filmes.

O lançamento do Esquema 64, em setembro de 1963, foi um grande acontecimento. Organizamos uma festa no último andar da TV Rio, reunindo toda a imprensa e o pessoal de propaganda, das agências e dos anunciantes. Criamos uma enorme expectativa para o que íamos apresentar, técnica indispensável quando se quer transformar uma ideia em realidade na televisão. Mas quem esteve lá naquela noite foi atrás de uma surpresa e acabou saindo com duas. É que exatamente naquela festa eu também pude anunciar, como grande triunfo da TV Rio, a volta de seu ilustríssimo filho pródigo: Chico Anysio.

O projeto do Chico na Excelsior tinha fracassado. Não porque Edson Leite e Alberto Saad estivessem descumprindo o compromisso de permitir que seus programas fossem gravados em videoteipe. O problema é que outros programas da emissora, como *Times Square* e *My Fair Show* – grandes espetáculos de música e dança, com a presença de auditório e sem trucagens de VT –, começaram a fazer mais sucesso do que os programas do Chico. Ele, que era líder absoluto de audiência da televisão brasileira quando estava na TV Rio, agora não conseguia dez pontos de Ibope com o *Chico Anysio Show* ou o *A cidade se diverte*. Estava perdendo para uma linha de programação que era exatamente o contrário da sua proposta. E, para piorar tudo, perdeu também seu inseparável Carlos Manga. Velho apaixonado pelo teatro de revista e pelos musicais do cinema, mais do que pelas possibilidades do videoteipe, Manga simplesmente delirou com os novos musicais da Excelsior e foi dirigi-los, deixando o Chico na mão. E, como ele não aceitava ser menos do que a estrela máxima da companhia, preferiu voltar ao antigo lar.

Ele me ligou no dia do lançamento do Esquema 64, logo pela manhã, contando suas desventuras e perguntando se ainda havia espaço para ele na TV Rio. É claro que havia, só um cretino definitivo diria não a Chico Anysio. Mas senti na proposta dele outra oportunidade de dar um golpe publicitário, como fizera na sua saída, com aquela história da queda do avião.

— Certo, Chico, eu topo a sua volta — disse a ele. — Você está contratado, desde que venha hoje. Quero você aqui à noite, apresentando a festa do Esquema 64.

O fato é que, à noite, Chico estava lá, de volta a seu antigo posto, causando enorme impacto nos nossos convidados. Quando entrei no salão, foi um frisson tão grande que fiquei imaginando quantas toneladas de papel a imprensa gastaria no dia seguinte para comentar o fato. Naquela noite, saboreei um dos triunfos mais completos de toda a minha vida. Apresentei ao mundo a programação em faixas, tirei do concorrente uma das suas principais estrelas, apenas cinco meses depois de contratado, e, para completar, conquistei definitivamente o coração de Ilka.

No calor da festa, eu namorava uma moça muito bonita, não lembro seu nome, mas recordo que tinha cartazes seus em todos os pontos de venda da Kibon, quando um amigo chegou com um recado da Ilka: "Deixe esta moça em casa e me encontre no Jirau". Diante dessa ordem, deixei a menina Kibon em casa e corri ao encontro de Ilka.

No dia seguinte, acordei e vi o Arce de olhos esbugalhados na sala, olhando a Ilka, com um instalador de cortinas ao lado, avisando o velho que ele tinha aviso-prévio para sair da casa.

Com o Esquema 64 e o retorno do Chico, conseguimos sobreviver por alguns meses ao avanço avassalador da Excelsior. Mas lá pelo meio do ano começou a faltar gás. Com a produção nas mãos do Péricles, eu jamais poderia fazer frente à qualidade dos espetáculos que o concorrente punha no ar. Eu precisava de um sujeito criativo e exigente, que também achasse que, em TV, "o melhor é o melhor", que valia a pena apostar na inteligência e no bom gosto do telespectador. Claro, os amantes do mau gosto e da baixaria seriam a maioria do público até que conseguíssemos implantar um novo padrão. Porém, se atingíssemos o público mais qualificado e sensibilizássemos os anunciantes, a televisão daria um salto de qualidade. Eu apostava nisso e o parceiro que queria para jogar comigo era um só: José Bonifácio de Oliveira Sobrinho. Pedi a contratação do Boni ao João Batista e consegui.

Foi então que se formou a famosa dupla, tão mitificada depois pela imprensa. Eu cuidava da estratégia, ele da tática. Era Lennon & McCartney, um pensando nas propostas, outro tratando de fazer programas bonitos. Nós tínhamos um enorme prazer de trabalhar juntos, vivíamos mergulhados nos problemas da TV Rio, formulando os projetos mais mirabolantes para derrotar a Excelsior e recolocar a estação no rumo do sucesso. Tínhamos um prazer todo especial em bolar sacanagens contra o concorrente e, numa dessas, inventamos de contratar Dercy Gonçalves, sua grande estrela, num lance de propaganda que pretendíamos que fosse tão espetaculoso quanto o do Chico. Os dois se achando muito espertos, mas a Dercy era muito mais viva do que nós, como logo pudemos perceber.

Dercy fazia dois shows muito fortes na Excelsior, *Vovô Deville* e *Dercy Beaucoup*. Ela seria um enorme reforço para o nosso combalido elenco humorístico. Então, um belo dia, ligamos para a sua casa. Quem atendeu foi o advogado, que também era seu namorado, o David Raw.

– Ah, vocês querem falar com a Dercy? Então venham aqui – disse o Raw.

E nós fomos.

Ela morava na rua Toneleros, no mesmo edifício em que Carlos Lacerda foi baleado em 1954 e onde morreu o major Vaz. Conversamos um longo tempo, usando os argumentos da melhoria da nossa programação, que teria um grande impulso com a contratação de uma artista do gabarito dela, aquela puxação de saco toda. Também falamos da insegurança de um esquema novo como o da Excelsior, que na TV Rio ela encontraria uma emissora já consolidada etc. Tudo papo-furado. Dercy era absolutamente objetiva e mais mercenária que aqueles tipos que aparecem em filmes do Charles Bronson. Queria saber das vantagens financeiras que obteria. Propusemos então um bom salário, além de uma viagem ao México para ela e o David Raw, como prêmio. Aí começamos a falar a sua língua.

No final da conversa, ela topou a proposta e nós já saímos dali para fazer o devido estardalhaço nos jornais. Novamente a TV Rio infligia uma pezada na concorrência. Mas provavelmente não tínhamos nem chegado à esquina e a Dercy já estava pensando em nos passar a perna. Não deu outra. Ela pegou as passagens, fez a viagem ao México e, 15 dias depois, já de volta, o Boni e eu fomos chamados a encontrá-la na Clínica São Vicente. "Mamãe está com estresse", disse-me a filha dela, Dercimar, ao telefone.

"Estresse?", pensei. "Mas ela acabou de voltar de férias no México!" Achei estranho, mas peguei o Boni e fui para lá. Ela nos recebeu deitada na cama, com cara de paciente terminal, dizendo que não poderia sustentar o contrato conosco e pedindo a rescisão. Argumentava que estava muito doente, com os nervos esgotados, tendo as férias mexicanas sido muito pequenas para ela relaxar. Sua ideia era parar por uns tempos para descansar, pôr a saúde em ordem antes de voltar à TV. Ela não manteria conosco um contrato que não pudesse cumprir.

O Boni e eu ficamos meio perplexos, mas a argumentação dela era boa e seu aspecto moribundo, convincente. Achamos mesmo que ela estava doente. O que não sabíamos, os dois otários, é que o Manga estava ali ao lado, escondido no banheiro, ouvindo toda aquela lenga-lenga. Era tudo uma armação programada por ele. Quando ele soube do contrato conosco, localizou a Dercy no México e fez a ela uma contraproposta irrecusável. Como ficaria chato para ela recuar do contrato já assinado conosco, ele bolou essa cena da doença. E a Dercy, boa atriz, fez o papel direitinho. Uma semana depois de os dois paspalhos saírem da clínica preocupados com sua saúde, ela conseguiu uma súbita recuperação e voltou para a Excelsior. Com o salário muito mais gordo...

De qualquer forma, mesmo nos tendo feito de bobos, a Dercy ajudou na operação de defender a TV Rio contra o avanço da Excelsior. Um dos planos que o Boni e eu estávamos colocando em prática era a produção de telenovelas. As novelas diárias tinham estreado naquele ano na Excelsior, com *2-5499 ocupado*, um dramalhão careta no qual Glória Menezes fazia uma presidiária telefonista, que seduzia Tarcísio Meira apenas com a voz. Até então, as novelas tinham dois ou três capítulos semanais, em dias alternados. Com o formato diário, começaram a fazer muito sucesso e eram ótimas para fixar uma grade de programação porque mantinham o telespectador ligado na emissora todos os dias. Nós começamos com umas novelas do Amaral Gurgel, como *Banzo*, depois fizemos *As três faces de Eva*, do Roberto Freire, e até tentamos montar um núcleo de produção conjunto com a TV Record, que não deu certo.

Nesse momento, aproveitando a viagem da Dercy ao México, encarregamos David Raw de contatar o procurador de Félix Caignet, o famoso novelista cubano, e comprar os direitos de suas histórias. O Raw encontrou o cara – que tinha o duvidoso nome de Ladrón de Guevara – e trouxe três novelas, pela módica quantia de 20 mil dólares, financiada pela Lever por intermédio da Lintas: *O preço de uma vda* (aquela em que Sérgio Cardoso fez o Dr. Valcourt), *O direito de diver* e a celebérrima O *direito de nascer*. Esta última tinha sido um enorme sucesso no rádio e nós apostávamos que conseguiríamos repetir a dose na TV. Uma novela forte, com muita audiência, era aquilo de que precisávamos para amarrar a nossa programação.

Até então estávamos fazendo apenas a programação possível. Em resposta ao *Times Square* da Excelsior, por exemplo, Boni inventou o *Praça Onze*, musical bem brasileiro, comandado por João Roberto Kelly, que conseguimos tirar do Canal 9. Enquanto eles vinham de *music-hall* americano, nós respondíamos de cuíca e tamborim. Mas esse contra-ataque patrioteiro não deu resultado, infelizmente. O programa era muito bom, mas não conseguia repetir o impacto de *Times Square*. De qualquer forma, tinha a marca do Kelly, que foi outro grande artesão do show na TV brasileira.

Com ele, aliás, vivi um episódio triste naqueles dias: a morte de Antônio Maria. Boni e eu estávamos no Jirau certa noite, certamente discutindo os problemas da televisão, quando alguém nos avisou que o Antônio Maria tinha tido um enfarte e estava na Clínica Rocha Maia, provavelmente morto. Corremos para lá e acho que fomos os primeiros a chegar. Ele de fato estava morto: o enfarte fora fulminante. Ajudei a tirá-lo da maca, na enfermaria, e a levá-lo para a morgue, onde começaram a chegar os amigos. Lembro do Ivan Lessa, do Murilinho de Almeida e do desespero do Fernando Lobo, seu amigo mais íntimo. O Lobo chorava, transtornado, e batia na cara do Maria.

– Adeus, meu amigo! Agora você não tem como brigar com o Lobinho!

Fiquei ali toda a madrugada, chocado, pensando no grande cara que o Brasil estava perdendo tão moço, aos 43 anos. Antônio Maria era uma personalidade fortíssima, um homem que dominou a cena intelectual e artística nos anos 1950. Na música, fez aquelas parcerias imortais com Fernando Lobo, as canções de fossa para Dolores Duran. No jornalismo, foi colunista lendário de O *Globo* e depois de A *Última Hora*. Sua coluna "Mesa de Pista", na qual ele contava histórias da boêmia carioca, era uma leitura imperdível. Depois ele fez um negócio ainda melhor, chamado "Romance Policial de Copacabana". Nas madrugadas de sexta e sábado, ia ao distrito da rua Hilário de Gouveia e colhia todo o lixo humano, os crimes passionais, as histórias de vingança, os casos de suicídio, para transformar em crônicas fantásticas.

No humor, ele também era grande, o maior redator humorístico da época, segundo Chico Anysio. Com Sérgio Porto e Haroldo Barbosa, formava o trio de ouro da Rádio Mayrink Veiga, sendo certamente o mais histriônico dos três, um cara capaz de perder um amigo por uma boa piada. Curiosamente, apesar desse talento todo, nunca fez um show. A não ser no microfone do rádio, claro, onde transmitia futebol. Antônio Maria também foi um mito nesse campo, que contava com grandes personalidades como Ari Barroso e José Maria Scassa.

Eu o conheci por volta de 1958, quando ele foi fazer na TV Rio um programa chamado *Encontro com Antônio Maria*. Era uma transposição para a TV da coluna que ele escrevia no jornal, produzida por Fernando Barbosa Lima e Paulo Oliveira, com patrocínio da loja A Esplanada. Ele levava um grande contador de piadas, o Sacha, para tocar piano, o cantor da Vogue, o bailarino do Carlos Machado. Tudo que tivesse relação com a noite, do lado boêmio e charmoso das boates e cabarés ao lado dramático do submundo, era tema do programa. Ele mexia com tudo isso de um jeito fascinante, que atraía imensamente o público.

Depois, ficou alguns anos afastado da televisão, às voltas com o rádio. Além de escrever humor e fazer a locução esportiva, ele também dirigia emissoras. Nós só nos reencontramos em 1960, quando ele voltou a trabalhar na TV Rio. Não posso dizer que fôssemos amigos íntimos, pois, apesar do bom humor, ele não dava muito acesso às pessoas. Mas posso deixar para a posteridade o testemunho de que quase apanhei dele – e por tabela. Quem provocou a confusão, claro, foi o Roniquito, numa dessas noites de porre que atravessamos.

O imbróglio, aliás, envolveu um monte de gente e começou com o Péricles do Amaral. Estávamos no Belmiro, bebendo numa mesa onde estavam também Elizeth Cardoso, Nelson Camargo e Péricles. Não sei por que cargas d'água o Roniquito começou a agredir o Péricles. Roniquito era de uma agressividade verbal incontrolável, tinha um prazer sádico de dizer as maiores barbaridades para as pessoas e vê-las espumando de ódio. Foi o que ele fez com o Péricles, que, para complicar, era seu chefe na TV Rio. Era diretor da estação, enquanto o Roniquito, que era um garoto como eu, trabalhava na administração. Mas o meu querido amigo não estava nem aí. Desancava o Péricles. Dizia que ele era um bosta, um incompetente, que não tinha a menor capacidade intelectual. Ficou um grande mal-estar na mesa, um horror. Até que o Péricles perdeu a paciência, a coisa virou baderna e fomos todos parar na delegacia.

Depois de muito custo e de muita lábia para cima do delegado e do Péricles, consegui acalmar os ânimos. Péricles não registrou nenhuma queixa e o Roniquito foi liberado. Quando saímos de lá, finalmente, e propus que passássemos no Bottle's, no Beco das Garrafas, para tomar a saideira e esquecer tudo. Estava tudo calmo quando o Antônio Maria chegou e se sentou numa mesa ao lado da nossa, onde já estavam o Jorge Artur Graça, o Sirica, meu dentista, e outras pessoas. O Maria provavelmente estava precisando de uma massagem no ego e começou a se exibir, dominando a conversa. Aquilo irritou de novo o Roniquito, que partiu para a ironia.

– Vejam aqui, senhores, o Walter Clark! – ele dizia. – Este é verdadeiro talento da TV Rio. Este sim é um diretor de televisão.

Era para sacanear o Antônio Maria. Maria era um mulatão enorme, forte pra burro, bom de briga como um capeta e foi ficando irritado com aquilo. Eu implorava para o Roniquito parar, mas esse tipo de apelo, com ele, jamais funcionou. A coisa foi novamente crescendo, virou discussão, até que o Roniquito disparou, com aquela voz de trovão que ele tinha:

– Antônio Maria, você foi parido por um ânus!

Deus do céu! Foi um pega pra capar. O Maria virou bicho, gritava que ia bater em nós dois. Eu não tinha nada que ver com a história, mas estava prestes a apanhar junto. Não consigo imaginar o tamanho do estrago que ele faria em nós dois. Mas tenho certeza de que, sozinho, encarava eu, Roniquito e mais uns dois, furioso como estava. Depois de uma confusão que durou alguns segundos, mas pareceram horas, o Sirica acabou segurando o Antônio Maria e nós saímos ventando porta afora.

A irritação do Maria comigo, felizmente, durou pouco. No final de sua vida, nós nos dávamos muito bem, eu sempre ia ao vatapá que ele oferecia uma vez por semana. Mas ele estava atravessando uma fase muito difícil. Tinha perdido a Danuza Leão para o Samuel Wainer e não conseguia superar a dor de cotovelo. Era apaixonado por ela, perdidamente apaixonado. Ficou tão abatido com a separação que teve um bloqueio criativo. Simplesmente não conseguia escrever textos de humor. Várias vezes o Boni e eu sentamos à máquina para fazer os textos dele. Se houve nesta vida um cara que definhou e morreu de amor, esse cara foi Antônio Maria.

No final de 1963, quando já estávamos nos preparando para colocar *O direito de nascer* no ar, eu enfrentei novamente uma grande perda. Dessa vez foi o Boni, que decidiu sair da TV Rio porque não aguentava mais o Pipa Amaral. Para reformular a programação da emissora e melhorar o seu padrão técnico, a fim de competir com a Excelsior em boas condições, Boni evidentemente teve de gastar e o Pipa começou a encher o saco. Precisava de uma orquestra para um show, ele queria saber se não dava para fazer com três violinos em vez de cinco. Boni queria o José para alguma coisa, ele perguntava se não dava para fazer com o João. Sempre querendo reduzir o tamanho das coisas, economizar nos detalhes.

Quando você trabalha com um grande produtor, um homem que sabe o que está fazendo e do que precisa para obter um resultado preciso, é um absurdo ficar tolhendo o sujeito. Mas o Pipa não era sensível a esse meu argumento e pressionava o Boni, que não era – nem é – o sujeito mais paciente que conheci nesse negócio. Ele foi ficando cada vez mais irritado, perdendo interesse no trabalho, e decidiu aceitar um convite da Excelsior. Então, fiquei entre duas hipóteses: tocar o barco sozinho na TV Rio ou ir junto, porque também para mim havia um convite. A Excelsior do Rio fazia muito sucesso, mas não faturava, uma vez que seu departamento comercial estava desorganizado. E os caras achavam que quem poderia resolver o problema era eu.

Não foi o primeiro convite que recebi da Excelsior. Em 1962, antes de a emissora estrear, eles me ofereceram a direção comercial da rede. Queriam que eu fosse para São Paulo comandar as duas estações a partir de lá. Durante as negociações, estive na casa do Wallinho Simonsen, filho do Mário Wallace, que dirigia a televisão. Foi a primeira vez, aliás, que eu vi a Regina Rosemburgo, mulher dele, que bem mais tarde seria um dos grandes tormentos emocionais da minha vida. Mas acabei não fechando com eles. Exigi que o Roberto Montoro, representante da TV Rio em São Paulo, entrasse comigo. Eu dirigiria as vendas da rede a partir do Rio. Eles não aceitaram.

Nessa segunda tentativa, a Excelsior queria me levar junto com Boni. Fomos chamados para uma conversa na casa do Edson Leite, na avenida Pasteur. Estavam lá ele e o Alberto Saad. O Edson era um bom sujeito, um talento intuitivo, mas completamente ignorante. Tornava-se difícil segurar o riso quando ele dizia por que queria nos contratar.

— Eu vou soltar a emissora nas mãos de vocês dois. Eu estou de saco cheio, quero viajar, descansar. Não sei se vou para Oslo ou para a Noruega, mas quero trabalhar menos.

Não sei que raio de mapa ele utilizava, mas acho que nele a capital da Noruega não devia aparecer claramente. O Edson dizia coisas impagáveis. Chamava o Fusca de "Volkswagner", talvez imaginando que, como Wagner era alemão, devia ter algum parentesco. Ele também dizia "aereoporto", era uma abobrinha atrás da outra. Mas, quando se punha a dirigir uma estação de televisão, fazia um estrago infernal nos concorrentes. Com todas as minhas leituras e até minhas veleidades poéticas, ele me deu um calor com a TV Excelsior.

Apesar de já estar no limite de minha paciência com o Pipa, ainda não julgava bom negócio abandonar minha posição na TV Rio. Eu tinha um carinho paternal pela emissora, não conseguia deixar de lado um empreendimento do qual eu cuidara desde o início e vira crescer, prosperar. Então, decidi ficar e o Zé Otávio assumiu a direção artística. Juntos, preparamo-nos para lançar *O direito de nascer* e enfrentar a parada com a Excelsior em 1964, que agora teria também, para complicar, o talento do Boni agindo contra nós.

A produção de *O direito de nascer* foi um absurdo bem típico do modelo de televisão que o Brasil tinha no início dos anos 1960, antes das redes nacionais. As primeiras novelas da TV Rio foram feitas em coprodução com a Record, que deveria ser a nossa parceira natural nos programas mais custosos e nos planos mais ambiciosos. Na verdade, considerando que os donos faziam parte da mesma família, as duas emissoras deveriam estar operando em rede havia muito tempo. Mas os Machado de Carvalho continuavam impenetráveis a essa ideia e nem sempre queriam parcerias com a TV Rio. No caso de *O direito de nascer*, por exemplo, não quiseram.

Como não tínhamos estúdios e elenco suficiente no Rio, levamos a novela para ser produzida na TV Tupi de São Paulo, com direção de Cassiano Gabus Mendes, Henrique Martins e José Parisi. No nosso acordo, eles passariam a novela em São Paulo e nós, no Rio. De forma indireta, a Tupi competiria com ela mesmo no Rio e nós competiríamos com a Record em São Paulo. Tratava-se de um contrassenso incompreensível, mas era assim que as coisas funcionavam na época.

A novela estreou no início de 1964 e fez o sucesso que prevíamos. Ela já fora campeã de audiência no rádio, não havia por que não funcionar na televisão. Apostávamos que o público novamente se ligaria no dramalhão do filho que não sabe quem é a mãe, do avô que não reconhece o neto bastardo, da criada negra bondosa que cria o patrãozinho como filho, aqueles clichês todos. Não perdemos a aposta. Em pouco tempo, *O direito de nascer* se transformou no maior sucesso da telenovela desde o início da televisão. Antes, apenas *A moça que veio de longe*, com Rosamaria Murtinho, na Excelsior, teve impacto parecido, mas não chegou ao ponto de deixar as ruas vazias e as tevês ligadas em todas as casas.

Com *O direito de nascer*, que ficou um ano e meio no ar, conseguimos estabilizar a queda da TV Rio e recuperar a liderança. A novela funcionava tanto que puxava audiência para toda a estação. Até *Os Salmos de Davi*, uma série religiosa chatíssima, funcionou. Ela tinha sido comprada pela Mercedes-Benz, sei lá com que objetivo. Mas como era uma grande bomba, nenhuma emissora queria programá-la, mesmo vindo junto com o patrocinador. O Montoro me disse que eles estavam interessados em colocá-la logo antes de *O direito de nascer*, para pegar o público na espera da novela. A TV Rio ainda não tinha ônibus para as gravações externas, então topei o negócio, em troca de dois desses veículos. Os *Salmos de Davi* estrearam antes das preces de Mamãe Dolores e deram mais de 70% de audiência. Foi um negócio tão espantoso que os produtores da série, nos Estados Unidos, colocaram esse fato na publicidade mundial. Mais tarde, porém, quando outras emissoras quiseram reprisá-la, ela não deu mais do que 2% ou 3% de audiência, que já era mais do que bom para aquela baboseira.

O sucesso de *O direito de nascer* foi num crescendo tão intenso que, no final, fizemos uma festa com o elenco no Maracanãzinho. Mais de 25 mil pessoas lotaram o ginásio para ver ao vivo a Nathália Timberg vestida de freira, o Amilton Fernandes abraçado com a Guy Loup. Nunca tantos choraram tanto por tão pouco. Criou-se um clima tão emotivo naquela festa que todo mundo que estava no ginásio se debulhou em lágrimas. Eu mesmo não aguentei, chorei de esguicho. Ridículo, ridículo. Eu tinha mais é que chorar de alegria, porque *O direito de nascer* foi o nosso direito de sobreviver à decadência da TV Rio.

Aquela novela foi um verdadeiro fenômeno social. Interessou à sociedade como um todo – até mesmo, para minha perplexidade, à censura. Como se sabe, *O direito de nascer* não foi o único acontecimento importante de 1964. Houve também naquele ano um certo movimento militar que se intitulou "revolução". Também, como todos sabemos, um de seus principais líderes foi Carlos Lacerda, governador da Guanabara, que não tinha o menor pudor em interferir nas estações de televisão quando isso era de seu interesse. Em 1964, com o golpe, ele voltou a nos incomodar.

A TV Rio teve uma participação decisiva na "gloriosa" Revolução de 64. Desde o dia 13 de março, quando houve o comício na Central – transmitido pela TV Continental –, o Rio vivia em agitação com a revolta dos marinheiros instalados no Sindicato dos Metalúrgicos. Os programas políticos da emissora funcionavam como se os jornalistas estivessem pisando em ovos.

No dia 31 de março, já estávamos de plantão para absorver as notícias que o Haroldo Holanda trazia dos bastidores. O golpe parecia inevitável, dependendo apenas de como se manifestaria o general Amaury Kruel, dileto amigo do presidente João Goulart. De Minas, o general Mourão já estava marchando, e nós naquela angústia...

Na manhã de 1º de abril, percebemos que o Forte de Copacabana estava cercado por um batalhão – algo inusitado, pois guardas armados de mosquetões o cercavam. Veio a confirmação de que a construção estava sitiada pelas tropas do governo. Lá pelas 11h, dois automóveis com pessoas à paisana, comandadas pelo coronel Montanha, invadiram e ocuparam o quartel-general da Artilharia de Costa, que ficava ao lado do forte. Então, o Medina chegou e mandou que a TV Rio transmitisse a adesão do forte ao movimento que depôs João Goulart. A emissora transmitiu uma mensagem por telefone do governador Carlos Lacerda, o que fez que as pessoas que estavam "por cima do muro" pulassem para o lado vencedor.

Naquele tempo, não podíamos reclamar de falta de atenção dos poderes públicos. Todos estavam de olhos pregados em nós. Em 1960, quando o Distrito Federal foi transformado em Estado da Guanabara, criou-se um departamento estadual de censura de diversões públicas, substituindo o órgão federal que cuidava do assunto. Este perdeu a competência, mas não o interesse por nós, e continuava pressionando o governo estadual a censurar sempre que achava necessário. Além disso, havia o Juizado de Menores, permanentemente atento a tudo que pudesse desviar o jovem brasileiro do bom caminho. Quando *O direito de nascer* fez todo aquele sucesso, tudo que era censura tratou de meter o bedelho.

Primeiro, foi o Juizado de Menores. Ele nos obrigou a tirar a novela da faixa das 20h30 e transferi-la para as 21h30. O argumento era que Sóror Helena, a mãe que Albertinho Limonta não conhecia, era mãe solteira, o que configurava um mau exemplo. Mesmo com a pobre Helena indo buscar perdão num convento, a justiça não se comoveu. Um tal de Cavalcanti Gusmão, juiz lamentável, determinou a troca de horário. Parece que existia também um problema com Mamãe Dolores: o magistrado não achava de bom-tom uma mulher negra dar amparo a uma criança abandonada por uma branca. Mas o racismo ninguém admitiu, ficou aquela coisa subterrânea, velada.

Depois do Juizado, foi a vez da censura estadual. Um belo dia, chega o Mauro Miguez, funcionário da TV Rio que cuidava das relações com a censura, com a notícia de que *O direito de nascer* estava novamente com problemas. Queriam que a novela fosse para as 23h30! Os guardas-noturnos provavelmente adorariam, mas para nós seria a ruína. Em que lugar do planeta alguma estação de TV programou novela no final da noite? Quem manteria as donas de casa e as crianças acordadas até aquele horário? Aquilo não era apenas rigor com a temática da novela. Tinha sacanagem no meio. Só podia ser.

Quem me alertou para o que estava acontecendo foi o Alfredo Souto de Almeida. Grande figura do teatro, bom amigo nosso, ele tinha um programinha patrocinado pela Light, um roteiro de artes para fazer média com a classe artística. Para minha sorte, uma amiga dele, secretária da Light, era amante do Gustavo Borges, chefe de polícia do Lacerda e *capo* da censura estadual. Foi ela quem contou que os caras estavam furiosos com a TV Rio porque estaríamos dando guarda a "perigosos comunistas" e a "inimigos do Lacerda".

Entendi logo de quem estavam falando. O "comunista" era o Carlos Heitor Cony, uma das estrelas do *Correio da Manhã*, jornal que logo saiu na oposição ao novo regime, e seus parceiros. Eu tinha encarregado o Cony de escrever para a TV uma comédia de costumes, chamada *Comédia carioca*, que tentava repetir o sucesso de *Alô doçura*. Os protagonistas eram um vendedor de eletrodomésticos e sua mulher, ex-miss Madureira. Tudo girava em torno da vida deles, das coisas da loja, de casa, da vida comum de um casal de classe média baixa do Rio de Janeiro. Uma bobagem, completamente inofensiva. Porém, como os caras não podiam foder o Cony no *Correio da Manhã* sem agredir a liberdade de imprensa, decidiram pegá-lo na TV.

O outro problema era o Roberto Campos. O nosso paladino do liberalismo econômico radical não era propriamente um crítico do regime, ao contrário. Tanto que logo foi parar no Ministério do Planejamento. Mas era um crítico implacável de Carlos Lacerda, a quem não convidaria para jantar nem com seus inimigos. Seu grupo tinha um programa no final da noite de domingo, patrocinado pela agência de relações públicas do Cícero Leuenroth. O Cícero tinha comprado o horário logo depois do *TV Rio Ring*, e eu não queria saber o que ele colocaria lá. Sabia que não seria nenhuma droga e, além do mais, eu faturava uma boa nota no fim da programação de domingo, horário sempre difícil de vender bem.

Quando vi que o negócio de transferir *O direito de nascer* para as 23h30 era mesmo a sério, pedi ao Alfredo para me arranjar um encontro com o Gustavo Borges. Ele conseguiu e o homem recebeu a mim e ao Zé Otávio em sua casa, uma cobertura confortável em Botafogo. Começou sarcástico, como se não soubesse o que fazíamos ali.

– Vocês vieram me visitar? Nossa, como sou importante! A televisão vem me procurar!

Logo iniciei minha argumentação.

– Coronel, o rapaz que cuida da censura na TV Rio me disse que o senhor está agastado conosco e quer que *O direito de nascer* mude de horário. O senhor tem de compreender que eu não posso passar novela no fim da noite. O senhor vai me arruinar.

Ele ria, com cara de quem tem um par de valetes na mão e está blefando num *full-hand*.

– Você quer resolver o problema, meu filho? Então você tira de lá o Cony e eu revejo a decisão de *O direito de nascer*.

Era uma puta sacanagem. Ele estava me acuando contra a parede. Eu simplesmente não poderia deixar que *O direito de nascer* sofresse alterações. Como ele sabia disso, queria que eu censurasse o Cony, fizesse o trabalho sujo no lugar dele. Resignei-me.

– Bem, coronel, vou lá, vou conversar com ele, vamos ver o que podemos fazer.

– Ótimo – respondeu ele. – Mas tem mais. Aqueles escrotos da turma do Roberto Campos eu também quero que saiam.

— Eu vou ver o que posso fazer e volto a falar com o senhor.

Não consegui escapar daquela arapuca. Foi terrível o meu diálogo com o Cony.

— Cony, meu caro, preciso do seu apoio. Você tem um contrato para mais seis meses conosco, mas vou te pedir para deixar de escrever a novela. Você ganha o cachê, mas para de escrever. Eu não pediria a você que escrevesse a novela sem usar seu nome, mas também não posso deixar que me tirem *O direito de nascer*, senão a estação acaba. Espero que você compreenda a minha posição.

Ele foi um sujeito bastante compreensivo, decente comigo. Entendeu o meu drama e não complicou. A novela foi escrita até o final pelo Oduvaldo Vianna, o pai. Nenhum de nós ficou particularmente satisfeito em ter de lamber as botas do Gustavo Borges. Mas eram tempos de macarthismo tupiniquim, e eles tinham a força para caçar comunistas como quisessem.

Quanto aos "escrotos da turma do Roberto Campos", deve ter vindo uma ordem de Brasília, pois o programa continuou.

Outro problema que tivemos com a censura, um pouco antes, em 1963, foi com o Nelson Rodrigues. Naquele espírito de combater a Excelsior com uma programação mais sofisticada, pedi ao Nelson que escrevesse para a TV Rio uma novela, *A morta sem espelho*. Foi uma produção fantástica, com Fernando Torres na direção e um elenco que tinha Sérgio Britto, Fernanda Montenegro, Paulo Gracindo e Ítalo Rossi, entre outros.

Mas o mesmo juiz Cavalcanti Gusmão, do Juizado de Menores, invocou com a novela, simplesmente porque era escrita pelo Nelson Rodrigues. Era aquele terror que a classe média tinha de sua ovelha negra, o escritor maldito que punha a nu todos os podres, as mesquinharias, as baixezas. O meritíssimo, no seu moralismo rastaquera, só podia mesmo temer. Determinou que a história fosse transferida para as 22h30. Como ainda não existia essa faixa de novelas, e não havia o hábito do público, tivemos de cancelá-la no meio.

Nelson Rodrigues foi um dos grandes amigos que tive. Nós nos conhecemos por volta de 1958, quando ele foi para a TV Rio fazer um programa esportivo, a *Resenha Facit*. A Facit, empresa sueca, era dirigida por uma grande figura, o Gunnar Göranson, um dos flamenguistas mais doentes que conheci. Não foi difícil vender a ele a ideia de um programa no domingo à noite, uma mesa-redonda de futebol, reunindo os maiores craques da crônica esportiva. Cada um deles era torcedor de um clube. O Nelson, do Fluminense; o Zé Maria Scassa, do Flamengo; o João Saldanha, do Botafogo; e o Vitorino Vieira, do Vasco.

O programa ficou extremamente popular, porque um time daqueles era capaz de interessar qualquer um. Os telespectadores respeitavam muito a opinião dos cronistas que não torciam para o seu time. E aquilo também era divertido, uma zorra danada, uns brigando com os outros por causa da falta no fulano, do pênalti que não marcaram no beltrano. Um fim de noite dominical divertidíssimo para quem gostava de futebol. Eu acompanhava a *Resenha Facit* no estúdio, vindo direto do estádio, onde sempre me encontrava com o Nelson na tribuna de honra. Eu, torcedor doente do Flamengo; ele, do Fluminense, mas tínhamos uma relação cordial a menos que o jogo fosse um Fla-Flu.

O sucesso do Nelson na *Resenha Facit* o levou ao *Noite de gala*. Ele foi fazer um quadro chamado *Cabra vadia*, cujo nome era extraído daquelas coisas que ele escrevia. Quando alguém afirmava algo, ele perguntava: "Você tem coragem de afirmar isso num terreno baldio, ao lado da cabra vadia?" Era uma imagem que ele usava nos textos e foi aproveitada para o seu quadro. Nelson fazia entrevistas num cenário que era um terreno baldio onde havia uma cabra amarrada. Recebia os convidados ali, com aquele olhar bovino, o cigarro sempre caindo no canto da boca, onde as cabras vadias comiam capim. Aquelas coisas maravilhosas do Nelson.

Naquela convivência de futebol e televisão, fomos ficando amigos. Lembro bem quando ele se casou com a Lúcia Cruz Lima, estagiária da PUC, de onde ele tirou as célebres gozações sobre essas moças. Ele estava separado da mulher e a Lúcia foi entrevistá-lo. Com aquele seu jeitão envolvente, fascinante, Nelson seduziu a moça, que engravidou. Foi uma confusão dos diabos. Ela era grã-fina, filha de um dos melhores médicos do Rio e sobrinha do Alceu Amoroso Lima. Vem daí, aliás, o ódio do Nelson ao Alceu. Este não concordou com a união deles, trançou os pauzinhos na igreja e impediu que Dom Helder Câmara casasse os dois.

Nessa época, nós formávamos um grupo de amigos muito unido, quase todos pertencentes à elite da TV Rio. Ilka e eu, Fernando Barbosa Lima, Loffler, Armando Nogueira e Bruneilde, Cláudio Melo e Souza e Maria Augusta, Nelson e Lúcia.

Estávamos sempre nos visitando. Eu, inclusive, acompanhei de perto o drama do Nelson e da Lúcia quando nasceu a filha deles, a Daniela. A menina nasceu cega e com paralisia cerebral. Um drama incrível para coroar um casamento problemático. Mas nem isso conseguiu abalar o humor do Nelson. Ele sempre foi, até o fim da vida, um grande gozador.

Uma vez, num jantar de aniversário que ele deu, estávamos reunidos eu, Otto Lara Resende, Hélio Pelegrino e mais as irmãs dele, os irmãos, todos os parentes. No grupo, havia também um amigo nosso, sujeito muito rico e muito quadrado, casado havia pouco tempo com uma moça muito bonita, que resolvera fazer psicanálise com o Hélio. Ela era metida a intelectual e, para fazer o número completo, foi se analisar. Nelson, sacana, percebeu ali a possibilidade de gozar o marido.

– Hélio, é verdade que todo psicanalista namora suas pacientes? – perguntou lá pelo meio da festa.

O Hélio, aquela figura doce, maravilhosa, sentiu que tinha sacanagem, mas tentou driblar, para o marido da moça não ficar muito exposto.

– Olha, Nelson, você sabe que o trabalho do analista é puxar o inconsciente das pessoas, trazer à tona o que está oculto. Isso é um trabalho de enorme responsabilidade. Então, eu acho que, se o analista conseguir alguma coisa com a paciente, vai comer gato por lebre.

Então, o Nelson não perdoou. Mandou, com todo o sarcasmo:

– É, mas e se o analista gostar de gato?

Enquanto a sala explodia em gargalhadas, o maridão ficou fulminando. Nelson sabia fundir a cuca das pessoas quando queria. Acho que o coitado nunca mais ficou tranquilo quando a mulher saía de casa para fazer análise.

Gozar as pessoas, em particular os amigos, era um dos esportes prediletos do Nelson. Quanto mais o cara se aproximava dele, maior a chance de virar personagem de sua coluna. O Otto ele amolou muito com aquela frase que ele soltou um dia, "o mineiro só é solidário no câncer". Nelson pôs a frase em *Bonitinha, mas ordinária,* e durante muito tempo o Otto teve de dar longas explicações para uma *boutade* que a soltou inocentemente, numa reunião íntima. Já o Armando Nogueira ele gozou muito por causa de um episódio acontecido em Portugal, num jogo entre a seleção portuguesa e a do Brasil. Armando tentou assistir a esse jogo, mas chegou atrasado e não pôde entrar. Ficou escutando no radinho de pilha, sentado na calçada, o que rendeu assunto para a coluna que Nelson escrevia, "À sombra das chuteiras imortais".

Fui personagem dessa coluna várias vezes porque o Nelson me achava gênio e ficava fascinado com a minha vida, meus carros, minhas mulheres. Eu devia ser um exemplo do executivo *playboy, bon vivant*. Primeiro ele começou a dizer que eu tinha cara de Mozart aos 11 anos, ou aos 8 anos – dependendo do dia ele mudava. Depois, implicou com meus carros. Certa vez, saindo do Maracanã, dei carona a ele num Thunderbird que eu comprara havia pouco tempo e estava tinindo de novo. Aí saiu lá na coluna que o novo carro do Walter Clark era tão grande que tinha um lago com jacarés e cascata artificial.

Pois foi justamente o meu querido amigo Nelson quem me deu os conselhos de que eu precisava quando recebi um convite da TV Globo para me transferir para lá, como diretor-geral. Isso foi no final de 1965, quando eu atingira o limite das minhas divergências com Pipa Amaral. Eu já estava muito insatisfeito com a TV Rio. Mesmo ganhando prêmios no final do ano, como os carros importados, continuava como diretor interino e assalariado fixo, ganhando muito menos do que merecia e do que gerava de receita para a emissora. Na verdade, a TV Rio nunca me pagou à altura do que fiz por ela. Minha devoção ao trabalho era uma doação mesmo, uma entrega.

Mas esse nem era o problema maior, mas sim o Pipa. Quando ele se afastou, doente, e abriu espaço na emissora para o João Batista, nós fizemos aquilo crescer. Ele não conseguiu suportar o sucesso do filho. Havia um sério problema entre os dois; o Pipa fazia questão de ser hostil com o João. A briga deles tinha começado quando o João se casou com a Nicole Hine, uma pantera do *jet set* internacional, que fora amante do Ali Khan. O Pipa não gostava dela, duvidava de sua reputação. Os dois tiveram uma briga homérica, o João tentou se matar, foi uma cagada dos diabos.

Depois desse casamento, o Pipa praticamente virou inimigo do filho. Lembro que houve uma reunião, certa vez, na qual estavam o Jack Toropowsky e o Moacyr Areias, que era diretor de jornalismo. O Pipa, olhando para mim, diz lá, no meio da reunião, com a maior seriedade:

– Olha, quero avisar que o João Batista, meu filho, se casou com uma puta. Ele ficou maluco. Se alguém daqui conversar assuntos da estação com ele, eu ponho na rua. Ele não manda mais aqui.

Imagine o seu patrão colocando esse tipo de problema para você, numa reunião da empresa. Mas o Pipa era louco, não tinha o menor constrangimento. Ele foi da turma dos Bororos, aqui de São Paulo, uns *playboys* que andavam pelados na avenida Paulista, alucinados.

Um dia, descobriu que a mulher o estava traindo com seu melhor amigo. O que ele fez? Como tinha todos aqueles esquemas de rádio, mandou gravar não sei se uma transa dos dois ou se um telefonema, acho mais provável essa segunda hipótese. Aí, no Natal, deu de presente a ela uma vitrola, com um disco junto. Quando ela pôs o disco para rodar, o que a família reunida ali ouviu, em plena ceia de Natal, foi a gravação da infidelidade.

Mais tarde, ele aprontou outra barbaridade, dessa vez com o João. Eu já estava na TV Rio quando o Pipa avisou que ia chegar uma amiga deles, uma americana que tinha sido *miss*, gostosa pra burro, e pediu ao João que fosse buscá-la no aeroporto.

– Vai lá, pega a mulher e sai com ela. Mostra a ela o Rio. Se possível, coma, porque é ótima. Você vai gostar dela e ela vai gostar do Rio.

O João, que era um sujeito cordato, boa pessoa, fez o que o pai mandou. Tudo que o pai mandou. No dia seguinte, chegou à TV Rio com uma cara ótima.

– E então, João, como foi? – perguntou o Pipa. – Gostou dela? Comeu?

– Maravilha! Fantástica! Realmente uma coisa extraordinária! – respondeu o João, inocente.

Aí o Pipa comentou, deixando o João completamente transtornado:

– Pois é, está vendo como são as mulheres? Eu acabei de casar com ela. É a sua madrasta.

O Pipa era assim, um cético diante da vida, um sujeito de humor amargo, pra lá de negro. Era um personagem de romance alemão, de filme do Fassbinder. Não pegava leve nunca. Não sei se queria enlouquecer o filho, aquela criatura maravilhosa. Mas quase conseguiu, isso eu sei. Testemunhei as maiores barbaridades que um pai pode fazer a um filho.

Felizmente, essas loucuras dele nunca sobraram para mim, a não ser de forma indireta, na relação de trabalho. Quando ele voltou ao comando da empresa, já restabelecido da doença depois de um longo afastamento, queria recuperar um poder que estava com o João Batista e comigo. O Pipa tinha o péssimo defeito de não confiar nas pessoas, mesmo que fossem seus colaboradores mais próximos e dessem inequívocas demonstrações de honestidade e lealdade. Comecei a ficar de saco completamente cheio quando ele passou a interferir no meu trabalho.

Em novembro de 1963, por exemplo, mais ou menos quando o Kennedy morreu, houve uma greve na TV Rio. A greve, na verdade, era de todas as televisões, mas o pessoal da Excelsior, da Tupi e da Continental já havia voltado ao trabalho. O Pipa e o João estavam brigados, num clima péssimo, e a coisa sobrou inteirinha na minha mão. Mas arranjei uma saída e fui procurar o Pipa.

– Seu Amaral, vamos fazer o seguinte. Eu ponho os caras trabalhando, mas o senhor negocia os salários. Eu digo a eles que me responsabilizo pelo aumento, o senhor não precisa se submeter à pressão. Eles voltam a trabalhar e depois o senhor assina o acordo, com a estação no ar.

Ele concordou, a muito custo, e achei que havia resolvido o problema. Fomos então ao gabinete do ministro da Justiça, Abelardo Jurema, que estava tentando intermediar a disputa entre as partes, de tão grave que a coisa ficou. Antes, falei com os funcionários, eles aceitaram a proposta e voltaram a trabalhar. Porém, quando chegamos ao escritório do Jurema, Pipa disse que não ia assinar acordo nenhum. Ele me desmoralizou perante os funcionários e a greve recomeçou.

Depois de cinco dias com a estação fora do ar, aquela merda toda, não aguentei mais. Encontrei o João na casa de um cunhado, em Teresópolis, e pedi água.

– João, você tem de me ajudar. Nós somos uns fodidos, vivemos apenas do que faturamos e já estamos há cinco dias fora do ar, por um capricho do seu pai. Volta para resolver esse problema, senão vamos quebrar.

Aí ele veio de Teresópolis, quebrou o pau com o pai mais uma vez e fechou o acordo com os funcionários. Só então a TV Rio voltou ao ar. No fundo, aquela atitude do Pipa era uma queda de braço comigo e com o filho. Depois de ficar muito tempo afastado e de ter delegado o comando da empresa a nós dois, ele queria recuperar o poder. Só que não fazia isso de forma clara, direta.

Um dia, o José de Alcântara Machado, meu "irmão", me ligou contando que o Pipa tinha marcado um almoço reservado com ele, para discutir assuntos da TV Rio. O Zé era um grande cliente nosso e estranhou que eu não participasse do almoço. Mas o Pipa justificou dizendo que era uma conversa "de presidente para presidente" e começou a levar um papo muito esquisito, a respeito da tabela de preços da TV Rio. O Zé sentiu que ele queria pressioná-lo, porque havíamos fechado um contrato de venda de espaço havia pouco tempo e em boas condições para a Alcântara Machado, agência que sempre nos prestigiou. Mas o que o Pipa queria mesmo, depois o Zé e eu concluímos, era me desautorizar. Ele desejava reduzir a minha autonomia.

Além disso, ele já vinha me enchendo bastante porque estava construindo uma casa em Angra dos Reis e queria que eu fechasse permutas para equipar a residência com eletrodomésticos, tapetes, cortinas, até livros para a biblioteca. Eu com uma estação de TV problemática para cuidar e o cara me pentelhando por causa de permutas. Então, somando todas essas coisas, comecei a perder aquele prazer que eu tinha de trabalhar na TV Rio.

Foi nesse momento que surgiu um convite da TV Globo. Em vez de fugir dele, como fiz com as ofertas da Excelsior, decidi aceitar.

7.
Eu compro esta mulher

A TV Globo estava no ar desde 26 de abril de 1965. Era a emissora mais moderna e bem equipada do Rio, embora pequena em comparação com as concorrentes. Tinha um prédio especialmente construído para abrigá-la e um conjunto de câmeras e aparelhos de videoteipe que tiniam de novos. Mas os seus primeiros meses de operação não foram felizes. Ela gastou muito dinheiro e não faturou nada. Mudou várias vezes a direção comercial e quem estava no comando era o mesmo Cerqueira Leite, que fora meu chefe na TV Rio. Ele também não tinha sucesso. Na direção-geral, Rubens Amaral não conseguia bons resultados e enfrentava despesas quatro vezes maiores do que a receita. No final do ano, depois de investir e perder muito mais do que imaginava, Roberto Marinho já havia concluído que precisava mexer na equipe original.

Um dia – o mesmo dia em que o Pipa Amaral marcou aquele encontro com o Zé Alcântara Machado, para me esvaziar – o Roberto Montoro me ligou de São Paulo.

– Olha, Walter, fui procurado por uma pessoa da Globo que quer fazer negócio conosco. Quer que a gente vá pra lá. Mas eu já disse que só vou se você for.

O Montoro havia sido indicado ao Roberto Marinho pelo Hélios Alvarez, da Screen Gems. E tratava-se certamente do homem adequado para uma estação que tinha problemas de vendas, porque era um vendedor nato, um profissional muito competente. Mas eu estava sobrando na história. A Globo não tinha um grande problema de programação, minha especialidade, embora também não pudesse alardear aos quatro ventos que possuía as melhores atrações da TV brasileira nem que elas estavam arranjadas da melhor forma possível, nos horários adequados. O

Montoro, entretanto, insistiu com a Globo que só aceitaria o convite se eu fosse junto. Assim, eles acabaram atirando no que viram para acertar no que não viram, porque eu me dispus a conversar.

Tivemos o primeiro contato com a Globo por intermédio de Joe Wallach, assessor do Roberto Marinho. Americano de origem judaica, baixinho, simpático e bem-humorado, ele chegara ao Brasil como parte do acordo da Globo com o grupo Time-Life. Era o representante deste no negócio, o elo com Marinho. Nós nos reunimos numa quinta-feira do final de novembro no apartamento dele, uma cobertura na rua Rainha Elizabeth, com teto de amianto, onde fazia um calor infernal. Joe estava com pleurisia e não podia abrir a janela para refrescar, muito menos ligar o ar-condicionado. Para complicar ainda mais as coisas, não entendia quase nada de português, assim como o Montoro e eu não falávamos patavina de inglês. Mas a vontade de fazer negócio era suficiente para que nos entendêssemos, apesar de todo o sufoco.

Joe propôs que o Montoro assumisse a direção-geral em São Paulo e que eu entrasse como diretor executivo no Rio. Rubens Amaral continuaria como diretor-geral, mas não me causaria problemas: eu receberia carta branca para trabalhar. Na verdade, eu teria de me acertar mesmo com o Montoro, porque o contrato que nos ofereceram era todo amarrado em função do desempenho da TV Globo de São Paulo. Antes mesmo de estrear o canal carioca, eles tinham comprado a velha TV Paulista, Canal 5, com a ideia de cobrir as duas maiores cidades do país. Mas a Paulista estava em péssimas condições técnicas, operando com um transmissor federal caindo aos pedaços, que não atingia todas as regiões da cidade. Naquele momento, eles estavam envolvidos numa discussão sobre o melhor local para instalar a torre, com um novo transmissor. Parte dos técnicos queria que a Globo levasse o equipamento para cima do Conjunto Nacional, na avenida Paulista, mas outra parte defendia o Pico do Jaraguá, apostando que São Paulo cresceria na direção oeste – o que acabou não acontecendo e provou que o Jaraguá era uma opção infeliz.

De qualquer forma, o investimento em novos equipamentos tinha sido grande e o contrato nos oferecia participação de 1% no faturamento geral das duas estações, com a meta de fazer São Paulo atingir não sei quantos mil dólares. Eu ganhava 5 mil cruzeiros fixos na TV Rio, sem comissão, e me propuseram um salário fixo inicial de 2 mil, mais 1% do faturamento e 2.200 cruzeiros por conta de futuras comissões – o que atingia de cara cerca de 6 mil. Assim que aumentássemos o faturamento, eu ganharia ainda mais. Achei ótimo, em princípio, mas o Montoro não. Ele ganhava 15 mil com comissões e teria de esperar algum tempo até que o sucesso da Globo lhe permitisse superar os vencimentos que já tinha. Mesmo assim, não interrompeu a negociação, e no dia seguinte, uma sexta-feira, fomos à primeira reunião com Roberto Marinho, que eu conhecia apenas de vista e esportivamente, como campeão de hipismo.

O encontro foi na casa dele, um casarão luxuoso no Cosme Velho. Marinho nos recebeu com muita atenção, numa sala onde predominava um Lurçat fantástico, de 6 por 6 metros, ao lado de muitos quadros de bons artistas. Era um ambiente propício para uma conversa agradável, mas acabou não sendo, por causa do Montoro. Inseguro com a proposta, ele não se entrosou com Roberto Marinho e começou a aumentar suas exigências, em busca de mais status. Queria ser diretor-geral em São Paulo não apenas da TV, mas também do jornal, com o que o empresário obviamente não concordou.

Roberto não tinha o fascínio e o brilho do Pipa, mas me surpreendeu positivamente. Era um homem muito objetivo, não tergiversava, queria assinar logo o contrato. Tinha inteligência suficiente para perceber que não entendia de televisão e deveria entregar seu empreendimento a gente do ramo. Mas jornal era o seu negócio havia mais de 40 anos. Ele dispensava auxílio externo para administrar *O Globo*. Depois de muito lero-lero, a história voltou ao projeto da TV e o Montoro começou a prometer milagres.

– Com a programação que esse menino vai me mandar – dizia, apontando para mim –, em três meses estou em primeiro lugar!

Preferi não me apresentar como salvador da pátria, mas deixei claro que não iria para a Globo a passeio. Disse ao Roberto que estava deixando a TV Rio porque ela chegara ao limite da falta de estrutura e estava prestes a desmoronar. Eu tinha planos de montar uma organização bem mais forte e duradoura.

– Vou construir uma estrutura que vai resistir aos tempos, a mim e ao senhor – eu disse, na saída.

Eu tinha certeza de que chegara a minha hora de realizar um trabalho definitivo em televisão. E a tapeçaria do Lurçat foi testemunha dessa profecia.

Com a hesitação do Montoro, saímos da casa do Roberto Marinho muito conversados, mas pouco resolvidos.

Eu até dei razão ao Montoro, porque a situação da TV Globo em São Paulo era realmente precária; ele teria uma tarefa gigantesca pela frente. Mas eu também tinha por que hesitar. Minha cabeça fervilhava com o desafio de dirigir uma nova estação, mas o coração se angustiava com a ideia de deixar a TV Rio, depois de quase dez anos. Era como abandonar um filho que eu havia criado. Para colocar um pouco de ordem nas ideias, fui passar o fim de semana em Petrópolis, na casa da minha irmã.

Na tarde de domingo, ainda sem tomar uma decisão, voltei ao Rio para assistir a um jogo de futebol no Maracanã. E, como sempre acontecia, encontrei Nelson Rodrigues na tribuna da imprensa, com quem discuti o meu dilema. Ele era muito amigo do Roberto Marinho e, até então, eu não entendia muito bem essa amizade. Mas o Nelson me contou que eles foram companheiros de reportagem e quase morreram juntos, um dia que saíram de barco para fazer uma matéria com uns caras que estavam vindo de Recife ao Rio remando. Quando estavam fora da barra, o barco pegou fogo e eles ficaram numa situação delicadíssima, entre morrer queimados ou afogados. Acabaram sendo resgatados e, a partir dali, a amizade entre os dois se fortaleceu. Nelson, obviamente, conhecia Roberto muito bem e foi um conselheiro importante, decisivo mesmo, naquela hora que eu atravessava. Nossa conversa se estendeu para além do entardecer e, já à noite, na TV Rio, pouco antes de ele entrar no ar para fazer seu comentário esportivo na *Resenha Facit*, ele me deu o argumento definitivo, na varanda bonita daquele prédio que outrora fora o Cassino Atlântico.

– Eu acho que você deve aceitar o convite – disse. – Nunca espere do Roberto mais do que um sujeito pragmático pode lhe dar. Mas, se você faturar, ele vai ficar satisfeito e não vai lhe faltar. Entre todos os patrões com quem trabalhei, ele é o mais correto. Quando fiquei tuberculoso, em 1937, ele me mandou para Campos do Jordão e pagou todo o tratamento. Depois, meu irmão ficou doente e ele também financiou. É um homem em quem você pode confiar.

Se o Nelson, com aquele terrível senso crítico, me dava essa garantia do Roberto Marinho, era mesmo verdade. Resolvi aceitar o convite da Globo. No dia seguinte, 3 de dezembro, fizemos uma nova reunião no apartamento do Joe, dessa vez com a presença do Roberto, o secretário dele, Victorio Berredo, além de Rubens Amaral e Montoro. Fechamos, então, o acordo. O Rubens datilografou ali mesmo o contrato, mas preferi não assinar na hora.

– Estou fechado com vocês, mas minha amizade com o João Batista é muito especial – eu disse. – Não quero magoá-lo. Primeiro eu vou me demitir da TV Rio, depois assino.

Aquele dia era também o aniversário do Roberto. Ele mandou buscar um champanhe no Castelinho, ali ao lado, e nós brindamos ao futuro da TV Globo.

– Hoje estou fazendo 61 anos – ele comentou comigo. – Você sabe, eu tenho mais dez anos de vida útil. Estou me matando nesse negócio de comunicação e quero deixar um império plantado.

Se na profecia que fiz a ele acertei 100%, nessa ele acertou apenas metade. O império, sem dúvida, ele plantou a partir daquele momento, e tenho certeza de que fui o melhor executivo que ele poderia contratar. Mas sobre os dez anos a mais de vida útil, provavelmente ele estava fazendo charme. Um homem que, aos 84 anos, ainda cuida pessoalmente de todos os seus negócios e que pratica esportes exigentes, como a equitação ou a caça submarina, não era propriamente um traste aos 61. Eu ainda não sabia disso, mas, com a convivência, não tardaria a perceber.

A notícia de meu contrato com a Globo correu o Rio de Janeiro na segunda-feira, mas só fui me encontrar com o João Batista na terça. Foi uma das conversas mais difíceis que eu tive na vida.

– João, estou saindo – comecei, sem jeito.

– É, eu já tinha ouvido falar, mas não consegui acreditar – respondeu ele. – Não pode ser verdade, Walter. Você não vai nos deixar depois de todo esse tempo, depois de tudo que vencemos juntos.

Ele estava muito emocionado, falando comigo num tom quase suplicante. Eu também fiquei muito perturbado.

– Você eu não deixaria jamais, João, mas com o seu pai a coisa está impossível. Eu me desgasto demais com ele. Aqui eu não tenho solução. Não tenho uma remuneração à altura do trabalho que fiz; doei-me à TV Rio e não tive a recompensa. Mas tudo bem, ficam elas por elas. Aprendi muito aqui, agora é hora de botar a calça comprida.

Foi uma conversa terrível, eu tinha lágrimas nos olhos.

— Porra, você ainda vai acabar no psiquiatra por causa do meu pai — lamentava ele.

— Eu não vou ficar louco por causa dele, não — eu dizia. — Se um dia você montar uma estação em Madureira, sem ele, vou trabalhar contigo. Mas com ele, chega!

E terminamos assim, numa imensa tristeza. Saindo da sala do João, encontrei o João Roberto Kelly e o Golias, os primeiros a quem participei a decisão. Em poucos minutos, toda a estação já sabia e até havia quem quisesse organizar uma manifestação de solidariedade. Mas eu estava saindo espontaneamente e aquilo não teria o menor cabimento. Acalmei as pessoas e deixei o prédio da TV Rio, espalhando uma profunda depressão atrás de mim.

O Pipa não recebeu a minha saída e a do Montoro com a tranquilidade que seria desejável. Ao contrário, fez delas um cavalo de batalha. De imediato, começou a retaliar meus colaboradores mais diretos na TV Rio. Demitiu sumariamente Zé Otávio, Cícero Carvalho e Célio Pereira, que foram impedidos de entrar na estação, como se tivessem cometido uma falta gravíssima. Na primeira reunião da Associação Brasileira de Rádio e TV (Abert) depois disso, Pipa denunciou uma *razzia* da TV Globo contra a TV Rio, alegando falta de ética e exigindo providências.

Eu deveria assinar o contrato com a Globo na terça, dia 4. Mas, antes que eu o fizesse, João Calmon, que presidia a Abert, foi procurar Roberto Marinho no jornal, dizendo do inconformismo do Pipa e que aquilo era uma deslealdade, tirar dois diretores de uma estação de uma só vez. Roberto, frio e objetivo, ouviu tudo com atenção, mas não voltou atrás. Disse bem claramente que assinaria os contratos conosco e que o Pipa deveria refletir sobre as condições de trabalho que oferecia a seus funcionários. A partir daí, então, além do rancor do Pipa, ele ganhou também o Calmon como adversário. No fundo, toda essa polêmica foi muito boa para mim, porque me valorizou ainda mais na Globo.

Claro que o Calmon não estava ali preocupado com o destino da TV Rio. Quando a Globo fechou o acordo com o Time-Life, os Associados tentaram fazer uma operação semelhante com o grupo da revista *Look* e deram com os burros n'água. Estavam, portanto, se roendo de inveja da parceria do Roberto Marinho com os americanos. Mas, até aquele momento, não engrossavam o coro que Carlos Lacerda fazia contra o acordo. A campanha já comia solta no *Correio da Manhã* e na *Tribuna da Imprensa,* mas ainda parecia ao público mais um *round* da eterna pendenga entre o Roberto e o Lacerda. A nossa saída, entretanto, deu ao Calmon o pretexto de que os Associados precisavam para entrar na luta, sem parecer que estavam advogando em favor da TV Tupi.

Assim, minha recepção na TV Globo deu-se com um grande escândalo jornalístico. Assinei o contrato e comecei a trabalhar debaixo de uma artilharia pesada de editoriais, que acusavam Roberto Marinho de se vender aos gringos, de desrespeitar a Constituição, de colaborar para a desnacionalização da cultura brasileira, entre outros pecados suficientes para condená-lo ao fogo do inferno e à perpétua execração de todos os patriotas sinceros. Com cobertura do *Correio da Manhã* e dos jornais dos Associados, com ataques diários de Carlos Lacerda e David Nasser na TV Tupi, na TV Rio e em *O Cruzeiro,* não demorou muito para a campanha se transformar num grande problema político.

Em pouco tempo, os contratos entre a Globo e o Time-Life seriam investigados em Brasília, numa Comissão Parlamentar de Inquérito, e o seu jovem e inocente diretor executivo, chamado a depor. Eu temia enfrentar algo parecido com o que os intelectuais e artistas de esquerda sentiram sob o macarthismo, nos Estados Unidos, nas famosas sessões do Comitê de Atividades Antiamericanas do Congresso. Embora por aqui nossos adversários principais fossem igualmente anticomunistas, o que não faltava eram candidatos a inquisidores, no estilo de Joseph McCarthy.

Eu não sabia, da história com o Time-Life, nada além do que os leitores de jornal já conheciam. Tinha acompanhado o caso rumoroso do Cattar, que foi *advisor* dos americanos e antecedeu o Joe Wallach na Globo. Cattar era um cubano exilado, uma figura maravilhosa, um dos grandes executivos de televisão da América Latina. Ele foi diretor geral da CMQ, uma das emissoras de Cuba, que pertencia a um lendário homem de comunicações do continente, Goar Mestre, mais tarde proprietário também do Canal 13 de Buenos Aires. Depois de sair de Havana, fugido da revolução, ele foi trabalhar com Goar Mestre na Argentina e de lá veio assessorar a montagem da Globo. Mas o Lacerda, que era governador, resolveu pegar no pé do Roberto usando o Cattar. Certa vez, quando saía de uma reunião na Globo, foi pego por um camburão e passou dois dias em cana, numa cela comum, cheia dos piores marginais. Esse evidente exagero do Lacerda, perpetrado pelo seu fiel chefe de polícia, Gustavo Borges, foi demais para o Cattar, um homem fino, cultivado. Assim que saiu da prisão, teve um enfarte e se mudou para os Estados Unidos.

Quando se instalou a CPI do Time-Life, outros corações da Globo foram testados. Primeiro os de Rubens e Joe, que passaram o diabo embaixo daquela pressão infernal dos deputados, com a imprensa marcando junto. Depois chegou a minha vez, em maio de 1966. Eu imaginava que, sendo o Roberto um homem poderoso e inteligente, eu iria à CPI totalmente instruído e mais cercado de advogados do que um chefão da máfia. Ledo engano. Antes de sair do Rio, ninguém me deu nenhuma orientação e, ao chegar em Brasília, estava me esperando apenas o Pedro Praxedes, representante de *O Globo*. Nenhum advogado.

Fomos almoçar no Hotel Nacional e o Praxedes me deu as únicas instruções de todo aquele episódio.

– Em primeiro lugar, trate todo mundo por Vossa Excelência. No Congresso, todo mundo é Excelência, embora sejam raros os excelentes. Depois, cuidado com o seu jeito, com a forma de dizer as coisas. Você tem essa fama de Walter Clark, o boêmio, o *bon vivant* da televisão, e os caras vão ficar doidinhos para te enquadrar. Vê se não folga!

Simples e objetivo o Praxedes. Eu estava vestido muito seriamente num impecável terno espinha-de-peixe cinzento, com uma camisa rosa e gravata de crochê preta. Não podia estar mais austero para os meus padrões. Mas sei lá o que os caras viam em mim. Talvez tivesse mesmo uma cara inequívoca de *bon vivant*. Engoli aquele almoço não sei como e lá fui eu, trêmulo de medo, para a tal CPI. Quando cheguei, o clima não estava tão carregado como eu imaginara. O presidente da comissão era o Roberto Saturnino e logo ficou claro que ele não estava ali para comandar nenhum circo romano. Djalma Marinho era o relator e no grupo estava também Aderbal Jurema, ex-ministro da Justiça, nenhum deles demonstrando comigo uma agressividade especial. A sessão se iniciou, as perguntas começaram e fui me saindo bem, com respostas firmes – mesmo porque eu nada tinha a esconder. Até que abriram os debates para os outros parlamentares e pediu a palavra o nosso nobre senador João Calmon, metido num terno azul da Ducal, com seu olhar gelado habitual, sua língua de cobra – sinais de um cara amargurado com a vida.

– Senhor Walter Clark, o senhor é considerado um dos mais competentes profissionais de televisão do país, trabalhou dez anos na TV Rio. O senhor tem ideia de ter visto na TV Rio cifras como estas?

Ele tinha na mão uma guia de financiamento. Estava obviamente interessado em demonstrar que o dinheiro aplicado pelo Time-Life na Globo era muito alto, várias vezes maior do que o volume operado normalmente numa estação de TV brasileira. Só que ele foi infeliz ao tentar me pegar por aí. Os valores que exibia na guia eram irrisórios.

– Perfeitamente, Excelência – respondi. – Essa é uma cifra absolutamente comum. Ela é igual ao faturamento do mês de outubro de 1965 na TV Rio. Aliás, é uma cifra suficiente apenas para o pagamento da folha salarial e das despesas de custeio. Não sobra nada para investimento. Uma das razões pelas quais deixei a TV Rio é que ela não se reequipa, justamente por falta de uma visão mais profissional. É por isso que estou trabalhando na Globo.

Ele não se deu por vencido e continuou sacudindo a guia como se fosse um cheque de 100 milhões de dólares.

– Mas o senhor acha que há como concorrer com a TV Globo, dispondo ela de todas essas cifras fantásticas?

Ele não desistiria tão cedo. Decidi bater logo na ponta do queixo.

– Se Vossa Excelência me permite, eu diria que a concorrência impossível não é com a TV Globo, mas com as Emissoras Associadas, que Vossa Excelência dirige. Elas têm 17 canais de TV e acostumei-me, ao longo de toda a minha vida profissional, a vê-las contratando a peso de ouro todo artista que faz sucesso na TV Rio. Foi assim com Golias, Manuel da Nóbrega, o programa TV *Rio Ring*...

Daí para a frente, ele apelou. Começou a me cobrar "como brasileiro", insinuando que eu estava me dobrando a interesses americanos. Atacou Joe Wallach, tentando desqualificá-lo só porque era americano. Eu rebatia tudo, sem aceitar a xenofobia cínica, o nacionalismo interesseiro que ele representava naquela farsa. Calmon foi perdendo a esportiva e terminou na baixaria.

– Senhor Clark, o senhor é um apátrida!

Nesse ponto, Djalma Marinho interveio, lembrando que eu estava lá na condição de testemunha, não de réu; portanto, que o nobre senador se dirigisse respeitosamente a mim. Calmon, então, jogou a toalha. Mas, graças a ele, saí do Congresso dividindo com Luís Carlos Prestes a discutível honra de ser um dos dois únicos brasileiros acusados por parlamentares de ser "apátridas". Está lá registrado, nos anais da casa.

Horas mais tarde, peguei um Electra II para voltar ao Rio. O avião estava vazio. Mas quem se sentou na poltrona ao lado para me fazer companhia durante a viagem? Ele mesmo.

— Como é, seu Walter Clark? Tudo bem? — perguntou João Calmon.

— O senhor é quem sabe, senador. O senhor foi muito bem, a vida pública é assim mesmo. Só que nós dois encaramos a vida pública de forma diferente — respondi secamente e me mudei para um compartimento na frente do avião, longe dele.

Eu achava, de fato, que minha função de diretor de uma emissora importante era intrinsecamente pública. Assim como a de João Calmon. Mas ele deixou naufragar o maior império brasileiro de comunicações de todos os tempos, fascinado pela política, na qual se tornou senador sempre por meio de composições paroquiais em seu estado, o Espírito Santo. Louvo sua defesa do problema da educação no país, mas estou certo de que ele teria feito muito mais por ela nas Emissoras e nos Diários Associados.

A participação do Time-Life no desenvolvimento da TV Globo é um desses mitos persistentes que contribuem talvez para o brilhareco de algumas carreiras políticas, mas seguramente não explicam como e por que a Globo chegou aonde chegou. O testemunho que posso dar sobre isso hoje, tantos anos depois de afastado de lá e já sem nenhum compromisso com as pessoas que ficaram, é de que o Time-Life ajudou, mas não teve a mais remota responsabilidade, direta ou indireta, pelo que foi construído ali. A TV Globo, gostem ou não seus inimigos, é resultado do talento e do esforço de seus profissionais. Venceu à custa de muito trabalho, muita reflexão, muita vontade de fazer uma televisão de melhor qualidade, competente, moderna.

Quando comecei a trabalhar lá, a Globo estava em situação muito difícil. Faturava 180 mil cruzeiros por mês, mas gastava 800 mil, e eu nunca vi um mísero dólar que cobrisse o nosso rombo de caixa. O Time-Life, na verdade, tinha financiado a construção do prédio do Jardim Botânico e a compra de câmeras, videoteipes e equipamentos de estúdio. A Globo tinha um bom prédio, sem dúvida, e bons equipamentos, mas não tinha tudo de que precisava, como teatro e caminhão de externas. O Time-Life seguramente não jogava dinheiro pela janela, investia ali com parcimônia. O próprio Joe Wallach, enviado para substituir o Cattar, ganhava um salário anual de 35 mil dólares, menos de três mil por mês – bem inferior ao dos grandes executivos de multinacionais.

A TV Globo, portanto, não tinha dinheiro e precisava aumentar o faturamento. Foi por essa razão que Roberto Marinho concedeu carta branca a mim e ao Montoro. Nós tínhamos de tirar as duas estações do buraco, não administrar a suposta enxurrada de dólares que o Time-Life despejava ali. Depois da CPI, os americanos ficaram totalmente arredios, indignados com o fato de o nome Time-Life ter virado sinônimo de negociata, suborno, sujeira. E nunca mais se viu um níquel deles. Eles se desinteressaram do negócio, que ficou praticamente entregue a Roberto Marinho. A partir desse momento, Wallach tornou-se muito mais homem do Roberto que do Time-Life.

A associação com a Globo se desfez formalmente em 1969. Foi o fim de uma série de equívocos, que começou com o próprio negócio. Roberto Marinho só se tornou sócio do Time-Life por indicação de Carlos Lacerda, que era amigo de Andrew Heiskell, *chairman* do grupo Time, desde que, durante uma crise política, ele se refugiou em sua casa, nos Estados Unidos. Assim, foi o Lacerda que chamou a atenção dos americanos para aquele jornalista amigo do capital estrangeiro e o avalizou como um bom sócio no Brasil. Depois desse gesto gentil, entretanto, os dois brigaram irreversivelmente. Roberto faltou a Lacerda no apoio que ele esperava para as eleições de 1965 e a amizade dos dois acabou.

Mas o Grupo Time-Life era problema deles. O meu era administrar a emissora. E, já que eu tinha carta branca, tratei de usá-la. Como era dezembro quando cheguei, decidi aproveitar o final do ano para fazer as modificações necessárias e entrar em 1966 com a Globo de cara nova. Das pessoas que saíram comigo da TV Rio, levei imediatamente o Zé Otávio e o empossei como diretor comercial no lugar do Cerqueira Leite, que já havia saído. Depois, eu trouxe o Arce, para a direção de marketing. E foram chegando os outros, os banidos pelo Pipa: Célio Pereira, Arnaldo Artilheiro, Cícero Carvalho, Maria Neide, a minha secretária, e Ivani, secretária do Zé.

Claro que, para empregar todo mundo, pessoas da equipe anterior tinham de sair. Mas não fiz a simples substituição de uma patota por outra. Na verdade, a TV Globo tinha um inchaço terrível na folha de pagamento. Havia gente ali que nunca tinha trabalhado. Então, com a ajuda do Eugeninho Fernandes, um veterano do jornalismo da casa, que se aproximou de nós assim que chegamos, o Zé e eu começamos a fazer aquele trabalho sempre chato: o listão de cortes. O processo foi radical, sem contemplação. Praticamos até um exagero, uma crueldade com o próprio Eugeninho, que muito utilmente nos dava as dicas: "Esse não sabe nada, pode cortar", "Esse cara é bom, deixa ele". No final da lista, já com dezenas de cortes feitos, Zé Otávio, impassível, perguntou ao Eugeninho, à queima-roupa:

– Muito bem, mas e você? Pode cortar?

Eugeninho ficou sem jeito, perdeu o pé e disse que sim. E o Zé cortou. Sua situação não era tão ruim porque ele tinha uma produtora de TV fora da Globo. Mas outros demitidos não tinham a mesma sorte. Era o desemprego mesmo. De qualquer forma, as pessoas que entraram comigo não chegaram por cima, não, longe disso. No enxugamento de despesas, contratamos os demitidos da TV Rio por um salário bem inferior ao que ganhavam lá. Era uma opção cruel para eles: o rebaixamento dos salários ou a demissão. A maioria compreendia a situação e topava, sem protestar. Mas o Arnaldo Artilheiro, que era campeão de judô, tinha dois metros de altura e ganhava bem como ajudante do Zé na TV Rio, não se conformou e foi tomar satisfação comigo.

Eu estava no meu escritório – um salão enorme, com janelas dando para os estúdios, móveis da Oca e quadros de Heitor dos Prazeres, parecendo um saguão de aeroporto – quando Artilheiro entrou pisando duro, bufando de raiva e reclamando comigo aos berros. Quando vi aquela massa humana vindo na minha direção, com jeito de que ia me esmigalhar, tive um acesso de loucura. Dei um murro na mesa e comecei a gritar.

– Não admito que você entre aqui desse jeito! Retire-se!

Por algum milagre, que não sei explicar, o Artilheiro se inibiu. No meio do caminho, mudou a trajetória do braço e deu uma porrada num biombo, atravessando-o de fora a fora. E ficou mais calmo. Fui salvo pelo gongo. É claro que não nos sentíamos os melhores caras do mundo fazendo aquilo aos funcionários, nossos amigos, mas não havia outro jeito. A TV Globo estava numa situação pré-falimentar e, se não gerasse recursos imediatos para investir na produção, não conseguiria atingir o faturamento de que precisava para sair do buraco.

A emissora tinha uma programação muito bonitinha no papel, mas na prática não funcionava. Contava com um bom lote de filmes de longa-metragem, ótimos seriados – *Super-Homem, Batman, Johnny Quest* –, desenhos animados da Hanna Barbera e um showzinho infantil interessante, o *Uni-duni-tê*. Tinha também a primeira tentativa de um *Tonight Show*, com o Gláucio Gil – talentoso homem de teatro que teve um ataque cardíaco e morreu em pleno ar. A equipe artística contava ainda com bons talentos, como Maurício Sherman, Max Nunes, Haroldo Barbosa. Mas a programação, que começou toda redondinha, bem encadeada, foi se transformando numa barafunda. O filme entrava numa quarta-feira às 20h, na quinta às 22h e no domingo às 17h. O *Uni-duni-tê*, para crianças de jardim de infância, eles punham ao meio-dia, pleno horário de esportes e notícias. Na linha de shows, 80% dos recursos de produção iam só para um programa, *Espetáculos Tonelux*. Claro, nada funcionava. Audiência que é bom, não havia.

Outra coisa horrorosa era a programação visual, baseada numa palmeirinha infeliz que alguém lá desenhou, inspirado pela proximidade do Jardim Botânico. Não tinha nada a ver. O pior é que, quando acontecia de alguma coisa falhar, a técnica punha no ar o *slide* com a maldita palmeirinha, até resolver o problema. Como a operação era precária, ela ficava até dez minutos no ar, estática. Ainda se balançasse ao vento... No meu primeiro dia de Globo, passei na técnica, recolhi todas as palmeirinhas e tranquei-as na minha gaveta, antes de atirá-las à lata de lixo da História.

Foi preciso também intervir em certas loucuras que havia na programação, como o *Capitão Furacão*, programa vespertino infantil produzido pelo Hélio Tys, que suprimiu todos os desenhos do horário. O programa foi bolado para concorrer com o *Capitão Asa*, da TV Rio, que nos roubava uma boa audiência. Mas o bom e velho Furacão já soprava mais fraco e não dava audiência. Além do mais, era uma temeridade. Hélio fazia passeios de barco com as crianças pela Baía da Guanabara, num barco cheio, com 200 crianças. Era uma loucura, um Bateau Mouche em potencial. Então, chamei-o para conversar.

– O que está acontecendo com o programa, Hélio? Ele era tão bom, dava um trabalho enorme à TV Rio. Nós temos os melhores desenhos no arquivo – perguntei.

A resposta me surpreendeu.

– Se o senhor pensa que eu faço esse programa para as crianças, está enganado.

Não entendi. Só se ele fazia o Capitão Furacão para agradar à Marinha. Era talvez o jeito que nossa valorosa Armada tinha de contrabalançar o prestígio do Capitão Asa, que exaltava a Aeronáutica. Mantive o Capitão Furacão fazendo o nariz de cera dos desenhos de Hanna Barbera, a audiência voltou e o Hélio Tys dançou.

Mas ceifar cabeças, abater palmeirinhas e colocar os programas no seu devido lugar não resolviam os problemas da TV Globo. Nós precisávamos urgentemente de índices de audiência, e não tínhamos verba para fazer com as outras estações o rapa geral que a Excelsior fez com a TV Rio. Poderíamos contratar alguns talentos se enxugássemos bem os custos, mas sobrariam vários horários para preencher. Foi então que, contrariando a filosofia que implantei na TV Rio e que eu entendia ser a mais adequada para a televisão brasileira, pus várias fichas em programas popularescos para enfrentar a parada. Esse era um nicho do mercado que não estava ocupado naquele momento e era melhor ser brega vivo do que apenas recordação de uma TV de bom gosto e bem-intencionada.

A primeira investida dessa linha de programação foi sobre o elenco da Rádio Globo, nossa coirmã mais humilde, que era livre do "padrão Marinho" de seriedade e sisudez. Tratava-se de uma estação extremamente popular, que tinha comunicadores como Luís Carvalho, Jonas Garret e Mário Luís, comandantes de programas de grande sucesso. Pois eu os reuni num programa de três horas, transmitido aos sábados à tarde. A Rádio Globo tinha também o Samuca, que era o Gil Gomes do Rio de Janeiro, apresentador de um célebre programa policial. E lá foi o Samuca para a TV. Depois, foi o Raul Longras, para fazer um programa que hoje é muito pichado, como se fosse o auge do mundo cão, mas configurava apenas um show popular, como qualquer um de Silvio Santos: *Casamento na TV*. Os caras diziam as características de seu par ideal e o programa promovia o encontro. Também sorteava enxovais para noivas. Não era um escárnio.

Outra que levei foi a Dercy Gonçalves. Com o dinheiro que consegui com os cortes de pessoal, pude contratá-la e resolvi o problema do domingo. Ela não era talvez a apresentadora dos sonhos da classe média conservadora: mantinha-se desbocada, abusada e debochada, mas segurava a programação das 18h às 21h com bons índices, num dia mais que estratégico. Seu talento começou a ficar evidente para todos.

Minha grande dama, aliás, era a Célia Biar. Para aproveitar o bom lote de longas-metragens que tínhamos e eram pessimamente programados, inventei a *Sessão das dez*, a primeira de todas elas, com filmes todos os dias. Não havia nenhum filme inédito e, por isso, eu precisava de alguma coisa marcante, especial. Então peguei a Célia, com aquele jeito fresco dela, pus uma vasta piteira em sua mão e um gato no colo, o famoso Zé Roberto. Ela virou uma apresentadora chiquérrima, uma dondoca que estava em casa como o espectador, preparando-se para ver o filme. Dava lá umas informações, fazia um charme e o filme rolava.

Foi um sucesso tão grande que o Zé Roberto virou até música de Carnaval. A dona do gato, achando que era a empresária do Garfield, veio logo pedir aumento de cachê e tivemos de trocar de gato. O substituto, coitado, sofreu muito, pois a Célia tinha horror a gatos e, para ela fazer a cena, o contrarregra tinha de dar calmantes ao bichano. Uma pequena maldade com o pobrezinho. Mas a "mulher do gato" ficou famosíssima no Rio, todo mundo comentava. E era uma solução barata, feita ao vivo, com cachê apenas para dois artistas: ela e o gato...

Claro, tinha também o filme. Embora por muito tempo não passássemos nada inédito, se não escolhêssemos bem a película, Célia Biar e Zé Roberto não poderiam fazer nada pela *Sessão das dez*. E foi com a experiência de selecionar os filmes para essa sessão que descobri o poder de O *Corcunda de Notre Dame*. Assim como o Silvio Santos, por um bom tempo, usou filmes de horror para tirar a audiência da Globo – *A invasão das rãs, O ataque das abelhas, O delírio das moscas,* essas coisas –, descobri que O *Corcunda de Notre Dame* estava no pacote de filmes que a Globo tinha comprado. Ele já havia passado umas três vezes, com audiência sempre abaixo de 20 pontos. Mas, certa noite, programei-o na *Sessão das dez*, com a Célia e o gato, e deu 70 pontos de audiência. Um fenômeno. Repeti a dose mais duas vezes e ele arrebentou novamente: deu 32 pontos na terceira vez – a sexta no total. Então, achei que havia descoberto o verdadeiro campeão de audiência da televisão e comentei esse fato com o Nelson Rodrigues, brincando.

O Nelson transformou O *Corcunda de Notre Dame* numa de suas crônicas mais divertidas. Ele começou dizendo que as pessoas o criticavam por ser muito repetitivo, mas que elas só faziam isso porque não sabiam da história do Corcunda. E contou a história de um sujeito que entrou numa estação de TV e encontrou o dono com uma pistola na mão, desesperado.

– O que é isso, fulano? Você vai se matar? – perguntou o cara.

– Vou, sim – respondeu o outro. – Estou falido, minha audiência é um horror, não consigo pagar as contas!

— Mas você tem O *Corcunda de Notre Dame!* — animou o sujeito. — Passa o *Corcunda* que você tem audiência.

O dono da emissora programou o *Corcunda* e o filme deu 800, arrebentando o Ibope. Ele se animou e repetiu a dose. O Corcunda continuou dando certo. Então, o canal passou a ter o Corcunda em todos os horários, de manhã até de noite, e o sujeito, que estava falido, ficou milionário. Nelson terminou argumentando que não tem nada de mais ser repetitivo se é para ter o sucesso de O *Corcunda de Notre Dame*.

Engraçados também e baratos eram os dois programas humorísticos que inventamos: *TV0-TV1*, estações de televisão muito loucas, dirigidas por Agildo Ribeiro e Paulo Silvino. Uma entrava na quarta e a outra, na quinta, antecedidas por episódios do *Batman*, e as duas brigavam entre si, concorriam, falavam mal. A produção era simples, assim como a do *Bairro feliz*, outro humorístico, que contava com texto de Haroldo Barbosa e Max Nunes e participação de Zé Trindade. Eram programas despretensiosos, mas com eles a gente conseguia enfrentar a parada do *Noites cariocas*, do *Times Square*, do *Moacir Franco Show* e outros campeões da concorrência.

Havia também outros programas muito bons, como *Um cantor por dez milhões, dez milhões por uma canção*, que o Abraão Medina foi fazer conosco quando o *Noite de gala* já não tinha o mesmo pique e não repetia o sucesso de antes na TV Rio. Ou os shows da TV Record. Aproveitando as insolúveis divergências entre a TV Rio e a Record, comprei do Paulinho Machado de Carvalho um pacote de programas de qualidade, para contrabalançar os popularescos: *Hebe Camargo*, *Jovem guarda* e *Astros do disco*. Deste, nós pegamos apenas as músicas, colocamos os apresentadores da Rádio Globo — os DJs — e criamos o *Globo de Ouro*, que estreou na passagem do ano de 1966.

Entre os musicais, a Globo tinha o *Espetáculos Tonelux*, que apresentava concertos sinfônicos, com regência do Isaac Karabtchevsky. Uma coisa fina, sem dúvida, de ótima qualidade, mas aquela orquestra consumia 80% de todos os gastos de cachê da estação para dar 9% de audiência, quando atingia picos. Era, portanto, uma aberração, tendo sido devidamente retirada da programação. Para o seu lugar, fui buscar o *Musikelly*, do João Roberto Kelly. Mantivemos o patrocinador, a Tonelux, e o programa dobrou a audiência do horário.

Com todo esse pacote nas mãos, embrulhado às pressas ao longo de dezembro, eu só precisava de um bom *slogan* para amarrar e puxar a publicidade. Então, com o Zé Otávio, criei um que soava muito bem: "Ano novo, ano Globo". Pusemos o *slogan* em todos os intervalos, bombardeando o telespectador, e nos preparamos para entrar em 1966 com o pé direito, bem quente.

O ano começou trágico, infelizmente. Por um lance de ousadia e também um pouco de sorte, conseguimos transformar a dramática enchente que flagelou o Rio naquele verão no nosso pulo do gato. A nova programação entrou em janeiro com todo o gás, obtendo para a Globo um aumento geral nos índices de audiência, especialmente nas faixas menos disputadas, fora do horário nobre. Mas ainda faltava um grande lance, algum evento que cristalizasse a imagem da emissora no conceito do público e criasse uma aura de simpatia. Foi quando chegou fevereiro, com chuvas tão fortes como a cidade nunca tinha visto, e as desgraças começaram: barracos deslizando nos morros, gente arrastada pela enxurrada, um caos.

Do prédio da Globo, no jardim Botânico, nós víamos a chuva aumentar, aumentar, e a enxurrada se transformar num rio. Os muros de arrimo das casas próximas caíam, as pessoas ficavam ilhadas ou corriam para se abrigar na Globo, à época o maior prédio da redondeza. Então, chamei Hilton Gomes, locutor, e Reynaldo Jardim, meu querido Barrabás, diretor de jornalismo, um dos criadores do "Caderno B" do *Jornal do Brasil*, jornalista de alto gabarito, e mandei que eles pusessem câmeras na marquise para transmitir aquela tragédia. Quase sem perceber, de um momento para o outro, estávamos liderando uma campanha de recolhimento de cobertores, alimentos e remédios para os flagelados: o SOS Globo. Interrompemos a programação normal e ficamos três dias no ar, direto, transmitindo o drama e recolhendo a solidariedade dos cariocas. O maior estúdio da Globo, que tinha 2.250 metros cúbicos, ficou abarrotado até o teto de coisas que as pessoas traziam.

Aquilo foi emocionante. Para o público e principalmente para nós, que abraçamos a missão de fazer alguma coisa pelos milhares de pessoas que estavam sendo castigadas pela chuva. Numa daquelas manhãs, Rubens Amaral, que já havia deixado a televisão, chegou à emissora e ficou observando toda aquela movimentação, muito emocionado com a campanha. Quis chegar até ele para lhe dar um abraço, mas as águas impediram. Seja como for, nunca mais esqueci essa cena. Vivemos todos um clima fantástico de fraternidade, de solidariedade. Nosso empenho na coisa foi tão grande que a campanha contagiou toda a cidade. As outras emissoras também derrubaram a programação normal, aderiram, e o episódio virou um fato histórico para o Rio.

Daí em diante, a TV Globo passou a ser amada pelos cariocas. A campanha foi o toque de humanização que faltava para que ganhássemos o coração do público. Desde janeiro, a nova programação já nos garantia a liderança de audiência, na média do dia. Tínhamos cerca de 14% de média, considerando a audiência de todos os programas, do meio-dia à meia-noite. Só perdíamos das 20h às 22h, quando os concorrentes atingiam 40% ou 50%, enquanto nós ficávamos ali pela faixa dos 15%. A partir da enchente, essa liderança da audiência média se cristalizou, mesmo porque logo depois, no início de março, veio o Carnaval e nós investimos tudo o que tínhamos para fazer uma boa transmissão.

O Carnaval sempre foi evento fundamental para a televisão, ao menos para as emissoras do Rio de Janeiro. Ganhar a transmissão da festa, isto é, fazer a melhor cobertura e obter o reconhecimento do público, é um desafio tão importante quanto a própria competição entre as escolas de samba. Naquele ano, embalados pelo sucesso do SOS Globo e em plena reformulação da estação, fomos para a avenida com garra redobrada. Mas havia um problema sério. Não tínhamos equipamento suficiente e em boas condições para fazer uma transmissão ao vivo decente. A Globo Rio não tinha sequer um caminhão de externas; já o da Globo São Paulo era um monstrengo medieval herdado da TV Paulista, tão paquidérmico e ineficiente que o batizamos de "Globossauro".

Mas foi com esse antiquado réptil mecanizado que nos preparamos para fazer a transmissão. Tínhamos certeza de que, no mano a mano com as outras estações, ofereceríamos uma cobertura humilde do desfile. Foi então que decidimos aproveitar um equipamento portátil de videoteipe Sony, que o Joe tinha trazido recentemente dos Estados Unidos. Tratava-se de uma câmera e de um VT que só trabalhavam acoplados, não podendo ser usados com outros equipamentos. Mas bolamos o esquema das "Globetes" e o equipamento solitário acabou aparecendo ao telespectador como se fossem vários.

O esquema era simples. Pusemos repórteres em peruas de externa, trabalhando em revezamento com a câmera portátil. E batizamos as equipes: Globete 1,

Globete 2 etc. – sempre com a mesma câmera. Mandávamos cada uma delas para um ponto da cidade, para cumprir uma pauta, e o equipamento circulava entre elas. Ao chegar, o repórter fazia sua matéria, que terminava sempre chamando outro profissional: "Aqui é Fulano, diretamente do Maracanã, onde se encontra a escola xis. Vamos agora a Copacabana, onde Beltrano acompanha o movimento. Como é, Beltrano, muita agitação por aí?" E o Beltrano começava sua gravação com essa deixa, terminando com outra deixa para o repórter seguinte.

Aquilo tudo colocado no ar, em sequência, levava o espectador a achar que a TV Globo estava em todos os cantos da cidade. Estar, ela estava, mas não ao vivo, como parecia. O público ficou encantado. Com as Globetes, superamos a precariedade do Globossauro, que só foi usado para a transmissão dos bailes nos clubes. Na sexta, ele foi mandado para um baile no Grajaú, mas ninguém lembrou de explicar ao motorista, um paulista, onde ficava o Grajaú, e o cara jamais chegou lá. No sábado, pifou durante a transmissão do baile do Copacabana Palace. Por sorte, resistiu no domingo e pudemos fazer a transmissão, com comentários de João Saldanha, Sérgio Cabral, Haroldo Costa e meus, cada um torcendo por uma grande escola (a minha era a Império Serrano). Intercalando o desfile com as reportagens das Globetes, uma das quais era comandada por Leila Diniz, ganhamos fácil aquele Carnaval.

Com tudo isso – nova programação, a simpatia pelo SOS Globo e a vitória no Carnaval –, a Globo atravessou o verão de 1966 com um pique muito diferente daquela emissora que chegou ao final de 1965 carregada de problemas. Chegou a março confiante, já preparada para retirar a preferência do público das mãos da Excelsior e da Rio. Em menos de 90 dias, eu tinha conquistado o objetivo de montar uma programação viável e competitiva. Agora, era só uma questão de tempo para atingir a liderança absoluta e colocar as finanças da Globo no azul. Meu problema naquele início de TV Globo era igual ao que eu tinha na TV Rio. Eu organizava perfeitamente o cardápio, mas não era um *expert* na cozinha. E meu mestre-cuca predileto continuava a ser o Boni: eu não desistia de trabalhar com ele. Logo em fevereiro, assim que fiz os primeiros arranjos na casa e tive a primeira folga de orçamento para contratar, eu o convidei a chefiar a produção. Tinha tanta vontade de trazê-lo que oferecia um salário igual ao meu, o que não era nem uma maravilha para ele e nem um gesto de altruísmo meu, porque eu sabia que meu salário só aumentaria se eu pudesse transformar a cozinha da Globo numa fábrica de alimentos finos e reputados.

Chegamos a fechar o acordo e a acertar os detalhes, mas a TV Tupi acabou melando o negócio. É que ela contratou o Moacir Franco para fazer o mesmo show que ele produzia na Excelsior. Como o diretor do programa era o Boni, Edmundo Monteiro, diretor da Tupi São Paulo, propôs a ele não só que continuasse na direção, mas também assumisse o comando do Telecentro, central de produção unificada que as Emissoras Associadas estavam organizando para baratear os custos. E o salário que ofereceram era exatamente o dobro do que eu pretendia pagar: 12 mil cruzeiros. Eu não iria pegá-lo pela palavra empenhada comigo e obrigá-lo a ficar. Assim, mesmo a contragosto, fui o primeiro a sugerir que ele aceitasse o convite.

– Se vão te pagar tudo isso, você vai, passa um ano lá e daqui a um ano vem para a TV Globo – propus. E ele assim fez.

Sem o Boni e sem dinheiro, eu sabia que não poderia competir tão cedo na linha de shows, que predominavam no horário nobre. Mas, enquanto lutava para ter os dois, eu investia em novelas. Havia boas razões para isso. Em primeiro lugar, novela era o produto mais eficaz para fisgar os telespectadores e mantê-los fiéis à emissora – a Excelsior já provara isso. Era inconcebível uma grade de programação eficaz sem uma novela. Depois, com o sucesso de O *direito de nascer* em São Paulo, muitos atores do Rio ficaram disponíveis. Eu podia investir no gênero com uma razoável segurança de retorno, sem gastar com cachês milionários, inviáveis. A única coisa que eu precisava era de uma boa história, bem popular, de alguém com talento para escrevê-la.

Foi então que me lembrei da Glória Magadan, cubana exilada aqui, depois de muitos anos de janela na produção dos mais lacrimogêneos melodramas que a América Latina já viu. Baixinha, de dentes feios, óculos enormes, deselegante e malcriada, ela não era exatamente uma fadinha de histórias infantis. Mas tinha o dom de enlouquecer o público com folhetins delirantes, só comparáveis aos de Pedro Camacho, o radionovelista que Vargas Llosa descreve em *Tia Julia e o escrevinhador*. Aliás, como a Glória morou também no Peru, não é impossível que Vargas Llosa tenha se inspirado nela para compor a sua personagem. Ao menos os dedos permanentemente roxos, manchados de tinta de estêncil, os dois tinham em comum.

Glória comandava a criação no núcleo de novelas da Colgate-Palmolive, que patrocinava o nosso horário das 21h30. Como já expliquei, as grandes multinacionais na área de cosméticos e produtos de higiene jogavam o grosso de suas verbas publicitárias em telenovelas e organizavam seus próprios centros de produção, que mantinham os novelistas sob contrato. Assim como Ivani Ribeiro trabalhava para a Kolynos, Glória Magadan era a estrela da Colgate. A vantagem é que ela já tinha parcerias com a TV Globo e, como eu queria organizar um núcleo próprio de novelas na emissora, decidi procurá-la, ainda em dezembro de 1965.

Quando comuniquei a decisão ao meu pessoal, alguns ficaram horrorizados.

– Mas logo essa mulher? – perguntou Rubens Amaral. – Ela é uma chata. Quando vem aqui, causa a maior confusão, aporrinha a gente. É uma pessoa muito difícil de tratar!

Ele tinha razão. A Glória tinha um temperamento dificílimo. Era irascível, obsessiva, ranzinza e frequentemente esculhambava os diretores de TV que não realizassem as cenas como ela queria. Por isso, estava quase proibida de entrar na TV Globo. Quando o Rubens me revelou isso, senti uma vontade ainda maior de contratá-la. Se ela brigava pelo trabalho que fazia, era porque confiava nele. Podia ser neurótica, mas era profissional. Assim, apesar dos protestos e das advertências, fui até ela, com intermediação do Benedito Ruy Barbosa, que trabalhava no departamento de rádio e TV da Denison, a agência da Colgate.

O escritório da Colgate ficava em São Paulo, na Vila Clementino. Assim que ela me recebeu, comecei a seduzi-la, oferecendo melhores condições de trabalho. Ela me olhava muito desconfiada, cheia de defesas, tentando imaginar que jogada haveria por trás daquele súbito interesse da TV Globo.

– Você veio aqui para me encher o saco – dizia. – Vai dizer que a Globo não quer mais a minha novela.

A Colgate produzia uma novela cujo nome não lembro, mas tinha Carlos Alberto de psicanalista e fazia um bom sucesso nos salões de cabeleireiros. Era um dos muitos textos que a Glória comprava no México ou na Argentina e trazia para ela e o Ruy adaptarem. Provavelmente ela estava habituada a só ouvir queixas dos diretores de televisão, por isso me recebeu com muita aspereza. Mas eu logo comecei a jogar baldes de charme.

– Vim aqui para casar com você, Glória – eu dizia. – Formaremos uma dupla que vai ficar famosa na história da telenovela!

Acho que com esses argumentos, particularmente o figuradíssimo "casar com você", sensibilizei aquela alma de pedra. Ela contou que tinha os direitos de uma novela ambientada no século 19, chamada *Eu compro esta mulher* e escrita por Olga Ruiz de Rui Pardo. Como se tratava de uma novela de época, as emissoras não se interessaram. Mas percebi que aquela era uma das preferidas da Glória e senti que ela estava muito empenhada em vê-la encenada. Por isso, topei a história e ali mesmo começamos a escalar o elenco. Eu anotava os nomes numa agenda que até hoje guardo como documento.

Pensamos de cara no Paulo Gracindo, que era um craque desde o tempo das radionovelas, mas estava parado. Pensamos também no Ziembinski, mas ele estava fazendo só teatro naquela época. Outros nomes foram surgindo: Amilton Fernandes, Cláudio Marzo, Mário Lago, Henrique Martins e Régis Cardoso, para dirigir. Quando saí dali, a novela já estava praticamente escalada. Mas ainda faltava o par romântico, que só foi aparecer alguns dias depois. Primeiro me lembrei de Yoná Magalhães. Ela já não era aquela colegial da Rádio Tamoio, mas estava ainda mais deslumbrante e tinha acumulado uma enorme experiência nos teleteatros e nas novelas da Tupi. Andava afastada da televisão. Fazia parte do Grupo dos Sete, trupe teatral da Fernanda Montenegro, e vinha de um ótimo papel em *Deus e o Diabo na Terra do Sol*, do Glauber Rocha. Imaginei que ela pudesse se interessar por um novo papel e mandei chamá-la.

Ainda vejo a cena do nosso encontro. Eu a recebi na minha sala da Globo, a tal que parecia um saguão de aeroporto, de tão grande. Yoná estava com um tailleurzinho cor-de-rosa e atravessou o recinto com um passo de gazela, pisando nas nuvens, com aquele jeito delicado e adorável que sempre teve.

– Yoná, estou precisando de você para uma novela – eu disse. Os olhos dela brilharam.

– Mas tem um problema. Só tenho mil cruzeiros para te oferecer. Sei que é um salário medíocre, mas nós vamos comprar essa briga das novelas e, se você apostar em mim, no próximo contrato garanto melhorar bastante esse valor.

Eu esperava que ela atendesse ao meu apelo, mas não que ficasse satisfeitíssima com o convite, o que de fato aconteceu. Yoná não cabia em si de contentamento.

Depois entendi que ela estava passando uma fase difícil, separando-se do marido. Yoná era uma grande atriz, bonita, no auge da forma, merecia o estrelato. E saiu da minha sala felicíssima, com o papel de Maria Teresa, a mulher que o poderoso nobre Dom Federico Aldama queria comprar, no argumento da Glória.

Mas faltava ele mesmo, Dom Federico Aldama, o galã durão que seria amolecido pelo amor de Yoná. Eu ia investir numa parada difícil, a novela de época, e não queria nenhum galãzinho mirrado, convencional, para o papel principal. Precisava de alguém pesado, um macho latino incontestável, que pudesse dar estatura ao nobre espanhol que compra a fazenda do pai de Maria Teresa só para tê-la. Foi então que, assistindo ao Carlos Alberto na novela da Globo que estava no ar, me liguei no leiaute de Clark Gable que ele tinha e tive certeza: era ele o meu Rhett Butler. Chamei-o também para conversar.

– Você está muito bem nessa novela – comecei. – Mas já tem planos para o que vai fazer depois dela?

– Não sei, vim aqui saber se você precisa de mim. Estou pensando em sair pro mambembe – ele respondeu.

"Sair pro mambembe" queria dizer viajar com uma companhia de teatro, ciscando Brasil afora, em busca de bilheterias incertas. Muito pouco para o Carlos Alberto.

– Não saia, não – pedi. – Você vai fazer a próxima novela. Vou transformá-lo num grande galã.

Ele topou na hora, claro. Com a dupla central definida, eu estava com o elenco concluído e podia tocar a novela. Mas houve tempo para encaixar Leila Diniz. Ela ainda não existia como atriz e muito menos como mito nacional. Era apenas uma menina começando na Globo, nos papéis subalternos das novelas. Leila era amiga íntima de Vera Viana, também atriz, uma garota escandalosamente bonita que eu tinha namorado. Acho que eu transferia a ela um pouco do carinho que eu tinha pela Vera. Quando conversamos, ela tinha acabado de se separar do Domingos de Oliveira e enfrentava um período difícil, exatamente como a Yoná. Mas eu não podia lhe oferecer muita coisa.

– Leila, vou renovar o seu contrato, só que na mesma base – propus. – Você está ganhando 300 cruzeiros, vai continuar ganhando isso.

– Maravilha! – ela respondeu, para meu espanto. – Achei que fosse ficar parada. Agora não preciso interromper a minha análise.

Deu-me uma beijoca e saiu saltitante, eufórica. Fiquei pasmo. Eram mesmo outros tempos aqueles. Imagine fazer uma escalação de novelas atualmente, quando até a mãe da estrelinha iniciante quer ganhar um cachê milionário pelo trabalho de parto que teve. Naquela época, porém, quando a novela ainda não era a indústria de hoje, a paixão ainda movia mais as pessoas do que o dinheiro. Foi só por isso, aliás, que consegui montar um bom elenco para *Eu compro esta mulher*. O dinheiro disponível mal dava para as despesas de produção, como a cenografia que improvisamos no terraço da emissora. Não tínhamos equipamento adequado para fazer externas e o roteiro da novela previa várias cenas num navio, um galeão espanhol. Então construímos o navio no terceiro andar da Globo e, quando gravávamos ali, ficávamos torcendo para que nenhum avião passasse despercebidamente no fundo da cena, o que transformaria em comédia a nossa aventura romântica.

A novela estreou em 16 de março de 1966. Nesse mesmo dia, a TV Rio também estreou uma novela de época, *Ana Karenina*, com Tônia Carrero e Milton Rodrigues, que tinha voltado de uma temporada no México. Quando chegou o Ibope da estreia, o pessoal da Rio foi para o Belmiro comemorar. Eles tinham dado 50 pontos, e nós, 15. Mas eu tinha certeza de que a alegria deles duraria pouco. *Eu compro esta mulher* era uma novela muito forte e tinha uma trilha musical revolucionária, composta pelo Erlon Chaves, com um solo de assobio na música-tema. Em poucos dias, todo o Rio de Janeiro assobiava a música. A novela foi escalando a audiência até atingir 45, 50 pontos. Um estouro. Como entrava às 21h30, deixava uma audiência de no mínimo 30 pontos para Célia Biar e Zé Roberto.

A partir daí, a Globo começou a ganhar dinheiro. O aumento da audiência permitiu o reajuste na tabela de publicidade, que era muito bem administrada pelo Zé Otávio e pelo Arce, dois grandes planejadores de vendas. Eles formaram uma dupla perfeita e impuseram disciplina ao mercado. O Zé era um vendedor de bom senso, um matemático. Se o negócio fugisse do padrão, se o cliente quisesse propor um mau acordo, daqueles que o corretor normalmente abria as pernas para faturar a sua comissão, ele negava. Já o Arce, que era um cara do varejo, escolado na Ducal, alterou a política de venda de espaços na TV e começou a aceitar comerciais de cinco segundos para atrair clientes menores. Foi assim que a Mar e Terra, uma empresinha pequena, que tinha apenas duas lojas – uma no Leblon, outra em Ipanema –, transformou-se numa das cinco maiores redes de supermercados do Rio.

Nosso maior sucesso comercial, entretanto, foi o esquema dos comerciais rotativos. Quase sempre, as emissoras faziam contratos diferenciados, de mil cruzeiros com um cliente e de 10 mil com outro, por exemplo, pelo mesmo tempo vendido. Então, os sujeitos que pagavam mais, geralmente pelos programas do horário nobre, tinham dez inserções e ganhavam outras dez de graça, para os horários de menor audiência. Com os rotativos, nós cobrávamos metade do que a Tupi e a Excelsior, mas cobrávamos todas as 20 inserções. Nosso preço era o mais baixo, mas era rigorosamente mantido, porque 15% de audiência às 14h, por exemplo, é diferente dos mesmos 15% às 21h, e pode até valer mais, dependendo do segmento de público a ser atendido. Era um bom negócio para o cliente, porque tínhamos uma audiência segura nos horários laterais. E era ainda melhor para nós, pois, somando aqui e ali, acabávamos ganhando até mais que os concorrentes. Depois, como toda a política de vendas deles era baseada no horário nobre, eles tinham uma segundagem limitada para comercializar. Nós, ao contrário, tínhamos segundos de sobra.

Assim, o que fizemos na Globo foi um trabalho científico de televisão. Armei uma programação competitiva, com o custo mais baixo possível, para garantir uma política de vendas racional e objetiva. Na administração, Joe Wallach e eu, cada vez mais afinados e já sem o Rubens Amaral, que se demitira no início do ano, cuidávamos de manter as contas equilibradas. Então o vermelho vivo do balanço da Globo começou a caminhar para o azul. É preciso lembrar, também, que estávamos em plena política de estabilização do governo, com a inflação sendo reduzida. Enquanto muitas empresas quebravam diante da recessão causada pelo ajuste, nós apertávamos o cinto, tomávamos um cuidado danado e íamos saindo do aperto. É claro que a política de ajuste do governo teve um custo social altíssimo e foi feita com a redução progressiva das liberdades públicas. Mas é inegável, também, que só com a estabilização da economia foi possível fazer o "salvamento" da Globo num prazo tão curto.

O sucesso das novelas de época marcou meu primeiro ano na Globo. *Eu compro esta mulher* terminou em setembro de 1966 e foi substituída por outro delírio da Glória Magadan em parceria comigo, este ainda mais marcante na memória dos telespectadores: O *Sheik de Agadir*. A história era ambientada no norte da África, na qual Yoná Magalhães fazia uma jovem francesa, Janette Legrand, disputada pelo xeque Omar Ben Nazir (Henrique Martins), provavelmente o único árabe loiro de olhos azuis de todos os tempos, e por um oficial do exército francês, Maurice Dummont (Amilton Fernandes). Como não era possível montar um deserto no terraço da emissora, tínhamos de gravar as cenas externas, cheias de lutas, acampamentos de beduínos e aquelas coisas todas, na Restinga da Marambaia. E, como não tínhamos caminhão de externas, alugávamos um veículo de uma empresa de mudança, púnhamos o equipamento lá e tocávamos em frente. Ainda me lembro da cara aterrorizada dos engenheiros quando viam sair aquele equipamento caríssimo, novo, a bordo de um caminhão não climatizado, para gravar na areia.

Mas tudo deu certo, o equipamento aguentou a provação e O *Sheik de Agadir* agradou ainda mais que *Eu compro esta mulher*. Com Glória Magadan, eu encontrara o caminho para a liderança em novelas. A mulher era uma máquina de transformar o absurdo em sucesso. Com a importância que ela ganhou e apesar do pouco charme, passou a ser rodeada por todos os galãs ou candidatos a galãs que queriam um papel em suas novelas. Os caras seduziam a Glória, mandavam-lhe flores, paparicavam-na. Provavelmente era um sacrifício enorme, mas havia recompensas. Amilton Fernandes estava sempre em seus elencos. Geraldo Del Rey ela me fez escalar em *A gata de Vison*. Mas eu também paparicava a Glória tanto quanto podia, tratando-a como vela de libra. No seu aniversário, no final daquele ano, dei uma grande festa no Golden Room do Copacabana Palace, uma coisa de cinema, com todo o elenco da Globo, Yoná e Carlos Alberto à frente. Tinha gente em todos os cantos, centenas de pessoas, imprensa, tietes, o diabo. E a Glória no centro de tudo, brilhando como grande estrela.

Repetimos o sucesso de 1966 em 1967. No início do ano, em março, Boni finalmente chegou para assumir a produção e a qualidade dos programas passou a ter um rigorosíssimo controlador. Mas o nosso trabalho ainda tinha um tom épico, impulsionado muito mais pelo coração do que pela fartura de recursos. E frequentemente enfrentávamos os problemas mais prosaicos. No verão, por exemplo, as chuvas castigaram de novo o Rio, não como no ano anterior, mas o bastante para provocar interrupções constantes no fornecimento de luz. E a falta de luz era imprevisível, acontecia nas horas mais disparatadas, o que acabava com qualquer cronograma de produção e também prejudicava o hábito do público de seguir as novelas.

Nós estávamos com duas novelas em produção: A *sombra de Rebecca* e A *rainha louca*, esta com Rubens de Falco e Nathália Timberg no elenco, além de cenas gravadas no México. Já não tínhamos unidade de externas e agora também não tínhamos luz. Todas as gravações eram feitas com geradores elétricos a óleo diesel, que cumpriam bem sua função, mas faziam um barulho danado. Durante o dia, tudo bem, a vizinhança não se importava. Mas nós gravávamos também durante a noite, e aí a coisa complicava. Um belo dia, um tenente do exército que morava num daqueles prédios próximos não aguentou o barulho e enlouqueceu: descarregou o tambor de uma pistola 45 em cima do gerador. Foi bala para todo lado, os caras se jogando no chão, cena de faroeste.

Com o tempo, a situação foi melhorando. A luz se normalizou, a produção entrou num ritmo fabril bem organizado e nós resolvemos o problema das externas. Isso aconteceu bem mais tarde, já em 1969, quando Roberto Marinho comprou do Pipa a TV Belo Horizonte, num dos passos iniciais para a formação da Rede Globo. A emissora tinha um caminhão que estava subutilizado, um monstrengo só um pouco melhor que o Globossauro. Como ia receber a programação do Rio, não precisavam mantê-lo em Belo Horizonte. Quando ele chegou, foi uma festa danada, mas quase terminou em tragédia.

Boni e outros malucos foram à contrarregra da Globo, fantasiaram-se (o Boni, de príncipe) e se aboletaram no teto do caminhão, desfilando pela cidade. Saíram do Jardim Botânico e foram para o Antônio, onde realizávamos um almoço de Natal, com a ideia de batizar o sáurio mecânico que garantiria nossas cenas externas. No caminho, entretanto, a televisão brasileira quase perdeu seu gênio da produção. Como os surfistas ferroviários de hoje, o Boni se distraiu e não percebeu um fio de alta-tensão atravessado numa rua. Quase degolado e eletrocutado ao mesmo tempo, foi salvo por Duarte Franco, que percebeu o perigo e o derrubou do teto do caminhão.

8.
Estúpido cupido

Para quem não tinha nada, a unidade móvel foi um avanço, mas mesmo com ela continuamos na precariedade. A expansão da produção tornara o equipamento da Globo insuficiente. Em 1967, fiz minha primeira viagem aos Estados Unidos, seguindo o roteiro clássico dos homens de TV de todo o mundo: fui à feira da National Broadcasting Association (NBA), que se realiza todo ano (na época ela se alternava entre Chicago e Las Vegas). Essa foi também minha segunda viagem ao exterior. A primeira eu tinha feito no ano anterior, para a Alemanha, a convite da Volkswagen. Fiquei mais de um mês visitando o país, as fábricas, as televisões, os jornais, com um grupo de brasileiros da área da mídia: Edmundo Monteiro, Octávio Frias de Oliveira, Bernard Campos, Alberto Saad, Oscar Bloch, Alfredo Carvalho, Nelsinho Batista, 12 pessoas no total.

Na viagem aos Estados Unidos, fomos a Chicago, o Joe, Boni e eu, com a espinhosa missão de comprar equipamentos praticamente sem dinheiro. Essa viagem, aliás, é mais uma prova de que o Time-Life pouco fez pela Globo. O contrato ainda vigorava, mas o único apoio que eles nos deram em Chicago foi a hospedagem na *hospitality suite* que eles tinham num hotel do centro da cidade, o Water Tower, único prédio da área que sobreviveu ao incêndio de Chicago em 1871. No mais, estávamos por nossa conta, para comprar o que pudéssemos, se tivéssemos condições para tanto. Nós passeávamos pelos estandes da feira e era uma frustração só. Já havia câmeras coloridas e algumas com tal sensibilidade que captavam uma cena iluminada apenas por um palito de fósforo. O Boni se desesperava com a impossibilidade de ter aqueles equipamentos.

– Eu queria ser médico, meu sonho era ser médico! O que eu estou fazendo na televisão? – ele lamentava.

Lamentava com razão. Naquela viagem, conseguimos comprar apenas um titulador Shiron, que não era nem um gerador de caracteres, e mais três câmeras usadas, que negociamos com uns caras de uma estação de San Diego. Não gastamos nem 5 mil dólares de equipamento. Mas não havia de ser nada. Já éramos líderes de programação no Rio, o dinheiro entrava cada vez mais e, depois que terminássemos os investimentos essenciais necessários à produção, teríamos folga para comprar equipamentos melhores. Mais dia, menos dia, isso aconteceria. Era só tocar o barco e esperar.

Enquanto minha vida profissional se estabilizava, com o sucesso da Globo, minha vida pessoal sofria uma tormenta. Meu casamento com a Ilka ia bem, mas eu não previa que um caminhão-tanque carregado de gasolina fosse atravessar meu caminho sem que eu tivesse tempo de frear. Esse acidente de percurso aconteceu na festa de aniversário da Glória Magadan, e quem acendeu em mim a tocha da paixão, incendiando-me inapelavelmente, foi uma das mulheres mais deslumbrantes que o Brasil já produziu: Regina Rosemburgo.

Eu praticamente não tinha visto a Regina depois do nosso primeiro encontro, em sua casa, quando estive lá para tratar da minha possível contratação pela TV Excelsior com seu marido, Wallinho Simonsen. Era uma manhã de domingo, num mês de setembro, e ela irrompeu na sala, inesperadamente, vestida com um short estampado e me olhando com aqueles olhos verdes, misteriosos e provocadores. Foi uma visão celestial, inesquecível. Mas depois não a vi mais, até um belo dia em que o Roberto me pediu para acompanhá-la numa visita à TV Globo. Ela queria saber como era aquele mundo atrás das câmeras. Fui seu guia, mas conversamos pouco, e protocolarmente.

Na festa da Glória Magadan, entretanto, ela estava diferente. Tinha se separado do Wallinho e estava ali acompanhada pelo Roberto Seabra, um milionário chegado ao mundo das artes. Àquela altura, já morava numa enorme casa na Lagoa, ia sempre à França e tinha dúzias de marmanjos apaixonados por ela. Mas não parecia muito interessada em nenhum deles.

Nós ficamos na mesma mesa e, subitamente, todos se levantaram para dançar. Yoná Magalhães e Carlos Alberto iniciavam na vida real o tórrido romance que viviam na tela, Roberto Seabra entretinha Neuza Amaral e nós dois sobrávamos ali entre os copos e os talheres, sozinhos, um em cada canto da mesa. Senti-me bem ao ficar só por alguns instantes. Era um alívio para toda a hipocrisia daquela festa, que eu mesmo organizara. As pessoas ali eram certamente indiferentes ao destino da Glória, uma mulher carente que depois de anos de trabalho numa multinacional entregava-se àquela farsa com o entusiasmo de uma debutante. Era tudo muito alegre e, ao mesmo tempo, muito triste.

Enquanto eu me entregava a esses pensamentos melancólicos, Regina se levantou e se postou bem na minha frente, em pé, apoiada numa cadeira. Fui despertado quando sua voz, em tom desafiador, cortou o burburinho.

– Vou pedir ao Roberto para despedi-lo – ela disse. – Você é muito mal-educado. Não percebe que uma linda moça está sozinha e a deixa abandonada à própria sorte. Estou sentada aqui há um tempão e você não me tirou para dançar.

Ela olhava fixamente para mim. "Linda moça" era um eufemismo, com certeza. Aquele rosto, aqueles olhos verdes eram o próprio mapa do mau caminho. Tentação demais para um pobre mortal resistir.

– Isso é um convite ou uma ordem? – perguntei.

Foram minhas últimas palavras antes de trocarmos um olhar profundo, entrarmos na pista para dançar e começarmos alguma coisa mais forte, que ninguém imaginava onde ia dar.

Nos meses seguintes, tivemos um caso cheio de peripécias rocambolescas. Regina era do tipo que gostava de viver perigosamente e fazia qualquer coisa quando queria me ver. Era comum, por exemplo, ela subornar o porteiro do meu prédio para me chamar pelo interfone em plena madrugada. Eu, tão irresponsável quanto ela, saía sorrateiramente, sem a Ilka ver. Era um risco incrível. Nós dois éramos figuras notórias, daria um escândalo e tanto se nos flagrassem juntos. Mas estávamos nos lixando para o que dissessem. Ilka não sabia da história, ou fingia não saber. E a gente ia levando a coisa assim, na base do impulso, do amor impossível, como Isadora Venturini e Ricardo Miranda, quando ainda se amavam, em *Meu bem, meu mal.*

Lá pelo início de 1968, entretanto, eu já estava cansado dessa loucura toda. Talvez fosse uma situação invejável para um sedutor latino-americano típico, mas para mim não era. Nem um pouco. Eu tinha as mulheres mais bonitas do Brasil, mas me sentia sozinho, sem ninguém, e, além do mais, pressionado pela necessidade de manter tudo em segredo. Foi batendo o desespero, meu sistema nervoso ficou abalado. Então surgiu uma viagem aos Estados Unidos, para outra feira de equipamentos da NBA, e voei para Chicago com Joe Wallach e Carlos Virzi, meu cunhado.

Estava tudo bem em Chicago, o Joe e eu trabalhando aplicadamente na escolha de equipamentos para a Globo. Mas eis que, senão quando, chega um telegrama do Brasil: "Sigo sábado para a Califórnia. Verde". A mensagem cifrada era curta, mas o problema era grande. "Verde" era como eu chamava a Regina. Para ela, eu era o "Vento". E agora, gostasse ou não, ela estava vindo ao meu encontro. O Joe e eu planejávamos levar o Carlinhos para uma visita à Califórnia, depois da feira, e era lá que ela ia me encontrar.

Poucos dias depois, nos instalamos no Beverly Wilshire, hotel de arquitetura colonial espanhola que era o preferido de muitos brasileiros que iam à Califórnia, como Júlio Mesquita e Carlos Lacerda. Carlinhos, Joe e eu chegamos numa terça e Regina deveria desembarcar no sábado. Foram dias agitados à espera dela. Na quarta-feira, lembro bem, assassinaram Martin Luther King em Memphis, o que provocou uma comoção nacional. Mas, com tragédia americana ou não, estávamos ali para nos divertir e na quinta fomos ao Coconut Grove com um produtor de filmes de sacanagem, que nos trouxe duas louras sinistras saídas de um livro de Mickey Spillane.

Enquanto eu estava à espera da Regina, minha barra começou a pesar no Brasil. Informantes me ligavam para avisar que a Ilka já sabia da minha aventura. Uma amiga tinha dado todo o serviço a ela.

– Você está bobeando, é uma cretina nacional! – disse a amiga à Ilka. – O Walter está de caso com a Regina, todo mundo sabe, menos você. Ela vai a Los Angeles atrás dele.

Com os brios feridos e disposta a recuperar o espaço perdido, Ilka também decidiu embarcar para os Estados Unidos. Quando viram a confusão que ia dar, meus amigos bolaram um plano para fazê-la cancelar a viagem. Nesse plano, o Arce deveria levá-la ao aeroporto, mas sairia bem atrasado e passaria num local do Aterro do Flamengo previamente combinado, onde seriam postos pregos para que ele furasse o pneu. Até trocá-lo, aquela coisa toda, a Ilka perderia o avião.

Com certeza, ninguém pensou na hipótese de passar um táxi e a Ilka estender o braço para pegá-lo. Seria o furo óbvio do plano genial. Mas, felizmente, não foi necessário colocá-lo em prática, porque a Ilka achou melhor esperar a minha volta e falar comigo no Brasil.

Quando a Regina chegou, vivemos uma lua de mel maravilhosa. A coisa foi tão gostosa que enfrentamos um terremoto em San Diego, terra do Joe, e nem ligamos. Passávamos o dia namorando, alheios ao mundo. Da Califórnia, fomos a Nova York e ficamos hospedados no Saint Regis, onde morava o Salvador Dalí. Um dia, a Regina saiu para dar um passeio e voltou com Dalí, já amicíssima dele. O cara era uma grande figura, absolutamente doido, e ficamos andando pela cidade com ele. Quase o acompanhamos numa viagem ao Texas, onde ele ia abrir uma exposição. Naqueles dias, lá estavam Florinda Bolkan com a Condessa Cicogna, e todos fomos ver *Hair*, que tinha acabado de estrear, por sugestão de Dalí.

Enquanto isso acontecia, o telefone não parava de tocar. Era minha irmã dizendo que eu estava fazendo uma loucura, que precisava parar com aquilo. Um pandemônio. Eu tentava acalmar as coisas, prometia que ia discutir tudo quando voltasse ao Brasil, mas não adiantava. Ilka ligava de novo, minha irmã ligava. E a Regina ficava louca da vida com as explicações que eu dava a elas, achava que eu estava vacilando. Para me pressionar, fazia cena, arrumando as malas e ameaçando mudar de quarto. Ficamos nesse caos sentimental, entre a paixão e as brigas, durante todos aqueles dias. Mas já planejávamos continuar o romance em Paris.

A essa altura, eu estava bem dividido e não sabia de fato o que queria. Por alguma razão idiota, achava que em Paris teríamos mais sossego. Mas lá era a segunda cidade da Regina, ela circulava tanto quanto no Rio. Inseguro, eu já imaginava cenas de traição, a Regina chegando com algum cara, me largando no hotel. Eu prometia matar o cara e jogar o corpo no Sena. Era tudo uma loucura, eu estava totalmente envolvido por aquela mulher. Mas havia também um trabalho reclamando a minha atenção no Brasil, uma família me esperando; eu não podia ficar indefinidamente de férias, viajando pelo mundo.

A consciência disso me bateu mais forte no dia em que eu fui à loja da Varig para desdobrar minha passagem até Paris. No caminho da rua onde eu estava, a 53, e a da Varig, a 46, tive uma súbita crise de bom senso e decidi voltar ao Brasil.

Dei meia-volta, fui para o hotel, fiz as malas e toquei para o aeroporto. Nem me despedi da Regina.

Quando cheguei ao Rio, numa Semana Santa, Ilka estava me esperando no aeroporto, com a Luciana. Ela era realmente fantástica, uma grande mulher. Se quisesse me punir, poderia fazer o diabo comigo. Nós tínhamos uma conta conjunta, por exemplo, e todo o dinheiro que eu tinha estava ali. Ela poderia me deixar quebrado simplesmente indo até o banco. Mas, quando cheguei em casa, vi o que ela havia feito com o meu dinheiro, naquele intervalo: uma reforma na decoração. Era uma das coisas de que eu mais gostava na vida, mudar sempre os ambientes, redecorar.

– Eu sei que você está confuso – ela disse. – Mas eu estou aqui à sua espera. Se você me quiser, eu continuo querendo você.

Eu quis. Toda aquela confusão, aquela instabilidade emocional permanente, tudo aquilo tinha me esgotado. Eu precisava pôr as ideias em ordem e o melhor lugar para isso era o meu lar. Eu não queria discutir essa opção com a Regina, preferia me manter longe de seu poder de sedução. Mas as circunstâncias me obrigaram a cuidar dela logo depois que voltei. É que, na pressa da saída, paguei o hotel com o cartão de crédito errado e ela ficou numa situação bem chata. Prenderam suas joias até que eu refizesse o pagamento, dois ou três dias depois.

Passou um mês e eu recebi um convite da Lufthansa para o voo inaugural de um novo avião na rota Frankfurt-Paris. Achei, então, que uma viagem seria uma boa oportunidade para ajeitar as coisas com a Ilka. Como o meu convite era individual, propus que ela fosse antes, pela Varig, e nos encontrássemos em Paris. Ela viajou numa sexta-feira e eu sairia no domingo. Mas no sábado recebi um telegrama de Paris. Era a Regina, avisando que estava lá, que tinha passado um mês de cão e estava esperando por mim. Não pude acreditar. Alguém avisou a ela que eu estava de partida para a cidade-luz. Se eu conhecia bem a Regina, aquilo significava que o meu projeto de uma nova lua de mel com a Ilka estava bastante ameaçado. A Regina no mínimo não me daria tranquilidade para curtir aqueles dias.

Quando embarquei, no domingo, eu tinha certeza de que teria pela frente grandes turbulências, não exatamente atmosféricas. Mas a coisa foi muito mais confusa do que eu poderia supor. A meu lado, no avião, sentou-se uma mulher madura, dona de uma agência de turismo. Era bonita, aliás, interessantíssima, e começou a me desviar do bom caminho logo depois que deixamos o Rio. Antes de chegarmos a Dakar, para a escala técnica, já estávamos no maior embalo, aos beijos e abraços no avião. Ok, eu estava querendo recuperar o meu casamento com a Ilka, mas não conseguia resistir a um rabo de saia como aquele. E fizemos assim a viagem até a Alemanha, num romance entusiasmado a 10 mil metros de altura.

Chegando a Frankfurt, soubemos que não poderíamos seguir direto para Paris. Era maio de 1968, a revolução estava nas ruas e a Lufthansa não quis arriscar a pele de seus convidados. Deu o voo por encerrado ali mesmo e nos hospedou num hotel a 130 quilômetros de Frankfurt, onde ficara o quartel-general de Hitler, na Segunda Guerra. Durante a curtíssima hospedagem nos antigos domínios do Führer, o romance continuou, até que decidimos seguir para a França. Fomos para Bruxelas, de avião, e de lá para Paris, sempre juntos. Sabíamos que tudo ia terminar quando chegássemos, mas enquanto a viagem prosseguia não havia razão para não aproveitarmos aquele encontro acidental tão agradável. Só que, quando estávamos perto de Paris, ela me fez uma revelação estarrecedora.

– Walter, foi ótimo te encontrar, mas precisamos manter isso no maior sigilo, porque há uma coisa que não te contei: tenho um caso com o Roberto Marinho.

Só não caí da cadeira porque estávamos no ônibus. Eu tinha arranjado um rolo com a amante do patrão! Podia ser totalmente involuntário da minha parte, como era de fato. Mas o que ele diria se soubesse? Fiquei preocupado, mas achei mais plausível que ela estivesse me gozando.

Em Paris, instalei minha amiga no Hotel Montaigne e fui me encontrar com a Ilka no Plaza Athénée, disposto a fugir de novas confusões e me dedicar totalmente a ela. Mas nem tive tempo de descansar da viagem. Na primeira vez que saímos para passear, quem encontramos na avenida George V? A Regina, claro. Ela tinha se hospedado no Prince de Galles, a um quarteirão de mim.

– Oi, você por aqui? – disse ela, cínica. E fez de conta que nada aconteceu. Tirou fotos da Ilka, conversou com ela como se fosse uma amiga de infância, piscando sorrateiramente para mim.

Paris estava em chamas, De Gaulle sumido, 500 mil pessoas no Champs--Élysées e eu na fogueira "entre dois amores". Peguei a Ilka e fugimos para Bruxelas de carro, sem deixar rastros. De lá, fomos para Roma. Só assim conseguimos alguns dias para nós dois. E, no fim de todos esses quiproquós, prometi a mim mesmo que colocaria a minha vida em ordem, que viveria pacificamente, sem sacanagens, com a Ilka. Foi o que fiz durante um bom tempo. Ao menos, não procurei a Regina, nem me deixei envolver por ela.

Cinco meses depois, ela estava para casar com Gerard Lecléry e me ligou. Nós só nos víamos esporadicamente no Antonio's, mas mantínhamos uma relação distante. Naquele domingo, porém, ela disse que precisava falar comigo e eu fui ao seu encontro.

– Quero te mostrar um negócio – ela disse quando cheguei. Seguimos em direção à Barra e pegamos a península do Joá, perto do clube Costa Brava. Hoje, o lugar é bastante habitado, mas na época era deserto. Paramos, descemos e ela apontou para um terreno.

– Este é o terreno que eu comprei, Walter. Não é linda a vista daqui? Pois nós vamos ver essa vista todos os dias. Vamos fazer a nossa casa aqui.

Eu apenas sorri.

– Vou te levar para casa, Regina. Você sabe que tudo acabou.

Ela não se conformou.

– Estou com a passagem marcada para Paris. Vou me casar com o Gerard. Mas, se você quiser, pode impedir. Se você me pedir para ficar, eu não caso com ele. Você pode ter comigo uma vida bem mais divertida do que com a Ilka.

– Não sei, não. Hoje à noite, a Ilka e eu vamos ao *drive-in*, vamos nos divertir muito – eu disse. Nada mais burguês.

Regina detestava o lado burguês do meu casamento. Não suportava uma vida doméstica sossegada. Seu mundo era o do *jet set*, da agitação social: estar hoje aqui, amanhã em Honolulu, depois de amanhã jogando tênis não sei onde. Mas, por mais que eu me divertisse nesse mundo, não era assim que eu queria viver.

Dei um abraço nela, recusei carinhosamente sua proposta e fui tentar viver bem com a Ilka.

Regina Rosemburgo não foi a única confusão que vivi em 1968. Naquele ano em que o mundo foi virado de pernas para o ar e a revolução explodiu em vários países, incluído o Brasil, eu enfrentei o drama do Festival Internacional da Canção (FIC), com tudo aquilo que ele provocou na política e na cultura. O que deveria ser apenas um festival de música promovido pela TV transformou-se num formidável ato de protesto, transmitido ao vivo para as maiores cidades do país, em desafio direto à ditadura militar. Da noite para o dia, fiquei preso entre dois fogos: o do radicalismo da ultradireita, armada com os mecanismos da censura, e o do inconformismo da esquerda, que usava como bandeira a música popular e partia para o confronto com o regime.

Até 1968, a censura não incomodava muito a TV Globo. O regime ainda não havia entrado em sua fase mais obscura e a televisão também não tinha o poder que teria mais tarde, quando começou a operar em rede nacional. No jornalismo, Armando Nogueira, que tinha substituído Reinaldo Jardim em 1967, trabalhava vigiado a distância pelos censores, mas não era irresponsável e procurava não cutucar o leão com vara curta. Nas novelas, seguindo a linha dos dramas históricos, dificilmente tínhamos problemas. Às vezes surgiam pequenos conflitos, algum general não gostava de uma coisa ou outra, mas não havia um patrulhamento sistemático ao nosso trabalho.

Mas em 1968 tudo mudou. Os militares ficaram apavorados com a onda revolucionária mundial e a linha-dura se fortaleceu no interior do regime. O primeiro problema que tivemos foi com um documentário sobre o Vietnã, que o Joe viu nos Estados Unidos e me convenceu a comprar. Era um trabalho da CBS, mas tinha uma visão liberal da guerra, uma perspectiva antimilitarista, que os fardados daqui, o general Muricy à frente, consideraram "tendenciosa". Tive um bocado de trabalho para explicar a ele que não podíamos considerar subversivo um produto realizado por uma das três maiores redes de TV americanas.

A coisa engrossou de vez no FIC. Nós havíamos criado o festival no ano anterior para aproveitar a onda levantada pelo festival da TV Record. O grande problema que tivemos em 1967, entretanto, não foi com a censura, mas com os patrocinadores. Assim como ocorrera com a TV Rio no Campeonato Mundial de Basquete de 1962, tivemos dificuldade de vender as cotas de patrocínio. O governo do estado cobria 40% do nosso custo, mas precisávamos buscar o resto com os anunciantes. A soma era bem alta: 750 mil cruzeiros, tudo que a emissora custava em um mês. Em outubro, quando ele seria realizado, a TV Globo gastaria 1,5 milhão de cruzeiros, o dobro do normal. E, talvez pelo valor elevado das cotas, os anunciantes não nos apoiavam.

Dez dias antes do festival, o Zé Otávio e o Arce decidiram ratear o custo do festival em cem cotas, a fim de viabilizar o evento. Se não pegávamos grandes anunciantes com poucas cotas, tentaríamos angariar anunciantes menores com muitas cotas. Nesse período, o Péricles Leal, produtor da TV Tupi, foi morar em Portugal e leiloou seus objetos pessoais entre os amigos. Cada um de nós comprou uma coisa para ajudar, e o Arce ficou com uma santa de madeira. Então, fizemos um mapa das cem cotas que queríamos vender, penduramos na parede e pusemos a santa em cima, para abençoar o nosso esforço. Ficou sendo a Santa Cota. Coincidência ou não, ela nos deu uma boa força.

O primeiro FIC foi um sucesso. Vendemos todas as cotas e tivemos um lucro de 100% no evento, que revelou Milton Nascimento com *Travessia* e *Morro Velho*, confirmou Chico Buarque de Holanda (com *Carolina*) e deu a vitória a *Margarida*, de Sá e Guarabira, também estreantes. O único problema foi a falta de luz no Maracanãzinho, poucas horas antes de começar a final. Mas isso nós resolvemos, às pressas, mandando para lá um gerador, através do Túnel Rebouças, que ainda estava em construção e foi liberado especialmente para o nosso caminhão passar. De minha parte, também enfrentei uma situação bastante desagradável. Fui escolhido para entregar o prêmio ao Sá e ao Guarabira, mas quando subi ao palco recebi uma vaia furiosa de 20 mil pessoas. Era o rescaldo dos problemas da Globo com o Time-Life...

O FIC de 1968, entretanto, começou num clima bem mais tenso. Na eliminatória de São Paulo, houve aquela confusão com *É proibido proibir*, de Caetano Veloso, que o público odiou. A plateia de festivais era partidarizada de acordo com as correntes estudantis ou os grupos de esquerda, todos clandestinos. Cada grupo torcia por uma música, porque ela representava uma bandeira específica ou porque as pessoas tinham afinidades com o autor, o intérprete etc. Caetano, sempre iconoclasta e avesso à militância política, entrou com uma música que era pura provocação e ainda foi cantá-la vestido com roupa de plástico, ao lado dos Mutantes. Foi vaiadíssimo pela plateia, que ficou em pé nas cadeiras do Tuca e lhe deu as costas. A preferida ali era *Caminhando*, de Geraldo Vandré, também classificada para a final.

Ninguém havia percebido o potencial explosivo daquela música. Na minha visão, *América, América*, do César Roldão Vieira, era muito mais panfletária.

Quando *Caminhando* foi executada nas eliminatórias, emocionou sua torcida e foi aplaudida normalmente, sem maiores comoções. Na semifinal, no Maracanãzinho, ela teve um impacto bem maior. Mas os militares já estavam acesos para o que poderia acontecer na final e trataram de agir antes que o problema escapasse ao seu controle. Parece que eles já previam que *Caminhando* se transformaria num hino de protesto contra o regime.

No domingo da final, à tarde, fui à Globo. O júri se reunia na sala ao lado da minha. Tinha um monte de gente lá e os paulistas estavam especialmente empolgados, pois tinham uma visão muito mais politizada do festival. Lembro que Telé Cardim, que era repórter e uma espécie de "torcedora-símbolo" dos festivais, fazia uma agitação danada no corredor. Logo que cheguei, me chamaram ao telefone, avisando que era o ajudante de ordens do general Sizeno Sarmento. Atendi e o cara foi ao ponto, sem rodeios.

– O general Sizeno manda lhe avisar que não podem ganhar o festival *Caminhando* e *América, América*.

Com uma ordem tão peremptória, não havia muito espaço de manobra, mas mesmo assim tentei argumentar.

– Como "não podem ganhar"? Eu estou aqui com 50 jornalistas. Como vou chegar para o júri, que é composto de pessoas da maior respeitabilidade, e dizer que essas músicas não podem ganhar porque o general mandou? A emenda vai sair pior que o soneto!

O cara nem se abalou.

– Isso é problema seu. As músicas não podem ganhar.

Lá estava eu com um enorme problema nas mãos. Chamei Augusto Marzagão, que era o diretor do festival, para trocar ideias.

– O que você acha que a gente pode fazer? – perguntei.

– Evidentemente, não podemos fazer nada – ele disse. – Se censurarmos, todo mundo vai ficar sabendo.

– Então não vamos fazer nada – decidi.

O louco na história é que as duas músicas tinham o certificado de censura devidamente expedido pela Polícia Federal. Os caras estavam querendo proibir algo que eles próprios haviam liberado. Mas eu ia pagar para ver. Não ficaria com a fama de censor para agradar ao general Sarmento. Se ele não gostasse, paciência.

À noite, saindo de casa para o Maracanãzinho, eu sentia o peso da minha decisão. Muito provavelmente, aquilo me renderia uma enorme dor de cabeça. No mínimo. Quando cheguei ao ginásio, ele estava abarrotado de gente. Mais de 25 mil pessoas se concentravam lá, na maior animação. Entrei em pânico. Subversão ao vivo, na TV, seria demais para os milicos. E não deu outra. Entraram primeiro Cynara e Cybele, do Quarteto em Cy, cantando *Sabiá*, de Chico e Tom Jobim. Uma apoteose. Depois, entrou Vandré, com *Caminhando* – e aí virou delírio. O ginásio parecia vir abaixo. Todo mundo cantando a plenos pulmões, com uma voz que saía do útero, dos colhões.

Na hora de computar os votos do júri, sentei ao lado da Hani Rocha, da Columbia Pictures, e do Luís Antônio, compositor, que faziam a totalização. Eu olhava para aqueles números como se eles fossem a minha sentença de morte. Quando os dois acabaram a soma, finalmente, suspirei aliviado. Tinha dado *Sabiá*. A música do Chico e do Tom era muito melhor que *Caminhando* e o júri foi suficientemente independente para não sucumbir à pressão do público e reconhecer isso. A decisão foi soberana, mas a vaia que ela rendeu deve soar no ouvido dos jurados até hoje. Um barulho e tanto!

Na saída, para culminar um dia de tensões, arranjei uma briga no estacionamento do Maracanãzinho. Eu estava exausto e a Ilka também – ela apresentava o festival com o Murilo Nery. Então, entramos no meu carro, um Fiat 124, branco, e fomos saindo logo dali. Nisso, um cidadão num Aero Willys preto nos fechou e chegou até a esbarrar no meu carro. E já saiu engrossando.

– O senhor está querendo fechar a minha passagem! – ele dizia.

– Eu não estou querendo fechar nada, meu filho – respondi. – Só estou querendo sair. Você é que me obstruiu!

No meio da discussão, chegou o Carlinhos Niemeyer, que já tomou as minhas dores e foi gritando com o cara:

– Tira essa merda daí!

Formou-se o bate-boca, mas ainda tentei apaziguar.

– Escuta, meu filho. Você é meu convidado, veio ver o festival que eu organizei. Nós estamos trabalhando o dia todo, minha mulher está aí, cansada, então me respeite e me deixe ir embora!

Para resumir a história, o cara era chofer do coronel Luiz França, amazonense da reserva que era chefe da Polícia do Rio. Estava levando a mulher e os netos do

França. O sujeito chamou um guarda e tentou fazer que ele me aplicasse um "desacato à autoridade". Não conseguiu, evidentemente. O guarda não seria besta de comprar briga com um diretor de TV por causa do mau humor de um chofer. Mas a coisa não morreu ali. Não fui preso, mas meu nome ficou devidamente marcado no caderninho do coronel Luiz França, para utilização no momento oportuno.

Algum tempo depois, em 13 de dezembro – dia da promulgação do Ato Institucional nº 5, que transformava a ditadura *light* em autoritarismo sem filtro –, eu estava voltando de São Paulo e parei no Castelinho para um chope, como sempre fazia quando tinha tempo livre. Eram seis da tarde de uma sexta-feira. De lá, liguei para minha secretária, Regina, para pegar o Ibope do dia anterior. Era uma obsessão minha saber os índices logo que saíam. No telefone, Regina estava apavorada.

– Seu Walter, o senhor não vá pra casa de jeito nenhum! Espere um segundo que o seu Edgardo vai falar!

Edgardo Manoel Erichsen era um dos dois "assessores militares" da TV Globo. O outro era o coronel Paiva Chaves. Ambos foram contratados para fazer a ponte entre a emissora e o regime. Tinham boas relações e podiam quebrar galhos quando surgissem problemas na área de segurança. Aquele era um bom momento para o Edgardo agir.

– Walter, já está tudo contornado, mas não vá para casa, porque tem uma ordem de prisão contra você. – ele disse.

– O que é isso, Edgardo? – estranhei. – Brincando comigo?

– Não é brincadeira, não. Depois eu te explico. Vou ter uma conversa agora com o general Muricy. Ele vai ajeitar as coisas, mas não vá para casa!

Era a sobra do problema no estacionamento do Maracanãzinho. Luiz França conseguiu uma ordem de prisão contra mim no Departamento de Ordem Política e Social (Dops). Só consegui me safar porque o Chucho Narvaez, cinegrafista do Amaral Netto, foi avisado por um amigo que havia essa ordem. Eu seria preso assim que voltasse de São Paulo. Chucho correu para avisar o Edgardo e, por sorte, eu liguei para a Globo do Castelinho. Se estivesse fazendo um pouco menos calor naquele dia e eu abrisse mão do chope, entraria em cana. No dia do AI-5. Não creio que gostasse da experiência...

Não fosse pela pressão da censura e os problemas em minha vida pessoal, 1968 teria sido um ano perfeito. Foi a primeira vez em que a TV Globo deu lucro, o que permitiu uma reforma no meu contrato. Passei a receber 1% do faturamento e mais 2% do lucro das emissoras Globo: Rio, São Paulo, mais a Rádio Nacional de São Paulo e a Excelsior paulista. Joe fez um contrato igual ao meu e o Boni acertou sem participação no faturamento, mas com 4% do lucro. Um ótimo negócio para todo mundo, e não só pelo dinheiro: Roberto Marinho não interferia nas nossas ações. Passava duas vezes por semana na estação, para saber como as coisas iam, e me dava liberdade absoluta para administrá-la da forma que eu achasse melhor.

Meu calcanhar de aquiles era São Paulo. No começo, eu imaginava administrar as estações com Roberto Montoro, inclusive porque, como os nossos contratos eram vinculados, um dependia do sucesso do outro. Mas não foi possível obter essa sintonia e o abismo entre a Globo do Rio e a de São Paulo só foi aumentando. Em primeiro lugar, havia o desnível técnico. Quando o velho transmissor Federal de 2 quilowatts foi substituído por um Maxwell de 10, montado pelo Jorge Edo – o engenheiro que pôs no ar a TV Tupi em 1950 –, não tivemos uma grande vantagem. A transmissão continuou medíocre porque o transmissor não conseguia irradiar mais de 5 quilowatts de som e mais de 2 de imagem. Além disso, transmitíamos do Pico do Jaraguá, o que deixava muitas regiões da cidade numa "zona de sombra", não coberta pelo sinal. E, para completar, alugávamos uma posição na torre da TV Bandeirantes, o que custava uma fortuna e nos deixava totalmente nas mãos deles.

Além disso, havia o problema da programação. Enquanto São Paulo apenas repetiu programas que fazíamos no Rio, a coisa foi relativamente bem. Tínhamos 10 ou 12 pontos de audiência média, o que era bom para uma estação que estava naquelas condições técnicas. Mas, a partir de certo momento, Montoro cismou que nossa programação era "carioca demais" e que não aumentávamos a audiência por causa disso. Começou a pôr no ar programas feitos ali, exclusivamente para o público paulista, com Francisco Petrônio, Juca Chaves e Jacinto Figueira Jr., "o homem do sapato branco". Não haveria nada de errado em fazer uma programação paulista, desde que ela funcionasse. Mas o *Baile da saudade* do Petrônio, por exemplo, que Montoro apresentava como um protótipo da sua programação paulista, mal dava 2% de audiência. E os outros programas não faziam melhor que isso. *O Homem do Sapato Branco* dava audiência, mas não se podia colocá-lo no ar sem prejuízo para nossa imagem. Produzir em São Paulo, em paralelo com o Rio, portanto, era um evidente desperdício de dinheiro.

A partir de certo ponto, então, estabeleceu-se um antagonismo entre a Globo Rio e a Globo São Paulo. Melhor dizendo, entre mim e o Montoro. Nunca tive nada contra ele, ao contrário, sempre o considerei um ótimo profissional, grande vendedor e, mais ainda, um bom amigo. Mas ele foi se acomodando. Administrava a estação burocraticamente, enquanto eu me empenhava por inteiro em modernizá-la e fazê-la crescer. Eu sabia que tínhamos de preparar as estações para operar em rede, porque cedo ou tarde isso aconteceria. Mas o Montoro caminhava no sentido oposto. Por isso, transformou-se em um problema.

Um pouco antes, em meados de 1967, decidi intervir. Mandei o Boni para São Paulo, a fim de organizar a produção paulista em moldes tão eficientes quanto os do Rio. Montoro se ressentiu do estilo "arrasa-quarteirão" do Boni. Disse que não precisava dele, que o Luís Guimarães, seu auxiliar direto, dava conta dos problemas de São Paulo, e mandou o Boni de volta. O gordo voltou furioso, ameaçando ir embora ("Ou o Luís Guimarães ou eu", dizia, transtornado, bufando). Então, entendi que tinha de jogar mais duro. Arnaldo Artilheiro, Célio Pereira e Clemente Neto já estavam trabalhando em São Paulo, na coordenação de operações, e continuaram como único elo entre São Paulo e a matriz no Rio. Um dia, o pobre do Montoro quase enlouqueceu, quando chegou ao trabalho e viu que todos os papéis que ele tinha na gaveta haviam sido atirados pela janela. Quando foi saber o que houve, o Clemente explicou, com a cara mais lavada do mundo, que a mesa estava "carregada" de maus fluidos e ele jogara tudo fora para afastar a urucubaca... Clemente andava metido nessas coisas de espiritismo e deve ter acreditado na própria versão. Mas, para o Montoro, foi demais. Pouco tempo depois, ele achou melhor sair.

Com a saída do Montoro, Zé Otávio foi para São Paulo. Como ali ficava o grosso do dinheiro da publicidade, achamos que o departamento comercial deveria ser instalado ali. De São Paulo, o Zé coordenaria as vendas em todas as praças. Na programação, mandei o Chacrinha e a Dercy Gonçalves fazerem shows específicos para o público paulista. As duas providências deram certo. Lentamente, os índices de audiência foram reagindo e, quando fizemos lá *A grande mentira*, primeira novela da Globo que acertou o gosto dos paulistas, ficamos na disputa direta do primeiro lugar. Era uma produção modesta mas eficiente que inaugurou o horário das 19h. Os protagonistas eram Cláudio Marzo e Myriam Pérsia, e o texto era de Hedy Maia, amiga de Dercy Gonçalves.

Para resolver de vez os nossos problemas em São Paulo, só precisávamos de duas coisas: melhorar a qualidade dos equipamentos e coordenar melhor os esforços de produção com o Rio. Com melhores equipamentos, chegaríamos à liderança de audiência. E, com uma coordenação melhor, racionalizaríamos as despesas. Uma e outra coisa nós conseguiríamos no ano seguinte, 1969, literalmente a ferro e fogo – graças a um incêndio que destruiu a estação.

9.
Estado de sítio

Às cinco da tarde do dia 14 de julho de 1969, um domingo, eu dormia profundamente em meu apartamento, no Rio. Era meu aniversário e eu me recuperava da festa dos 33 anos, no almoço, na qual reunira um grupo de amigos. Aquele domingo tinha começado festivo e tranquilo, mas terminaria em um clima bem diferente. Naquele horário, o telefone tocou. Era o Renato Pacote, assessor do Boni, ligando de São Paulo. Eles estavam lá.

– Walter, o Teatro Paramount, da TV Record, está pegando fogo! Começou agora há pouco, logo depois do programa *Jovem guarda* – disse.

Senti pena do Paulinho Machado de Carvalho. O Teatro Paramount era um santuário da TV Record. Por ali desfilaram Dizzy Gillespie, Édith Piaf, Louis Armstrong, todos os grandes artistas da era dos festivais. Era o palco das maiores realizações da emissora. Era, porque agora estava em chamas. Incêndio é o maior risco em uma estação de televisão. Tudo é combustível, tudo é altamente volátil. Uma pane no ar-condicionado já é suficiente para deixar as pessoas preocupadas. Um curto-circuito sempre assusta. Imagine então o próprio fogo. Quando ele começa, há muito pouco a fazer além de tentar salvar o equipamento mais caro e o acervo de fitas de videoteipe, que é irrecuperável. Mas incêndio de TV costuma ser tão rápido que mal dá para fazer uma coisa e outra.

– Olha, Pacote, entra em contato com o Paulinho e põe a nossa estrutura à disposição dele. E mais tarde me liga, para me dar mais detalhes, tá?

A solidariedade com os chamuscados é uma tradição da TV brasileira. Sempre que alguém enfrenta um incêndio, os concorrentes deixam de lado a competição e oferecem ajuda, porque o problema também pode acontecer um dia com eles e, na hora do sufoco, não há ninguém a recorrer a não ser as outras emissoras. Cumprido meu papel de auxílio ao drama do Paulinho, virei de lado na cama e continuei a dormir. Era o máximo que eu podia fazer.

Duas horas depois, por volta das sete da noite, o telefone tocou novamente e Ilka atendeu. Era o Pacote de novo, agora avisando que era a TV Globo que estava pegando fogo. Ilka começou a achar que aquilo era molecagem.

– Ah, Pacote, não enche! Vocês agora vão ficar dando trote no Walter, no aniversário dele? É um "presente" para ele, é?

– Não Ilka, isto é sério – disse o Pacote, num tom que não desmentia a afirmação. – A Globo está mesmo pegando fogo. Primeiro foi a Record. Agora, somos nós.

Era verdade. Assim que terminou o *Programa Silvio Santos* e o público deixou o auditório da rua das Palmeiras, as chamas começaram a destruir o Canal 5 de São Paulo. Incêndio grande. A dois quilômetros dali, na avenida São Luiz, o Boni jantava no apartamento de Juliano Rego e via a fumaça subindo entre os prédios. Não era só o Paulinho que estava torrando. Nós também íamos virar cinzas.

A notícia me arrancou do torpor do sono. Em poucos minutos, eu já estava em meu escritório, tomando as primeiras providências. Ao meu lado, Roberto Marinho, vestido com um casaco de couro e muito nervoso. Ele estava naquela situação miserável do sujeito que vê seu patrimônio queimar sem poder fazer nada. Não sabia como enfrentar o problema. Na confusão, recebeu o primeiro telefonema de solidariedade. Eram Octávio Frias e Carlos Caldeira, donos da *Folha de S. Paulo* e da TV Excelsior, se oferecendo para o que fosse necessário. Achei um gesto muito bonito o deles, mas logo eu descobriria que não era tanto.

Ligamos para o aeroporto para reservar lugares no primeiro voo para São Paulo. A Ponte Aérea não estava operando, mas a Líder tinha um avião para nós. O problema era o tempo: Congonhas estava fechado, sem previsão de abertura. Não dava para ir de avião naquela noite. O jeito era ir de carro. Pegamos uma Mercedes-Benz que o Joe tinha, entramos ele, o Arce, o coronel Brito, chefe da engenharia da Globo, o Celso Pereira e eu, e tocamos para São Paulo.

O Celinho – o popular Galo, que fez carreira na Globo – era o piloto. Ele guiava muito bem, desde os tempos em que era uma espécie de motorista de luxo de João Batista do Amaral, na TV Rio, um daqueles auxiliares do tipo pau pra toda obra. Com a Mercedes do Joe, o Galo desembestou pela Dutra, subindo a Serra das Araras como um piloto de Fórmula 1. Mas, no quilômetro 75, perto do Monumento Rodoviário, aconteceu exatamente como nas corridas: o motor não aguentou e a Mercedes fundiu. Ficamos os cinco idiotas, perplexos, na beira da estrada, pedindo carona para chegar a São Paulo.

Lá pela uma da manhã, um ônibus da Viação Cometa nos apanhou. Estava quase vazio e o motorista era um sujeito legal. Apressou a viagem o tanto que pôde. Pouco antes de chegarmos, dei a ele uma grana e pedi que nos deixasse na rua das Palmeiras, direto no incêndio. E assim, às seis da manhã, desembarcamos diante de um monte de ruínas calcinadas, ferros retorcidos e bombeiros fazendo o rescaldo no que havia sido o Canal 5.

Só encontramos lá o Boni, nervosíssimo, e meu pai, que nessa época já trabalhava na TV Globo, ajudando na montagem de novos equipamentos. Os dois estavam perplexos e nós idem. Nosso esforço para dinamizar a estação de São Paulo, levando-a a duras penas à liderança de audiência – uma liderança ainda precária e instável –, tinha virado fumaça. Por sorte, a Embratel já operava comercialmente o *link* de micro--ondas entre Rio e São Paulo. Apesar do preço altíssimo que ela cobrava pelo serviço, foi o que nos salvou. Entramos com a programação do Rio direto para o transmissor do Pico do Jaraguá, via Embratel, e não chegamos a sair do ar em São Paulo.

Algumas horas mais tarde, depois de uma passagem pelo Hotel Jaraguá para um descanso rápido e um banho, Arce, Luiz Eduardo Borgerth, diretor da Globo em São Paulo, e eu fomos a uma reunião com Frias e Caldeira no prédio da *Folha*, na alameda Barão de Limeira. Eles haviam oferecido apoio e, numa situação daquelas, eu não ia recusar. Minha ideia era conseguir deles o aluguel do teatro da Excelsior, que ficava na rua Nestor Pestana. Eu fazia Silvio Santos, Chacrinha e Dercy Gonçalves ao vivo, com auditório, e não poderia simplesmente colocar esses programas em estúdios ou transferi-los para o Rio. Era arriscado demais, porque eles começavam a dar audiência justamente porque eram feitos em São Paulo, tinham um jeito paulista. Eu precisava do teatro da Excelsior por alguns dias da semana para continuar a produzi-los.

Mas no encontro ficou claro que a jogada do Caldeira era outra. A única "ajuda" que ele de fato nos ofereceu foi a de fazermos uma tabela de publicidade conjunta da Globo e da Excelsior, o que só era bom negócio para ele. Àquela altura, a Excelsior já andava mal das pernas. Tinha perdido o elenco para a Globo, a Record e a Tupi, e andava penando com o Ibope. A Globo, ao contrário, estava se estabilizando na liderança em São Paulo. Depois de A *grande mentira*, estreamos A *cabana do Pai Tomás*, com Sérgio Cardoso, no grande estúdio de 750 metros quadrados que o Victor Costa construíra para fazer filmes e nós havíamos reformado. A audiência respondeu entusiasmada. Somando isso ao sucesso dos shows de auditório, tínhamos a liderança, embora ainda assediados de perto pelos concorrentes. Com a tabela de publicidade conjunta, eles pegariam carona no nosso sucesso. Os anunciantes comprariam espaços nas duas emissoras. A suposta vantagem da Globo no negócio seria a ajuda dos rapazes do departamento comercial da Excelsior, no esforço de venda da publicidade.

Naquele encontro, lembrei-me de uma frase que Hitler proferiu logo após uma reunião com o Franco: "Eu arrancarei os meus dentes todos, no mesmo dia, mas não voltarei a falar com esse cara". Era algo assim. Fiquei com essa frase na cabeça e ela sempre me veio nas negociações nas quais os parceiros tentavam tirar proveito apenas para si próprios. Era o caso ali, e eu aplicaria essa frase tranquilamente em relação ao Caldeira. Você vai lá todo fodido receber a ajuda que o cara ofereceu, apenas para ter um tempo para respirar, porque logo você vai se aprumar. Mas tudo que ele quer é tirar partido da sua fraqueza. Foi assim aquela conversa.

À tarde, Boni, Borgerth e eu fomos tentar a sorte na TV Bandeirantes. Eles estavam havia menos de dois anos nos estúdios do Morumbi e tinham espaço de sobra. Um dos estúdios deve ser até hoje o maior de São Paulo, dava de sobra para montarmos ali o auditório de que precisávamos. O Boni era amicíssimo do João Saad, era quase da família. E o João também ofereceu solidariedade.

Na Bandeirantes, a história foi outra. O diretor artístico era o Rui Viotti, que nos recebeu muito bem e garantiu que não teria nenhum problema operacional em nos ceder temporariamente o estúdio. O João, igualmente gentil, aprovou na hora. Ele sempre conviveu muito bem com os concorrentes, talvez porque seu projeto original fosse o de fazer uma TV alternativa e não uma estação para liderar o Ibope. Por essa razão, aliás, acho que aqueles que o induziram a transformar a Bandeirantes em rede lhe fizeram mal e não bem. Mas esse é outro assunto. Naquela tarde, o único empecilho foi o Admon Ganem, que era diretor da emissora e mais tarde seria o superintendente da Volkswagen. Ele me pregou um discurso sobre a necessidade de segurança em estações de televisão como se eu fosse um babaca, um irresponsável. Humildemente, ouvi sua aula sobre prevenção de incêndios.

O papo dele me pegou. Saí de lá deprimido, julgando-me um imbecil, um imprevidente que havia permitido que o fogo consumisse a minha emissora. Mais tarde, no hotel, reclamei do Joe, porque até ele, americano, superorganizado, negligenciara a segurança da emissora. Mas o ritual de autopunição foi despropositado, além de ridículo. Na manhã seguinte, eu perceberia que a Bandeirantes também não estava tão organizada em matéria de segurança. Acordei com a notícia de que também ela estava pegando fogo. Imediatamente, pensei em como são patéticos todos os infalíveis caga-regras que gostam de subestimar os profissionais de televisão...

Claro que essa incineração coletiva das emissoras de televisão não era obra de um Nero enlouquecido da Pauliceia. Era terrorismo mesmo. Um dos grupos clandestinos de esquerda estava querendo nos transformar em churrasquinho, provavelmente para que deixássemos de alienar as massas revolucionárias. Se elas parassem de ver telenovelas, talvez tivessem tempo para derrubar a ditadura e instaurar o socialismo no Brasil. No caso da TV Globo, não tínhamos a menor dúvida de que fora um terrorista que ateara o fogo. O sujeito colocou um frasco com napalm atrás de um cenário do auditório. Quando a temperatura atingiu certo ponto, com as luzes, o frasco explodiu; em cinco minutos, estava tudo queimando.

Nós sabíamos disso, o Paulinho Carvalho também, o João Saad idem, e, da mesma forma, a polícia. Só que ninguém podia fazer nada. Nós das emissoras porque tínhamos contratos de seguro que não previam sabotagem, não tinham cláusulas garantindo a cobertura do sinistro nesse caso. E a polícia porque era tempo de censura, não podia ser divulgado que a guerrilha urbana tinha incinerado três televisões em menos de 48 horas. Aliás, com grande precisão – o fogo começando em duas delas logo após os programas de auditório. Era uma demonstração de força da esquerda que o regime não poderia tolerar. Com isso, ficou todo mundo de bico calado, sustentando a versão absolutamente fantasiosa de que os incêndios, apesar da coincidência, eram acidentais. Ninguém acreditou, obviamente, mas ficou elas por elas, porque não se podia divulgar o contrário.

Depois do incêndio da Bandeirantes, a coisa virou filme de guerra. O Boni mandou distribuir revólveres para todo mundo na Globo e cada um andava com o seu pendurado na cintura. Foi essa cena que o prefeito Faria Lima viu quando foi nos visitar, levando sua solidariedade. Ele se dispôs a nos ajudar, mas precisávamos de segurança, e isso não estava ao alcance dele. Montamos uma equipe armada até os dentes para proteger o transmissor, no Pico do Jaraguá, e, na noite daquela mesma terça-feira, fomos a uma reunião na casa do governador, o Abreu Sodré, pedir a ele proteção da polícia.

Estava todo mundo na reunião. Os Machado de Carvalho, abaladíssimos. Dr. Paulo, já no terceiro incêndio de sua vida, parecia completamente atarantado. Paulinho me olhava com os olhos esbugalhados. João Saad também parecia tonto, e nós não estávamos muito melhor. Eu apelava pateticamente ao Sodré que reforçasse a segurança:

– Pelo amor de Deus, governador, põe polícia nos transmissores! É evidente que foi terrorismo, não podemos assumir, mas foi. Se os caras queimarem os estúdios, vamos ter prejuízo, mas não vamos sair do ar. Mas se eles forem aos transmissores, não precisam nem usar napalm. Um curto-circuito já queima tudo e nos deixa fora do ar por dois meses. Todo mundo quebra!

Enquanto eu argumentava nesse ponto, que era seguramente o essencial no contato com o Sodré, Edmundo Monteiro, da Tupi, ia por outro lado. O objetivo dele, com apoio do Caldeira, era conseguir uma moratória das dívidas que as emissoras tinham com o Estado. O cara nem tinha queimado ainda e já estava querendo enrolar o governo! Para ver a mentalidade do empresário de televisão. A reunião ficou polarizada entre mim e o Edmundo, e foi um sufoco convencê-lo de que a segurança era o aspecto prioritário do nosso problema. Mas nem sei se o meu discurso funcionou. Acho que o Sodré reforçou o policiamento nos transmissores da avenida Paulista e do Jaraguá, a coisa durou alguns dias e depois parou. Quanto à moratória, se alguém conseguiu não foi a Globo.

Entregues à nossa sorte, montamos um esquema improvisado que acabou funcionando. O Boni fechou um pátio de estacionamento em frente à Globo, no prédio da Rádio Nacional, e improvisou um auditório, com o qual operamos por mais ou menos um mês, até alugarmos o Cine Miami, que ficava na praça Marechal Deodoro. Era um cinema nobre, novo, com poltronas estofadas e uma boa área nos fundos, onde dava para instalar a produção. O prédio vizinho era um cortiço, uma espelunca cheia de labirintos – como a TV Tupi do Rio, que conseguimos também alugar, levando para lá o jornalismo e a administração. O Comercial nós instalamos num andar que o José de Alcântara Machado nos cedeu no prédio de sua agência, na avenida Paulista.

Recomeçar uma estação do zero, em instalações improvisadas, poderia desanimar qualquer homem de TV. Mas, para nós, isso foi simplesmente o melhor que podia acontecer. Com o incêndio, nos livramos de uma só vez de toda a velharia técnica que atrapalhava a nossa produção. E, com o dinheiro do seguro – uma bolada de quase 7 milhões de dólares –, pudemos comprar tudo de que precisávamos, do jeito que queríamos, novo em folha. Mais ainda: com a incapacidade temporária de São Paulo fazer a própria programação, centralizamos a produção no Rio sem traumas e sem a resistência que certamente enfrentaríamos se não houvesse o álibi do incêndio.

Por tudo isso, tínhamos muito que celebrar. Tanto que, num daqueles dias, o pessoal da Globo São Paulo me ofereceu um almoço de aniversário que acabou virando uma comemoração muito maior. Os caras que entravam e viam aquela zona, todos nós eufóricos, rindo, brindando, achavam que o pessoal da TV Globo era maluco. Tinham perdido a estação num incêndio e comemoravam! É que eles não sabiam o que o seguro ia fazer por nós. Começava ali, sobre as cinzas do antigo prédio das Organizações Victor Costa, a poderosa Rede Globo de Televisão. Numa das maiores ironias da história recente do Brasil, os jovens idealistas da esquerda, de armas em punho, deram o empurrão que faltava à Globo para que ela se transformasse na força que é. Muito mais que os militares, em qualquer tempo, ou que o Time-Life, no começo, foram os revolucionários de 1969 que deram a Roberto Marinho o poder que ele tem...

A operação em rede das emissoras Globo começou em 1968, quando surgiram no mercado americano as primeiras micro-ondas heterônimas, de polarização circular. Era um equipamento muito mais avançado que o anterior, com sintonia automática entre transmissor e receptor; não exigia ajustes complicados e funcionava inclusive com baterias solares. Assim que as heterônimas apareceram, as companhias telefônicas americanas fizeram uma reformulação total de equipamentos e passaram a vender suas micro-ondas antigas a um preço convidativo para nós, pobres mambembes do Terceiro Mundo: 1.700, 1.800 dólares. Aluno formado na escola do Pipa Amaral, eu sabia como comprar velharias em bom estado e comecei a investir nisso.

Mas o Pipa não transferiu à Globo apenas a tecnologia da sovinice. Quando compramos dele a TV Belo Horizonte, vieram junto os postos de micro-ondas da Sociedade de Rádio Comunicações, que interligavam Rio, São Paulo e Belo Horizonte. Com as micro-ondas de segunda mão compradas dos americanos, fomos substituindo os velhíssimos equipamentos instalados nesses postos. A transmissão entre as três cidades, obviamente, tornou-se mais confiável, embora ainda distante do ideal.

Depois, começamos a expandir a rede pelo interior de São Paulo. Roberto Marinho tinha um canal em Bauru, que ele comprara do Victor Costa junto com a TV Paulista. Instalamos esse canal, fizemos a ligação com São Paulo por micro-ondas e conseguimos do Ministério das Comunicações a permissão para transmitir intervalos comerciais exclusivos para o interior de Bauru. Isso era uma obsessão minha, explorar o mercado do interior de São Paulo, rico e poderoso. Quando chegava o intervalo comercial, um projetor de filmes (telecine) e depois um videoteipe entravam em ação, em paralelo com as máquinas de São Paulo, jogando os comerciais exclusivamente para o *link* do interior. Foi o início do chamado "SP-2", o mercado paulista fora da Grande São Paulo. Quase sem custo operacional, pusemos uma estação para funcionar no terceiro mercado de consumo do país.

Mas tudo isso era apenas um ensaio geral de operação em rede, porque as nossas micro-ondas quase sempre apresentavam problemas e havia queda do sinal. Em comparação com o equipamento da Embratel, que inaugurou sua primeira linha de micro-ondas na rota Rio São Paulo, nós estávamos muito atrasados. O problema é que o aluguel desse serviço da Embratel custava cinco vezes mais caro do que a transmissão pelo nosso sistema. Assim, íamos tocando a bola com calma, sem a pretensão de montar a rede da noite para o dia, mesmo porque custava uma nota dar manutenção a todas aquelas micro-ondas de segunda mão, espalhadas por três estados.

O incêndio, entretanto, mudou tudo. Com a necessidade de manter São Paulo operando, não podíamos confiar no nosso *link* e fizemos um contrato com a Embratel, pagando a peso de ouro. É engraçado que muitas pessoas imaginem, até hoje, que a Globo teve grandes facilidades com a Embratel, tendo essa estatal se configurado num dos instrumentos que o regime militar utilizou para ajudar a emissora. Posso garantir que isso jamais aconteceu. A Embratel montou sua rede de micro-ondas porque precisava fazer o sistema de telefonia do país. Jamais encarou a televisão como consumidora de seus serviços, jamais se preocupou em ter uma política de preços para ela. E olha que não era por desconhecimento. Hervê, Marsillac, Lourenço, todo aquele pessoal do tempo do Pipa, meus velhos conhecidos, eram os caras que estavam agora no Ministério, na Embratel, no Dentel.

A estatal, portanto, não tinha como política estimular a televisão. Aliás, ela operava com dupla personalidade. Na hora de negociar o preço de seus serviços, agia como empresa privada, mas no momento de fazer concessões aos usuários, dar descontos, condições especiais, vantagens, agia como empresa estatal. Só tivemos um pouco de moleza da Embratel nas tarifas, quando nos propusemos a desmobilizar os nossos *links* para usar exclusivamente os deles. Em troca da hegemonia completa na distribuição do sinal de TV, eles nos concederam a graça de preços melhores.

Mas isso foi mais tarde. Em julho de 1969, começamos a utilizar a Embratel pagando a fortuna que ela cobrava, sem regatear. Era preciso, não tínhamos alternativa segura. Obviamente, parte da indenização do seguro foi aplicada nisso, mas não poderíamos operar contando sempre com esse dinheiro. Para pagar os custos da operação em rede, precisávamos fazer mais dinheiro, aumentando a tabela de publicidade. Para tanto, não se tratava de aumentar a audiência, porque já éramos líderes em São Paulo e no Rio – sempre considerando, evidentemente, a média dos índices obtidos entre 18h e meia-noite. A saída era ampliar a própria rede. Assim, a operação em rede criou uma lógica própria, um moto-contínuo. Operar em rede implicava expandir a rede.

Foi o que começamos a fazer a partir dali, ininterruptamente. Parte razoável do dinheiro do seguro foi investida no SP-2. Meu pai, ao lado de outros técnicos da Globo – Ernesto Amazonas, Nelson Bonfante e Juan Fominaya –, foram os responsáveis pela expansão da emissora no interior de São Paulo. Eles visitavam os prefeitos, fechavam acordos para a instalação das repetidoras e iam montando micro-ondas. Enquanto isso, nós trabalhávamos também na direção do sul do país, seguindo o rumo do Tronco Sul da Embratel, o único que operava naquela época.

Já em 1968 tentamos entrar no Rio Grande do Sul. Fizemos uma proposta aos padres barbadinhos que controlavam o Canal 10, numa negociação, aliás, gozadíssima. O Borgerth e eu conversávamos com os padres no claustro da igreja, numa linguagem que certamente nos garantiu um lugar no inferno. "Porra, padre, assim não dá!", afirmava o Borgerth, sempre muito eloquente. "Vocês querem foder a gente!", dizia eu. Uma esculhambação danada com os soldados de Deus, mas nós nem percebemos, de tão entusiasmados com o negócio. De qualquer forma, só fomos entrar mesmo no Rio Grande em 1969, quando fechamos um acordo com o Maurício Sirotsky, dono da TV Gaúcha. Depois arrumamos parceiros em Santa Catarina e no Paraná: Konder Bornhausen e Paulo Pimentel, respectivamente.

Esse esforço de expansão rápida da rede explica o surgimento do *Jornal Nacional*, em 1º de setembro de 1969, o primeiro programa em rede nacional da televisão brasileira. Nós precisávamos de uma atração diária, que entrasse ao vivo em vários estados, para estimular outras emissoras a se afiliar à Rede Globo. Com mais emissoras, podíamos oferecer aos nossos clientes a audiência de outras praças, cobrando mais caro por isso. E, obviamente, não havia nenhum programa de TV diário melhor para fazer essa integração que um telejornal.

O curioso nessa história é que o Armando Nogueira, que hoje aparece como criador do *Jornal Nacional*, foi quem mais resistiu a ele. O *JN* não teve propriamente um autor. Nasceu de muitas discussões entre toda a equipe, eu, Boni, Armando, Arce, Joe, Zé Otávio. Todos sabíamos que, algum dia, operaríamos em rede, e que quando esse momento chegasse teríamos um jornal de cobertura nacional. Mas, na hora de implantá-lo para valer, o Armando refugou.

– Acho loucura – dizia ele. – As praças não têm o mesmo padrão técnico que nós temos, o equipamento é ruim, as equipes são fracas. As matérias não serão boas, isso vai desmoralizar o jornal.

Meu argumento era bem diferente do dele.

– Nós vamos criar um grande impacto, Armando. Vai ser o primeiro jornal nacional do país, um estouro. Os problemas técnicos você resolve com o tempo! Os caras mandam a matéria antes, você edita do jeito que quiser e depois exibe. Mas vamos pôr esse negócio para funcionar!

O Armando continuou resistindo, mas acabou vencido pelo fator comercial. Com sua ênfase peculiar, o Arce mostrava que só tínhamos a opção de fazer o jornal e garantia que ele daria dinheiro. E assim fomos a ele, na raça. Durante um ano, a Globo bancou sozinha o custo da Embratel para seduzir as emissoras a entrar. Quando íamos vender o programa a alguma candidata a afiliada, ele já estava pago, e esse era um argumento que convencia. Depois, houve o próprio sucesso. O *Jornal Nacional* foi um líder de audiência instantâneo, entrou no ar e emplacou. Todo mundo queria ver, ele tornou obsoletos os jornais meramente locais.

Eu saboreei o sucesso do *JN* como uma vitória pessoal. Quando cheguei à Globo, no final de 1965, Roberto Marinho negociava com Roberto Furtado, presidente da Esso, a transferência do *Repórter Esso* da Tupi para a Globo. Eles eram amigos e o Roberto tinha o sonho de transmitir o *Repórter Esso*, que era o telejornal mais prestigiado da época. Ele até chegou a entrar no Canal 5, em São Paulo, com o Kalil Filho, e estava prestes a entrar na Globo do Rio.

Mas eu fui contra. Naquela altura da televisão brasileira, o *Repórter Esso* já estava ultrapassado. As filmadoras portáteis se desenvolviam rapidamente, mas ele não admitia repórteres no ar. Todas as notícias eram dadas apenas na voz do apresentador: Kalil em São Paulo, Gontijo Teodoro no Rio. Era um atraso. Por isso, insisti com o Roberto que deveríamos ter jornal próprio e garanti que ele ainda seria mais importante do que o *Repórter Esso*. Os nossos humildes jornais, que começaram com a Glória Maria como repórter no Rio e a Marília Gabriela em São Paulo, acabaram virando o prestigiadíssimo *Jornal Nacional*, alavanca na formação da Rede Globo.

Outro aspecto importante na consolidação da rede foi a centralização da produção no Rio. Assim que baixaram as chamas do incêndio, o Boni montou lá um esquema para acomodar também a produção de A *cabana do Pai Tomás*. Cenografia e figurino foram refeitos e o elenco, transferido para gravar nos estúdios do Jardim Botânico. Passamos, então, a produzir três novelas, num espaço que já era apertado para duas. Com o tempo, alugamos o estúdio da Herbert Richers, depois o da Cinédia, e as coisas foram se ajeitando. A necessidade de refazer os estúdios de São Paulo foi ficando secundária porque o Cine Miami atendia perfeitamente às necessidades do único show que precisávamos fazer lá de qualquer jeito, o *Programa Silvio Santos*.

Naquele tempo, o Silvio já operava como grande produtor independente. Fazia seu programa conosco aos domingos e outro na Tupi, às quintas. Mas eu tinha grandes divergências com ele e as nossas negociações eram muito difíceis. É que o Silvio comercializava seu programa com uma política de vendas da qual eu discordava completamente e, muito tempo depois, ainda lhe dava problemas no SBT. Ele sempre vendia o programa mais barato do que a tabela da Globo. O horário não lhe custava quase nada, era apenas um item nas despesas do Baú da Felicidade. Ele também não se importava com a qualificação dos anunciantes, o que tinha um efeito péssimo sobre os clientes potenciais.

O Silvio pagava um preço fechado pelo horário, só os seus clientes anunciavam ali. Não dava espaço, dentro do programa, aos clientes da emissora. Tinha muita audiência, é certo, mas fazia um mau negócio, porque essa audiência não se transformava em dinheiro. Não, ao menos, no volume ideal. De qualquer forma, eu estava organizando uma rede nacional e precisava ter comigo as grandes personalidades da TV. Por pior que fosse o contrato com o Silvio, e mesmo sabendo que qualquer profissional de mídia competente saberia isolar sua audiência do restante da programação, naquele momento eu não podia abrir mão dele.

No período do incêndio, nós estávamos em plena negociação de um novo contrato. O Silvio é um demônio para negociar. Quando chegávamos a um acordo e íamos para a máquina de escrever bater o contrato, ele aumentava o preço. Negociávamos tudo outra vez, nos acertávamos e ele aumentava de novo. Tudo porque eu havia proposto que ele me vendesse o programa para colocá-lo também no Rio. Até então, ele entrava só em São Paulo, mas, por falta de produto, eu o queria em rede nacional, começando pelo Rio. E o Silvio achava que isso valia uma fortuna incalculável, tão grande quanto o próprio ego dele.

A negociação começou ainda na rua das Palmeiras e continuou depois do incêndio, no prédio da avenida Paulista. Silvio me deu trabalho. A situação da emissora, as dificuldades, nada disso ele levava em conta. Apenas o seu lado. E, apesar disso, o pessoal da TV Globo tinha um medo incrível de perdê-lo. No dia 20 de julho de 1969, quando a Apolo 11 desceu na Lua, a Globo foi a última emissora a entrar em cadeia, com as imagens geradas pelos americanos. É que o Silvio Santos estava no ar e o Luiz Guimarães, diretor artístico da emissora em São Paulo, teve escrúpulos de cortá-lo. Tinha medo de que ele se aborrecesse. Dessa vez, até o Roberto Marinho ficou indignado. Por conta do Guimarães, levei talvez a minha única e justificada bronca do patrão.

Mas consegui, enfim, fechar o contrato com o Silvio. Outra vez, nessa negociação, lembrei-me da história do Hitler e dos dentes do Franco. Mas as coisas começaram a se estabilizar. O público paulista compreendeu o problema da Globo, permaneceu fiel à emissora e a produção foi se ajeitando no Rio sem maiores reações dos paulistas. A produção das novelas andava e o Boni teve um pouco mais de tranquilidade para cuidar do acabamento de todos os programas, das vinhetas aos shows. A rede também foi se expandindo. No final de 1969, poucos meses depois do incêndio, a Globo estava totalmente recuperada e já em plena expansão. E, para completar o quadro favorável, houve mais um acontecimento decisivo: a saída do Time-Life.

Quando montamos a estratégia da rede e os planos de recuperação de São Paulo, fui aos Estados Unidos, junto com o Borgerth, relatar os progressos que vínhamos alcançando a Andrew Heiskell, presidente do conselho do grupo Time-Life. Andrew era um ótimo sujeito, um ex-fotógrafo que tinha assumido o lugar de Clare Booth Luce, viúva de Henry Luce, histórico diretor da *Time*, e estava investindo muito na modernização do grupo. Era um tipo que pegava o John Kenneth Galbraith, o Henry Kissinger, mais 20 personalidades e levava todo mundo para a Índia a fim de realizar um seminário sobre o futuro do mundo. Tinha grandes ideias, mas o Brasil não estava mais nos seus planos.

– Olha, Walter, eu tenho o maior respeito pelos profissionais da Globo – disse o Heiskell. – Acho formidável o trabalho que vocês fizeram, foi mesmo maravilhoso. Mas eu não quero mais saber do Brasil. O Time quis fazer um investimento, aprovado pelo governo brasileiro, e deu naquela confusão toda. O Carlos Lacerda me recomendou fazer o negócio com o Roberto Marinho e depois criou aquela Comissão de Inquérito, como se fôssemos criminosos. Eu não quero mais nada com isso.

Eu compreendia que ele se sentisse daquela forma: a campanha contra o Time-Life tinha sido mesmo muito chata. Se eu, que não tinha nada que ver com o assunto, pagava por ele, imagine quem estava diretamente ligado. Mas eu não imaginava que a minha visita fosse desencadear o processo de venda da parte do Time-Life na Globo. Quando eu menos esperava, foi isso que Heiskell propôs.

– Nós queremos sair do negócio, Walter. Por que você não compra a nossa parte? São seis milhões e trezentos mil dólares. Eu lhe dou a primeira opção. Por que você não se associa aos outros do seu grupo e não aceita essa minha proposta?

Fiquei atônito com a ideia. Pensei muito, mas depois achei que não valeria a pena assumir uma dívida tão grande. Eu estava bem na Globo, tinha certeza de que ia ganhar muito dinheiro, mas não achava necessário ser dono da emissora. E desisti. Logo depois, Roberto Marinho conseguiu um financiamento a perder de vista com o Banco do Estado da Guanabara e comprou os 49% do Time-Life. Foi-se a minha chance de ser dono da máquina de dinheiro e poder que eu mesmo estava criando. Idiotice inconcebível? Talvez. Muito provavelmente. Quase certo.

Seja como for, não me arrependi da decisão. Não, ao menos, nos primeiros tempos. Eu não era dono da Globo, mas meu poder não parava de crescer. A emissora aproximava-se da década de 1970 como um trem-bala, andando a toda velocidade e acumulando um prestígio cada vez maior. Era o sucesso da operação em rede. Enquanto as outras emissoras lutavam para resolver seus problemas de organização e sua relação complicada com as parceiras de outros estados, a Globo exibia uma imagem de integração, de coordenação, de modernidade. Era a única TV efetivamente nacional que se apresentava uniformemente para as diversas regiões do país. E era daí que vinha o seu poder.

Um dos reflexos dessa força que a Globo passou a ter se deu na Abert. Até aquela época, a Globo sempre fora secundária na organização, que era historicamente dominada pelas Emissoras Associadas. Para esse papel subalterno, contribuía o fato de sua liderança de audiência ser recente e, sobretudo, o alheamento de Roberto Marinho, o único dos grandes concessionários de rádio e TV do país que não participava diretamente da entidade. Sempre fui eu o seu representante.

No final de 1969, tive a minha primeira vitória na Abert. Foi no processo de negociação das transmissões da Copa do Mundo de 1970, no México. Quem tinha os direitos era a Televisa, a grande rede mexicana, de Emilio Azcárraga. O pessoal dele veio ao Brasil, encontrou-se com Edmundo Monteiro, Frias e Alberto Saad, e fechou um contrato interessantíssimo – para eles –, com a intermediação de um cubano de cujo nome não me lembro, mas era ligado a Luiz Fernando Levy, da *Gazeta Mercantil*, e a Nelson Biondi. Nós cedíamos o espaço para a transmissão dos jogos a eles integralmente, que exibiam a Copa com seus anunciantes, sem nenhuma "janela" para os nossos. Em contrapartida, eles pagavam os custos de satélite e nos davam um troço chamado *Los mejores momentos de la Copa*, programa que resumia os jogos e no qual poderíamos colocar a nossa publicidade.

A proposta, em resumo, era de que pagássemos a transmissão da Copa com o nosso tempo, sem lucro nenhum. E o Edmundo, liderando um grupo de diretores da Abert, tinha topado, à socapa da Globo. Aí fizemos uma confusão danada, não aceitamos de jeito nenhum. Num golpe de mão, passei a liderar a Abert, convencendo os associados de que eles estavam embarcando num negócio extremamente lesivo para a televisão brasileira. O próprio Herbert Levy, pai do Luiz Fernando, ainda procurou o Roberto Marinho, tentando me esvaziar, mas o Roberto me deu força e consegui firmar a posição de que a Abert iria ao México renegociar o contrato.

A comitiva que embarcou para lá era composta por Almeida Castro, das Associadas, homem do Calmon e um craque em relações internacionais; Paulo César Ferreira, que era diretor da Rádio Nacional, do governo; Flávio Alcaraz Gomes, da Rádio Guaíba, e eu. Quando soube que nós íamos, o Azcárraga ficou furioso e, para sacanear, marcou a reunião com a gente para as sete da manhã. Ele sabia que faríamos uma longa viagem, 18 horas dentro do avião, e queria nos ver mortos de cansaço para quebrar mais facilmente a nossa resistência.

Quase conseguiu. Almeida Castro, usando como pretexto a falta do cartão de embarque para o México, fugiu da raia e ficou no Panamá. Ele estava mesmo numa situação incômoda, escalado para participar formalmente de um grupo que trabalharia contra os interesses de sua empresa. Mas Paulo César, Flávio e eu, mesmo arrebentados e curtindo uma ressaca infernal, fomos à luta assim que chegamos à Cidade do México.

Na reunião, o Azcárraga endureceu. Disse que o contrato já estava fechado, que exigiria o seu cumprimento nos termos da lei. Se o Brasil quisesse ver a Copa do Mundo, era naqueles termos, ou nada feito. Foi então que o Paulo César, que não por acaso tinha o apelido de Tarzan, deu uma enorme porrada na mesa e blefou, com uma cara de pau que até hoje me admira:

– Pois bem, senhor Azcárraga. O senhor é o homem mais poderoso da América Latina, faça então o que quiser. Não transmita a Copa para o Brasil, mas também fique certo de que não vai ter a Seleção Brasileira no campo. O senhor acha que o governo brasileiro vai permitir que a nossa seleção jogue, depois de uma ofensa dessas do México? Jamais. E eu quero ver como vai ficar essa merda da sua Copa sem o Brasil.

O Paulo César blefou com tanta convicção, argumentando que estava ali como representante das emissoras de rádio e TV do governo brasileiro, que o Azcárraga se intimidou. Achou mesmo que aquele doido falava oficialmente pelo governo e considerou o desastre que seria para a Copa a ausência do Brasil, o melhor time das eliminatórias, o segundo time na preferência dos mexicanos. Copa sem Pelé? Sem Tostão? Sem Gérson? Quem explicaria aos torcedores do mundo todo? Ele pensou bem e aceitou a revisão do contrato.

Mas ainda deu um jeito de se vingar de nós. Na hora de embarcarmos de volta, não conseguimos reserva em nenhuma companhia. Era pressão do Azcárraga sobre elas. Ficamos mais uns dias no México, até que ele aplacasse a sua fúria. Quase passamos o Natal lá e acabamos voltando por Mérida e Miami. Mas, em junho de 1970, finalmente, a gloriosa Seleção Canarinho entrou em Guadalajara, assistida por milhões de brasileiros, para dar o maior show de futebol a que o mundo assistira. Ela ganhou no campo; nós, no berro – mais precisamente, no berro do Tarzã.

Na Copa do Mundo de 1970, um belo dia o Boni me ligou pelo interfone da Globo.

– Está aqui uma menina que é filha de um amigo do Roberto. Ele pediu para você fazer um teste com ela.

Sempre achei muito chatas essas indicações de parentes de amigos dos patrões. Em geral, eram rapazes simpáticos e mocinhas bonitinhas sem o menor talento, usufruindo da influência do papai. Eu não tinha, portanto, boa vontade para enfrentar essas entrevistas e já me preparei para receber outra chata.

Quem me apareceu, entretanto, foi Maria do Rosário, filha do Luís Gonzaga do Nascimento e Silva com a Wilma, meus conhecidos. Ele fora advogado da Globo no caso Time-Life e era então Ministro da Previdência e Assistência Social. A Rosário não fazia exatamente o tipo de dondoca que eu esperava. Era linda, sem dúvida, mas muito inteligente e com feroz senso crítico. Vinha de um pequeno papel em *Macunaíma*, do Joaquim Pedro de Andrade, e era adversária política do regime ao qual seu pai servia. Podia ser apenas uma porra-louca, pensei, mas era muito interessante. Disso não havia dúvida.

Acho que a empatia foi imediata. Pedi que ela voltasse a falar comigo depois da Copa, porque aqueles dias estavam muito agitados. É que eu mandara instalar um televisor em cores na minha casa, adaptado ao sistema PAL-M, para ver a Copa. Era o único lugar do Rio com essa mordomia, afora os escritórios da emissora e a casa do Roberto Marinho; a sala de meu apartamento tinha virado uma arquibancada de estádio, com dezenas de amigos, além dos patrocinadores. Mas assim que acabou aquela confusão, a Rosário me ligou novamente e, em pouco tempo, já saíamos juntos.

O problema é que nós dois estávamos amarrados a outras pessoas. Ela namorava o Tarso de Castro, eu continuava casado com a Ilka. Mas a paixão era mais forte. Depois de alguns encontros furtivos e uma viagem clandestina a São Paulo, resolvemos assumir publicamente a nossa relação. Ela terminou com o Tarso, eu fui enfrentar a Ilka.

— Ilka, não dá — eu disse. — Eu vou me separar de você.

Ela ficou surpresa. E preocupada.

— Mas como, Walter? O que houve? Eu pensei que tudo estivesse bem entre nós!

— Não dá, Ilka. Surgiu outra pessoa na minha vida. Eu já fiz aquela sacanagem da Regina com você, foi um horror, não vou fazer de novo. Acho que o nosso casamento terminou, é melhor a gente aceitar isso.

Dessa vez, fui firme e sincero, porque era exatamente o que eu sentia. Nosso casamento foi bonito e produziu a Luciana, um presente para nós dois. Mas chegara ao fim. Não havia mais paixão, emoção. Era isso que eu estava encontrando com Maria do Rosário. Eu, definitivamente, não era um sujeito para viver com uma mulher sem estar apaixonado por ela.

Logo depois dessa conversa difícil, nós dois viajamos para a Europa. Eu fui para a Alemanha, Ilka para a Inglaterra. Certa noite, ficamos falando três horas ao telefone, de Munique para Paris, ainda sobre o casamento. Ela me pedia para reconsiderar a separação, eu argumentava que não dava mais. Tinha certeza de que chegara ao ponto final. Agora, queria liberdade e tranquilidade para curtir a minha paixão pela Rosário.

Queria, mas não teria tão facilmente. Saindo da Alemanha, fui para Paris, sempre com a cabeça na Rosário. Zé Otávio e eu nos hospedamos no Hotel Intercontinental e, numa noite daquelas, quando comíamos um sanduíche no bar do hotel, entram minhas amigas Scarlet Moon, Lucinha Kaufman e alguém que eu sinceramente preferia não encontrar naquela hora: Regina, claro. Ela já estava casada com o Gerard e morava numa linda casa perto de Versalhes.

– Tenho uma revelação para você: estou me separando da Ilka – contei a ela.

Ela entendeu como uma senha, um convite. Nos dias seguintes, coincidentemente, apareceu em todos os lugares onde eu me encontrava. Convidou-nos para um almoço na casa dela, enquanto o marido saía para jogar golfe. Naquele almoço chique, senti que Vento e Verde não existiam mais.

O fato é que voltei ao Brasil e meu caso com a Rosário foi em frente – não sem uma considerável turbulência. Ela tinha um temperamento dificílimo, próximo ao da Vânia. Brigávamos uma semana, fazíamos as pazes na outra, brigávamos outra vez. Mas, com toda a chuva, os relâmpagos e as trovoadas, decidimos nos casar, em 1971, e fomos passar a lua de mel em Paris, aproveitando uma viagem que eu precisava fazer antes à Espanha, para um congresso da Eurovisão, em Torremolinos. Fui ao congresso, ela se encontrou comigo em Paris.

Comprei para ela uma aliança Cartier e mandei servir um bolo de noiva num jantar no Maxim's. Esse foi nosso casamento. Puro romance. Mas, numa noite, estávamos no Le Pavé com amigos e comecei a achar que ela dava bola a um italiano que apareceu na roda. Eu podia fazer uma cena neorrealista de ciúme, bate-boca e porradas, mas fiz um número mais *cool, nouvelle vague*. Saí à francesa, deixando-a com Zé Alcântara Machado e a turma.

Quando ela voltou ao hotel, a cena foi de telenovela do Silvio de Abreu. Nós estávamos hospedados no Hotel Lotti, na chiquérrima suíte presidencial do primeiro andar, decorada com um enorme espelho bisotado, de cristal, que cobria toda a parede. Assim que ela entrou, começamos uma briga que as pessoas ouviam na rua, uma baixaria infernal. E, no auge da discussão, perdi a cabeça. Passei a mão numa garrafa de água mineral Perrier e atirei no espelho. Espatifei uma preciosidade de 2 mil dólares. No fim, fiquei sabendo que o tal italiano era um ex-namorado, que ela não poderia tratar com indiferença. E, como prova de amor, ela atirou pela janela um relógio Cartier gravado, que tinha ganhado do fulano anos antes. Foi assim que batizamos o nosso louco amor, deixando para o meu querido Zé Alcântara a tarefa de resolver o incidente do espelho com a gerência do hotel.

Meu casamento com a Rosário aproximou-me de Roberto Marinho. Contei a ele que estava me separando da Ilka durante uma viagem que fizemos juntos a Brasília. Comuniquei também que ia me casar de novo. Nessa mesma viagem, ele também fez uma confidência, pela primeira vez na nossa relação. Disse que estava se separando da Stella para casar com a Ruth. A partir daí, sem que chegássemos a ser íntimos, em razão da diferença de idade, de mentalidade e da própria circunstância de um ser empregado e o outro, patrão, aprofundamos a nossa amizade. Ao menos, construímos uma convivência que não era apenas profissional.

Roberto achava ótimo que a filha do melhor amigo e advogado dele estivesse com seu diretor mais importante. Ele até zelava por esse casamento como se tivesse alguma responsabilidade nele.

Eu também tenho a impressão de que o Roberto me considerava uma autoridade em matéria de mulher. Está certo que, àquela altura, eu já tinha acumulado uma experiência no assunto que correspondia à minha fama, mas nunca fui de sair por aí fazendo bravatas, alardeando minhas conquistas. Muito menos com o Roberto, com quem eu mantinha uma relação sempre muito formal, respeitosa. Mas, quando nos aproximamos, o assunto mulher começou a entrar em nossas conversas e, numa delas, fui surpreendido pela curiosidade dele.

Nós estávamos passando um fim de semana em Sabará, na fazenda heráldica que o Gonzaga tinha na cidade. Eu estava casado com a Rosário havia pouco tempo, minha filha Eduarda ainda não tinha nascido, Luciana era pequena e Flavinha não completara 10 anos. Eu estava com elas na fazenda, e o Roberto, com a Ruth. No domingo, acordei e encontrei o Roberto brincando com as meninas, no alpendre. Ele dizia à Flavinha que eu entendia de televisão, mas quem entendia de jornal era ele.

Depois de algum tempo brincando com as meninas, elas se afastaram e nós começamos a conversar sobre família, casamentos, mulheres. Foi quando ele fez uma pergunta que me deixou sem resposta.

– Escuta, Walter. Como é que você bate em mulher? Você bate de correia? Com a mão?

Fiquei absolutamente sem graça ao dizer a ele que bater em mulher não fazia bem o meu estilo. E também preferi não saber se fazia o dele, ou se ele estava querendo experimentar. Certas intimidades de um homem é melhor a gente nunca saber...

Mas há aspectos da personalidade de Roberto Marinho que contrariam completamente a imagem que se faz dele. Dou como exemplo sua relação com os militares. Os adversários da Globo, ou aqueles que são simplesmente críticos em relação a ela, sempre concebem o Roberto como um lambe-botas dos milicos. O raciocínio é simplista: a Globo cresceu porque foi privilegiada pelos militares e só foi privilegiada porque Roberto Marinho puxou o saco, bajulou. É uma completa estupidez. Em todo tempo que convivemos, jamais o vi se humilhar diante de quem quer que fosse, milico ou não, presidente da República ou não. Ao contrário, sua altivez fica sempre no limite da arrogância.

Quem imagina que Roberto Marinho se dobra ao poder não tem ideia de como ele sabe exercitar essa coisa sedutora. Trata-se de um obcecado pelo poder. Nesse assunto, sempre suplantou em experiência, competência e, sobretudo, em antiguidade os chamados revolucionários de 1964 – que, aliás, nunca tiveram estatura intelectual para enfrentá-lo. Como se sabe, o embasamento filosófico do golpe de 64 nunca foi além do mais primário anticomunismo. E disso, assim como de surtos de autoritarismo dos generais, o Roberto conhecia muito.

Houve até uma vez, nos anos 1940, em que o general Góis Monteiro andou lhe pisando os calos, ainda na ditadura Vargas. A resposta do Roberto foi de uma superioridade bem típica dele:

– Os generais passam, mas *O Globo* fica.

Uma das formas que ele sempre usou para demonstrar sua independência foi manter em torno de si homens de esquerda, em cargos importantes. Franklin de Oliveira, por exemplo, foi editorialista do jornal durante anos, e muitos outros comunistas, ou pessoas tidas como tal – como Evandro Carlos de Andrade e Henrique Caban –, trabalharam sob sua proteção. Na época da ditadura, isso tinha três funções: conquistar a simpatia de uma classe cuja grande maioria era composta de gente de esquerda; exercer seu esporte favorito, o confronto com a provocação; e exibir-se como um Luís XIV da mídia: "*O Globo* sou eu".

Evidentemente, os "duros" do regime, os caras da repressão, odiavam essa altivez imperial do Roberto. Sempre que podiam, criavam situações para embaraçá-lo. Certa vez, o Sistema Nacional de Informações (SNI) nos procurou para exibir um videoteipe em que Maurício Azêdo, depois deputado estadual pelo PDT, denunciava Henrique Caban, jornalista da cúpula de *O Globo*, como chefe de uma célula do Partido Comunista Brasileiro. Sabe-se lá por que meios o SNI obteve essa denúncia do Azêdo, provavelmente usando muita porrada, mas era óbvio que se tratava de uma provocação ao Roberto, uma tentativa de demonstrar a "perfídia" dos comunistas e testar a sua conivência com ela. A esse degradante espetáculo, assistimos Roberto, o Armando Nogueira e eu. E se os indigníssimos agentes da repressão acharam que sensibilizariam o Roberto com essa manobra baixa, perderam tempo. Como se sabe, o Caban continuou tranquilamente sua brilhante carreira em O Globo.

Assim, uma virtude de Roberto Marinho é ele nunca ter se tornado presa fácil, fosse na situação que fosse. Ele sempre foi uma pessoa difícil, com pontos de vista muito firmes, disposto a encarar a briga que surgisse. Assim, mesmo sua afinidade com as linhas gerais do regime militar – sua orientação econômica, por exemplo – não impediu que o regime incomodasse a Globo. Incomodou e muito, acreditem ou não os inimigos. Nós enfrentamos na Globo o mesmo gosto amargo da censura, das intimidações, das impossibilidades que todo mundo sentiu: imprensa, rádio, televisão, as artes, a universidade, a cultura.

Até o Festival Internacional da Canção (FIC) de 1968, quem nos incomodava era o governo estadual e o Juizado de Menores, censurando os desafetos políticos ou aquelas benditas cenas de novelas que agrediam a moral e os bons costumes – seja lá o que fosse isso, no entendimento tacanho de um censor. Mas o governo federal, o regime militar propriamente dito, não deu trabalho. A partir daquele FIC, porém, a barra pesou e a censura foi fechando o cerco. Até gente que apoiava o regime foi censurada por ele.

Foi o caso do Ibrahim Sued, que sempre gostou de fazer média. Certo dia, fui chamado ao Dentel para uma "instrução". O coronel Lourenço, que havia trabalhado comigo na TV Rio, disse-me que não podíamos dar nada sobre a doença do Costa e Silva. O assunto estava terminantemente proibido. Era agosto de 1969 e, além de mim, estavam lá os diretores de todas as emissoras. Voltei para a Globo, reuni o pessoal e passei o recado do Lourenço, pedindo especial atenção do jornalismo.

Ibrahim tinha um programa às 23h, que seguia a linha de sua coluna em O Globo: notas gentis e mundanidade irrestrita. Ele era muito amigo de dona Yolanda Costa e Silva, que naquele exato momento estava conspirando com o general Jayme Portela, organizando um governo paralelo ao da Junta Militar, para garantir o poder para o grupo de seu marido. Então, sem aviso, surgiu na mesa do Ibrahim uma nota da Agência Nacional, com papel timbrado, informando que o general Meira Mattos tinha visitado o Costa e Silva.

Era uma nota aparentemente inofensiva e, de qualquer forma, oficial. Ibrahim leu, achou interessante e deu. Mal o programa saiu do ar, me ligou o coronel Lourenço. Era meia-noite de uma sexta-feira.

– Walter, tire a estação do ar imediatamente e vá ao Ministério da Guerra amanhã!

Nem tive tempo de perguntar por quê, mas achei que a coisa era suficientemente grave para obedecer. Tirei a estação do ar, tentei dormir naquela noite (sem conseguir) e, no sábado, às 13h, me apresentei no Ministério junto com o Ibrahim. Ele foi preso na hora, e eu levei um sabão do coronel Athos, que era um homem do Sylvio Frota.

– Como vocês colocam no ar aquela nota do Meira Mattos? O senhor está estimulando o governo paralelo no país!

Todos sabiam que, quando Costa e Silva assumiu o poder, foi contra a vontade de Castelo Branco. Ele só assumiu porque tinha o apoio do Exército. E, quando ele ficou doente, incapacitado de governar, o medo de dona Yolanda e do grupo de seu marido era de que os castelistas voltassem. Por isso, eles plantaram no pobre do Ibrahim aquela nota "fria" do Meira Mattos, que era conceituado nos dois lados, o fiel da balança. Sem saber, Ibrahim, a Globo e eu fomos envolvidos na luta sucessória da ditadura.

Depois, como se conhece, deu Médici. Mas ele não queria, resistiu muito. Quem me contou isso foi o Renato Archer, que ouviu uma gravação feita com o Médici, quando estava preso no Centro de Informações da Marinha (antes de ser deputado, ele foi oficial da Marinha, daí a sua prisão política numa instalação naval). Sei lá como o Renato teve acesso à fita, mas ele me garantia que era verdadeira. Nela, ouvia-se o trio da junta Militar – Aurélio Lyra Tavares, Augusto Rademaker e Márcio de Souza e Melo – e o Médici. Queriam que ele assumisse porque era um sujeito íntegro, honesto e sem ambição. Mas o Médici resistia.

– Eu não quero assumir, vocês sabem – dizia ele. – Mas se eu assumir, no momento que isso acontecer, não quero que ninguém meta o bedelho. Por isso, acho melhor vocês escolherem outro.

Então, fizeram um acordo que acabou contentando a todos. Médici seria o presidente, mas teria três "primeiros-ministros": um para a área de segurança interna, Orlando Geisel; outro para a área administrativa e econômica, o Delfim Netto; e um terceiro para a área política, o Leitão de Abreu. Foi só assim que o Médici aceitou, segundo esse depoimento que Renato Archer me deu, baseado na tal gravação da conversa dos membros da Junta.

A escolha do Médici pode até ter acontecido de outra forma, mas essa versão é coerente com os fatos. Médici agiu exatamente de acordo com esse suposto arranjo, ficando na presidência como a rainha da Inglaterra. Tenho até a impressão de que ele não se envolveu com nenhum excesso, nenhuma violência do regime. Ao menos, não parecia talhado para a coisa. Era um cara tranquilo, não tinha o perfil do gorila fascistão. Eu o conheci bem depois que saiu do governo: ele ia sempre à minha sala na Globo, aos domingos, assistir pela TV aos jogos que estávamos gravando no Maracanã. Tive muito contato também com o filho dele, Roberto Médici, uma figura excepcional, inteligente, incapaz de fazer qualquer pressão ou alusão. Nunca vi nos Médici o arremedo de Goebbels que tentavam fazer deles.

Claro, vão argumentar que não tínhamos problemas com o regime porque éramos dóceis a ele, abríamos as pernas, éramos mansos. Mais: vão dizer que éramos adesistas, ufanistas, que fazíamos pelo regime a propaganda que ele nem precisava fazer. Mas a Globo não agia de forma diferente das outras emissoras. Minha tática era a de não provocar, não cutucar a onça com vara curta. Se o *Estadão* não conseguia enfrentar o regime, se a *Veja* não conseguia, se gente muito mais independente e poderosa não conseguia, como é que a Globo, sendo uma concessão do Estado, resistiria à censura, às pressões?

Trabalhávamos com esse senso de realidade e procurávamos estabelecer um bom convívio com o governo, explorando sempre que possível as divergências existentes nele. Estou certo de que a repressão, a censura, as torturas não foram obra de todos os militares que faziam parte da estrutura do regime. Isso foi coisa dos caras da Segunda Seção do Exército, do SNI, do Cenimar, do Cisa, da turma da segurança. E era tudo na faixa de major, tenente-coronel. Nós precisávamos de um saco enorme para aturá-los, porque os caras não entendiam nada de comunicação, achavam que *merchandising* era propaganda subliminar, viam fantasmas atrás das portas.

Vejamos o exemplo da Assessoria Especial de Relações Públicas (Aerp). O órgão fez uma campanha maciça nas televisões, especialmente na Globo, e nós ficamos com a fama de ter criado o negócio para eles, puxando o saco. Porém, quando a Aerp foi criada, puseram lá o coronel Aguiar, um sujeito que queria, a todo custo, fazer a Voz do Brasil na televisão. Isso seria um desastre para todo mundo, para os telespectadores, para os interesses comerciais da TV e até para o governo, que ia ficar com uma imagem péssima. Mas só conseguimos demover o coronel da ideia sugerindo, em troca, uma campanha institucional do governo, nos comerciais da Aerp que Jean Manzon produzia. Tivemos de dar os dedos para não perder a mão.

Ok, a Globo prestigiava os eventos militares. Fizemos a festa do Sesquicentenário da Independência, cobríamos as Olimpíadas do Exército, transmitíamos as paradas de 7 de Setembro. Eu mesmo fiz a campanha "Diga não à inflação", com Delfim Netto e Hélio Beltrão. Mas não saímos defendendo o atropelo da Constituição, não dissemos que o AI-5 era bom para o país, nunca batemos palminhas para a censura, pedindo mais. Muitas vezes tivemos de ceder. Cedemos, por exemplo, dando a eles os programas do Amaral Netto e o do Edgardo Erichsen, ambos feitos exclusivamente para puxar o saco. Era o preço que pagávamos para poder fazer outras coisas.

Ainda assim, com toda a nossa prudência, eles atrapalharam tudo que puderam. Foi o regime que acabou com o FIC, por exemplo, festival que poderia ter se afirmado como uma instituição na TV brasileira. Depois da crise com *Caminhando* e *América, América*, em 1968, a censura não mais abandonou o festival. Parece que os caras acordaram para o erro que tinham cometido e decidiram não deixar passar nada que pudesse cheirar a "subversão".

Isso foi baixando a qualidade do FIC. O de 1969 foi pior que o de 1968, o de 1970 pior ainda, e quando chegou o de 1971 a crise explodiu de vez. Um grupo de artistas, entre eles Tom Jobim, Milton Nascimento e Ivan Lins, retirou do festival músicas que já estavam inscritas, em protesto contra a censura, e todos foram enquadrados na Lei de Segurança Nacional. Depois disso, achamos melhor acabar com o festival. Se o protesto de um grupo de artistas afetava a segurança nacional, então a insegurança era tão grande que não valia a pena continuar.

Enquanto a censura agia para subjugar e controlar a arte e a cultura do país, perseguindo a inteligência, nós continuávamos trabalhando na Globo para fazer uma televisão com a melhor qualidade possível. A conjugação desses fatores, entretanto – censura de um lado e obsessão técnica/formalismo de outro –, acabou produzindo a ideia de que o "padrão Globo de qualidade" foi a resposta domesticada da TV à repressão do regime. Era como se, pelo fato de sermos censurados, não pudéssemos exigir cada vez mais qualidade de nós mesmos, mais rigor e aplicação. O resultado – uma TV sem erros, incomparavelmente melhor do que todas as anteriores – acabou passando por vitrine de um regime com o qual os profissionais da TV Globo jamais concordaram.

O padrão Globo de qualidade, tão falado, nasceu certamente do rigor do Boni na direção de produção. À medida que a rede crescia – reforma da TV Belo Horizonte em 1970, inauguração da TV Brasília em 1971, inauguração da TV Globo-Recife em 1972 (três estações em três anos; eu punha um calendário regressivo na parede e ia contando os dias até inaugurá-las) –, a Globo conseguia mais recursos, ganhava mais dinheiro, mas alimentava também mais expectativas, criava novas exigências. Por isso, o Boni lascava o chicote no lombo da tropa, pedindo sempre mais qualidade, obsessivamente. Isso era um pouco a causa e o efeito do sucesso que fazíamos. Não poderia haver um padrão Globo de qualidade se a emissora continuasse pequena, acanhada, restrita apenas ao Rio e a São Paulo.

Em 1971, enfrentamos um novo incêndio, que, como o anterior, acabou resultando mais em benefícios do que em prejuízos. Dessa vez, foi no antigo Teatro Globo, estúdio que ficava dentro da estação, no Jardim Botânico. Era um feriado prolongado de outubro; eu estava na fazenda do Gonzaga, em Sabará, digerindo um fantástico tutu à mineira enquanto jogava bilhar, quando a TV Belo Horizonte entrou com uma edição extra: "Atenção! A TV Globo do Rio de Janeiro está pegando fogo!"

Peguei um jatinho, voei para o Rio e cheguei apavorado, porque no rádio de bordo eu ouvia notícias de que o incêndio era colossal, estava destruindo toda a emissora; o locutor dizia que a família Marinho já estava de luto. Eu pensava encontrar uma pilha de cadáveres ao lado das ruínas do que era a estação. Mas, quando cheguei, a coisa não parecia tão feia. Encontrei o Boni e ele me confirmou:

— Está tudo bem, Walter. O incêndio aconteceu apenas no auditório e já foi dominado. E nós conseguimos salvar todas as fitas.

A alegria foi tanta que nós nos abraçamos e ficamos pulando, eufóricos, diante do incêndio. O *Jornal Nacional* gravou a cena, exibiu e ninguém entendeu, mais uma vez, a alegria dos dois malucos. Nem o Roberto Marinho. Mas era a mesma coisa: o seguro ia nos dar uma bolada, resolvendo vários problemas. Dito e feito. Dois dias depois, nós já estávamos usando, por empréstimo, o Teatro Fênix, um auditório fantástico, de 1.500 lugares, com ar-refrigerado, poço de orquestra, palco de 12 metros de urdimento e outros tantos de boca, que o Chico Eduardo de Paula Machado nos cedeu. Mais tarde, numa negociação tão fantástica que só ela mereceria um livro inteiro para relatar as artimanhas do Chico – uma fera em negócios –, Roberto Marinho comprou o prédio e a Globo ganhou um teatro de primeira linha. Era o que faltava para o padrão Globo de qualidade ficar absolutamente irretocável.

Mas, apesar da minha felicidade conjunta à de Boni no episódio do incêndio, a nossa relação já não era tão boa. Não tínhamos mais aquela afinidade absoluta dos primeiros tempos da emissora. Ao contrário, divergíamos constantemente, e o Boni, que era meu amigo íntimo, me esculhambava para outras pessoas. Em 1970, quando me separei da Ilka, fato doloroso para nós dois, ele deu um jantar de solidariedade a ela, como se eu tivesse cometido um crime ao terminar o casamento. Depois, começou a falar mal de mim, reclamando que eu fazia média com os milicos enquanto ele segurava a barra da produção e mantinha a qualidade da Globo, mesmo sob censura. Quer dizer, ele era o herói que resistia, eu o escroto que me compunha, que dava emprego para o odiado Edgardo Erichsen. Mas quando o Edgardo voltava de Brasília com algum grande galho da Globo quebrado, era o Boni que ia buscá-lo no aeroporto, carregando-o em triunfo.

Tudo isso, vejo agora, expressava um conflito de visões em relação à TV. Assim que o modelo da Globo se consolidou, que a rede virou um fenômeno de audiência no país, comecei a questionar se aquilo tinha futuro. Fui eu quem criou a estrutura de grade de programação, assim como fui eu quem sempre lutou para fazer TV em rede no Brasil. Mas já em 1971 eu sentia que, se a Globo seguisse por aquele caminho, entraria na rota da estagnação. Transformaria em dogma, em coisa fixa, aquilo que deve ser criatividade permanente. Eu preferia uma televisão mais ágil, mais viva, baseada em jornalismo e na transmissão de eventos – houvesse censura ou não.

Mas o Boni tinha outra perspectiva. Ele era o ideólogo do padrão de qualidade, o formalista neurótico, o escravo da segurança que o videoteipe proporcionava. Não queria saber de jornalismo, que representava o risco, a possibilidade do erro, do imprevisto. Aos poucos, começamos a caminhar em rumos opostos, e a velha amizade, que se fundava na admiração mútua, começou a se abalar.

De qualquer forma, naquele ano – 1971 – ainda havia grandes contradições no processo de implantação do padrão Globo de qualidade. Enquanto fazíamos novelas, esporte e jornalismo com um rigor técnico cada vez maior, ainda mantínhamos na programação alguns comunicadores – como Chacrinha e Silvio Santos – que muita gente, da imprensa ao governo, não considerava de bom gosto. E foi exatamente por essa brecha, a do tal "nível" da programação, das pressões por uma assepsia cada vez maior no vídeo, que o regime acuou as televisões para implantar outro de seus projetos: a TV em cores.

Televisão colorida era um tema que, vez por outra, rondava as emissoras. Ainda na década de 1960, a TV Tupi fez algumas experiências de transmissão, passando em cores o seriado *Bonanza*, para uns pouquíssimos telespectadores que tinham aparelhos de TV comprados nos Estados Unidos ou no Japão. Mas era uma experiência totalmente embrionária, fora de época, e não deu em nada. Também nós, na Globo, tivemos a nossa experiência em 1970, quando importamos três câmeras coloridas para fazer a transmissão do FIC, que foi gerado via satélite para o exterior. As câmeras ficaram aqui depois do festival, mas continuamos operando normalmente em preto e branco.

O assunto só começou a ser discutido a sério quando o governo federal decidiu que já era tempo de o Brasil sintonizar a sua televisão com o que havia de mais avançado no mundo. Aquela coisa do Brasil Potência, que não podia ter menos do que os outros. Começou, então, um debate sobre o sistema técnico de TV em cores que melhor serviria ao país. Havia um *lobby* muito forte em favor do sistema americano e japonês, o NTSC (National Television Standard Committee), que os adversários traduziam, maldosamente, por Never Twice the Same Color (nunca a mesma cor duas vezes). Mas, numa de suas raras decisões sábias, o governo optou pelo sistema alemão, o PAL (Phase Alternate by Line), modificado com algumas características do NTSC. Ganhamos o padrão PAL-M, à época o melhor sistema de TV em cores do mundo.

O governo estava interessado em implantar rapidamente a TV colorida para reforçar a ideia de modernidade e limpeza que procurava associar ao regime. O Brasil Grande precisava ter uma grande TV, linda e colorida. Mas para as emissoras, especialmente para a Globo, não havia nenhuma razão para a pressa. Instalar a TV em cores implicava trocar todo o nosso equipamento (câmeras, videoteipe, telecines, cenografia, iluminação), além de esperar que os telespectadores fizessem o mesmo com seus aparelhos. E, no nosso caso, isso significava um risco muito grande.

A Globo liderava tranquilamente no Rio, estava se consolidando em São Paulo, começava a conquistar outras praças. A força de nossa programação eram as novelas, muito mais difíceis de ser adaptadas para a cor do que os shows de auditório, por exemplo. Teríamos de criar cenários e figurinos pensando na cor, os iluminadores precisariam descobrir novas combinações de luzes, enfim, toda a direção de arte seria afetada pela mudança, com o risco de não dar certo e produzir resultados ridículos. Poderíamos sacrificar, num passo em falso, o padrão de qualidade que estávamos impondo a duras penas.

Éramos contra, portanto, a implantação da cor naquele momento. Achávamos a medida precipitada e desnecessária. Porém, o Ministro das Comunicações, Hygino Corsetti, queria a cor de qualquer jeito. Era a marca que ele pretendia deixar na sua passagem pelo governo federal. Assim, criou-se um conflito de interesses, que nos obrigava a manobrar com habilidade para não aborrecer o ministro nem engolir a cor pela garganta, numa decisão arbitrária do governo.

No final de 1970, a TV vivia uma fase de transição. Estávamos passando de uma programação popularesca, apelativa, voltada à audiência de massa, para uma programação mais elitizada, de qualidade, voltada para os segmentos de audiência com maior poder de consumo. Já não interessava à Globo dar 90% de audiência com programas como *Casamento na TV*. Era melhor obter 70% com uma novela adaptada de um livro do Jorge Amado, por exemplo, que daria prestígio à emissora.

Mas era uma fase de transição e ainda havia muitos programas de auditório bem populares, que lançavam mão de todos os recursos para dar audiência. A Tupi tinha Flávio Cavalcanti, nós tínhamos Silvio Santos, Dercy Gonçalves e

Chacrinha. Eles ainda eram importantes na estratégia de expansão e aglutinação da rede. Mas foi por meio deles que o governo decidiu pressionar as emissoras para impor a TV colorida. Ajudado pela imprensa, que jamais desperdiçou uma oportunidade de esculhambar sua maior rival na mídia, o governo abriu a campanha contra o "baixo nível" da programação de TV. Da noite para o dia, os comunicadores populares foram satanizados pela imprensa e pelo governo.

A campanha chegou ao auge no final de 1971. Exatamente nesse período, houve um episódio que deu muito pano para manga. Em determinado domingo, Flávio Cavalcanti levou ao seu programa um pai de santo que fazia sucesso no Rio, Seu Sete da Lira. O sujeito era um escândalo ambulante para os padrões moralistas e racistas do bom gosto de classe média: homossexual, "macumbeiro", recebia os guias ali no palco mesmo, transformando a TV numa tenda espírita. Foi esse o show que ele deu no Flávio Cavalcanti, com grande impacto sobre o público.

Chacrinha era concorrente direto do Flávio. Seu programa entrava quase junto do dele e rivalizava em prestígio. Quando Chacrinha soube que Seu Sete da Lira estava no Flávio, ao vivo, fazendo o maior banzé, que a cidade já não falava de outra coisa, não teve dúvida. Mandou um produtor até a Tupi pegar Seu Sete na saída do Flávio, enfiar dentro do carro e trazer para o seu programa. O produtor cumpriu rigorosamente a missão e, na mesma noite, o público teve Seu Sete também na Globo. Chacrinha fumava o charuto do cara, tomava passe, dava peitada, fazia aquelas coisas todas, como se fosse um ritual de umbanda legítimo.

No dia seguinte, claro, a imprensa caiu de pau. Baixaria! Mundo cão! Era toda a *intelligentsia* brasileira reclamando que o nível da televisão tinha descido ao esgoto. O governo, sempre pronto a encampar uma cruzada moralista e assanhado por uma boa censura, julgou por bem intervir. O Corsetti, especialmente, fez críticas duríssimas à TV e ameaçou tomar providências enérgicas contra nós. De repente, as emissoras ficaram acuadas, contra a parede, temendo mais uma intervenção estatal.

Por acaso, a Globo estava realizando em Brasília, naquela semana, uma reunião com representantes de todas as emissoras da rede. Era um encontro para discutir programação, tabela de publicidade, acertar os ponteiros. Nós tínhamos uma audiência já marcada com o Médici e, quando o alarido contra o "baixo nível" ficou muito forte, decidimos realizar uma visita de cortesia também ao Corsetti, para acalmar a fera. Fazendo uma ofensiva de relações públicas em Brasília, talvez conseguíssemos convencer o governo de que os programas de auditório não estavam tão apelativos assim, como a imprensa dizia.

Estavam na reunião todos os empresários ligados à Rede Globo: Luís Viana Neto, da Bahia; Maurício Sirotsky, do Rio Grande do Sul; Paulo Pimentel, do Paraná. Entre eles, estava também Conceição Lobato de Castro, dona da TV Guajará, de Belém. Era uma senhora muito rica do Pará, casada com Lopo de Castro, ex-prefeito de Belém, mas ela entendia tanto de administração de TV quanto eu de gerência de uma ordem beneditina. Eu sempre tinha problemas com dona Conceição quando aumentávamos o preço da programação. Ela investia em equipamentos, reformava o prédio, mas não queria pagar mais pelos programas da Globo, que davam cada vez mais audiência e, portanto, valiam mais. Dona Conceição era, sem dúvida, irritante, mas eu a tratava com muito carinho, até onde a paciência aguentava. Já os outros, menos diplomáticos, só se referiam a ela como "a rainha louca".

A reunião começou e o Corsetti, com aquela sutileza de dragão que o caracterizava – um sujeito bronco, vaidoso e ignorante –, abriu fogo contra a programação da TV. Disse que estávamos colocando crendices no ar, contribuindo para a idiotização do telespectador, que assim não era possível, que a televisão tinha o dever de educar o povo etc. etc. etc. A velha catilinária de todos os inimigos da TV, de todos os lugares, em todos os tempos. Mas ele não só queria "melhorar o nível" da programação como que adotássemos a cor. Segundo Corsetti, precisávamos fazer uma televisão melhor e uma TV assim, *realmente boa*, precisava ser colorida. Entrei na discussão.

– Ministro, o senhor tem toda a razão – comecei. – A TV em cores é um passo que nós temos de dar, sem dúvida. É um avanço tecnológico. Mas o senhor mesmo diz que estamos fazendo uma programação em preto e branco de má qualidade. Se ela é assim, por que colori-la? Não é mais sensato melhorá-la primeiro e depois introduzir a cor?

Perfeitamente lógico, o argumento não sensibilizou Corsetti, que vivia aquém dela. Enquanto ele permanecia impermeável, continuei:

– A propósito, ministro, nós já estamos fazendo TV em cores. Todas as emissoras estão trabalhando no vermelho. Se o senhor nos der tempo para chegar ao azul e melhorar a qualidade dos programas, vai ver que rapidamente nós implantamos as outras cores.

A piadinha também não funcionou. Corsetti continuou firme na pressão, dando a entender que faria desabar a fúria dos céus sobre nós se não implantássemos a cor e melhorássemos urgentemente a programação. Dona Conceição, a essa altura, já vencida pelo discurso do ministro, começou a concordar.

– Realmente, ministro, o senhor tem razão. O nível anda muito baixo. Todos nós que temos filhos e netos ficamos...

Antes que ela terminasse a frase, encaçapando mais uma bola contra o Chacrinha, o Flávio e Seu Sete da Lira, Maurício Sirotsky interrompeu, com aquele vozeirão firme, do sujeito que começou ganhando a vida como locutor de serviço de alto-falantes e chegou a dono da Rede Brasil Sul. Ele sentiu que o jogo estava perdido, que tínhamos de engolir a cor. Assim, interrompeu a dona Conceição para evitar uma punição aos programas de auditório e fazer uma proposta que nos daria algum fôlego para implantar o novo sistema.

– Muito bem, ministro, vamos fazer a televisão em cores. Vamos inaugurá-la na Festa da Uva de Caxias do Sul, que vai cair no 31 de março. É uma festa bonita, vai ficar linda em cores.

A ideia era um primor da matreirice. Estávamos no final do ano e o Corsetti queria a inauguração da TV em cores no início de fevereiro, no Carnaval. Tínhamos pouquíssimo tempo para nos preparar. Mas o Maurício sabia que o Corsetti era de Caxias e adoraria fazer um brilhareco para os conterrâneos, dando à sua terra a primazia de ter iniciado as transmissões de TV colorida no Brasil. Não deu outra. Assim que ouviu a proposta, o ministro abriu um sorriso de orelha a orelha, os olhos brilharam e ele bateu o martelo: 31 de março de 1972 seria o Dia D.

Estupro inevitável, relaxei e gozei. Dali para a frente, o negócio era começar os preparativos para a transmissão. Todo mundo ia ter problemas para fazê-la, inclusive a Embratel. Como ela só tinha *link* de micro-ondas na direção de Porto Alegre para Caxias, sem *link* de volta, no sentido oposto, teve de trazer equipamento às pressas. Eu soube depois que esse equipamento entrou devidamente contrabandeado, porque não haveria tempo para os trâmites legais. De modo que, na longa epopeia da TV brasileira, não foram apenas as emissoras que se utilizaram de muamba para operar...

A transmissão em si foi organizada por José Salimen e Walmor Bergesch, da TV Difusora, que agora dirigiam o Canal 10. Eles já estavam pesquisando o negócio da cor, tinham o equipamento EMI importado pela TV Rio, agonizante, com quem também operavam. A TV Gaúcha ficou encarregada de organizar a festa, produzindo um superdesfile e oferecendo uma recepção ao presidente da República e a seus convidados.

No dia 31 de março, estávamos todos em Caxias do Sul. O Maurício nos hospedou no belo Hotel Umuarama, hotel construído no meio de um parque, que estava vigiadíssimo por causa do Médici. Lembro bem disso porque eu ia receber a visita de uma amiga de Porto Alegre, mas a moça foi barrada no baile e eu dancei. Mas a festa foi impecavelmente organizada. À tarde, teríamos o desfile de carros alegóricos, que seria transmitido pela TV, e, à noite, uma festa de *black-tie*, no Automóvel Clube de Caxias. Tudo muito chique e ótimo para nós, porque o trabalho mesmo, a estiva, aquela coisa de fazer funcionar o maldito do sistema de cor, era problema do Salimen e do Walmor.

Para aumentar ainda mais o brilhareco da Rede Globo, convoquei um grupo de artistas para aparecer na festa, de surpresa. Quando o desfile começou, surgiram na avenida Jô Soares, Tônia Carrero, Francisco Cuoco e outros. Foi uma ovação danada. Sucesso arrasador. O Médici e dona Scila chamaram o Jô e a Tônia para assistir ao desfile com eles. Os outros artistas foram paparicados, só deu Globo. E, quando se aproximou do nosso camarote o carro da RBS, que trazia um enorme globo e uma linda mocinha de uns 15 anos, toda de verde, jogando beijos para a plateia, o Maurício piscou o olho para mim.

– Sabe quem é a moça? É a filha do Corsetti.

Olhei para o ministro, que ria feliz, satisfeito. Sua vaidade tinha precipitado o surgimento da televisão em cores no Brasil.

10.
O dono do mundo

A implantação da cor foi feita num ritmo muito lento e cuidadoso. Naquele 31 de março, além da Festa da Uva, pusemos no ar um especial chamado *Carnê de baile*, com Glória Menezes e Marcos Paulo, produzido pelo Boni. Queríamos protelar o lançamento da cor, mas já que ela estava ali, não deixaríamos que a Globo perdesse a primazia na operação do novo sistema. O especial, lindíssimo, serviu exatamente para isso e acabou sendo o primeiro programa produzido em cores na televisão brasileira.

Mas, depois dele, não saímos colorindo toda a programação a toque de caixa. Primeiro, porque tínhamos de aprender os truques de cenografia, figurinos e iluminação para operar corretamente as cores e não transformar os programas numa aquarela, ou num mostruário de tintas. Depois, porque achávamos que os investimentos necessários à implantação da cor não deveriam ser bancados exclusivamente pela televisão, que não seria a maior beneficiária do sistema – ao contrário, seus custos aumentariam. Quem lucraria mesmo com a cor seria a indústria eletrônica, que venderia os novos aparelhos aos telespectadores. Assim, era mais do que justo que ela pagasse a sua cota nas despesas da troca do preto e branco pela cor.

Essa história, aliás, já tinha o antecedente dos Estados Unidos. Lá, apenas a NBC mergulhou de cabeça na cor, porque era controlada pela RCA Victor e se beneficiava diretamente da transmissão em cores. Cada segundo de cor que ela punha no ar era um comercial dos aparelhos da RCA. Mas a CBS e a ABC, que não tinham nenhuma relação com a indústria eletrônica, também resistiram e só depois de alguns anos coloriram sua programação por completo. Aqui, nenhuma emissora tinha vínculos com fabricantes de tevês, mas todas acharam muito justo quando argumentamos que eles deveriam ser nossos sócios na empreitada.

Os contatos foram feitos por intermédio da Abert, entidade em que eu já tinha liderança política, com a Associação Brasileira da Indústria Eletro-Eletrônica (Abinee). Tentamos fazer um acordo pelo qual as emissoras teriam uma participação em cada TV em cores vendida. Com esse dinheiro, a indústria estaria subsidiando a produção de programas coloridos, que seriam o chamariz natural, a propaganda gratuita para a venda dos aparelhos. Mas eles resistiram muito à ideia. O Van Der Kluk, da Philips, que depois chegou a presidente mundial da empresa, até que era um sujeito cordato. Mas os fabricantes menores, como a Colorado, não quiseram nem saber da proposta e a negociação foi por água abaixo.

Mais tarde, já em 1973, quando estávamos para lançar *O bem amado*, a primeira telenovela em cores, voltei à carga na ideia do subsídio. Desta vez, jogando sozinho, pela Globo. A novela era um salto ambicioso no nosso plano de colorização e consumiria uma nota em equipamentos e material cenográfico. Cada câmera em cores não saía por menos de 150 mil dólares, contra os 25 mil que pagávamos numa P&B. Eu precisava arrancar algum dinheiro das indústrias, para tocar a produção da novela sem o risco de morrer na praia por falta de fôlego financeiro.

Um belo dia, pouco antes de a novela estrear, reuni a cúpula da indústria eletrônica na minha sala. Estavam lá presidentes, altos diretores, o pessoal que decidia. E eu tinha montado um showzinho especialmente para eles.

– Meus amigos – abri a reunião. – Chamei vocês todos aqui porque queria lhes mostrar, em primeira mão, a produção mais ousada da televisão brasileira: a primeira telenovela totalmente em cores!

Entraram aquelas imagens fantásticas da Bahia, com música do Vinicius, num monitor perfeito que eu tinha instalado na sala, as 525 linhas certinhas, uma definição maravilhosa. Os caras babavam. Deixei a abertura correr e, quando chegou ao final, dei o golpe.

– Vocês estão vendo como isso fica bonito em cores, como a cor valoriza as externas de uma novela. Agora, para que o público possa acompanhar a novela com toda essa beleza, vai depender de vocês. Senão, ele vai ver assim...

E tirei a cor do monitor. O preto e branco derrubou as imagens. Tudo que brilhava ficou pálido, acinzentado, sem vida.

– Se não tiver o apoio de vocês, a novela será feita assim, em preto e branco, porque não acho justo que a TV Globo faça um investimento tão alto numa produção que vai ajudá-los a vender aparelhos coloridos sem nenhuma recompensa.

A pequena cena funcionou. Consegui uma subvenção para produzir a novela. Nos créditos de abertura, entrava o texto "A Abinee incentiva...", uma mensagem institucional da indústria eletrônica. Com o dinheiro, pudemos montar uma cidade cenográfica em Guaratiba. Mas não se tratava de uma quantia fabulosa, nem o apoio durou por muito tempo. Na novela seguinte, *Os ossos do barão*, tivemos de bancar sozinhos os custos, porém não havia mais como recuar, porque o público não aceitaria.

A colorização, assim, começou a ser feita para as telenovelas de prestígio, às 22h. Só mais tarde, por volta de 1975, o jornalismo e as outras novelas entraram na cor. O processo todo só terminou por volta de 1977, quando já tínhamos equipamento e experiência suficientes para operar a programação integralmente no novo sistema.

O principal efeito da cor foi a consolidação do padrão Globo de qualidade. Ela tornava lindo o que já era bonito. Dava uma plasticidade espantosa mesmo aos programas mais chatos, mais convencionais. Era, em si, um atrativo para o telespectador. Por isso, é perfeitamente compreensível que a preocupação com o apuro na qualidade dos programas, que o Boni já vinha incutindo na equipe havia tempos, se transformasse em um dogma na Globo, no seu grande diferencial em relação às concorrentes. A emissora não tinha mais dinheiro porque dava mais audiência, ela ampliava cada vez mais sua audiência justamente porque gastava muito dinheiro melhorando a programação, o acabamento de seus produtos.

Foi a partir de 1972 que o padrão visual se tornou preponderante na Globo. A essa altura, a emissora já tinha o Mário Monteiro e o Arlindo Rodrigues, talvez o maior figurinista que este país já teve; uma fera quando trabalhava com escolas de samba, para as quais criou os mais belos shows coletivos do planeta, ou quando pegava um bom argumento de novela. Esses caras foram fazendo coisas magníficas, testando as possibilidades dos materiais, combinando acrílico com metal, madeira com tecido, misturando as cores na palheta para encontrar os tons exatos.

E o Boni, comandante implacável, mandando refazer o que não ficava bom, uma, duas, dez vezes, o que fosse preciso.

Mais tarde, em 1974 ou 1975, com a chegada do Hans Donner, o acabamento na direção de arte ficou completo. Hans era um grande artista na Europa, um doido que veio ao Brasil de férias, foi a Búzios, descolou por lá uma mulata, apaixonou-se e foi ficando. Quando vi o trabalho dele, que me foi mostrado pelo David Zingg, fiquei fascinado. Chamei o João Carlos Magaldi, diretor da área de comunicação, e mandei contratar o cara imediatamente. Mas o Magaldi, que era amigo do Ciro Del Nero, responsável pelas vinhetas e pela direção de arte na época, ficou me enrolando. Eu nem queria demitir o Ciro – ao contrário, almejava reforçar a sua área –, mas o Magaldi ficou protelando um bom tempo para contratar o Hans Donner, que depois faria aqueles trabalhos consagradores.

Também nessa fase, primeira metade dos anos 1970, a Globo sofisticou ao extremo o planejamento de sua programação, usando intensamente a pesquisa. O Boni e eu, que tínhamos formação de publicidade, éramos ligadíssimos em pesquisa e sabíamos analisar os dados que elas apresentavam, éramos mestres em converter o desejo do telespectador em programas. Para mim, pesquisa tinha relação com pressão arterial, batimento do coração, eletrocardiograma. Era um condicionante do meu trabalho. Eu precisava tomar o pulso da estação todo o dia e a pesquisa era o meu instrumento.

Minha convivência com o Ibope vinha de longe, desde o tempo da TV Rio. Foi lá que eu conheci o Perigaux e o Montenegro, os caras que fizeram o sucesso do Ibope. Esse instituto, que viria a se transformar em sinônimo de audiência no Brasil, foi fundado na década de 1940, por iniciativa de Aurélio Penteado, um homem de rádio que não se conformava em fazê-lo totalmente no escuro, sem nenhuma aferição do que realmente interessava ou desagradava aos ouvintes. Ele reuniu o Paulo Machado de Carvalho e mais um grupo de radialistas e propôs que se unissem numa cooperativa, para fazer pesquisas de mercado e opinião pública no Brasil. Foi assim que surgiu o Instituto Brasileiro de Opinião Pública e Estatística. Quando o Aurélio morreu, o negócio foi tocado pelos seus dois auxiliares diretos: o Montenegro e o Perigaux – este, um jovem intelectual panamenho que veio estudar Direito no Brasil e acabou mudando de área.

Sempre fui um bom cliente deles. Quando dirigia a TV Rio, era siderado por pesquisa, tinha obsessão pelos índices de audiência, que valorizavam ou não os meus comerciais. Como os relatórios do Ibope não eram simultâneos como hoje, nem mesmo diários, minha secretária ficava pendurada no telefone, todo final de tarde, extraindo os índices dos pesquisadores. Para mim, aquilo tinha a excitação do pôquer. Ela falava no telefone, eu escutava, filando os resultados: "18h: 4, 32, 12; 19h: 3, 38, 11". Eu ficava ansioso como se fosse fazer uma quadra de ases com um resultado favorável, ou pedir mesa com um desastroso.

Na Globo, o tesão pela pesquisa era igual. Meu e do Boni. Eu me preocupava mais com a estratégia de programação e com seus desdobramentos comerciais. O Boni, com as reações do público, as indicações que ele dava. Esse trabalho ficou afinadíssimo quando levamos Homero Icaza Sánchez para trabalhar conosco. Também panamenho, ele veio junto com o Perigaux e era intelectual, diplomata e poeta. Não chegava a ser o Vinicius de Moraes de sua terra, talvez porque veio muito moço para o Brasil e não teve tempo de fazer fama entre os seus patrícios. Mas era um bom poeta.

Homero era o nosso "Bruxo", apelido que eu lhe dei. O nosso profeta do dia seguinte. Enquanto o Ibope nos fornecia os dados brutos de audiência – quantos assistiram, quem, onde e quando –, o Homero ia buscar as motivações: por que assistiu, como, o que achou. Seu trabalho começou a se destacar em *A rainha louca*. Uma das personagens criadas pela Glória Magadan era um paranormal, um vidente de grandes poderes interpretado pelo Paulo Gracindo. Depois que ele entrou, a novela despencou e não sabíamos o motivo. O Homero foi investigar e descobriu que o público tinha horror do vidente, porque quando ele aparecia antecipava tudo que ia acontecer na história. Como a novela tinha certo suspense, a personagem tirava a graça da trama. Depois dessa descoberta, a Glória inventou uma doença para o vidente, que ficou xarope e perdeu toda a acuidade. Então tudo ficou ótimo.

Com o tempo, o trabalho do Homero foi se tornando essencial na produção das novelas. Tudo era testado por ele. Primeiro, o argumento, para ver se a novela emplacaria ou não. Depois, as personagens, para saber quem merecia viver e quem deveria morrer, ou ter um destino cruel. No início dos anos 1970, essa linha de pesquisa sobre a programação de TV já estava se transformando em um negócio científico. O padrão Globo de qualidade era também um padrão de pesquisa em televisão.

A aplicação cada vez maior, o planejamento quase científico da programação, a procura incessante dos melhores talentos em cada área, tudo isso foi produzindo bons resultados. A Globo transformou-se em fenômeno de audiência, atingindo índices jamais sonhados por qualquer outra emissora. Seus programas eram imitados, lançavam moda em todo o país, suas estrelas tornavam-se nomes nacionais. Obviamente, isso deu enorme prestígio a todos os profissionais da Globo e aumentou consideravelmente o poder de seus dirigentes.

Tive uma noção mais precisa desse poder em 1974, quando o Azcárraga organizou um encontro internacional de comunicação em Acapulco e me convidou para fazer uma palestra. Aquilo não era um simples seminário, mas uma espécie de espetáculo feito para a mídia. Tinha Umberto Eco, Abraham Moles, John Kenneth Galbraith, Wilbur Schramm, o presidente da NBC, uma constelação de estrelas da mídia. E eu.

Provavelmente, fui convidado porque a Globo já tinha feito o nome na América Latina e o Azcárraga sabia que ela poderia ser um sério concorrente para a sua Televisa, a rede que dominava o mercado comprador de programas de TV no continente. Acho que ele queria conhecer melhor as nossas ideias, ou talvez nos expor ao confronto com gente mais preparada. Talvez quisesse me sacanear, como vingança por aquela jogada da Copa 70, sei lá. Só sei que fui parar entre os cobrões da comunicação.

Na abertura do encontro, o presidente do México, Luis Echeverría, baixou o cacete na televisão, dizendo que ela criava a incomunicabilidade entre as pessoas. Criticar a TV, naquela época, era quase um modismo intelectual. No mundo inteiro os estudiosos faziam trabalhos demolidores contra o veículo, na linha da alienação, da dominação, aquela coisa do "Big Brother" de George Orwell. Mas a crítica do Echeverría, evidentemente, tinha alguma sacanagem para o lado do Azcárraga, além do mero oportunismo. Azcárraga era o monopolista da TV mexicana, mas exercia monopólio mesmo, sem Silvio Santos ou Adolfo Bloch para dividir fatias do bolo. Quando surgia alguém para competir, ele engolia.

Quando o Echeverría fez aquela crítica, na abertura do showzão do Azcárraga, o homem ficou muito preocupado. Tanto que achou que a TV tinha de dar uma resposta à altura. O ataque foi pesado e ainda estava sendo reforçado, no tiroteio de outros convidados. Foi aí que ele me chamou, com um apelo.

– Você vai me salvar, Walter. Vai salvar a TV. Você precisa fazer a defesa da televisão nos países em desenvolvimento.

Era uma parada e tanto. Eu estava escalado para falar e fazer a mediação numa mesa na qual estavam o cara da NBC – Newman ou Rosenberg, não lembro o nome – e Umberto Eco. Só isso já era trabalho suficiente. Mas o Azcárraga ainda queria que eu limpasse a honra da TV latino-americana, dando uma resposta vigorosa ao presidente do México. Eu tinha preparado uma conferência bem modesta, falando apenas da Globo, com dados de audiência, aquelas coisas, sem maiores compromissos. E, de uma hora para outra, teria de enfrentar uma polêmica intelectual.

Tranquei-me no quarto do hotel por dois dias e produzi a tal conferência. Defendi a tese de que a televisão, num país em desenvolvimento, era mais importante que a energia atômica, porque podia dar conta dos problemas da educação e da cultura, os principais obstáculos de um país atrasado. Discordei da ideia da comunicação e disse, ao contrário, que a TV estava servindo para que as pessoas conhecessem cada vez melhor umas às outras, trocando hábitos, ideias, conceitos e produtos. Enfim, embrulhei o meu peixe o melhor que pude e fui vendê-lo aos figurões.

Acho que estava num dia inspirado, porque a conferência pegou muito bem. O cara da NBC tinha até um diretor de marketing a tiracolo para completar as informações que ele queria passar ao auditório. E o Umberto Eco dava olé, desenhava coisas na parede, fazia seu show com barulhinhos, era um teatro só. Um soberbo comunicador. Mas o que eu falei repercutiu mais e, no dia seguinte, os jornais deram destaque. O *Excelsior*, principal jornal mexicano, abriu um espaço enorme para as minhas ideias. Aqui no Brasil também me deram uma grande cobertura. O sucesso foi tanto que acabei entrando em outro debate de medalhões.

Azcárraga ficou muito agradecido por minha defesa da televisão e na noite final me fez uma homenagem. Organizou uma festa no Armando's Le Club, o Gallery de lá, e fez questão de que eu sentasse em sua mesa, com sua família. Houve um show do Pedro Vargas e a mãe dele chorava emocionada. Achei aquilo tudo muito comovente e lembrei que meu pai e minha mãe falavam sempre de um show do Pedro Vargas no Cassino da Urca, onde os dois dançaram juntos ao som daqueles boleros.

Lá para o fim da noite, eu já estava num grande porre e o Azcárraga, pior do que eu. Foi então que ele virou para mim e fez uma confissão surpreendente, considerando as nossas relações difíceis até ali.

– Sabe de uma coisa? – ele disse. – Eu te admiro pra burro. Você é o único cara que eu admiro na televisão. Não respeito ninguém, mas você eu admiro.

Senti-me lisonjeado e já estava quase acreditando que o grande *tycoon* da televisão hispânica via em mim um parceiro à altura. Mas aí ele revelou a verdadeira natureza da sua admiração.

– Não é pela televisão que eu te admiro, não. É por causa das mulheres que você teve!

Eu ali, me achando o grande mito da comunicação contemporânea, e o meu anfitrião fazendo festas para um reles garanhão brasileiro... Mas ficamos bons amigos depois disso.

Azcárraga não estava exagerando ao falar das "mulheres" que eu tinha. Meu casamento com a Maria do Rosário ia mal, naquele clima de briga-desbriga em que as reconciliações ficavam cada vez mais difíceis. Nem o nascimento da Eduarda, em abril de 1973, nem a mudança para um novo apartamento – uma cobertura enorme na rua Gastão Baiana, com a vista mais bonita do Rio – ajudaram muito a nossa vida conjugal. Os velhos problemas foram se agravando com o passar do tempo e o que começou como uma grande paixão foi se transformando num inferno.

No fundo, o problema da Maria do Rosário tinha fundo edipiano. Ela era uma menina mimada, que fazia tudo para provocar os pais, principalmente o Gonzaga. Extraordinariamente inteligente, de esquerda, era típica artista-intelectual e vivia em conflito, porque o pai era ministro da ditadura. Como não se conformava com essa situação, acabou transferindo parte do problema para mim, que devia ser uma espécie de alter-ego dele e, pela minha posição profissional, também parte de tudo que ela contestava.

Seu esquerdismo festivo era coisa antiga. Quando nos conhecemos, no auge da repressão, em 1970, ela estava organizando um aparelho subversivo, perto da minha casa, para abrigar seus amigos dos grupos clandestinos. Acho que ela queria mesmo era *épater les bourgeois*, mas de qualquer forma corria um risco enorme, e eu a convenci a desmontar o tal aparelho. Mais tarde, quando ela planejava trabalhar no cinema, eu lhe dei de presente uma câmera CP sonora, de 16 mm, excelente. Certa noite, estava jantando em Santa Catarina, com o governador do estado, e me chamaram urgente ao telefone para avisar que a Rosário tinha sido presa, fazendo uma filmagem proibida na Central do Brasil.

Obviamente, entramos num processo de competição violentíssimo. Tudo que eu fazia ela contestava. Ela gostava, por exemplo, de se vestir informalmente, de jeans, e eu insistia para que ela se sofisticasse, se apresentasse mais de acordo com a imagem pública que nós, como casal, tínhamos de manter. Mas, de tanta amolação mútua, o que era paixão acabou apenas no saco cheio. A relação ficou insuportável e ao longo de 1973 fomos nos afastando.

No final do ano, fui à Europa negociar a transmissão do campeonato de Fórmula 1 de 1974 e passei uma semana em Capri, de férias, na casa do meu amigo Chico Souza Dantas. Eu já estava disposto a me separar da Rosário e conheci Vera Swift, uma americana enorme, campeã mundial de gamão, ex-mulher do Swift das salsichas. Tivemos um romance sem maiores consequências, mas suficiente para me confirmar a ideia da separação. Foi disposto a isso que voltei ao Brasil no final daqueles dias.

Porém, quando cheguei, o Tarso de Castro, ex-namorado da Rosário, muito sacana, colocou uma nota no jornal dizendo que ela estava me trocando pelo Bruno Barreto. A história dizia que o Bruno era muito amigo do irmão dela, que iam produzir um filme juntos e ele andava louco pela Rosário. Nunca duvidei do caráter da minha mulher, mas aquela nota complicou tudo. Se eu me separasse, ficaria mal para ela e para mim. Assim, nosso casamento ganhou uma sobrevida de mais seis meses, até o Carnaval de 1974.

Naquele ano, eu não estava com humor para folia. Queria ficar em casa, lendo e tentando esquecer os dissabores da vida. Mas fomos convidados a um baile no Municipal, que seria o último do teatro, e não pudemos faltar. Lá, ficamos num camarote muito animado, onde estavam Paulo Fernando e Regina, Mariano e Guida, Marta Rocha e Ronaldo Xavier de Lima. Bem em frente, havia um grupo em que todos usavam a mesma fantasia, mas nele se destacava uma loira especial, que mais tarde eu soube que se chamava Gildinha Saavedra. Era o último baile do Municipal, mas eu continuava sem vontade de nada, nem mesmo de beber. Lembro que alguém me passou um baseado e eu fumei – foi a primeira vez que fumei maconha na vida, eu nem sabia tragar direito. Fiquei lá sentado, sem sentir nada.

De repente, bateu no meu ombro uma mulher lindíssima, que estava com José Pessoa de Queiroz, sujeito que tinha fama de ser o mais bonito do Brasil. Mas ela estava mais interessada em mim, sei lá por quê. Chegou bem perto, quase me tocando o rosto.

– Há muito tempo estou com vontade de fazer isso e não vou mais esperar. Vou fazer agora mesmo.

E me tascou um beijo na boca. Juro pelos meus filhos que fui vítima de uma violência sexual, do ataque de uma tarada incontrolável. Mas, uma vez violentado, deixei-me levar por aquela boca fantástica. Naquele exato momento, porém, Maria do Rosário olhou para trás. Pegou a cena em close, com som ambiente e grande interpretação dos protagonistas. Discreta, ela não falou nada e fomos embora normalmente.

Evidente que, no dia seguinte, Quarta-feira de Cinzas, a reação dela foi outra. Arrumou a mudança sem que eu percebesse, pegou as malas e saiu. Só que não para a casa da mãe, como prevê o *script* clássico, mas para a casa da *minha* mãe. Por volta do meio-dia, fui acordado pelo telefone. Era dona Lúcia, comunicando a presença da hóspede inesperada.

– Walter, a Rosário veio para cá. Venha buscá-la.

– Eu, buscá-la? – respondi. – Eu não! Se ela quer sair de casa, que vá com Deus!

Liguei em seguida para um chaveiro que me atendia e mandei trocar as fechaduras do apartamento. E o nosso casamento terminou assim, sem nenhuma porta para a reconciliação. Não sei dizer se fui mau com ela ou se agi certo. Só sei que apenas acabei com aquilo que já havia terminado.

A separação de Maria do Rosário não foi o único laço emocional que se rompeu em mim naquele período. Um pouco antes, em 1973, houve também a morte da Regina, naquele famoso acidente com o avião da Varig que caiu perto de Orly, na França. Nós estávamos afastados havia muito tempo, mas a distância nunca foi garantia de fim de paixão. Com Regina, eu estava sempre exposto a um envolvimento, a não ser nos momentos em que vivia uma paixão. Acho que foi só por isso que consegui resistir a ela naquela viagem a Paris com a Rosário.

Regina continuava casada com o Gerard Léclery. Morava no Rio e liderava a *high society*, mas fazia anos que eu não a via. Tudo em sua vida virava notícia. Ela era cada vez mais uma personagem fundamental nas colunas sociais e nas fofocas das rodas elegantes.

Na manhã de 11 de junho de 1973, eu estava em Brasília quando ouvi no rádio a notícia da queda do avião. "Deve ter gente conhecida", pensei na hora. E estava certo. Só não sabia que o avião levava *muita* gente conhecida e que as perdas seriam enormes para mim. Na hora do almoço, encontrei com o Antonio Lucena no Bon Appétit e ele já tinha a relação dos mortos. Foi um choque indescritível. Além da Regina e do Agostinho do Santos, estavam no avião Júlio Delamare e Antônio Scavone, os dois novos talentos da Globo no esporte. Júlio era aficionado pelo esporte amador, uma das nossas conquistas mais importantes. Scavone era automobilista, tendo sido o organizador das corridas de Fórmula 1 no Brasil e o pioneiro em suas transmissões pela TV. No dia anterior, os dois estiveram comigo, em meu escritório. Falamos sobre um campeonato de natação que íamos transmitir e o Scavone tentou me convencer a trocar o meu Porsche pela sua Alfa Romeo Montreal. Saíram de lá para viajar à Inglaterra, onde fariam a transmissão do Grande Prêmio de Silverstone. Júlio iria só na quinta-feira, mas o Scavone pediu que ele antecipasse a partida e pegasse o mesmo avião, para lhe fazer companhia. Ele atendeu ao apelo e acompanhou o amigo na sua última viagem.

Fiquei completamente abalado com todas aquelas mortes. Conhecia no mínimo umas 20 vítimas. Mas me incomodava mesmo a morte da Regina, do Scavone e do Júlio. Mais até a do Júlio, porque ele representava o futuro na Globo, e sua carreira fora abruptamente cortada. Regina, ao contrário, era passado. Mas a Rosário jamais entendeu que a depressão em que entrei não se devia exclusivamente à morte da Regina. E foi uma depressão e tanto: bebi duas garrafas de vodca no Bon Appétit, entre o almoço e o início da noite. Só saí dali para o aeroporto, morto de dor.

Minha separação da Rosário, ao contrário desse episódio triste, não me provocou nenhuma depressão. Nunca é simples terminar um casamento, mas também não fiquei chorando no cantinho até esquecer. Passei a levar uma vida festiva, a vida de solteiro que, a rigor, nunca experimentara por mais de seis meses. Namorei muita gente e comecei a justificar a imagem que o Azcárraga e outros tinham de mim.

Separei-me em fevereiro de 1974, no Carnaval, e logo depois, em 15 de março, tomou posse na presidência da República Ernesto Geisel. Eu, evidentemente, precisava estar lá. Porém, na véspera da cerimônia, o Afrânio Nabuco, que dirigia a Globo na capital, deu uma festa em homenagem ao governo que saía, especialmente para o Roberto Médici e o Pratini de Moraes, grandes amigos nossos.

Estava meio mundo lá: o pessoal do governo, funcionários em geral, diplomatas, jornalistas. Entre eles, Carlos Castello Branco e Marília Gabriela, que tocava violão e cantava, animando uma roda com grande sucesso. No meio dessa gente toda, havia uma moça linda, recém-chegada de Paris, estudante de artes na Sorbonne. Era Lilian Sayão, filha de Bernardo Sayão, o grande desbravador do Brasil Central e construtor da Belém-Brasília, onde morreu abatido por uma árvore. Ela estava na capital federal para visitar a mãe.

Foi um encontro absolutamente maravilhoso. Parecia até cena de filme. Eu vestido de casaca, com as minhas condecorações, ela num maravilhoso vestido salmão, certamente de um grande costureiro. Lilian era a exata mistura dos pés no chão de uma candanga com o charme do *faubourg*. No fim de semana seguinte, voltei a Brasília para encontrá-la e poucas vezes na vida me senti mais feliz. Passeamos pela W-3, avenida que eu conheci em 1960 quando montamos a TV Alvorada e ainda ficava na fronteira do *far west*, mas agora era movimentada e imponente. Lilian era muito moça, mas tinha a força atávica de uma desbravadora.

Ela passou ainda alguns dias no Rio e continuamos nos encontrando. Demo-nos tão bem que até fizemos planos de uma viagem por Florença, Veneza, Mântua, Verona e Porto Fino, em junho. Porém, em algum momento, as culpas começaram a pesar e perguntei-me se era direito introduzir aquela moça tão especial no delírio da minha vida. Ela voltou a Paris e mantivemos contato, trocando cartas no conforto – ou desconforto – da distância, até que uma delas foi a do adeus.

Nessa época, primeiros tempos de descasado, começaram a surgir versões de que eu tinha caído completamente na farra. Depois dos casamentos errados e dos romances que foram quase casamentos, minha ruptura com a Lilian parecia indicar que era hora de eu seguir sozinho na vida. Sozinho, mas não abandonado, é claro, porque continuei tendo as minhas amigas. Isso contribuiu para alimentar o falatório a meu respeito, mas havia também a própria mitologia que foi se formando em torno da Globo, à medida que o nosso sucesso crescia.

Nossa equipe era verde demais para tanto sucesso. Eu mesmo, embora fosse o líder, o "paizão" permanente, era sempre cobrado, interna e externamente, por cima e por baixo. Um de nossos grandes problemas era vivermos muito para dentro da Globo, olhando apenas para o próprio umbigo. Por isso, comecei a organizar almoços todas as sextas-feiras com os nossos profissionais, para os quais eu convidava também personalidades do mundo exterior. Eu chamava o Armando, o Otto, o Boni, os caras que formulavam o pensamento da Globo, e os colocava em contato com pessoas que podiam contribuir para que arejássemos as ideias. A cada semana, almoçavam conosco intelectuais, artistas e políticos, sempre pessoas de gabarito: Tom Jobim, Vinicius de Moraes, Raphael de Almeida Magalhães, Glauber Rocha, Samuel Wainer, Renato Archer, Mário Reis, Aloysio Salles.

Tivemos reuniões muito agradáveis. O 60º aniversário de um dos convivas habituais, o Miguel Lins, foi concorridíssimo e contou com a presença de Manuel Francisco do Nascimento Brito, dono do *Jornal do Brasil*, feroz concorrente de *O Globo*. Em outro almoço, o pintor Ventura, recém-chegado de um longo tempo na Europa, financiou ali, com os participantes, a compra de tintas e telas para uma nova série de trabalhos que planejava. Mas essas reuniões, rigorosamente inocentes e bem-intencionadas, ganharam fama de grandes orgias. As pessoas achavam que eu enchia o apartamento de mulheres para divertir meus amigos. As fofocas se espalharam tão rapidamente que, depois de um mês, não tive alternativa senão suspender os almoços.

Logo depois do rompimento com Lilian, fui apresentado a Gilda Saavedra, a bela foliã que encantara o Municipal no Carnaval, dançando no camarote ao som de *Carinhoso*, toda vestida de azul. Nossa história começou descompromissadamente, durante a Copa do Mundo de 1974, no meio do ano. Logo ficamos muito ligados, porque a afinidade era grande. Ambos estávamos descasados havia pouco tempo. Ela, apesar do temperamento forte, que a fazia uma mulher contestadora e decidida, ainda estava traumatizada pelo desacerto do casamento. Eu, sinceramente, não sabia o que queria. Sentia um enorme vazio por tantas experiências frustradas e me doía viver com meus três filhos sempre distantes.

Foi com Gildinha que tirei as minhas únicas férias formais durante o período da Globo. Nós estávamos assistindo à Copa de 1974 pela TV quando o Brasil ganhou do Zaire, num apertado 3 a 0, a conta justa de que a Seleção precisava para se classificar para as quartas de final. Até ali, não púnhamos muita fé no time, como, aliás, todos os 90 milhões que tinham entrado em ação quatro anos antes. Mas, depois daquele jogo, não sei por que razão, nos entusiasmamos e achamos que o Brasil ia deslanchar. Resolvemos ir para a Alemanha, ainda em tempo de ver a Seleção suar com a Alemanha Oriental, ganhar apertado da Argentina e ser trucidado pelo carrossel holandês.

O fracasso brasileiro nos enviou a Capri, para 20 dias de descanso na casa do Chico Souza Dantas, na Via Castelli. Chico tinha um barco e nós passávamos os dias a bordo, navegando no mar limpíssimo do Mediterrâneo. Mergulhávamos nas grutas Azul, Verde e Branca, e atravessávamos o Farallone – duas rochas monumentais, em forma de arco, que ficavam em frente à casa do Alberto Moravia. Os dias passavam tranquilos: passeios a Nerano, Positano, Sorrento, Ischia, a música de Peppino di Capri tocando no barco, almoços ao sabor de tomate, orégano, mortadela, muçarela de búfala e vinho Blanc des Blancs. Conosco, um grupo de amigos do Brasil: Borgerth, Carlinhos Niemeyer e Luizinha, Renato Bonjean e Mitzi.

Nesse idílio peninsular, completei 38 anos, devidamente brindados com um galão de um Poire Williams maravilhoso, presente do Borgerth. Foram dias deliciosos, inesquecíveis, que eu esticaria infinitamente se pudesse. Mas o meu trabalho na Globo não me permitia esse luxo, e depois de três semanas eu estava de volta para administrar os milhares de problemas que gerávamos com o sucesso. Problemas como o da censura, um flagelo que assolava cada vez mais as nossas produções.

11.
O homem que deve morrer

As complexas relações da TV Globo com o regime militar mereceriam um livro à parte, escrito talvez por alguém que tivesse capacidade de interpretá-las com isenção e objetividade. O problema é que esse assunto costuma ser visto com paixão, com um emocionalismo cego. Sempre achei muito fácil e redutora a versão de que a Globo foi a garota-propaganda da ditadura, defendida por tanta gente nesses anos, gente de esquerda ou de direita. Nessa visão, tudo é mecânico e óbvio: Roberto Marinho, golpista da primeira hora de 1964, foi autorizado pelo governo a fazer um acordo ilegal com o Time-Life, ficou grato por isso e demonstrou sua lealdade ao longo dos anos defendendo e exaltando as maravilhas do regime. Com isso, recebeu privilégios do regime, puxou o saco dos milicos, ganhou mais simpatia e assim por diante. Besteira. Já disse antes que Roberto Marinho não tem o temperamento adequado para bajular ninguém. Ao contrário, ele é um homem que vive do desafio. E, além do mais, ganhou a concessão do Canal 4 no governo João Goulart, de quem não era exatamente adepto. Não foi, portanto, favor nenhum do governo.

É uma estupidez, de qualquer forma, negar que a Globo teve sua imagem confundida com a da ditadura. Mesmo sem querer, na medida em que ela apurava seu padrão de qualidade, em que o pior deixava de ser o melhor na programação, em que o mau gosto, o mundo cão e a apelação se tornavam dispensáveis, tudo isso coincidia com a euforia do "milagre brasileiro". O padrão de qualidade, o fortalecimento de uma imagem de modernidade e tecnologia acabaram cooptando, mesmo sem querer, a imagem do "Brasil Grande", que tanto interessava aos governos da ditadura. Mas nem por isso nossa vida era tranquila. A censura era insuportável e os profissionais que tiveram de conviver com ela merecem todo o meu respeito.

Não havia a menor lógica na censura. Por vezes, a opinião da mulher de um poderoso qualquer podia interferir no destino de uma novela. Janete Clair, por exemplo, usou muito o esquema de atribuir dupla personalidade a seus personagens, a fim de justificar seu comportamento eventualmente "anormal". Se as senhoras patrulheiras da moral e dos bons costumes se chocassem com alguma coisa, um adultério, uma paixão proibida, era fácil: a personagem alegava que não sabia o que estava fazendo. Era o seu "outro lado" que tinha feito a bobagem e não ela...

A Globo não teve privilégios que as outras emissoras não tivessem. E, se cometeu irregularidades, também teve a companhia das outras. Certa vez, o Zé Alcântara Machado e eu estávamos em Nova York e encontramos Adolpho Bloch. Jantamos juntos e, como íamos voltar no dia seguinte ao Brasil, ele nos pediu que trouxéssemos uma mala. Na hora da partida, descemos ao *lobby* do Hotel Pierre e lá estava a mala do Adolpho. Porém, quando chegamos ao Aeroporto Kennedy, estava à nossa espera o Sérgio Augusto, representante da Manchete em Nova York. Ele e mais outras malas, que, pesadas, deram cerca de meia tonelada de excesso de bagagem. Ficamos alarmados, mas ele nos tranquilizou.

– Chegando ao Rio, procurem o Marechal que não haverá problemas.

De fato, ao chegarmos, estava lá a "alta patente", um crioulo simpático que rapidamente desembaraçou tudo. As nossas malas e aquela verdadeira mudança do Adolpho. Não me consta que ele tenha pago nem um cruzeiro sequer de imposto pela meia tonelada de produtos importados com que furou as nossas tão ciosas barreiras alfandegárias.

Mas esse não foi absolutamente um caso isolado. Não havia empresa de comunicação que não tivesse seu quebra-galhos, e o nosso era muito especial. Trazia tudo de que a Globo precisava e até o que era totalmente supérfluo. Nisso, andou abusando um pouco. Afinal, até os churrascos do nosso pessoal eram feitos com carne americana.

Um dia, o pessoal do SNI me convidou para um almoço, no qual, posso garantir, não comemos nenhum bife do Peter Luger. O prato que eles queriam ali era a cabeça do nosso "despachante", que a essa altura já era uma figura ilustre da sociedade carioca. Constrangido, chamei os diretores da Globo e participei a eles a pressão que estávamos sofrendo do SNI. Foi desconfortável, porque todos eram muito ligados ao cara.

Uma semana depois, eu estava saindo de viagem e marquei com o fulano para se encontrar comigo no Galeão e despachar minha bagagem. Ele apareceu todo preocupado.

– Chefe, temos um problema. A sala VIP não está funcionando, porque o aeroporto está em obras, mas eu posso acomodá-lo na sala do SNI.

SNI? Estranhei, mas não disse nada. Entramos por aqueles interiores do aeroporto e chegamos à tal sala, onde estava um dos agentes que pediram a cabeça do nosso herói naquele almoço. Para meu espanto, os dois se cumprimentaram efusivamente, trocaram abraços, como velhos amigos.

Quando o "despachante" saiu para despachar minhas malas, não resisti à pergunta:

– Mas ele não era o sujeito que você queria que eu demitisse?

– Era, sim – respondeu o agente. – Mas aquilo foi besteira nossa. O fulano é gente fina. Foi ele quem trouxe todo o nosso equipamento de escuta.

Pois assim eram as coisas. Araponga em estado bruto. O quebra-galhos da Globo atendia também o SNI, e todos viviam felizes e contentes no reino da impunidade...

Porém, à parte as práticas alfandegárias, nossas relações com o regime militar eram difíceis na maior parte das vezes, sobretudo porque havia um divórcio entre a cúpula do regime, aqueles que estavam propriamente no governo, e os caras da área de segurança. Estes eram militares e policiais muito primitivos, ignorantes, que não tinham nada parecido com uma ideologia organizada, programada, para impor aos meios de comunicação. Salvo em alguns casos esporádicos, a censura e as pressões não eram feitas pelos generais, mas por gente como o Augusto, que foi beque na seleção brasileira da Copa de 1950 e virou agente do Departamento de Ordem Política e Social (Dops) do Rio. Era um tipo que pegava o telefone quando não gostava de alguma coisa e comandava lá do alto de sua suposta autoridade.

– Olha aí, hein? Não pode mais pôr esse troço no ar. Se puser, vai em cana.

E a coisa era tão kafkiana, tão absurda que não havia com quem reclamar, ou era preciso reclamar com muita gente, sendo necessário estabelecer uma teia de relações para quebrar os galhos com as pessoas certas, no lugar certo. Essa era a função da nossa Assessoria Especial, que ocupava não apenas o coronel Paiva Chaves e o Edgardo Erichsen, mas uns cinco ou seis funcionários, *full time*. Eles eram a nossa "Segunda Seção", o pessoal da "Contrainformação".

O nosso problema de censura era basicamente com as novelas. No telejornalismo, tomávamos muito cuidado para não atrair a repressão e acabar punidos com um castigo maior do que a falta cometida. Um dos pontos fundamentais em nossa estratégia era não "editorializar" a televisão. Operávamos na faixa do entretenimento e da informação fria, *hard news*, sem comentários. Se déssemos um pequeno passo no sentido da opinião, da crítica, trombaríamos com o regime ou com Roberto Marinho. Era melhor manter uma linha estritamente informativa do que arriscar o *Jornal Nacional* a engolir aqueles editoriais chatérrimos e reacionários, como os de *O Globo*. Ainda assim, muitas vezes não escapamos deles.

O Armando Nogueira e eu optamos conscientemente por um telejornal informativo. Até hoje somos cobrados por isso e, às vezes, essa cobrança tem um peso dramático. Mas era uma questão de realismo. Sabíamos o que estava acontecendo e não resistimos como esperavam que fizéssemos. Isso não foi certamente uma virtude nossa, mas, pesando tudo, creio ter sido a opção mais inteligente nas circunstâncias. Ao menos, foi a atitude possível para não nos entregarmos, para mantermos a estação funcionando e o jornal no ar. Uma bravata teria nos rendido uma medalha no currículo, mas por certo teria custado a própria existência do jornalismo na Globo. Foi melhor dar pouco que não dar nada.

Com o telejornalismo controlado, o problema da censura se concentrava nas novelas. E era nesse capítulo que os rapazes da nossa Assessoria Especial eram especialistas. A cada seis meses, quando tínhamos de aprovar em Brasília a sinopse de uma novela, era o parto da montanha. Sempre tinha alguém para encontrar chifre em cabeça de cavalo ou pelo em ovo. Descobriam motivações ocultas onde o autor jamais pretendeu colocar, viam mensagens subliminares nos detalhes mais absurdos. E dava um trabalhão convencer os caras de que não era bem assim, de que o autor não queria dizer aquilo etc.

O bem amado, por exemplo, irritou muito o general Bandeira, da linha duríssima do regime, aquele que mandou arrastar o Gregório Bezerra pelas ruas do Recife em 1964. Ele começou a nos pressionar e o encontro que tivemos em

Brasília, na casa do Edgardo, foi tão horroroso que me lembro perfeitamente da data: 10 de julho de 1974, véspera da queda do avião em que morreu a Regina. A novela já estava no ar e o general não engolia a qualificação que o Dias Gomes dava às personagens. Ele achava que "coronel" Odorico e "capitão" Zeca Diabo só podiam ser sacanagem "daquele comunista". Bandeira queria que tirássemos os termos do ar.

A mulher do Edgardo, muito gentil, nos serviu uns pasteizinhos deliciosos, mas eles me pesavam no estômago, tão enjoado eu estava com aquele indivíduo. Ele já suspendera a exibição do filme *Toda nudez será castigada*, de Arnaldo Jabor, baseado na obra de Nelson Rodrigues. Mesmo sendo o Nelson um intelectual benquisto pela revolução, os militares não aceitavam a crítica à pequena burguesia que ele fazia na história e destilavam um anticomunismo de esgoto.

— Seu Walter Clark, a peça do Nelson Rodrigues é muito boa, mas aquele negócio de o menino ser educado pelas tias e se amancebar com o ladrão boliviano não está certo — dizia o Bandeira. — Não podemos permitir uma coisa dessas!

Ele também não podia permitir o coronel e o capitão de *O bem amado*. Eu argumentava que eram formas de tratamento honoríficas do sertão, que tinham que ver com os coronéis da velha Guarda Nacional, fazendeiros, e com os capitães de mato, caçadores de escravos. Não era nada com o glorioso exército de Caxias. Tratava-se de expressões de sentido político regional e não mais militar, mas o general não era do tipo que se dobrava aos argumentos.

— Mas, general, convenhamos! — tentei. — O senhor acha que o Roberto Marinho, sendo quem é, um empresário conhecidamente anticomunista, amigo do governo, um homem que já deu provas de lealdade ao regime, permitiria uma novela que achincalhasse os militares?

O general não se perturbou.

— O que eu digo, seu Walter Clark, é que esse Roberto Marinho ainda não me convenceu!

E nos fez reeditar uma porção de capítulos da novela já prontos, extirpando todos os "coronel" e "capitão" mencionados nos diálogos. Foi uma trabalheira medonha, atrasou a produção, custou uma nota, mas foi a única solução. Se o cara não confiava nem no Roberto Marinho, por que confiaria em mim ou em um "notório comunista" como o Dias Gomes?

No caso do Dias, aliás, se eu estivesse no lugar do general, também não confiaria. Ele era o rei do contrabando ideológico. Sempre que possível, encaixava uma referência, uma crítica. Podia ser num detalhe perdido de uma cena, num diálogo aparentemente inofensivo, mas um bom entendedor pegava logo a malandragem. Os milicos não tinham muitos caras capazes de percebê-la, mas tinham o suficiente para me encher o saco. O pior era que o Dias era impermeável a qualquer recomendação de prudência. Achava – corretamente até, creio – que o papel dele era escrever as coisas, se expressar livremente. Se quisessem censurar, não seria com a ajuda dele.

Mas ele também exagerava. Um dia, em *Bandeira 2*, colocou a seguinte frase na boca do bicheiro Tucão:

– Televisão tem de estatizar mesmo! Televisão que tem Ibrahim Sued no ar não merece moleza do governo!

A tal televisão que tinha um programa do Ibrahim, por acaso, era a Globo. Imagine Roberto Marinho assistindo a um negócio desses! E imagine o tesão de um general Bandeira, recebendo uma sugestão desse tipo da própria TV! Tive de enfrentar um terremoto de 259 graus na Escala Richter até que o chão parasse de tremer embaixo de meu tapete. Eu quis matar o Dias Gomes!

Daí para a frente, passei a jogar o jogo: ele escrevia o que queria, eu punha no ar o que podia. Não ofereceria meu pescoço em holocausto para ele posar de campeão da liberdade. Contratei um ex-diretor do Departamento de Censura da Guanabara, o Otati, e o incumbi de ler tudo que ia para o ar, fazendo a censura o mais rigorosa possível. Eu preferia decidir o que ia ou não ao ar a ouvir isso dos censores do regime.

Ainda assim, enfrentamos problemas sérios. Quando vetaram a primeira versão de *Roque Santeiro*, nós já tínhamos uns 20 capítulos prontos. Como cada capítulo custava 25 mil dólares, só nessa brincadeira perdemos 500 mil dólares, fora o desgaste de não ter o que pôr no lugar e sair improvisando com reprise. Dessa vez, quebramos o galho reprisando *Selva de pedra*. Em seguida, tivemos outra novela interditada: *Despedida de casado*, do Walter George Durst, com a colaboração do psiquiatra Paulo Gaudêncio. No caso, foi uma cretinice inconcebível. Tratava-se de uma história adulta, sem dúvida, para a faixa das 22h, mas não tinha absolutamente nada de mais. Os censores, porém, acharam que o tema do divórcio era uma grave ameaça à família brasileira. Censuraram inapelavelmente e jamais nos procuraram para tentar negociar.

Durante todo o tempo da censura, nós nos equilibramos na corda bamba entre a tragédia e a comédia. As situações em geral eram sérias, agrediam os profissionais envolvidos, configuravam uma violência moral que marcava, feria. Mas também aconteciam episódios insólitos, patéticos, que expunham com crueza a mediocridade dos caras que se envolviam no esquema da repressão. Alguns eram mesmo engraçados, e altas personalidades do regime faziam papel de ridículo.

Foi numa situação assim, por exemplo, que conheci o general Ednardo D'Ávilla Mello, comandante do II Exército, em São Paulo, que entrou para a história do país com a pecha de algoz do jornalista Vladimir Herzog e do metalúrgico Manoel Fiel Filho, ambos mortos sob tortura no Destacamento de Operações de Informações-Centro de Operações de Defesa Interna (DOI-Codi) – o Vlado em outubro de 1975 e o Fiel, em janeiro de 1976. Pouco antes de o Vlado morrer, lá por setembro, um dos militares da área de segurança que frequentavam a Globo convidou-me, em nome do general Ednardo, para um almoço no QG do II Exército. Seguramente, não era o programa social dos meus sonhos, mas eu não podia recusar sem arranjar um enorme problema.

No dia marcado, fomos Zé Otávio, Borgerth e eu. Eu achava que ia encontrar um gorilão do tipo doutrinário, desses que fazem discursos anticomunistas a propósito de qualquer besteira. No mínimo, esperava que conversássemos sobre a delicada conjuntura política daquele ano, em que a sociedade civil já estava ganhando coragem e se articulando contra o regime, e o clima estava muito carregado. Mas não. O general Ednardo revelou-se uma figura agradável e extremamente interessada nas futilidades da TV. Ele me chamara para falar de televisão e de estrelas de novelas.

No final do almoço, o major que nos convocou, atento, sugeriu que convidássemos o general e sua família, que era do Rio, para uma visita ao estúdio. Fizemos o convite e os olhos dele brilharam. Mas o que mais me surpreendeu naquele dia foi um diálogo com outro general, assessor dele, creio que comandante da região militar de São Paulo. Era o general Antônio Marques, do qual me lembro bem porque era sogro do José Ramos Tinhorão – eu imaginava como seriam os almoços de domingo daquela família, com um militar linha-dura de um lado e um jornalista arquicomunista do outro. Nós já estávamos saindo do quartel quando o general Marques me puxou para um canto, fazendo o maior mistério. Levou-me a uma sala e, quando entramos, tirou uma foto de uma gaveta e me mostrou.

– Dê uma olhada aqui, seu Clark, para ver como são esses padres progressistas do Brasil!

Era uma foto de Dom Ivo Lorscheiter, tirada com equipamento infravermelho, que registrava imagens no escuro. Dom Ivo aparecia sentado na plateia de um cinema, provavelmente, ao lado de uma vasta mulata. Parecia o Cine Azteca, do Rio, um lugar fácil de identificar porque tinha uma arquitetura estranhíssima, réplica de um monumento asteca. Não posso dizer se aquilo era montagem ou se a foto era real, mas lá estava o bispo com a mulata, discreto, apenas sentado ao lado dela, sem abraçar, mãos dadas, nada disso.

O general Marques olhava aquela foto com indignação.

– O senhor vê, seu Clark! Esses bispos ficam pregando contra a Revolução e nem cuidam da própria moral!

Eu não vejo nada, pensei comigo. O pobre Dom Ivo está entrando numa fria e nem sabe. Se eles fazem isso com um religioso, imagine o que não fazem comigo! Como serão as fotos secretas que eles têm de mim? Onde será que os caras me fotografaram? Se quisessem me pegar na contravenção, para fazer uma foto daquele tipo, seria moleza. Mas talvez nem servisse como instrumento de chantagem. Que novidade poderia haver na informação de que Walter Clark foi visto furtivamente em companhia feminina não identificada? Quem se interessaria por isso além das revistas de fofocas?

Mas essas eram as preocupações dos serviços de informação das nossas gloriosas Forças Armadas durante a ditadura. Era esse o trabalho secretíssimo, de alto interesse estratégico, que eles realizavam no interesse do país, consumindo uma razoável bolada de dinheiro público...

Era essa gente, também, que se encarregava de vigiar os meios de comunicação, deliberando sobre o que era ou não conveniente que os brasileiros lessem, vissem ou ouvissem. O triste é que não estávamos sendo apenas vigiados, mas que nossos cães de guarda eram os piores espécimes do canil. Raramente tivemos a consideração de censores inteligentes, e nunca ninguém se preocupou um segundo sequer com os problemas elementares de educação envolvidos na problemática da TV.

O pior de tudo eram os aliados que a ditadura tinha *dentro* da televisão. Não estou falando do Edgardo, do Paiva Chaves e dos outros funcionários que, sob o comando deles, nos ajudavam a estabelecer uma convivência tolerável com o regime. Eles sempre foram leais, nos ajudaram muito e acho até que prestaram bons serviços à causa democrática. Por vezes evitaram, com sua influência, que a censura fosse ainda mais drástica do que foi.

O nosso grande problema nesse tempo era uma pessoa que tinha horário fixo na programação: o jornalista Amaral Netto, depois deputado federal e, coerentemente, líder da campanha pela pena de morte no país. Se tenho de me penitenciar de alguma coisa na Globo, é de tê-lo levado para lá. Eu o pus no ar, e o fiz conscientemente, para afagar o regime e evitar que ele nos pressionasse demais. Em troca de uma relativa tranquilidade para trabalhar, eu dava a eles um grande puxa-saco, um sujeito que faria tanta média que eles não teriam do que se queixar.

Amaral sempre foi um cara perigosíssimo. Durante a ditadura, quando podia mexer seus pauzinhos para conseguir o que quisesse com os militares, usou esse poder da forma mais oportunista e vergonhosa. Certa vez, quando fazia o programa ainda na TV Tupi, o diretor artístico, José Arrabal, tentou alterar o horário dele por alguma razão; ele, sem a menor cerimônia, pôs a repressão em cima do Arrabal. O coitado foi ameaçado de ser preso apenas porque queria exercer a sua função de diretor artístico e dispor da programação de sua emissora como achasse melhor.

Na Globo, enfrentamos um problema semelhante. Enquanto o programa do Amaral ia ao ar bem tarde, no final da noite de domingo, tudo bem. Ele falava de suas pororocas, viajava em aviões da FAB e em navios da Marinha para todo lado, puxava todos o saco militares do país, faturava muito com a sua produtora independente e não nos aborrecia.

Apesar disso, bolou um jeito de chamar a atenção, aplicando ao mesmo tempo mais uma boa puxada de saco em seus adorados militares. Alguns dias antes da Semana do Exército, foi ao general Orlando Geisel, homem forte do regime, e convenceu sua excelência de que era um absurdo que um programa como o dele, instrutivo, patriótico, um serviço à juventude brasileira, fosse exibido apenas no final da noite do domingo, enquanto o Chacrinha, com aquelas baixarias, aquele mundo cão, bacalhaus voadores e chacretes peladas, ocupava o horário nobre, das 20h às 22h. Não era certo, dizia o Amaral.

Depois desse encontro, vieram ao meu escritório, numa tarde de sábado, três coronéis: Otávio Costa, Cerqueira Lima e Danilo Venturini. Os três, muito constrangidos, traziam um recado do general Orlando.

– É até chato dizer, Walter, mas o general acha uma indignidade que o Chacrinha vá ao ar às 20h enquanto o Amaral, que é um patriota, só entre à meia-noite – dizia o Otávio Costa. – Ele quer que você passe o Amaral para as 20h. Ele vai fazer uma série de programas em homenagem à Semana do Exército e o general quer que eles entrem no horário nobre.

Amaral Netto às 20h de domingo seria um desastre para a programação. Naquele tempo, antes do *Fantástico*, de *Os Trapalhões* e do Faustão, nós amarrávamos o domingo da Globo com Silvio Santos e, depois, Chacrinha. Era nossa fórmula para enfrentar o Flávio Cavalcanti, que atravessava uma fase de muito sucesso na TV Tupi. Tirar o Chacrinha para pôr o Amaral contra o Flávio, por três semanas, era perder audiência na certa. Eu não podia aceitar.

– Mas essa é uma ideia infeliz do general Orlando – argumentei. – O programa do Amaral não tem um formato competitivo para as 20h. Esta é uma estação comercial e não posso arriscar a audiência apenas porque o general acha que o Amaral é um patriota!

Os coronéis estavam numa posição difícil, porque concordavam comigo, mas nem discutiram o assunto. Eram portadores de um recado do Ministro do Exército, o que equivalia a uma ordem. Orlando Geisel estava me *mandando* trocar os programas de horário e não sugerindo.

– Olha, acho que o general está cometendo um grande erro – ainda tentei. – Essa mudança de horário vai ser um escândalo, a imprensa vai cair de pau e o público vai odiar o Exército. Não creio que essa seja a melhor forma de comemorar a Semana do Exército.

Jogo perdido na argumentação com os coronéis, levei o assunto ao Roberto Marinho. Como eu esperava, ele ficou louco da vida. Disse que não podíamos aceitar uma imposição absurda como aquela e tomaria suas providências. Acho até que ele tentou fazer alguma coisa, mas o general Orlando tinha mais cacife. Assim, por três semanas, a Globo ofereceu aos telespectadores o repórter Amaral Netto em pleno horário nobre, homenageando o Exército brasileiro com todo o puxa-saquismo de que era capaz – obviamente montado em um esquema comercial que resolveu seus problemas.

A reação negativa que eu previa foi intensa. Caíram de pau nele, no governo e na Globo, claro, essa vendida à ditadura, bajuladora do regime, aquilo tudo. Tivemos de engolir o sapo calados, aguardando o momento de dar o troco. Depois desse episódio, Roberto Marinho virou inimigo do Amaral, e este chegou até a inventar que tinha um dossiê com graves acusações contra o dono da Globo. Mas seu castigo veio logo. Na eleição seguinte, achou que ia brilhar e não se elegeu. O povo às vezes faz a coisa certa. Pena que tenha a memória curta e o coração grande demais.

É por histórias como essa que acho uma ingenuidade acreditar que a Globo foi sempre amiguinha do regime, que tudo era cor-de-rosa nessa relação. Nós enfrentamos pressões de todo tipo. Não eram poucos os caras do regime que achavam que eu era um subversivo. Oculto, camuflado, mas subversivo. É claro que, mesmo sem ter uma atitude política aberta, eu simpatizava com a oposição. Como qualquer brasileiro minimamente pensante, não achava nenhuma graça em viver numa ditadura. Os militares sabiam disso, sem dúvida, e também o pessoal da esquerda, que jamais me hostilizou.

Sempre tive um bom relacionamento com todas as correntes políticas, inclusive as de esquerda. Obviamente, no mundo do Rio de Janeiro em que eu vivia, a esquerda conhecida era a festiva, aquela que estava mais para *Bar Don Juan* do que para *Eles não usam black-tie*. Um exemplo era Maria Clara Mariani, muito minha amiga. Ela era filha do banqueiro e ex-ministro Clemente Mariani, e ex-mulher do editor Sérgio Lacerda. Apesar do berço, flertava com a esquerda e foi presa porque escondeu Stuart Angel, filho de Zuzu Angel, que depois morreu barbaramente torturado.

Essas histórias, envolvendo gente conhecida, estavam sempre em torno de mim, e nunca tive nenhum problema nem sofri nenhuma agressão pelo fato de ser diretor da TV Globo. Se a esquerda tinha uma postura crítica em relação à emissora, se a combatia, nem por isso era agressiva comigo ou com outros diretores. Nós tínhamos um convívio social normal com todo mundo. Eu me lembro de uma festa que dei na minha casa, no aniversário do Gonzaga, quando ainda estava casado com a Rosário. Entre os convidados havia todo o espectro ideológico. Tinha a Ana Arruda, que acabara de sair da cadeia. Tinha o Renato Archer, também preso e cassado. Tinha o Antônio Callado, sabidamente um homem de esquerda. E tinha o pessoal da direita: general Meira Matos, Roberto Campos, Nelson Rodrigues.

As festas daquele tempo no Rio eram quase todas assim. Quando o Gabeira e a turma dele sequestraram o embaixador americano Charles Elbrick, Vera Simões, dona do jornal *A Tarde*, da Bahia, deu uma festa que acabou em quiproquó. Eu não fui, mas estavam lá Anacyr de Abreu, ex-coronel, cassado em 1964, diretor da Globo em Belo Horizonte; Nelsinho Batista, diretor do *Correio da Manhã*; Lolô Bernardes, ex-embaixador da ONU que quase foi seu secretário-geral; Carlos Alberto Bernardes, casado com Eliana Brant; e Renato Archer.

Era uma casa fantástica em Santa Tereza, próxima do local onde o Elbrick estava escondido. Eles estavam lá numa boa, se divertindo, quando chegaram os rapazes do Dops, muito nervosos. Foi um quiproquó danado, os caras queriam prender todo mundo. Tudo porque a filha da Vera, Helena, era mulher do Gabeira e foi em nome dela que o pessoal alugou a casa onde escondido o Elbrick ficou. Foi um custo provar aos policiais que ali não estava exatamente uma célula de um perigoso agrupamento clandestino, travestida de um bando de grã-finos.

Acho que esse fato simboliza muito bem as contradições daquele tempo. No dia do sequestro mais rumoroso de toda a história do terrorismo nacional, sequestro que a Globo noticiou com aquela indignação dos aliados do regime, um grupo de grã-finos ficou de mãos para o alto numa mansão de Santa Tereza, suspeito de ligações com os sequestradores. E ali ao lado, no mesmo bairro, o nosso amigo Fernando Gabeira, companheiro de chope no Veloso, mantinha na alça de mira o aterrorizado embaixador americano...

O sequestro do Elbrick, aliás, foi um dos grandes problemas que enfrentamos com a censura. Ele aconteceu numa quinta-feira, 4 de setembro de 1969, três dias depois da estreia do *Jornal Nacional*. A situação política estava tensíssima no país. No final de semana anterior, agravara-se o estado de saúde do presidente

Costa e Silva, o que o impossibilitava de exercer o mandato. Em seu lugar, assumiu a Junta Militar, já sinalizando que a barra pesaria bastante. Na Globo, porém, nossa preocupação maior era com o *JN*. Era o primeiro jornal em rede nacional e todos ainda estavam aprendendo a fazer telejornalismo via Embratel.

Pois na noite da sexta-feira, uns dez minutos antes de o jornal entrar no ar, com o Heron Domingues e o Cid Moreira já a postos no estúdio, os *scripts* prontos, os filmes posicionados no telecine, chegou apavorado o Aníbal Ribeiro, um dos caras da nossa Assessoria Especial. Ele estava com o coronel Manoel Paes, do gabinete do ministro Lira Tavares — um dos três da Junta —, ao telefone. O homem queria falar comigo.

– Não pode entrar nada do sequestro ou da doença do presidente – ordenou.

Que fazer? Eu tinha menos de dez minutos para me arranjar ou cancelar a transmissão do *JN*. Afinal, com censura ou não, com prudência ou não, fazíamos jornalismo e a maior parte daquela edição era dedicada às notícias que interessavam a todo mundo: o sequestro e a doença. Não havia como eliminar essa parte. Todo o jornal teria de cair.

Liguei para Roberto Marinho, desesperado, pedindo sua intervenção urgente. Ele disparou telefonemas para todo lado, tentou falar diretamente com o Lira, mas não teve sucesso. Minutos depois, me devolveu a bola. Já bufando de nervosismo, suando em bicas, alucinado, tentei no último instante um apelo desesperado. Liguei de volta ao coronel Paes e supliquei.

– O senhor tem de compreender que não posso atendê-lo, coronel. Se eu tirar o jornal e puser um desenho do Pica-Pau no lugar, minha única alternativa, o impacto vai ser muito grande. No clima em que estamos, todo mundo está esperando pelas notícias e isso vai dar numa boataria infernal. E o senhor sabe que boato é pior que notícia. Eu lhe peço um crédito de confiança aos profissionais da Globo. Aqui, ninguém está a fim de pôr fogo no país.

Por milagre, ele concordou. Foi só eu desligar o telefone e dar o sinal verde que entrou no ar a vinheta de abertura. No ultimíssimo instante. Tudo correu bem até o final, porque, claro, o jornal não trazia nada de mais, noticiava os fatos com serenidade. Mas graças à paranoia dos nossos solertes guardiães da Pátria, o *Jornal Nacional* foi batizado a sabre.

Mesmo com todos os paradoxos da política brasileira – ou justamente por causa deles, pois conseguia reunir no mesmo barco um Dias Gomes e um Amaral Netto –, a Globo não parou de crescer nos anos 1970. A rede se estendeu a todo o país, consolidou-se e abocanhou 70% da audiência nacional de televisão. Diversificou-se também, explorando com muita competência todas as áreas afins.

O primeiro passo da diversificação foi rumo aos discos. Quando as novelas da Globo se transformaram em sucessos arrasadores, o público passou a exigir discos com as trilhas sonoras. Inicialmente, quem fazia essas trilhas era a Philips, que era dirigida pelo André Midani, a quem eu conhecia desde o FIC de 1967. Arce fez um acordo com o Midani, pelo qual ele gravava as trilhas de graça, usando o nome da novela e da Globo, e nos dava 5% da vendagem. Claro que, com o tempo, o Arce sacou que era muito mais negócio para a Globo ter selo próprio. Foi aí que surgiu a ideia da Sigla e da Som Livre, respectivamente editora e gravadora musicais.

Criamos uma empresa chamada Cantagalo, da qual participavam Arce, Boni, Zé Otávio, Jee Wallach e eu, todos com uma cota cada um, e mais Borgerth e Otacílio, administrador da Globo do Rio, com meia cota. Por intermédio do Joe, propusemos a Roberto Marinho uma sociedade, pela qual a Cantagalo teria 75% da Sigla e da Som Livre, e o Roberto, os outros 25%. No nosso entendimento, era um ótimo negócio para todo mundo. Porém, quando estávamos prestes a fechá-lo, o Jorge Rodrigues, representante do Roberto, veio com um recado.

– O dr. Roberto não entra em negócio em que ele não tenha a maioria.

Como a parte dele era fundamental – afinal, as novelas eram dele –, resolvemos aceitar. Ele ficou com 51% e a Cantagalo, com 49%. Para viabilizar a operação das novas empresas musicais, tiramos da RGE o meu amigo João Araújo. Ele pegou o peão na unha e levou a Som Livre a conquistar 30% do mercado fonográfico, com uma lucratividade absurda, porque trabalhava basicamente com fonogramas de outras fábricas e quase não gastava na produção. Depois de algum tempo, o sócios da Cantagalo abriram mão de parte das cotas e consolidamos uma cota igual para o João.

Depois dos discos, investimos em cinema. Em 1972, a Cantagalo e a Globo novamente se associaram em uma nova empresa, dessa vez com a participação de dois empresários: Aloísio Ferreira de Salles e Horácio de Carvalho, à época casado com a dona Lily, depois mulher de Roberto Marinho. Tratava-se da Indústria Cinematográfica Brasileira (ICB), cuja composição era diferente da Som Livre. O Roberto, por exemplo, não entrou com dinheiro nem tinha a palavra final. Participava apenas com a divulgação dos filmes na Globo. Como precisávamos de um executivo competente na área para dirigi-la, contratamos Luiz Carlos Barreto, mas não lhe demos nenhuma cota, como fizemos com João Araújo na Som Livre.

A ICB entrou com força na produção. Fizemos *A estrela sobe*, do Bruno Barreto, *Guerra conjugal*, do Joaquim Pedro, e *O crime do Zé Bigorna* e *Isto é Pelé*, o maior sucesso dos três. Também distribuímos alguns filmes de menos sucesso, como *O casal*; *Marília, Marília* e *Os doces bárbaros*. As coisas iam bem, tanto que por volta de 1974 a ICB fez um acordo excelente com a Gaumont para distribuir filmes franceses no Brasil e brasileiros na França. Porém, subitamente, Roberto Marinho achou que era hora de esfriar a participação da Globo em cinema – bem no momento que eu negociava com o Barreto a nossa entrada no projeto de *Dona Flor e seus dois maridos*, que ele estava produzindo fora da ICB, na empresa dele, a LC.

Um belo dia, num domingo, eu estava na praia quando fui chamado para uma reunião às pressas com Luiz Eugênio Miller, advogado do Roberto. Estranhei a urgência, imaginando que fosse algo grave. Mas, quando cheguei, até me surpreendi.

– O doutor Roberto não quer que você feche o negócio com o Barreto – disse o Luiz Eugênio.

Argumentei que era uma tolice, que o filme seria um sucesso e perderíamos dinheiro se não entrássemos no negócio, mas ele foi inflexível. Disse que o Roberto estava tão preocupado com o assunto que telefonou ao Joe Wallach, que estava em São Francisco, para reiterar sua posição. Não entendi na hora nem posso afirmar com certeza, mas acho que o Roberto tomou essa decisão para não desagradar aos seus amigos Severiano Ribeiro e Harry Stone, que dominavam o mercado cinematográfico brasileiro e, evidentemente, não gostariam de um concorrente do porte da Globo.

Os dois eram amigos íntimos do Roberto e mandavam a ele, toda semana, uma cópia novinha de algum filme prestes a estrear. Roberto tinha uma sala de projeção em casa e as sessões especiais de cinema eram um dos programas que ele oferecia com o maior prazer a seus convidados. Pode até não ser esse o motivo da desistência, mas sem dúvida é curioso que um homem com a ambição do Roberto, que sempre quis ter o mundo nas mãos, tenha desistido do cinema. Enfim, foi o que aconteceu. O recuo da Globo esfriou a ICB, que continuou fazendo algumas produções, mas já sem a ambição de construir no Brasil uma indústria cinematográfica tão poderosa quanto a da televisão.

A Globo não entrou em cinema, mas continuou fazendo dinheiro com voracidade espantosa. Ficou tão rica que pôde se dar ao luxo de investir em cultura, apenas com o objetivo de conquistar uma boa imagem. A Fundação Roberto Marinho nasceu assim, como um tributo da Globo ao interesse público – além de nos servir como instrumento para puxar o saco do patrão e deixá-lo feliz conosco. Da mesma forma, a Galeria de Arte Global surgiu para aprofundar os laços comunitários da emissora, depois de uma experiência bem-sucedida de intercâmbio de pintores brasileiros e franceses, com o patrocínio de exposições alternadas entre Paris e Rio.

A essa altura, minha preocupação com a Globo era com o futuro, porque a máquina funcionava perfeitamente. Arce tocava a parte comercial e Boni cuidava da produção. Era um com a fábrica e o outro com o marketing. Joe administrava, com auxílio do Otacílio. A estratégia de programação, que era o meu trabalho específico, estava mais do que consolidada e o time jogava bem. Por isso, fui me afastando progressivamente do dia a dia da estação, para me concentrar mais nas suas "relações exteriores". Eu era o sujeito que representava a Rede Globo diante do governo, do mundo político, dos empresários, de todos os setores com os quais nos relacionávamos, o que era crucial naquele momento, quando a emissora era contestada por todos os lados.

Passei a ter uma vida de chanceler. Viajava sempre, participava de almoços e jantares, recebia todo tipo de homenagem, da Medalha do Pacificador, do Exército, em 1972, à Medalha do Mérito Aeronáutico. Títulos, ganhei todos os que poderia imaginar e aqueles com os quais nunca sonhei: Cidadão Carioca, Homem de Vendas do Ano, Personalidade do Ano.

Isso em geral me honrava, mas às vezes também me punha em situações embaraçosas. Como no dia que recebi os títulos de cidadão aracajuano e sergipano.

Quem propôs a homenagem foi o senador Lourival Batista, da Aliança Renovadora Nacional (Arena), que tinha ligações com a Rede Globo. Mas, quando voava do Rio para Sergipe, encontrei no avião o senador Augusto Franco, também da Arena, mas adversário do Lourival. Ele tinha um novo canal de TV na cidade e, como estava interessado em afiliá-lo à Globo, veio conversando comigo durante toda a viagem, me enchendo de amabilidades e gentilezas. Quando chegamos a Aracaju, formou-se uma situação constrangedora. Ficaram os dois senadores me puxando de um lado para o outro, disputando a minha atenção.

– Eu tenho a honra de estar aqui em Aracaju, contribuindo para pacificar a Arena... – ironizei em meu discurso de agradecimento aos títulos.

Esse negócio de ser embaixador da boa vontade era certamente conveniente para a Globo, que precisava muito de um homem nessa função. Mas, além de me envolver em situações muito chatas, acabou contribuindo para o meu desgaste interno. Era fácil deturpar o sentido das minhas atividades e me difamar, e foi exatamente isso que começou a acontecer. E, para minha infelicidade, o grande articulador dessa campanha de desgaste era meu amigo íntimo e o sujeito que eu mais admirei entre todos os que conheci na televisão brasileira. Sim, ele mesmo. O Boni.

Não sei precisar exatamente quando se rompeu entre nós aquele laço de amizade que julgávamos eterno, quando ainda estávamos tirando a Globo do buraco para torná-la uma grande rede de TV. Mas creio que o sucesso afetou a percepção do Boni. Em algum momento, ele começou a achar que era o único que trabalhava. Ele só entendia e aceitava os investimentos feitos em produção e programação. O resto, as relações públicas, o bom trânsito no governo, isso não era importante.

Jamais neguei, e não o faço agora, a importância do Boni no crescimento da Globo e na história da própria TV brasileira. Sempre afirmei, em todas as oportunidades, diante de todas as plateias, sua competência. Sempre considerei que o meu mérito na TV foi ter conseguido formar grandes equipes, e sei que o Boni foi a maior estrela de todos os times que montei. Mas ele preferiu abrir mão da nossa amizade e investir num projeto próprio de poder, que me excluía.

Já em 1971, como eu disse, ele falava mal de mim. Mas éramos amigos íntimos, de convivência intensa dentro e fora da televisão, e até acho normal que amigos assim se aborreçam eventualmente e se xinguem por aí. Na época, não me perturbei com as críticas dele. Porém, as coisas foram se avolumando e a oposição do Boni foi surgindo nos mínimos detalhes. Ele passou a trabalhar contra mim, quase sempre de forma sorrateira, mas por vezes de modo explícito. A amizade virou rancor.

Quando eu ainda estava casado com a Ilka e ele com a Laís, ex-bailarina da TV Rio, fez uma série de intrigas tão grandes que envolveu todo mundo numa enorme confusão, inclusive meu pai. O velho se separou de minha mãe em 1953 e foi morar no Edifício Venâncio, em Copacabana. Lá, conheceu a Laís, que morava com a mãe e a irmã. Ele morria de pena dela, porque era uma moça que sustentava a família. Frequentemente me pedia para ajuda-la na TV Rio.

– Pô, Walter, vocês estão despedindo bailarinos lá na emissora, vê se não faz isso com a Laís, ela é uma boa moça, tem dificuldade de sustentar a família – dizia o velho.

Pois o Boni, anos mais tarde, já casado com a Laís e o meu pai trabalhando na Globo, disse a ela que o velho a difamava. Acho que a partir daí a Laís ficou com ódio de mim, porque não queria saber de nada que tivesse relação com os Bueno. Certamente, um episódio que vivemos em Nova York contribuiu para complicar tudo. Estávamos lá eu e a Ilka, ela e o Boni. Antes de viajar, ainda pedi à Ilka, encarecidamente, para não esnobá-la, porque a Laís era simples, infantil e insegura, e eu temia alguma situação que pudesse ofendê-la.

Ilka é uma mulher formidável e teve enorme paciência com a Laís. Andou com ela para cima e para baixo, deu um milhão de dicas, ajudou-a a se localizar na cidade. Até que, pouco antes de voltarmos, as duas foram comprar sapatos, e a Ilka caiu na besteira de dizer à Laís que não precisava se preocupar em levar o pacote, porque os caras entregavam no hotel. Por uma dessas coisas que só acontecem nos Estados Unidos uma vez em cada dois milhões de anos, o sapato nunca chegou e a Laís jamais perdoou. Virou nossa inimiga. Tanto que, lá por 1976, ela me denunciou ao SNI, afirmando que eu era um toxicômano perigoso e eles precisavam agir contra mim.

Da Ilka, o Boni não cansava de dizer que ela era velha para mim, que me fazia pensar velho. No entanto, quando nos separamos, ele organizou aquele jantar de solidariedade para ela, me fazendo de vilão para os nossos amigos. As sacanagens dele também não pouparam meu pai. Depois de trabalhar anos na Globo, fazendo um trabalho importante na expansão da rede, ele sofreu um acidente de carro, teve hidrocefalia e foi obrigado a se afastar. Sua obsessão era montar a estação de Bauru, pois ele gostava muito da cidade e lutava muito para pôr a Globo lá. Porém, no dia em que pediu as contas para deixar a emissora, depois do acidente, mandaram desembarcar o equipamento em Bauru, só para que ele não tivesse o prazer de instalar a estação.

Na nossa relação direta de trabalho, as sacanagens também se tornaram constantes. Ele me criticava por puxar o saco dos militares e fazia vista grossa quando Dias Gomes e outros autores inseriam material subversivo nos textos. Eu que me arrebentasse com os milicos ou ficasse com fama de censor. Ele achava ótimo e posava de grande herói da resistência democrática. O filho da puta era sempre eu. Além de preguiçoso, claro. "O Walter não trabalha, fica só se exibindo", dizia ele.

No dia do incêndio de 1976 – que, como os demais, deu mais lucro que prejuízo –, passei na sala dele e o convidei para almoçar. Ele esfregava as mãos, no seu gesto normal de excitação, mas eu não entendia por quê. Ele explicou.

– Tem um incendiozinho lá embaixo, na estação. Vamos dar uma passada rápida e depois almoçamos.

Nós estávamos nas novas instalações da rua Von Martius, um prédio moderno, bonito, de concreto aparente e aço escovado, que deu à Globo o apelido de "Vênus platinada". O incêndio era no prédio antigo, da rua Jardim Botânico, onde ficava propriamente a emissora, os estúdios e a técnica. Desci achando que tínhamos um probleminha à toa, mas o tal "incendiozinho" queimou até o dia seguinte e foi o pior de todos. Aconteceu exatamente no coração da estação, a área onde ficavam os videoteipes e telecines, a área da exibição.

Quando chegamos lá embaixo e vimos aquela barafunda formada, propus que ele cuidasse da operação da emissora e eu dirigiria o trabalho de resgate das fitas de videoteipe com os bombeiros. Foi o que fizemos. Ele tratou de montar um esquema alternativo para a Globo não sair do ar, e eu fiquei lá orientando os caras, porque, afinal, já sabia o que era incêndio em TV. O maior perigo era a fumaça, altamente tóxica, resultante da combustão das fitas de videoteipe. Quem inalasse aquilo por algum tempo podia morrer.

Claro que, como eu fiquei todo o tempo na rua, dando ordens, conversando com bombeiros, articulando aquela operação, no dia seguinte só dava eu nos jornais. Apareci em todas as reportagens como o grande comandante do rescaldo.

Depois, houve uma missa em ação de graças rezada por Dom Eugênio Salles, celebrando a inexistência de vítimas, e novamente saí na primeira página de *O Globo*, ao lado de Roberto Marinho, como um dos acólitos da missa. Aquela publicidade que não pedi a ninguém foi demais para o Boni. Ele ficou louco de raiva. Mandou uma carta ao Roberto reclamando que, enquanto ele trabalhava para manter a estação no ar, eu me promovia n'*O Globo* à custa da desgraça...

Na sequência desse episódio, ele aproveitou para desorganizar o esquema que eu tinha montado no prédio novo da Von Martius. A disposição das pessoas pelos andares, segundo meu projeto, reproduzia o organograma da empresa. No 10º andar, ficávamos eu e os meus assessores diretos: Otto, Paiva Chaves e Paulo César Ferreira. Roberto tinha uma sala conjugada com a minha e com o salão do restaurante. Nas recepções, se quiséssemos, podíamos abrir todas as salas e criar um grande espaço. No 9º andar, ficavam as salas do Arce, do Joe e do Boni, cada uma delas com uma programação visual característica, cores próprias, códigos. Um negócio organizado.

Mas o Boni resolveu subverter essa divisão. Tentou mudar a ordem das salas, porque achava odioso que a minha distribuição representasse o organograma. Ele simplesmente não aceitava qualquer tipo de disciplina que não partisse dele. E quis mexer em tudo: pôr o Borjalo na sala do Roberto, o Pacote na sala do Otto Lara, embaralhar tudo. Deu trabalho e aprofundou o nosso desgaste manter as coisas como estavam, dando abrigo ao pessoal que ficara sem teto com o incêndio.

Enfim, para não transformar esse capítulo numa lamúria infinita, porque eu teria centenas de pequenas mesquinharias do Boni para relatar, deixo registrado que a principal preocupação de sua vida era foder a minha. Havia um componente profundamente neurótico nisso, uma coisa ambígua de amor e ódio, de inveja e desprezo, de ciúme e rancor, uma espécie de revolta da criatura contra o criador. Mas foi, antes e acima de tudo, uma imensa sacanagem do Boni, uma inacreditável traição a um sujeito que sempre deu a ele toda a força que pôde e jamais lhe negou amizade.

Uma figura que me intrigava nessa luta pelo poder era o Armando Nogueira. Eu sempre o prestigiei na TV Rio, e quando fui para a Globo lhe dei de presente o telejornalismo, que ele acabou não querendo de verdade e o passou, por procuração, a Alice Maria. Quando precisei abrir espaços para o noticiário na programação, tive de negociar com o Boni e coloquei o jornalismo sob sua subordinação. Armando jamais me perdoou por ter reduzido sua autonomia. Tornou-se hostil e acabou se aliando ao Boni contra mim. Seu grande problema sempre foi a vaidade exagerada. Ele me decepcionou, mas as decepções fazem parte da vida.

A grande sacanagem que o Armando me fez ocorreu em 1974, quando saí para a Copa da Alemanha e depois para as férias na Itália. Na minha ausência, e totalmente à minha revelia, ele demitiu Geraldo José de Almeida e João Saldanha, dois profissionais que eu jamais permitiria que saíssem da Globo. A partir daí, senti que ele jogava contra. Nunca consegui entender direito por que ele fez essa opção pelo Boni, que era manifestamente contrário ao jornalismo e reclamava que ele atrapalhava a programação.

Talvez isso se explique pelo comportamento tíbio do Armando. Apesar de ter um dos melhores textos do jornalismo brasileiro, ele nunca foi de trabalhar muito nem mostrava grande tesão pelo telejornalismo, essa é a verdade. Em 1971, por exemplo, quando caiu o viaduto da Paulo de Frontin, no Rio de Janeiro, eu estava em casa, fazendo um exame médico, quando o Borjalo me ligou, afobado.

– Walter, caiu o elevado! Está uma merda completa por lá!

– E nós já mandamos gente? – foi a primeira coisa que perguntei.

– Já, mandei o caminhão de externa, vamos entrar ao vivo em instantes – respondeu o Borjalo.

Eram duas da tarde. Liguei a TV e, logo depois, a Globo entrou direto do elevado, com aquela confusão toda. Gente soterrada, carros e ônibus esmagados, bombeiros trabalhando, uma multidão de curiosos. Nossos repórteres pediam leite para as vítimas e chegava tanta gente para doar que eles tinham de pedir para parar, porque estava congestionando o trânsito. Enfim, um carnaval dos diabos. Um prato cheio de emoções para o telejornalismo.

Acabei meus exames e fui para a emissora lá pelas seis horas. No saguão do elevador, encontrei o Armando. Ele estava com roupa esportiva, vindo de um jogo de futebol soçaite, um compromisso sagrado de seus sábados. Achei estranho ele chegar apenas àquela hora e imaginei que, por alguma razão, ninguém o tivesse avisado do acidente.

– Ah, o elevado! É, parece que caiu, né? Me disseram – respondeu ele.

– Porra, Armando! – falei meio irritado. – Estamos com o caminhão lá desde as duas horas e você não está nem sabendo!

Mas não adiantava eu me irritar. Ele fazia um tipo de direção de jornalismo assim, sem vibração, sem tesão. Não supervisionava pessoalmente nem metia a mão na massa. Era cheio de sutilezas e frescuras, tanto que seu apelido era Neném-Dodói. Um bom sujeito, de confiança, honesto. Fui muito amigo dele. Mas confesso que, mesmo antes de ele se indispor comigo e passar a me combater, eu sabia que ele não era o cara adequado para o jornalismo. Contudo, não posso ser injusto: do ponto de vista político, ele me ajudou muito a segurar as pontas com a censura.

Quem tinha problemas existenciais terríveis com o jornalismo da Globo era o Otto. Ele se sentia frustrado naquela posição de diretor-adjunto, quando era um cara de primeira linha no jornalismo, um comandante. Cheguei a pensar em colocá-lo na direção, transferindo o Armando, mas nunca propus a ideia aos dois. Otto – superético, extremamente preocupado em não ofender ninguém e, acima de tudo, muito amigo do Armando – jamais aceitaria.

O fato é que a oposição sistemática do Boni, o desinteresse do Armando, o clima pesado da Globo, tudo isso foi me enchendo profundamente o saco. As nossas reuniões do conselho de direção, nas manhãs de segunda-feira, tornaram-se um inferno. Era o Boni dando esporro no Joe, o Joe descontando no Arce, o Arce devolvendo. Para o Arce, sobrava muita sacanagem porque ele era absolutamente fiel a mim, jamais legitimou qualquer armação. Mas o clima de intriga e discórdia foi se generalizando de tal forma que, nas reuniões, todo mundo brigava com todo mundo. Era uma gritaria daquelas logo no início de cada semana. Ficou tão desagradável que já na noite de domingo, quando eu ouvia a música do *Fantástico*, sentia-me mal só de pensar que no dia seguinte enfrentaria uma guerra.

O desgaste das nossas relações se manifestava nos detalhes mais sutis. Em 1973, ganhei o título de Homem de Vendas do Ano da Associação dos Dirigentes de Vendas e Marketing (ADVB). Era um título importante, uma honraria conferida até então apenas a Victor Civita, Abílio Diniz, gente de grosso calibre. O próprio Roberto só foi ganhá-lo muito mais tarde, em 1986. Evidentemente, eu esperava que meus companheiros da Globo prestigiassem a cerimônia de entrega do prêmio. Mas, embora tenham ido a São Paulo com esse fim, Boni, Armando e equipe não compareceram. A alegação era de que não tinham smoking... Se fosse uma festa do Braguinha ou do Zé Luiz Magalhães, o Armando certamente iria, nem que fosse com smoking alugado.

Acho que foi nessa época que começaram os meus grandes problemas na Globo. O ressentimento contra mim foi progredindo. Se eu saía com uma moça de boa família, era porque eu era um mascarado, metido a grã-fino. Se saía com a Sandra Bréa, eu estava exibindo o meu narcisismo. Tudo aquilo me revoltava, me causava um profundo desprezo, mas me faltava tesão para dar um murro na mesa e acabar com toda aquela frescura.

O dinheiro farto que todos ganhavam era como veneno, sobretudo nas mãos das mulheres. A Laís e a Cristina, mulher do Arce, não se controlavam com os talões de cheques na mão e ofereciam um festival de novo-riquismo, pretensão e falta de educação. E, infelizmente, punham fogo na cabeça de seus consortes tão azarados. Minha mãe, mulher muito elegante, visitou certo um dia uma dessas "globetes" (era assim que eram chamadas), que tinha tido um filho. Saiu da maternidade arrasada.

– Meu filho, que coisa triste... Uma linda criança nascendo e tudo ali só girava em torno de Cartier, Rolex...

Fui me queimando nessa fogueira das vaidades. Hoje, com a cabeça fresca, posso dizer tudo isso como quem sobe ao cadafalso. Nessa época, a cocaína era chique nas festas intelectossociais, e o seu consumo, bastante disseminado. A coisa mais difícil numa festa era ir ao banheiro, porque ele estava sempre ocupado – e não por necessitados convencionais. Mas resolveram me transformar em drogado. Todos os pecados do mundo eram meus. Minhas histórias com a cocaína rolavam como bola de neve, sempre aumentando de tamanho. Chegou a um ponto em que os traficantes negociavam com os interessados e, na hora de garantir a qualidade da mercadoria, apelavam para o meu prestígio.

– Essa aqui você pode levar tranquilo, meu bem, porque é coisa fina! Essa é a do Walter Clark!

Nunca comprei um papelote de pó, nem tive em minha casa. Mas, na boca do povo, eu era o Pablo Escobar do jardim Botânico, e também o maior devasso da cidade. Certo dia, minha mãe me telefonou preocupada.

— Walter, você está saindo com a fulana? Como é possível? A moça é casada!

Eu mal conhecia a pessoa à qual ela se referia. Desliguei o telefone e comentei com o Zé Otávio.

— Estão dizendo que estou comendo a fulana, mas eu mal a cumprimento. Quem pode ter inventado essa história?

E o Zé, sardônico como sempre:

— Só pode ter sido o marido dela...

Era o preço da fama. Num Carnaval em que Ricardo Amaral e Marco Aurélio Moreira Leite tinham camarotes em todos os bailes, apareceu lá em casa, pouco antes do Baile do Vermelho e Preto, uma atriz de cinema que chegara da Itália. Ela entrou na turma, ficou brincando conosco no baile e saímos juntos numa fotografia da coluna do Zózimo. Dias depois, ela foi presa com drogas na *avant-première* de um filme. Eu só havia saído com ela naquela noite de Carnaval, mas um grande criminalista brasileiro, seu defensor, me ligou com uma conversa esquisita, sugerindo que haveria fotos comprometedoras minhas com ela. Era demais.

— Olha, meu caro — disse a ele. — Como amigo e colega de profissão dela, eu me proponho a colaborar no que puder em sua defesa. Mas nada além disso. Não tenho nada que ver com esse assunto da droga, isso é problema exclusivo dela. Eu pago pra ver se você tem mesmo qualquer coisa que me incrimine.

Ele nunca mais me incomodou. Não sei se queria que eu confessasse qualquer coisa, para atenuar a incriminação de sua cliente. Mas esses incidentes me estouravam a paciência. A exposição permanente de minha vida privada me consumia. Um dia, desanimado, pedi socorro à minha querida irmã Lilian. Com sua serenidade protetora, ela me deu um grande consolo.

— Pelo menos, nunca disseram que você é veado ou ladrão...

Para minha sorte, toda essa interminável mitologia a meu respeito não afastava de mim as pessoas interessantes, e eu continuava suscetível ao encanto delas. Foi assim que conheci Fernanda Bruni. Era dezembro e minha amiga Odile Rubirosa dava uma festa para Michel Legrand. Já na saída, eu estava no corredor do prédio, o Edifício Chopin, ao lado do Copacabana Palace, acompanhado de uma querida amiga, uma nobre europeia, quando vi uma mulher irresistivelmente linda. Ela usava um vestido ciclâmen justo e comprido, os cabelos negros presos em um coque e tinha andar de princesa. Na primeira chance, comentei qualquer coisa com ela, começamos a conversar e, quando percebemos, eu já tinha dispensado a minha amiga e estava levando a moça para casa (a dela).

Aí começou a nossa história. A Fernanda devia ter uns 21, 22 anos, e era filha do Lívio Bruni, o dono da cadeia de cinemas. Demo-nos muito bem. Nosso amor era o anticlímax para a minha vida agitada. Ela tinha um tucano de estimação e brincava muito comigo por causa dele. Eu dizia que ela era uma plantinha que eu regaria de vida. E, de fato, quando fomos passar o ano-novo na Bahia, a bordo da minha lancha Vent Vert, na companhia do Zé Otávio e da Guida, e do Afrânio e da Rita, percebi que a plantinha havia sido de fato irrigada de vida: Fernanda enjoou demais. Estava grávida.

Até ali, a viagem tinha sido muito gostosa, mas a gravidez nos deixou apreensivos. E, na véspera do *réveillon*, para estragar tudo, chegou a notícia de que Ângela Diniz, sua melhor amiga, fora assassinada em Búzios. O fim de nosso cruzeiro virou então um inferno. Infelizmente, o clima de "tucano" e "plantinha" não durou muito tempo. Tentamos nos casar, mas não foi possível, e assim mesmo fizemos uma produção independente a dois, o nosso filho.

Foi nesse clima que atravessei o primeiro semestre de 1977, o meu último ano na TV Globo: atormentado por esse problema pessoal, envolvido nas maiores confusões sentimentais. Enquanto tudo isso acontecia, eu não deixava de trabalhar. Ao contrário, mergulhava nas minhas atividades com a maior seriedade. Mas é claro que, com essa vida, era mais fácil para os meus detratores queimarem a minha imagem, publicamente e dentro da Globo. Até então, Roberto Marinho não havia se manifestado a respeito de meu comportamento, meus hábitos ou minhas preferências. Mas se aproximava o dia em que ele diria não a tudo aquilo.

Boni, claro, aproveitava esse momento complicado da minha vida para me intrigar com o Roberto. Engraçado que ele fazia isso sem aumentar, entretanto, o próprio cacife. O Roberto não gostava dele. Houve até um momento, poucos meses antes de eu sair, em que ele sugeriu que eu demitisse o Boni. Isso aconteceu durante um almoço em seu estúdio no 4º andar do prédio de *O Globo*.

O Roberto tinha ao lado do escritório um pequeno apartamento, o que era um conforto considerável para um sujeito com rotina de jornalista, que fechava o jornal de madrugada e trocava o dia pela noite. Roberto dormia ali às vezes. Também fazia ali as refeições, para as quais éramos eventualmente convidados. Certo dia, Joe e eu almoçávamos com o Roberto quando ele me cobrou:

– Você está deixando o Boni tomar conta da emissora. Ele só fala mal de você o tempo todo e você não faz nada. Por que não o demite? Ele não é seu inimigo?

– Não penso na relação do Boni comigo – respondi. – O que me preocupa é a relação dele com a sua empresa. E, por enquanto, ele continua sendo indispensável para a Globo.

– É, mas eu acho que você deveria demiti-lo. Você não pode abrir mão da sua autoridade. Você está muito distante.

Roberto, na verdade, estava me provocando. Já fazia algum tempo que ele manifestava em relação a mim um sentimento estranho e incompreensível: o ciúme. Não suportava que a fama do seu empregado fosse maior do que a sua. Era isso que estava acontecendo, objetivamente, e ele não conseguia mais esconder a sua irritação.

Roberto não gostou nada quando a revista *Vogue* fez uma reportagem comigo e me escolheu para a capa. Mais uma vez, eu brilhava mais que ele. Acho que, àquela altura da vida, o Roberto estava se desreprimindo e deixando aflorar seu lado mundano, sempre oculto pelo jornalista, trabalhador incansável, homem de empresas. Eu sentia que a Globo estava se tornando um brinquedo fascinante demais para ele, que era o dono, e tinha emprestado para uns garotos mais moços brincarem. Agora, ele queria o brinquedo de volta e detestava quando um dos meninos fazia sucesso. Roberto me cobrou duramente a tal capa da *Vogue*, durante um de nossos almoços.

– Por que você apareceu nessa matéria e não eu? – perguntou.

– Bom, isso o senhor tem de perguntar ao Luiz Carta, não a mim – respondi. – É ele que decide quem vai ser capa da sua revista.

Parecia até que eu tinha cavado aquela capa em troca de algum favor ao Luiz na Globo. Fiquei espantadíssimo ao ver a importância que Roberto atribuía a um assunto tão banal, mas isso me deu uma noção muito clara do ciúme que o meu sucesso despertava nele. Acho também que, àquela altura, já estava cristalizada nele a ideia de que eu perdia o controle sobre a minha equipe. Se as coisas estavam assim, pensei, eu não duraria muito na emissora.

Foi para me provocar, portanto, e talvez para me acordar, que ele sugeriu a demissão do Boni. Mas eu não podia aceitar. Embora fosse um porra-louca na vida pessoal, jamais brinquei com os assuntos da Globo. E demitir o Boni, nas circunstâncias, poderia tirar uma pedra do meu sapato, mas abalaria sobremaneira a estrutura da empresa. Por isso, reagi e decidi peitá-lo. Se ele queria me demitir, ali estava a chance.

— Bom, doutor Roberto, se o senhor acha que eu não posso mais decidir sozinho sobre o que é melhor para a Globo, então eu não sou mais o diretor-geral.

Joe, sócio emérito da turma do deixa-disso, ficou pálido. Eu tinha lançado o meu emprego na mesa. Roberto ficou surpreso.

— Não é isso que eu quero, mas se você puser nesses termos...

— Então, se realmente não é isso o que o senhor quer, por favor não me iniba. Só vou ser bom para a sua empresa se puder trabalhar com a liberdade que tive até agora. Se o senhor me inibir, não poderei servi-lo.

A conversa terminou num clima meio tenso. Ele deixou o barco correr, provavelmente porque ainda não decidira quando exatamente devia se livrar de mim. Mas era óbvio que a minha permanência na Globo estava comprometida. Saí do almoço tão convicto disso que, logo ao voltar para a estação, comentei com o Otacílio:

— Não vou durar muito tempo aqui, Otacílio. Anote isso.

Ele achou que era bobagem minha, mas não era. Havia muitas mãos firmemente agarradas ao meu tapete. Uma das mais ativas era a de Armando Falcão, à época ministro da Justiça, grande amigo do Roberto. De todos os caras da ditadura, Falcão foi certamente o que mais tentou me prejudicar. E, ao contrário do que dizem, mesmo sendo amigo do Roberto, jamais deu a mínima ajuda à Globo. Só atrapalhou.

O curioso é que, a não ser o Roberto e a mulher dele à época, a Ruth, ninguém gostava do Falcão. Nem os filhos, os amigos, nenhum diretor das empresas do Roberto. Porque o Falcão era aquele tipo deletério, que adorava fazer intrigas, dizer que éramos todos comunistas, drogados, os piores elementos. Ele tinha um prazer sádico em nos foder. Eu, então, era o seu prato predileto. Um assessor dele até me confessou que ele adorava sujar a minha ficha no SNI, colocar que eu era drogado, comunista, o diabo. Até em homossexual ele tentou me transformar, segundo o depoimento do cara. Eu imaginava que me desqualificar era a forma que ele encontrava para se livrar das coisas que o Roberto frequentemente lhe pedia. Caso eu não pudesse atender a um pedido, ele podia argumentar que o empecilho era eu.

Falcão tinha profunda antipatia por mim. Certo dia, um episódio acontecido na Globo confirmou isso claramente. Era um programa comum das tardes de domingo nos reunirmos na estação e receber os amigos para assistir pela TV aos jogos de futebol. Roberto e eu tínhamos nas nossas salas uma linha direta com o Maracanã, pela qual acompanhávamos ao vivo os jogos que a Globo gravava para transmitir mais tarde. Um grupo, em especial, sempre ia à minha sala: Miguel Lins, Raphael de Almeida Magalhães, Roberto Médici. O próprio presidente Médici, como eu já disse, esteve lá algumas vezes. Roberto também recebia a sua turma e o Falcão era um dos seus convidados habituais.

Um belo domingo, lá pelas 16h, um amigo já estava instalado na minha sala, afundado numa poltrona, fora da vista de quem entrasse, esperando o jogo começar. De repente, ouviu uma voz de mulher. Sem que ela percebesse, ele se virou e viu que era Maria Ilna, a mulher do Falcão.

— Então é esse o famoso gabinete do Walter Clark! – ela comentou com alguém que a acompanhava.

Quando esse meu amigo me contou a história, garantiu que Maria Ilna falava isso em tom de admiração e inveja, como se a minha sala fosse uma câmera de mistérios, de fantasias proibidas. Afinal, era o covil de Walter Clark. Nesse dia, tive certeza de que os Falcão não tinham mesmo a menor simpatia por mim.

Mas Sua Excelência, o ministro Falcão, também gostava de se exibir e fanfarronear na minha presença. Uma das últimas vezes que o vi fazendo um espetáculo desse tipo foi logo depois do incêndio de 1976, quando ele se propôs a ajudar a Globo e, mesmo não acreditando que ele o fizesse, fui a Brasília conferir. Não pretendia pedir nada de especial, apenas aquelas facilidades de crédito e importação que o governo poderia perfeitamente dar, sem nenhum escândalo, a uma grande empresa recém-saída de um sinistro. Mas não tive moleza nenhuma.

Falcão me recebeu na antessala do seu gabinete, com a bunda encostada na mesa do seu secretário. Nem me convidou a sentar. Enquanto eu falava dos problemas da Globo, ele passava ao largo do assunto. Comentava apenas, com a boca cheia de orgulho, como era maravilhoso o seu esquema de segurança. Dizia que só andava com três carros, um na frente, o dele no meio e outro atrás.

– Se alguém nos parar, a ordem é dar um tiro de escopeta na cabeça! – dizia ele, empavonado. – É para matar mesmo o filho da puta!

Era a essa personalidade absolutamente neurótica que estava entregue a Justiça do Brasil no governo Geisel. Esse defensor da Justiça sumária, aplicada pela escopeta. Claro que, se ele pudesse, usaria a escopeta em mim, fazendo-me em milhões de pedacinhos. Mas, como não podia, ao menos sem fazer um barulho razoável, ele preferia me queimar em fogo brando, trabalhando pacientemente contra mim perante o Roberto. Além do Boni, do Armando e dos outros adversários do *front* interno, portanto, eu também tinha o Falcão me jantando aos poucos por fora.

Se ele queria me ver fora da Globo, não esperaria muito tempo. A oportunidade seria criada em breve, com um conflito que envolveu Paulo Pimentel, ex-governador do Paraná e parceiro da Rede Globo em seu estado. Para defender o Paulo numa briga que ele comprou com o governo, trombei de frente com o Falcão e, pela primeira vez, prejudiquei os interesses de Roberto Marinho. Nesse episódio, comprei o meu bilhete de saída da Globo. Depois dele, foi só esperar o picote.

12.
Assim na terra como no céu

Quando me perguntam por que saí da Rede Globo, jamais consigo oferecer uma resposta simples, curta e direta. Não porque eu queira florear os fatos e tornar mais bonito o meu lado da história, mas simplesmente porque as coisas não foram nem simples, nem curtas, nem diretas. Minha demissão foi um longo processo de desgaste, que misturou de razões subjetivas – como o ciúme de Roberto Marinho do meu estilo de vida – a questões absolutamente objetivas, como a necessidade natural de crescimento dos três superintendentes subordinados a mim (Joe, Boni e Arce), ou o desejo, também normal, de o Roberto aproximar-se do que era seu.

Não posso negar que as funções cada vez mais institucionais que eu exercia poderiam ser exercidas até melhor pelo Roberto, embora o nome Walter Clark estivesse intimamente ligado ao da Globo. Talvez pesasse aí o meu comportamento irreverente, os quatro casamentos ainda antes dos 40 anos. Isso destoava dos padrões morais da casa, por mais que eu fosse invejado. Mas todas as desculpas que eu possa dar para a minha saída são, no fundo, irrelevantes. O fato concreto é que a estrutura da Globo ficou inchada e chegou a hora de eu ser expelido. Se fossem outras as razões, por que o virtuoso Joe Wallach também "foi saído", poucos anos depois?

Ao longo dos meus 11 anos de TV Globo, Roberto praticamente não interferiu na administração. Sempre deixou que eu usasse a carta branca da forma que eu achasse melhor. É claro que não fiz um aviãozinho de papel com essa carta branca. Todas as medidas que tomei seguiram sempre uma racionalidade administrativa, o que as tornava facilmente explicáveis. Depois, havia o Joe Wallach entre nós dois. Joe representava diretamente o Roberto e participava das decisões, de modo que, quando elas eram tomadas, Roberto já sabia o que seria feito. Mas, à medida que se agravavam os conflitos da diretoria e aquele clima pesado lhe chegava aos ouvidos, ele foi mudando gradualmente de atitude. Desde aquele desagradável encontro em que ele me sugeriu que demitisse o Boni, percebi que, com muita sutileza, ele procurava pegar as rédeas de seu negócio. E, a partir daí, o nosso choque foi inevitável.

A primeira divergência séria entre nós surgiu quando o governo deu de perseguir Paulo Pimentel, o afiliado da Rede Globo no Paraná. O Paulo, deputado federal, era cria política de Ney Braga, que estava no ministério do Geisel. Porém, àquela altura dos acontecimentos, abril de 1976, os dois estavam rompidos, sei lá por qual razão. Ambos eram políticos expressivos da Arena paranaense e lutavam pela supremacia no partido. Para complicar, o Paulo também era desafeto do chefe do SNI, general João Batista Figueiredo – qualquer pessoa que lesse o Almanaque do Exército sabia que ele seria o próximo presidente da República.

Pois então se formou uma frente contra o Paulo Pimentel. Ney Braga, Figueiredo e Armando Falcão – que, como bom corvo, sempre aparecia quando se tratava de fazer o trabalho sujo – começaram a pressionar o Roberto para tirar a programação da Globo das estações do Paulo, em Curitiba e Maringá. Roberto em geral resistia a esse tipo de pressão, mas o *lobby* contra o Paulo era forte e insistente, de modo que ele começou a me repassar as reclamações de Brasília.

Minha posição nesse assunto era bem clara: eu estava com o Paulo Pimentel. Não só por ele, mas pelo princípio de que não poderíamos sacanear os nossos parceiros. A força da Rede Globo residia exatamente na união de todos os seus componentes, que se fundamentava na lealdade recíproca. Se isso fosse rompido, se a cabeça da rede amputasse um de seus membros de modo arbitrário, cedendo a pressões de quem quer que fosse, levaria a insegurança a todos os outros. Quem poderia confiar que estaria livre de uma atitude arbitrária semelhante, amanhã ou depois?

Além desse problema de princípio, havia o próprio Paulo. Ele estava sendo vítima de uma sacanagem política, que não tinha nada que ver com a sua competência como empresário de televisão e parceiro comercial da Rede Globo. Nesses aspectos, não havia como questioná-lo. Aliás, parte significativa do sucesso da rede se deve ao fato de que sempre procuramos os melhores empresários de cada região para nos associar. Fechamos com Maurício Sirotsky, no Rio Grande do Sul; com Viana Neto, na Bahia; Edson Queiroz, no Ceará; Rômulo Maiorana, no Pará; Jaime Câmara, em Goiás; enfim, os melhores e os mais prestigiados de cada estado, independentemente de suas posições políticas.

Esse esquema sempre se mostrou bom para todo mundo. Nós dividíamos os espaços comerciais disponíveis em cada emissora meio a meio. A metade destinada aos comerciais locais era vendida pelos afiliados, que ficavam com a íntegra do que faturassem. A outra metade, a dos comerciais nacionais, era vendida pela Globo, e o que faturássemos rachávamos com as afiliadas. Com isso, tínhamos, objetivamente, uma participação de 25% em 20 estações de televisão de todo o país, sem nenhuma aporrinhação com administração, contabilidade, direção artística. Fornecíamos a programação, fazíamos a venda e os parceiros – todos eles empresários muito competentes – geriam o negócio. Era e ainda é um ótimo esquema.

Por isso mesmo, era perfeitamente estúpida a ideia de tirar a programação do Paulo Pimentel e passá-la para Francisco Cunha, dono da TV Paraná, como o governo queria. Enquanto as estações do Paulo cobriam todo o Oeste do estado, a região mais rica e produtiva do Paraná, onde se concentravam os anunciantes mais poderosos e uma parcela importante da audiência, o Cunha só cobria a região de Curitiba. Perderíamos audiência e faturamento para ajudar o Ney Braga a foder com o Paulo. Assim, afora o aspecto ético, havia um argumento econômico contra a manobra. Além do mais, a TV Paraná já pertencera à Rede Globo e nós havíamos retirado a programação de lá porque a estação não atendia às nossas exigências técnicas e operacionais.

Era essa posição que eu defendia diante do Roberto quando tratávamos do caso Paulo Pimentel. Em paralelo, eu conversava com o Paulo, alertando que os seus problemas políticos estavam comprometendo a rede na capital e sugerindo que ele usasse mais diplomacia, esfriasse os ânimos em sua briga com o Ney. Ainda na véspera de uma viagem que eu faria aos Estados Unidos, para assistir à entrega do Oscar, ao Grande Prêmio de Fórmula 1 em Long Beach e conversar com o Azcárraga, que queria entrar em um projeto com a Globo, ainda liguei mais uma vez para o Paulo, recomendando cautela. Mas ele estava intransigente. Via o cerco se fechar, mas não se dispunha a negociar.

Roberto, igualmente, não se mostrava muito disposto a uma solução negociada para o conflito. Eu já estava em Los Angeles quando o Joe me ligou, dizendo que ele estava sendo pressionado pelo governo e queria falar comigo, obviamente para me convencer a degolar o Paulo. Eu argumentava que o governo tinha o poder concedente dos canais de rádio e TV e, se quisesse atingir o Paulo, que cassasse a sua concessão e enfrentasse o desgaste político. Do jeito que a coisa era proposta, nós é que pagaríamos o preço da frustração de grande parte dos paranaenses. E não seria pequena essa frustração: a novela da temporada era *O astro*, com Francisco Cuoco, que estava arrebentando na audiência.

Mas Roberto, escolado em matreirice muito mais do que eu, já vislumbrava uma grande oportunidade naquela história toda. Se ele tirasse a programação do Paulo, suas emissoras se desvalorizariam imediatamente e, em pouco tempo, enfrentariam dificuldades econômicas. Nesse momento, Roberto poderia comprá-las a preço de banana. Era isso que – eu supunha – o movia a aceitar a pressão do governo contra o Paulo. E era isso que, quando os outros afiliados percebessem, jogaria a nossa credibilidade na latrina. Fui muito duro no telefonema com o Joe para atacar essa jogada.

– Se o velho fizer isso, eu não ponho mais os pés na Globo! – gritei, furioso.

É claro que o nosso prezado Armando Falcão, com o poder que tinha, inclusive sobre os órgãos de segurança, mantinha os meus telefones sob escuta. Mesmo que eu estivesse em Los Angeles, sempre haveria um araponga para bisbilhotar minhas conversas, em busca de algo comprometedor. Por isso, não tenho dúvidas de que a referência ao "velho", proferida num momento isolado de exaltação, que não constituía, absolutamente, a minha forma normal de tratar o Roberto, foi parar nos ouvidos dele. Eu posso até ver o Falcão intrigando.

– Veja só, Roberto, a audácia desse rapaz! Além de comunista e viciado, ele não tem o menor respeito por você!

Seja como for, não voltei ao Rio imediatamente, como Joe sugeriu. Fiquei mais uma semana nos Estados Unidos, intercalando os encontros de negócios com uma programação social muito agradável. Visitei Sérgio Mendes e fomos juntos ao estúdio onde Stevie Wonder estava gravando *Isn't she lovely*. Estive com Emerson Fittipaldi, que ia disputar o GP de Long Beach. Conheci o ateliê do escultor DeWain Valentine. Fui apresentado ao Kareem Abdul-Jabbar, o fantástico jogador de basquete do Los Angeles Lakers. E, para coroar a temporada, fui à festa do Oscar com a Gildinha.

Nessa noite, aliás, vivi uma situação engraçada. Gildinha e eu estávamos muito elegantes, eu metido num smoking impecável, ela desfilando as deslumbrantes joias da avó, a baronesa de Saavedra. Fazíamos uma dupla tão charmosa que eu me sentia o rei da cocada preta, desfilando de limusine por Hollywood, indo ao encontro das celebridades. Porém, ao sairmos, entrou no elevador conosco o Warren Beatty. Um galã de verdade, alto, forte, elegantérrimo num *tuxedo* muito mais atraente que o meu. Perto dele, qualquer um se transformaria numa formiga. A viagem de elevador foi curtíssima, mas suficiente para que eu, que estava com o ego nas nuvens, fizesse uma aterrissagem forçada...

Enquanto eu media forças com as estrelas do cinema, o telefone no meu quarto do Beverly Wilshire não parava de tocar. Era o Joe, angustiado, me passando recados do Roberto. Antes de voltar, ainda tive o tal encontro com o Azcárraga, que queria montar um negócio conosco utilizando satélite. Quando voltei ao Rio, o problema Paulo Pimentel estava para se resolver. Eu havia proposto ao Joe, por telefone, uma solução alternativa, uma saída conciliatória, que poderia acalmar o governo e viabilizar as pretensões do Roberto com relação às emissoras do Paulo sem nos desmoralizar com os parceiros da rede. A ideia era que todos da rede comprássemos as emissoras, em sociedade. A Globo não seria a única dona e nossos afiliados não teriam por que se sentir inseguros conosco. Na negociação, eu proporia que o Paulo tivesse uma opção de recompra. Como a política tem as suas idas e vindas, ele poderia reaver seu patrimônio quando as coisas esfriassem. Nesse momento, eu confiava em convencer o Roberto a devolver as emissoras.

Joe persuadiu-o de minha proposta e foi marcada uma reunião da rede no Rio. Evidentemente, o Paulo também foi convidado, mas na hora marcada estavam todos lá, menos ele. Esperamos um longo tempo, até que chegou um emissário com uma carta, em que o Paulo dizia que não tinha nada a tratar naquela reunião. Não venderia emissora nenhuma; o governo e o Roberto que tomassem as medidas que quisessem. Aí, claro, a minha ideia foi para o espaço e o caminho ficou livre para o Roberto agir. Ainda naquele dia, mais tarde, o Paulo foi à minha casa para dizer que só venderia suas estações a mim. Mas eu não queria comprar nada, apenas preservar a integridade da rede. E estava perdendo essa batalha.

No dia seguinte, o Roberto e eu fomos a Brasília para a reunião decisiva. O encontro foi na casa do Falcão, onde estavam também o Quandt de Oliveira, ministro das Comunicações, e o Ney Braga. O Falcão nutria por mim uma simpatia diretamente proporcional à que eu tinha por ele, isto é, nenhuma. Naquele dia, ele estava no ataque e sobravam estocadas contra mim.

– O presidente Geisel me perguntou sobre o caso Paulo Pimentel – disse Falcão. – Ele acha que a programação da Globo só não sai das emissoras do Paulo porque ele é amigo do senhor Walter Clark...

Que talento para a intriga! Quanta vilania concentrada numa única pessoa! O Falcão me dava enjoo, mas tive de ignorar a provocação.

– Bom, ministro, eu fico muito sensibilizado pelo presidente Geisel saber que eu existo, mas o problema não é bem esse. Eu gostaria de lembrá-lo de que temos eleição neste ano e que quando Maringá e Londrina ficarem sem o sinal da TV Globo, quando a metade mais efervescente do Paraná não puder assistir a *O astro*, isso vai gerar grande desgaste. A Globo vai ficar mal, sem dúvida, mas muito pior vai ficar o ministro Ney Braga, porque todos vão saber que o Paulo Pimentel perdeu a programação da Globo por causa de seu adversário político.

Mas o Falcão, na arrogância de sua vasta estreiteza mental, não queria nem saber.

– Não há nenhum problema, senhor Walter. Nós matamos a cobra e mostramos o pau.

Eu sentia que o Quandt de Oliveira estava irritadíssimo com a invasão do Falcão nos assuntos do seu ministério. Ney Braga, vaselina, parecia meio envergonhado, desconfortável. Mas nenhum dos dois argumentou contra a ideia de afastar Paulo Pimentel da Rede Globo e a decisão foi tomada ali mesmo, pelo Roberto.

Evidentemente, os paranaenses execraram a Globo e o Ney Braga, como eu previra. Já o Paulo Pimentel, que se manteve intransigente, ganhou vários pontos em respeito e dignidade, embora surpreendesse todo mundo meses depois, ao fazer as pazes com o Ney. De qualquer forma, Roberto acabou fazendo um bom negócio. Não comprou as estações do Paulo, mas deu a programação a Francisco Cunha e, posteriormente, conquistou 51% de sua emissora. Nesse episódio, ele demonstrou o mesmo senso ético que o levou a tirar a programação da TV Aratu, na Bahia, depois de anos de convivência com Luiz Viana Neto, para passá-la a Antônio Carlos Magalhães. Só que, dessa vez, ganhou a NEC de presente, e não uma mísera estação de TV.

Essa foi uma crise brava, muito séria mesmo, no nosso relacionamento. Pela primeira vez, ficou nítido que tínhamos interesses conflitantes e uma postura ética que não se coadunava. A partir daí, nossas relações só esfriaram. Achei significativo, por exemplo, que ele não tenha comparecido à minha festa de aniversário de 40 anos, em julho. Todo o Rio esteve lá, do mundo artístico ao governador Faria Lima. Mas o Roberto, estranhamente, teve uma doença súbita e mandou seu doce irmão Ricardo Marinho representá-lo. Para mim, era um sintoma inequívoco de esfriamento da nossa amizade. Adicionando a esse coquetel de discórdia as intrigas permanentes do Falcão, as fofocas que muitos faziam sobre a "devassidão" de minha vida pessoal, a solapagem obstinada do Boni e sua turma e o próprio ciúme que o Roberto tinha da minha notoriedade, é claro que alguém ia sair mal da história – e não poderia ser outra pessoa além de mim.

O ato final da minha saída da TV Globo aconteceu um ano depois, em maio de 1977. Eu estava em Brasília, para o coquetel de inauguração da sucursal de *O Globo*, uma daquelas "missões diplomáticas" que eu tinha inevitavelmente de cumprir, ainda mais porque se tratava de um evento da própria Globo. Mas eu estava indignado. O governo tinha acabado de censurar 30 capítulos já prontos de *Despedida de casado*, novela de Walter George Durst que íamos estrear. Era um prejuízo enorme e não fazia muito tempo que outros 30 capítulos de *Roque Santeiro* haviam sido interditados.

Eu não conseguia entender por que aquilo acontecia. O governo estava em pleno processo de distensão, a tal "abertura lenta, segura e gradual" proposta pelo Geisel. Mas, de repente, tinha engatado a marcha à ré com o Pacote de Abril e agora recrudescia na censura. Quando todos começavam a acreditar que íamos ter democracia, lá vinha a ditadura distribuindo porrada novamente. Era de enlouquecer qualquer um, mesmo um alto executivo da Rede Globo, aquele que todos imaginavam ser "assim" com os milicos, que fazia parte mesmo daquele esquemão de poder. Pois era isso o que a ditadura fazia pela Globo: censurava suas novelas.

No próprio coquetel de *O Globo*, informei ao Roberto da censura e me queixei amargamente. Aquilo ficou entalado na minha garganta. Tanto que, no dia seguinte, almoçando na casa de Afrânio Nabuco, nosso diretor em Brasília, eu ainda estava indignado. Passei boa parte do tempo esculhambando a censura e o restante, reclamando com Edgardo Erichsen. O "nosso homem na direita" – ex-papeleiro, vendedor de letras e papéis financeiros que eu contratara para a Globo – era uma boa pessoa, nos ajudou muito em várias ocasiões, mas naquele momento encarnava o maldito regime que infernizava o país. E sobrou para ele.

– Olha, Edgardo, eu não aguento mais ver você puxando o saco desses militares! O Geisel está aí fazendo a abertura e você fica babando em cima dos caras! Isso é até chato, pô! O que nós ganhamos com isso? Essa é a segunda novela interditada em dois anos!

Edgardo ainda tinha o programa de televisão. Só que agora, em vez do Rio, ele entrava em Brasília. Se era apenas para bajular os militares, ele devia estar junto dos graúdos. Perto dos olhos, perto do coração. Mas nem isso eu perdoei, na minha fúria.

– Esse teu programa é uma vergonha, Edgardo! Em cada cinco, você podia fazer um para agradar ao SNI, mas os outros quatro, faz para Taguatinga, para Ceilândia! Pare de ser pelego dos milicos, pô! Esse tempo já passou!

Edgardo saiu da casa do Afrânio batendo a porta. Bebi alguns hectolitros de vodca com suco de lima durante o almoço. Estava amargurado demais. Talvez meu humor melhorasse depois de umas boas horas de sono e um longo banho. Foi isso que tentei fazer chegando ao hotel. Mas havia uma festa marcada para a casa do Edgardo naquela mesma noite, para homenagear os militares, e por volta das 20h ele e o Joe foram me acordar. Não sei se foi pura babaquice deles e espero que não tenha sido nada premeditado. Mas o fato é que eu não deveria jamais ter saído da cama. Não estava em condições de suportar uma festa.

Dentro das minhas precárias condições, até que não me saí tão mal. Encontrei com Humberto Esmeraldo, assessor de imprensa do Geisel e seu filho espiritual, e ficamos muito tempo conversando num canto, tranquilos. Depois, sentei-me para jantar junto com Roberto Irineu Marinho e o general Carlos Alberto Cabral Ribeiro, um bom amigo que o Paulo César Ferreira me apresentara em Recife. Havia ainda um funcionário do Itamaraty na nossa mesa. Aí, com certeza, fui um tanto ousado. Comecei a dizer que era preciso enfrentar com mais vigor os problemas sociais e educacionais brasileiros, temática que não tinha o menor senso de oportunidade para aquela ocasião.

– Nós que vivemos bem, a elite, devemos tomar cuidado – eu dizia. – Estou aqui muito tranquilo, tenho um barco, uma vida boa, mas há milhões de pessoas no desespero neste exato momento. Se o Brasil não enfrentar a questão social, vai ser devorado por ela. É isso que deve ser discutido no Brasil hoje!

Robertinho ficou preocupado e foi falar a meu respeito com o pai, depois da sobremesa. Eu estava inconveniente, no seu entender. Enquanto isso, eu conversava com as senhoras dos generais em outra sala. A festa parecia uma reunião do Clube do Bolinha, e achei que devia entreter um pouco as raras mulheres presentes. Lá, tentando brincar, fui novamente agressivo com o Edgardo.

– Edgardo! – chamei. – Venha cá me ajudar a contar a estas senhoras o que vai acontecer nos próximos capítulos das nossas novelas! Você não precisa puxar o saco dos maridos delas o tempo todo!

Ele já não gostara do comentário à tarde, imagine à noite, na frente de todo mundo. Não demonstrou, mas ficou furioso. Para não complicar as coisas com ele, saí logo da festa. É certo que bebi muito naquela noite, mas não a ponto de dar vexame. Sou razoavelmente experimentado em bebidas e tenho senso crítico suficiente para saber até onde ir. Não me excedi, até porque me lembro de tudo que aconteceu. Mas as versões de que eu passara dos limites começaram a circular.

No dia seguinte, às 11h, Edgardo foi ao meu quarto e me acordou. Eu estava numa ressaca monumental e ele, ressentido. Sempre gostei dele, mas lhe dei razões para se ofender e ele não me perdoou. Foi logo me dando bronca.

– Você não devia ter agido daquela maneira, Walter. Isso pode nos causar um mal muito grande. O doutor Roberto está muito magoado com você.

– Bom, se eu não desempenhei um papel correto na festa, também não foi o mais incorreto que alguém já fez. Quando chegar ao Rio, eu me entendo com o Roberto.

Naquela mesma noite, eu iniciaria uma viagem para Portugal e Estados Unidos. Em Lisboa, faria o lançamento de *Gabriela*, a primeira operação de venda de programas a Portugal. Nos Estados Unidos, tentaria vender a novela para algum dos *syndicates* que representavam as televisões não filiadas a redes. Havia interesse da Colgate em nos patrocinar, o que nos abriria o mercado americano de língua inglesa. Era uma viagem importante e, como eu não teria muito tempo para conversar com o Roberto antes de pegar o avião, achei melhor deixar uma carta, explicando a ele minha posição sobre os acontecimentos daquela festa.

"Acho que o senhor pode ter interpretado mal minhas atitudes", escrevi. "De qualquer maneira, se o senhor se ofendeu, peço desculpas. Não foi minha intenção ofender ninguém ali, não faço esse tipo de coisa." Foi uma carta assim, muito respeitosa, na qual eu até assumia uma atitude defensiva que não devia assumir, porque Roberto, Edgardo, Robertinho e todos os outros deveriam estar irritados não comigo, mas com o governo. Afinal, fomos punidos com a interdição de uma novela, a um custo altíssimo. Mas, em vez de protestar, a Globo fazia homenagem aos militares...

Assim que terminei a carta, embarquei para Portugal. Não sei se ela foi entregue ao Roberto, não tive chance de conferir. Mas, ainda que ele tenha lido a missiva, ela não surtiu efeito, como percebi logo no dia seguinte. A festa de lançamento de *Gabriela* foi uma loucura, um grande acontecimento em Lisboa. A cidade parou para homenagear a nossa tropa. Fui recebido pelo presidente Ramalho Eanes no Palácio de Belém. Compareceu à festa, que teve um show de Vinicius, Toquinho e Maria Creusa, o *grand monde* português, dos caras do Estado-Maior à Amália Rodrigues e ao Raul Solnado. Os brasileiros que estavam em Portugal também compareceram em peso. No entanto, quando liguei para saber como o *Jornal Nacional* tinha noticiado o evento, disseram que a matéria não tinha entrado. "Pifou o satélite", alegaram.

Aí ficou claro que minhas desculpas não haviam sido aceitas pelo Roberto. Aquela festa era importante demais para a Globo – e não, evidentemente, por minha causa. Se eles decidiram não dar nem a notícia, para não me prestigiar, era sinal de que as coisas estavam bem ruins para o meu lado. Foi com essa sensação que deixei Portugal rumo aos Estados Unidos. A crise me preocupava, mas, como eu estava razoavelmente escolado, não chegava a imaginar que ela teria um desfecho abrupto. Eu achava que a coisa ia ferver em fogo brando por alguns dias, me dando tempo para manobrar. Mas dessa vez a minha intuição falhou.

A tensão me acompanhou em toda a viagem. Estavam comigo, além do Arce, Oriovaldo Loffler, presidente da Denison, que intermediaria o encontro com a

Colgate, e Silvinha Falkenburg, que eu começara a namorar havia pouco tempo. Durante o voo, começamos um jogo de crepe, eu e Silvinha contra os dois. Aparentemente, seria uma barbada para eles, porque o Arce era um jogador compulsivo, experimentado, e eu estava com a cabeça voltada para os problemas. Porém, quando o avião pousou no Aeroporto Kennedy, em Nova York, a Silvinha tinha um crédito de 10 mil dólares com o Arce...

Ela com sorte, eu experimentando o azar. Assim que chegamos, tive outro sinal de que havia caído em desgraça na Globo. Sempre que eu ia para lá, ficava hospedado no Regency, na Park Avenue. Os executivos da Globo eram clientes assíduos e tínhamos sempre as melhores suítes, no penúltimo andar, bem próximas da cobertura, ocupadas normalmente por personalidades como Maria Callas ou Richard Burton. Mas, dessa vez, eles haviam me reservado uma suíte bem menor, num andar inferior. Inexplicavelmente, a suíte do Arce e do Oriovaldo era uma das boas, no penúltimo andar.

Desconfiei, mas não consegui confirmar se foi ou não sacanagem de quem fez a reserva para mim. No dia seguinte, 26 de maio, quinta-feira, fui acordado por um telefonema de Joe Wallach. Ao contrário do bom humor habitual, sua voz estava sombria, pesada. Adivinhei no ato o que ele ia me dizer.

– Amigo, tenho um assunto muito delicado para falar com você – ele começou.

– Qual é, Joe? Pode dizer – respondi.

– O doutor Roberto está muito triste com você e não quer mais que você trabalhe na empresa.

Pronto, era o fim da linha para mim. Respirei fundo, como o pistoleiro antes de seu último duelo, pulei da cama e procurei demonstrar mais calma do que na verdade experimentava.

– Mas por que isso, Joe? O que aconteceu em Brasília foi uma bobagem.

Aquela conversa era certamente uma tarefa muito dura para o meu bom amigo Joe. Ele escolhia as palavras e havia silêncios entre suas frases.

– Não, não é isso, Walter... A coisa vem se acumulando já há algum tempo... O Roberto não quer mais você aqui.

Então era isso. Minha demissão já estava decidida havia tempos e o episódio de Brasília foi apenas o pretexto. Não havia mais nada a fazer. Pedi apenas ao Joe que mandasse o Borgerth entrar em contato comigo, para acertar os detalhes da rescisão de contrato. Além de meu amigo e um cara de confiança, Borgerth era advogado e diretor da empresa. Ele poderia cuidar bem dos meus interesses.

Minutos depois, Borgerth me ligou. Conversamos sobre a indenização e calculamos que eu deveria receber algo em torno de 2 milhões de dólares. Era uma boa grana, sem dúvida, mas não um bom negócio para mim. Se continuasse empregado, ganharia naquele ano uns 4 milhões. Mas esse "se" não existia mais. Minha única relação com a Globo se daria agora por meio da Som Livre, da qual, numa condição acordada na rescisão, eu continuaria sócio. Pedi ao Borgerth que encaminhasse a papelada e sugeri a ele que o Otto Lara Resende escrevesse a minha carta de demissão. Se eu tinha de sair da Globo, ao menos sairia em alto estilo... literário. Otto, aliás, se esmerou no serviço e, além da minha carta, escreveu também a resposta do Roberto. Tudo muito civilizado, como mandava a elegância, mas completamente falso.

Quando desliguei o telefone, considerei se devia comunicar a minha demissão ao Arce e ao Oriovaldo. Dentro de alguns minutos, nós estaríamos almoçando com o pessoal da Colgate, para fechar um negócio vultoso. Os dois tinham a maior expectativa naquela operação, estavam bastante entusiasmados. De modo que achei melhor não dizer nada a eles e enfrentar o encontro como se eu ainda fosse o poderoso chefão da "Globo Network".

O almoço foi no Grenouille, restaurante francês da 56 West que exagerava na sofisticação. Tinha, por exemplo, um salão todo decorado com tulipas, que custavam à casa a bagatela de mil dólares por dia. Não era impossível encontrar gente como Jacqueline Onassis ou Anthony Quinn numa daquelas mesas. Talvez enlevado pelo ambiente, baixou em mim ali o santo do grande homem de vendas. Propus com uma convicção tão grande um esquema de venda de *Gabriela* às emissoras independentes, com patrocínio da Colgate, que os americanos ficaram embasbacados. Defendi a proposta com tal ardor que ninguém jamais acreditaria que, àquela altura, eu já estava me lixando para os negócios da Globo. Acho que, naquele almoço, operei o tempo todo no piloto automático.

Na volta ao hotel, em meio ao burburinho das buzinas na Quinta Avenida, caí na real. Resolvi contar aos meus amigos que estava fora da Globo. Eles ficaram perplexos.

— Porra, Vento, que sacanagem é essa? — perguntou o Oriovaldo. O Arce ficou mudo.

Expliquei o problema em linhas gerais e eles perceberam que eu não queria falar muito sobre o assunto. Ainda estava em estado de choque, abalado por um fato que mudaria completamente a minha vida. Enquanto eles seguiram para o hotel, eu fui à Schwarz, aquela fantástica loja de brinquedos, comprar uma boneca para a Eduarda. É curioso como, nos grandes baques da vida, a gente pensa imediatamente na família. Deve ser um ato reflexo, que parte de algum mecanismo subjetivo introjetado.

Naquela noite, quem dividiu a angústia comigo foi Lilian, minha irmã. Ela e o Verde estavam em Nova York, hospedados no apartamento do Braguinha, e nós havíamos combinado de ver juntos A *chorus line*, que eu já conhecia e adorava. Quando nos encontramos no hotel para um drink, antes do teatro, dei a notícia a eles e os dois ficaram muito preocupados. Especialmente a Lilian, companheira fiel de todos os momentos difíceis da minha vida. Ela sabia muito bem o que aquilo representava para mim.

Silvinha, ao contrário, não teve muita sensibilidade para o meu problema. Reagiu a ele como se fosse uma coisa menor e continuou preocupada em comprar sua saia gipsy do Yves Saint Laurent, ideia que trazia desde o Rio. Meu mundo desabando e ela preocupada com uma merda de uma saia. Mas não havia por que ser diferente. Não havia nada de significativo entre nós e eu não poderia esperar conforto de uma mulher a quem não amava.

Meu namoro com a Silvinha durou pouco tempo. Ela era prima-irmã da Gildinha, que eu já não via há meses, mas não tinha esquecido. Acho até que comecei a namorar a Silvinha para sacanear a Gilda, porque ela era a belezinha da família, a mais linda e graciosa. Fiquei com ela também porque já não conseguia viver sem uma mulher junto de mim, não conseguia enfrentar a solidão em meio a todo aquele desgaste da Globo.

No dia seguinte ao telefonema do Joe, fomos almoçar com a Lilian e o Verde no *Sign of Dove*, restaurante da Segunda Avenida que tinha provavelmente a melhor adega da cidade. Eu estava no humor exato para afogar as minhas mágoas e aquele era o ambiente perfeito para isso. Atordoado como estava, tomei tanta vodca que até o garçom americano, habituado a não estranhar absolutamente nenhum excesso, ficou surpreso. Lá pela enésima dose, eu imerso em meu drama, Silvinha ainda falava da tal saia *gipsy*. Ela era um prodígio de insensibilidade. Aí me irritei.

– Acho melhor você voltar ao Brasil – decidi, tão taxativamente que ela não protestou.

Chamei o Paulinho, o motorista que nos atendia e virou dono de uma rede de locadoras de limusines em Nova York, e pedi que ele a acompanhasse de volta ao hotel. De lá, ele deveria levá-la ao aeroporto. Despedimo-nos ali mesmo, na saída do restaurante, ela tão atônita que nem teve tempo de ficar magoada com a minha atitude ou qualquer coisa assim.

Saindo do restaurante, Lilian, Verde e eu fomos para o apartamento do Braga, onde acabei dormindo, depois de outras tantas vodcas. Mas às cinco da manhã acordei e voltei ao hotel. Eu devia estar com um aspecto tão deplorável que tive de mostrar o passaporte ao *concierge* para poder entrar. Naquela hora e naquele estado, ele não me reconheceu.

Nos dias seguintes, fiquei vagando por Nova York como um atleta se preparando para uma Olimpíada. Procurei me concentrar ao máximo para pôr em ordem as ideias e agir corretamente quando voltasse ao Brasil. Onze anos da minha vida tinham terminado, agora eu deveria reorientar tudo. Eu me transformara num dos homens mais poderosos do país, comandando diretamente quase cinco mil pessoas e um faturamento anual de milhões de dólares. Mas, agora, precisava enfrentar a queda sem me deixar abater. Meditei tanto quanto um monge tibetano, e no final daqueles dias eu já sentia até alívio por sair da Globo. Estava pronto para voltar.

No avião, viajei ao lado de Hélio Beltrão. Ele foi um dos primeiros a quem dei a notícia, pouco antes de chegarmos, quando comíamos a omelete do café da manhã.

– Saí da Globo, Hélio – eu disse.

Ele me olhou espantado e perguntou:

– Quantos anos você ficou lá?

– Onze – respondi.

– Pois eu achei que você não ficaria 11 dias...

Pediu um uísque à aeromoça, apesar da hora inconveniente, e brindou comigo ao meu futuro.

Cheguei ao Rio animado, bem disposto e com uma cara saudável. No aeroporto, só havia a Luciana me esperando, além da Maria Lúcia Rangel, repórter do *Jornal do Brasil*, que sempre fez reportagens muito decentes comigo e conseguiu, naquele dia, talvez a melhor delas. Insistente como ela era, se meteu dentro do carro conosco e arrancou de mim todos os detalhes da minha saída. Cobriu também a "festa de encerramento", porque quando cheguei em casa, aquilo estava animado como um baile de Carnaval. Tinha uns 50 amigos por lá, gente da Globo e de fora dela, minha mãe no interfone tentando barrar as pessoas e uma multidão de repórteres na entrada do prédio.

O clima era estranhíssimo. Alguns queriam organizar um movimento de resistência contra minha demissão, ameaçando até tirar a Globo do ar. Outros estavam abatidos, como o Borgerth, que encontrei no terraço com os olhos molhados de lágrimas. Quando a turma da resistência começou a se exaltar, decidi intervir, antes que eles invadissem *O Globo* e tomassem o Roberto como refém. Havia um tom de tragicomédia naquilo tudo.

– Pessoal, agradeço muito o apoio de vocês, mas realizei um trabalho na Globo e não sou capaz de destruí-lo – eu disse. – Nem acho que deva destruí-lo. Por isso, não quero que vocês se movimentem contra a minha demissão. Cada um deve segurar o seu emprego da melhor forma possível. Basta um desempregado. A TV Globo é uma criação nossa. Vocês devem prosseguir.

Era até cômico, mas eu tinha de convencer os caras a não me transformarem em mártir. Meus amigos, meus queridos amigos, sentiam sinceramente a minha saída. Mas ali estavam também alguns visitantes que foram levados talvez pela culpa. Como o Boni e o Armando, por exemplo, que fizeram questão de se "solidarizar" comigo. É verdade que ambos constrangidíssimos, o Boni sem saber onde colocava as mãos. Mas não passei recibo de vítima e os recebi normalmente, com certa ironia, é claro, que não consegui evitar.

– Ei, que caras! – eu disse. – Animem-se! Neste velório, o defunto ainda está vivo!

O Boni, para demonstrar toda a extensão de sua solidariedade, me confortou com palavras animadoras.

— É até melhor assim, Walter. Agora você faz uma nova televisão e leva a gente para trabalhar contigo.

Palavras textuais dele. A minha grande amizade por esse cara, o carinho que eu sempre tive por ele, o respeito, o apoio, o prestígio, toda a força que eu lhe dei sempre que pude terminavam naquela espantosa demonstração de cinismo. Mas assim é a vida...

Alguns dias depois, Roberto me convidou para um jantar na casa dele e não pude recusar. Era um gesto rigorosamente protocolar, mas eu sabia que não deveria fugir dele. *Noblesse oblige*. Ele me recebeu no estúdio, um ambiente mais informal, e jantamos os dois sozinhos. Foi um encontro cordial e rápido. Não falamos em nenhum momento da demissão, dos porquês. Monopolizei a conversa, porque sentia que os silêncios seriam insuportáveis. Mas, antes de sair de lá, não deixei de repetir a frase que pronunciara em dezembro de 1965, quando assinei meu contrato com a Globo.

— Doutor Roberto, eu saí da TV Rio e disse que ela ia acabar. Não sabia se em três dias ou em seis meses, mas ela acabou. Quando entrei na TV Globo, disse que ia fazer uma estrutura tão forte que ultrapassaria o seu período de vida e o meu, que seria para sempre. Esse compromisso eu tenho certeza de que cumpri.

Depois, ainda me dei ao luxo de lhe dar conselhos.

— Sua melhor área é a de vendas. Não se volte contra as pessoas que têm ligação comigo, ou contra aquelas que são minhas inimigas. O Boni é o melhor profissional de produção do mundo. Ele tem um temperamento difícil, mas tenho certeza de que se dará melhor com o senhor do que comigo. Pelo menos, não haverá competição.

Walter, o magnânimo... Walter, o babaca, que no fundo tinha paixão por sua obra...

Roberto deve ter se espantado, mas agradeceu protocolarmente as minhas sugestões e ficamos nisso. Terminou assim a nossa longa e bem-aventurada relação profissional. Porém, quem deu o epitáfio perfeito para essa história foi a Flávia, minha filha. Quando soube da minha demissão, ela comentou com os amigos:

— Meu pai deixou a Globo? Que maravilha! Vamos comemorar, porque, enfim, ele está livre!

Os dois meses posteriores à minha saída da Globo, se não foram os melhores da minha vida, chegaram perto. Em vez de afundar numa depressão pantanosa, eu estava cheio de otimismo, com muitos projetos e uma vontade imensa de trabalhar, de realizar. Livre da pressão insuportável dos últimos tempos, eu não precisava mais temer os domingos, porque já não tinha as malditas reuniões da segunda-feira. Meu tempo era todo meu, para fazer o que eu quisesse, e dinheiro não era problema. Estava decidido a tirar primeiro um bom tempo de descanso, antes de mergulhar mais seriamente em um novo trabalho, e o meu dia a dia era ótimo: de manhã, fazia reflexologia, terapia que me deixava totalmente relaxado; de lá, ia direto para a praia, de onde saía só no final da tarde, para almoçar no Antonio's ou no Nino. E à noite, rua, festas, encontros com os amigos.

Esse foi também um tempo em que a minha vida afetiva ganhou um combustível inesperado e maravilhoso. Em fevereiro, Flavinha teve uma conversa com minha mãe, com quem morava desde antes da doença da Vânia. Ela argumentava que queria ter mais contato comigo e decidiu viver algum tempo em minha casa. Para mim, que só a tive morando comigo durante um curto período, quando ela era bebê, aquilo foi ótimo. E, depois que eu saí da Globo, melhorou ainda mais, porque eu tinha tempo para vê-la, para conversar, saber de sua vida.

Flavinha era uma menina séria e estudiosa. Estava no terceiro ano do curso científico, no oitavo da Cultura Inglesa e no último da Pró-Arte. Era também uma menina reservada, de ar um pouco triste, marcada pela trajetória irregular da nossa família e por aquele carma vindo da linha materna. No entanto, depois de pouco tempo vivendo comigo, ela já se sentiu à vontade para me falar de um namorado. O nome dele era Ricardo, e Flavinha estava apaixonada. Quando vieram as férias de julho, os dois ficaram juntos todo o mês, primeiro na minha casa de Angra, depois na de Itaipava. Eu sentia que Flavinha estava muito feliz.

Vivemos muito bem juntos naqueles dois meses. Porém, no final deles, o destino achou que era tempo de a felicidade acabar. Talvez estivesse escrito em algum lugar – nas estrelas, nos búzios ou nas cartas – que nós nunca teríamos uma relação de pai e filha estável e duradoura. Não sei. O que sei é que, no primeiro dia de agosto, minha querida filha Flávia, minha primogênita, saiu da minha vida de forma abrupta, poucas horas depois que entrou nela Fernando, meu único filho homem.

Um sujeito ganhar dois filhos em um único dia não é novidade. Está cheio de gêmeos ou até trigêmeos por aí. O sujeito perder dois filhos no mesmo dia também pode acontecer, num acidente, por exemplo. Mas ganhar um filho e perder outro, num período de 12 horas, acho que pouquíssimos homens experimentaram isso no mundo. Foi essa amarga provação que o destino me reservou. No dia 1º de agosto de 1977, provei toda a felicidade e toda a dor de ser pai.

Na véspera, um domingo, eu me preparava apenas para o lado alegre da coisa. Fernanda estava para dar à luz e eu vivia aquela ansiedade comum a todo pai. Mas as circunstâncias desse parto eram especiais. Minha relação com a Fernanda era péssima, nós não nos falávamos havia meses, desde que começamos a divergir sobre quase tudo na vida. Havia um clima pesado de ódio e ressentimento entre nós. De qualquer forma, estava nascendo mais um filho meu e, por mais que as coisas fossem difíceis, era uma razão e tanto para que eu quisesse estar feliz.

Mas não estava. Não totalmente. Eu sentia uma amargura profunda por não poder esperar a chegada do meu filho em um clima cordial, amistoso. Talvez por isso, ou talvez por alguma premonição, um sexto sentido, naquele domingo fiz algo absolutamente incomum. Flavinha e eu estávamos morando temporariamente numa suíte dupla do Copacabana Palace, pois o apartamento da rua Gastão Bahiana estava sendo reformado para abrigar meu escritório e o novo apartamento que eu comprara, na rua Baronesa de Poconé, ainda não estava pronto.

Na noite do domingo, fui ao quarto da Flavinha e fiquei olhando as coisas dela. Ela era uma menina muito simples, que gostava de andar de jeans e camiseta, tocava guitarra e lia muito. Detestava luxo. Eu insistia que ela devia aproveitar mais o nosso padrão de vida, mas ela era reticente. Nessa época, por exemplo, eu tinha três barcos: o Vent Vert, de 54 pés, o Cinderela, de 37 pés, e ainda um menor, de 22 pés, em Angra. Obviamente, sempre haveria um disponível para ela e seus amigos, e eu insistia que ela usasse, mas não havia jeito. Flavinha dizia que seus amigos, embora todos garotos da classe média alta, não tinham o mesmo padrão que nós e ela preferia viver no mundo deles, para não inibi-los, não afastá-los. Fiquei no quarto dela, naquela noite, pensando nisso, no seu jeitinho sofrido, na complicação que foi a sua vida. E fui dormir muito deprimido, com uma sensação ruim de angústia.

No dia seguinte, às cinco da manhã, tocou o telefone. Era a mãe da Fernanda, também Fernanda, avisando que meu filho tinha nascido. Um homem! Eu já estava me acostumando a pôr no mundo apenas mulheres, mas agora tinha também um garoto. Senti um misto de alegria e amargura. Eu gostaria de correr para a maternidade e ver meu filho, curtir aquela felicidade de todo pai, mas não tinha certeza se devia. Estava terrivelmente constrangido. Eu enfrentaria muita animosidade, precisava me preparar. Não podia chegar assim, sem mais nem menos. E, nesse desalento, atravessei a manhã.

Lá pela hora do almoço, Flavinha me ligou de Itaipava, dizendo que o carro do Ricardo tinha quebrado e eles estavam sem condução para voltar ao Rio. As aulas já tinham começado, eles estavam atrasados. Ela pedia que eu mandasse para lá o Ademir, um dos meus dois motoristas, para pegá-los. Nesse telefonema, avisei que o irmão tinha nascido e ela desligou toda animada, feliz. Ademir saiu logo depois e eu continuei amargurado no escritório, sem comer nada, muito tenso. Tomava apenas leite, copos e copos de leite. Minha mãe me ligou, dizendo que fora à maternidade e a recepção tinha sido gelada. Eu podia mesmo esperar o pior quando aparecesse por lá.

A tarde passou lentamente, nesse humor sombrio. Por volta das 18h, eu já estava no hotel me preparando para enfrentar as baterias antiaéreas da Fernanda. Tinha decidido que ia à maternidade naquela noite, de qualquer jeito. Então, tocou o telefone e do outro lado da linha estava dona Doris, a governanta inglesa que tomava conta da minha casa. Com seu sotaque carregado, avisou que tinha acontecido um "acidente com gás" com a Flavinha, mas estava tudo bem. Ela pediu que eu fosse para lá e a ligação caiu.

Acidente com gás! Senti a espinha gelar. Só podia ser uma explosão ou intoxicação. As duas hipóteses eram assustadoras. Liguei novamente para Itaipava, à procura do Ademir; atendeu Geraldo, o caseiro, um sujeito bem bronco.

– O Ademir não está, seu Walter. Foi chamar o médico. A Flavinha está aqui, mas está desacordada – ele disse.

Comecei a me desesperar. A coisa era bem séria. Transtornado, eu gritava com o pobre coitado.

– Leva a Flavinha para fora, Geraldo! Faz um boca a boca nela! Tente reanimá-la!

Em cinco minutos, eu já tinha chamado seu Odilon, o outro motorista, que mais do que isso era meu amigo, e voava com ele na direção de Itaipava. Em geral, a viagem para lá leva 80 minutos, mas seu Odilon subiu aquela serra como um louco. Gastou um jogo de pneus nas curvas, mas chegamos em 45 minutos. Flavinha não estava mais lá. Estava no hospital, em Nogueira, a 17 quilômetros. O Ademir me tranquilizou.

— Fique calmo, seu Walter. O menino morreu, mas ela está viva. Eu a deixei viva no hospital.

Aliviado, comecei a pular de felicidade. Tinha ocorrido uma tragédia, mas minha filha estava salva, graças a Deus. Assim que me acalmei um pouco, saí voando novamente, agora para Nogueira. Eu estava louco para ver a Flavinha bem, com vida. Mas meu alívio durou muito pouco. Quando cheguei, o médico me chamou de lado, com uma cara que já dizia tudo.

— Sinto muito, seu Walter, eu fiz o que pude. Tentei reanimá-la com uma injeção de coramina, mas ela não resistiu. Está morta.

Atônito depois de ouvir isso, olhei de lado e vi, sobre uma maca, um corpo coberto por uma lona. Era ela. Não tive coragem de vê-la assim, desprotegida, sozinha. Sem saber o que fazer, sentindo o mundo desabar, me afastei dali. Antes que eu voltasse novamente à razão, o pessoal da Globo já chegava: Borgerth, Otto, Paiva Chaves, Paulo César, João Araújo. Eles foram avisados logo que saí do Copacabana e correram para me ajudar.

Foi uma grande força, pois daí para a frente eles tomaram conta de tudo. Em instantes, o hospital ficou abarrotado de repórteres e, para fugir deles, voltei para o Rio. Ia enfrentar a pior parte da história: dar a notícia à minha mãe. Embora arrasado e me sentindo com se tivessem me arrancado um braço, eu conseguia me manter lúcido e consciente de que precisava administrar o problema.

Na volta, fiquei sabendo o que tinha acontecido. Quando o Ademir chegou a Itaipava, Flavinha e Ricardo estavam saindo da piscina, onde passaram toda a manhã. Disseram que iam tomar um banho e logo estariam prontos para viajar. O tempo foi passando, o Ademir imaginou que eles estivessem transando e deixou correr. Porém, quando achou que o atraso já era demais, resolveu chamá-los e não teve resposta. Então, entrou no banheiro e encontrou os dois caídos.

Ricardo, no boxe, já estava morto, mas a Flavinha ainda respirava. De alguma forma, o gás do aquecedor tinha escapado e os dois não perceberam. Só que o Ademir, num gesto de inacreditável incompetência, em vez de tirar a Flavinha depressa do banheiro e levá-la para o ar puro, ficou com pudores porque ela estava sem sutiã e deixou-a exatamente onde estava, para chamar o médico. Entre ir a Nogueira, trazer o médico e embarcar de volta com ela, passou-se no mínimo uma hora. Flavinha inalou muito mais gás do que devia, agonizou nesse longo tempo e não resistiu.

Essa dupla morte por intoxicação com gás levantou, obviamente, a suspeita de que teria sido suicídio, mas nunca encontrei a menor sustentação para essa ideia. Primeiro, porque os dois estavam apaixonados, tinham planos de estudar, casar em breve e morar na Alemanha. Depois, porque quem se suicida com gás sempre tem o cuidado de vedar todas as frestas do ambiente, para evitar que a substância se dissipe. Aquilo foi de fato um terrível acidente. Só o que me confortava era pensar que ela tinha morrido na companhia de um rapaz que amava e a fazia feliz.

Depois da dolorosa missão de contar à dona Lúcia sobre a morte da neta que ela criara como filha, fui enfrentar o velório. Lá pela meia-noite, o corpo chegou e eu vi a Flavinha morta pela primeira vez. Eu ainda não tinha tido uma experiência tão próxima com a morte. Carreguei o corpo do Antônio Maria anos antes, mas era diferente, não era gente da família. Nesse momento angustiante, opressivo, quem me deu força foi a Ruth Marinho, mulher do Roberto, a Vilma Nascimento e Silva, mãe da Rosário e a Bruneilde, mulher do Armando Nogueira. Elas me ampararam enquanto eu via o caixão sendo enfeitado. O Roberto também ficou um longo tempo a meu lado, ele que já passara por isso quando perdera seu filho Paulo Roberto.

Aquela foi uma noite de horror. Centenas de pessoas foram ao velório, amigos, conhecidos, colegas da Globo e da TV Rio, todas as minhas ex-mulheres e algumas namoradas, Lívio Bruni, pai da Fernanda, e as irmãs e tias da Vânia, além de toda aquela gente que tinha algum sentimento de culpa em relação a mim. Boni, por exemplo, esteve lá, arrastado pela mulher, Taís, que chegou dizendo que viria de qualquer forma, mesmo que fosse expulsa. Ao dizer isso, ela já admitia, implicitamente, que se sentia culpada do ódio que nutria por mim, mas, como gostava muito da minha mãe, dispunha-se a enfrentar minha eventual reação negativa.

De tempo em tempo, o doutor Valdir, médico da minha mãe, me aplicava uma injeção de Valium 10 ml. Eu passei a noite bebendo leite para me segurar e, lá pelas quatro da manhã, fui jantar no Bela Blu. Mas alguns escrotos, sempre alertas, espalharam depois que eu saí do velório de minha filha para cheirar cocaína no banheiro do restaurante. Já tinham me derrubado da Globo, estavam ali testemunhando a minha dor, mas não deixavam em nenhum momento de me difamar.

A terça-feira passou toda assim, num torpor de tristeza e cansaço, até o enterro, às 18h. Quando finalmente consegui sair de lá, passei no hotel para trocar o terno preto por uma roupa leve e convoquei o Zé Otávio e o Nonato para outra atividade.

– Depois do ritual da morte, vamos agora ao ritual da vida – eu disse.

E fui ver meu filho pela primeira vez. Cheguei à maternidade pelas 19h e, talvez em razão da tragédia que eu estava vivendo, ninguém foi agressivo comigo. Quando peguei o Fernando no colo – que naquele momento ainda era Diogo, antes de sua mãe mudar de ideia quanto ao nome –, chorei longamente. A vida me escapava por uma mão e voltava pela outra. Era de enlouquecer. Saindo dali, passei na casa da Ilka e do Gonzaga, onde moravam Luciana e Eduarda. Senti uma necessidade vital de estar perto, naquele momento, de todos os meus filhos.

À noite, no hotel, reuniu-se um conselho de amigos, todos preocupados em encontrar uma forma de me recuperar do abalo emocional. Estavam lá Zé Otávio, Arce, Nonato, Oriovaldo, Paiva Chaves, Otto, Alex Periscinoto. Eles insistiam que eu deveria me internar por uns tempos numa clínica de repouso.

– Não vai adiantar nada – eu reagia. – Posso ficar um mês dormindo, mas quando acordar vou ter de enfrentar a realidade.

– Mas vai ser bom para você, você descansa – insistiam.

E eu, cansadíssimo, estourado, arrasado, fui perdendo a paciência.

– Porra, não me encham o saco! – eu disse. – Algum de vocês já passou por isso? Então, como podem saber o que é melhor?

E fui dormir, exausto, enquanto eles permaneciam na sala da minha suíte, solidários. Ficaram por muito tempo conversando e bebendo. No dia seguinte, quando acordei, encontrei os restos de um festim diabólico.

Enfrentei a preocupação de outros amigos, suportei aquelas visitas protocolares de pêsames, vivi o rescaldo do enterro. Mas, quando tudo finalmente acabou, restou apenas uma dor imensa e uma infinita solidão. Eu só conseguia dormir dopado por uma tonelada de remédios e depois de beber no mínimo uma garrafa de vodca. Foi assim que atravessei os primeiros tempos após a tragédia. Eu tentava me ocupar com trabalho, mas só conseguia relaxar mesmo quando me anestesiava.

Lá pelo final de setembro, início de outubro, surgiu alguém para me dar apoio. Foi a Ângela Nabuco, amiga que eu conhecia do tempo em que ainda estava saindo com a Silvinha. Na madrugada, depois de deixar a Silvinha em casa e antes de dormir, eu ligava para a Ângela, uma mulher muito inteligente, divertida, e ficávamos conversando besteiras horas a fio. A cumplicidade que tínhamos nos momentos alegres não foi menor que a solidariedade que ela me deu na hora da dor. No velório da Flavinha, ela foi uma grande amiga, e sua imagem com o cabelo preso em maria-chiquinha ficou indelével na minha memória.

Das conversas telefônicas, nossa amizade evoluiu para uma paixão e, quando dei por mim, já estávamos morando juntos. Foi tão súbito e natural que, numa sessão de psicanálise, fiz até uma ilação freud-lacaniana para tentar explicar o que tinha acontecido. Da Flavinha morta, Flávia anjo, fui a Ângela e cheguei a Los Angeles, cidade onde pensei em morar por uns seis meses, estudando, logo que saí da Globo. De alguma forma, tudo tinha ligação. E essa relação foi muito boa para mim. Ângela era decoradora e, na convivência com ela, me dediquei quase exclusivamente, por vários meses, à compra de móveis, objetos, tapetes e quadros para o apartamento da Baronesa de Poconé. Foi uma longa viagem em torno do meu próprio umbigo, o caminho que segui para reencontrar os pedaços de mim que tinham se perdido nos desvios da vida.

A morte de Flavinha, nas circunstâncias em que se deu, foi um baque terrível em minha vida. Mas, como aconteceu praticamente junto com a demissão da Globo, ficou difícil separar uma coisa da outra, porque essa demissão também foi um grande choque. Por mais que eu tivesse noção de que as coisas iam mal, que a insatisfação crescia, que o relacionamento com as pessoas se deteriorava, não calculei que seria demitido. De tal forma eu era autor daquele projeto que não o concebia senão como parte de mim.

Mas eu estava fora e precisava aceitar a realidade. Mesmo que ela fosse dolorosa. Como continuava sócio da Som Livre, tinha uma remuneração que me permitia manter-me sem mexer em economias ou esperar o fruto de investimentos. Dava para viver muito bem, um padrão de vida excepcional. E, no meu estado psicológico, na minha absoluta fragilidade emocional, eu não me sentia motivado a trabalhar em nenhuma outra emissora. Por que me aporrinhar? Eu era um vencedor e não havia por que colocar em questão o mérito da minha vitória, arriscando começar tudo de novo em circunstâncias diferentes, sob todos os pontos de vista.

A sensação de que eu já atingira o topo na Globo e nenhum outro trabalho em televisão valia a pena começou antes mesmo da minha saída. Em 1975, Manoel Francisco do Nascimento Brito, do *Jornal do Brasil*, tentou me seduzir com uma sociedade com ele e Walter Moreira Salles em um projeto de televisão. A crise já comia solta na Globo, nós já nos devorávamos diariamente, mas mesmo assim eu não pensava que a unidade do time fosse se romper. Tanto que vinculei a minha adesão ao projeto do Brito à concordância da equipe da Globo. Eu só iria se eles topassem ir comigo. E, na hora de defender essa ideia diante dos caras, ainda exagerei no ceticismo, que era para ninguém topar mesmo.

– Olha, tem essa proposta do Brito, mas vai ser muito difícil, acho que estamos bem aqui – eu disse, descartando a ideia antes mesmo que qualquer um da equipe pudesse aceitá-la.

Depois da saída da Globo, quem me procurou, quase imediatamente, foi João Calmon. Apesar daquele entrevero desagradável em 1966, na CPI do Time-Life, eu tinha uma relação relativamente cordial com o nosso bravo senador. Era adversário dele na Abert, sem dúvida. Mas, desde que ganhei a parada com o Azcárraga no episódio da Copa de 1970, conseguindo a transmissão dos jogos em excelentes condições para a televisão brasileira, ele passou a me respeitar muito mais. E, quando viu que Roberto Marinho estava abrindo mão de meu concurso, mais do que depressa me procurou. Marcamos um almoço no Ouro Verde e ele tentou me convencer a ir para a Tupi de qualquer jeito.

– Você assume amanhã mesmo, se quiser – dizia ele. – Entra como vice--presidente, com carta branca para fazer o que quiser.

Mas não me sensibilizei. Não fazia uma semana que eu tinha saído da Globo, as coisas ainda estavam quentes, eu não tinha ânimo para enfrentar as complicações da Tupi.

— Não há por que eu me meter nisso, João – eu argumentava. – Meu negócio agora é ficar com meus filhos, eu me cansei muito nesses anos todos. Você está precisando de um cara que tenha tesão de pegar a Tupi. Eu não vou conseguir salvá-la, vou ficar frustrado, não quero isso.

— Mas você sabe que a Tupi tem um grande potencial – ele insistia. – A rede está implantada em todo o país, temos gente, temos equipamento. Eu preciso é de um talento como o seu para organizar as coisas.

— Eu acredito no potencial da Tupi – desconversei. – Mas a TV é movida a paixão; se não for, não funciona. Por isso é que acho que não vai dar para mim. Quero mais é conviver com os meus filhos.

Poucos dias depois, Flavinha morreu, e Calmon foi um sujeito muito bacana, porque ficou abalado com a infelicidade da coincidência. Ele sentiu mais do que muita gente próxima de mim a extensão daquela tragédia.

Mergulhei numa prostração que durou vários meses, não querendo saber de nada – muito menos de televisão. Mas, aos poucos, o baixo-astral foi passando e abandonei a ideia de que já não tinha mais nada que fazer em televisão. Comecei até a tomar algumas iniciativas.

Em uma delas, decidi ressuscitar o velho projeto de uma rede educativa decente para o Brasil. Depois da frustração da tentativa com o Boni, que o Passarinho nem sequer considerou, voltei à carga, dessa vez com Ney Braga. Comentei com o Afrânio Nabuco que tinha interesse em fazer TV educativa e ele transmitiu o recado ao Carlos Alberto Direito, chefe de gabinete do Ney. A primeira reação dele foi achar que o governo não teria condições de pagar o meu preço.

— Não dá, Afrânio, o salário do Walter nós não podemos pagar – disse o Carlos Alberto.

— Mas o Walter não está pensando em dinheiro – retrucou o Afrânio. – Ele está pensando no interesse do Brasil. Dinheiro ele já ganhou muito, agora quer dar uma contribuição à cultura e à educação do país.

A coisa ficou no chove não molha até que o próprio Ney Braga deu o recado definitivo ao Afrânio.

— Não posso aceitar essa proposta do Walter. Não quero problemas com o Roberto Marinho – avisou, demonstrando sua gratidão pela ajuda que recebera do amigo no episódio Paulo Pimentel.

Era assim, portanto, que o ministro da Educação Ney Braga respondia aos problemas gravíssimos de sua pasta. Quando um executivo de televisão indiscutivelmente gabaritado se dispunha a organizar uma rede de TV educativa moderna, eficiente, sem ganhar nada com isso, ele desconsiderava a oferta, por razões estritamente políticas, ignorando por completo o interesse público.

Outra oportunidade de voltar à televisão se apresentou logo depois, em circunstâncias esquisitíssimas. Certo dia, o Arce e o Nonato me pediram para hospedar um argentino em minha casa de Angra. Não sei que tipo de negócio eles tinham com o gringo, mas o fato é que me apareceu o almirante Emilio Massera, um dos três caras que compunham a Junta Militar argentina e, como se soube depois, foi um dos responsáveis pelos dez mil dissidentes políticos mortos pelo regime militar. Eu, evidentemente, sabia que os militares argentinos, naquele tempo, não eram lá flor que se cheirasse, mas não tinha noção do genocídio que eles estavam praticando. Imaginava que a ditadura deles não era muito diferente da nossa.

O tal Massera era uma figura sinistra. Para nos entreter naquele fim de semana em Angra, ele deu de contar histórias e, numa delas, quase teve um orgasmo ao revelar que oficiais sob o seu comando tinham matado um cara – "um terrorista", segundo ele –, no exato momento em que o infeliz redigia uma carta pedindo clemência. Para se ter uma ideia do nível de sadismo, os milicos prenderam o infeliz e deram a ele a oportunidade de escrever a carta ao Massera, implorando por sua vida. Quando estava no meio da carta, foi assassinado, os fulanos rindo de prazer. E o almirante se divertia mais ainda contando a história...

Não sei por que não expulsei de casa aquele filho de uma boa puta. Talvez porque achasse que ele estava fazendo bazófia, que queria gozar da minha cara. Talvez porque não quisesse arranjar problemas para o meu amigo Arce. Sei lá. Mas não o fiz. Massera, ao contrário, se sentiu tão agradecido pela acolhida que nos ofereceu um canal de TV em Buenos Aires, já que havia um plano de privatizar as emissoras que estavam sob controle das Forças Armadas.

Porém, antes que eu pudesse considerar a ideia, soube que o Armando Falcão já me torpedeara. De alguma forma, ele foi informado da proposta do Massera e lhe mandou um recado, provavelmente alertando para o "perigoso subversivo camuflado" que eu era. Deve ter dito que, naquela festa na casa do Edgardo, eu tinha dado uma porrada na barriga do Figueiredo – aliás, versão que foi cuidadosamente espalhada por meus desafetos para explicar a minha saída da Globo. Eu mal conheci o general Figueiredo, nem sei se ele estava na festa. De qualquer forma, dessa vez o Falcão, querendo me foder, me ajudou. Evitou que eu entrasse numa fria tão grande quanto a neve de Bariloche.

Assim, definitivamente afastado da Globo e sem perspectiva de voltar à televisão em curto prazo, joguei minha energia profissional que renascia num velho e querido sonho da infância: o cinema. Depois das tentativas no período da Globo, eu agora me lançaria na área como produtor, com a ambição de ser um Dino de Laurentiis ou um Louis B. Mayer. Da tela pequena da TV, meu horizonte crescia para a enorme e gloriosa tela do cinema.

13.
Amor bandido

Minha relação objetiva com o cinema começou quando eu dirigia a TV Rio, no final dos anos 1950. Até aquela época, eu era apenas um cinéfilo fanático e um roteirista diletante, com ambição de me transformar num grande diretor. Meu argumento não roteirizado da saga de uma família nordestina fugindo da seca, por exemplo, além de antecipar em alguns anos o *Vidas secas*, de Nelson Pereira dos Santos, ainda permanece como um dos pilares da estética da fome – nos recônditos indulgentes da minha memória, é claro. Pena que, além dos meus neurônios, ninguém mais o conheça.

Quando obtive o poder sobre a programação da TV Rio, o cinema deixou de ser apenas um sonho e se converteu em possibilidade profissional concreta. Só que, em vez de entrar na área pela porta dos diretores ou roteiristas, entrei pela dos produtores. Se não podia realizar as minhas inquietações artísticas criando meus filmes, porque minha vida profissional seguia outro rumo, eu podia ao menos materializar as ideias dos outros, contribuindo para que o cinema brasileiro fizesse algumas produções importantes.

O Cinema Novo, como a bossa-nova, surgiu praticamente junto com a afirmação da TV Rio na liderança de audiência da televisão carioca. Nos bares onde os artistas se reuniam, como o Gôndola, encontrava-se gente do teatro, como Sérgio Brito, Fernanda Montenegro, Fernando Torres e Ítalo Rossi; gente da imprensa, como Alberto Dines, Moniz Vianna e Isaac Piltcher; ou do cinema, como Jorge Ileli e Aurélio Teixeira, além do pessoal da música popular, da literatura, das artes plásticas – e, claro, da televisão. Eram nesses locais que se trocavam informações, surgiam os projetos de trabalho, se encontravam colaboradores. Por sua natureza de veículo integrador das outras mídias, a televisão acabou se tornando um polo natural de aglutinação dos mais diversos talentos artísticos. E, assim como João Gilberto fez os seus primeiros programas na TV Rio, também os cineastas foram se aproximando da televisão, trazendo a ela novas técnicas e uma ambição artística superior.

Até 1960, entretanto, a TV não pôde oferecer muito aos cineastas. Com a estrutura de produção voltada para as transmissões ao vivo, ela era feita de modo completamente diverso do cinema. Em vez de filmar cada cena separadamente, segundo um plano de produção que não necessariamente seguia a ordem das cenas prevista no roteiro, e depois articular tudo, ordenando os *takes* no momento da montagem, a televisão fazia tudo simultaneamente, na hora da transmissão. Um programa comum tinha três câmeras captando as imagens, que eram selecionadas – ou "montadas", por assim dizer – pelo diretor de TV, no mesmo momento em que eram produzidas. O processo era outro.

Num estúdio de TV com três câmeras transmitindo ao vivo, é um problema sério definir a movimentação delas e o aproveitamento do campo visual, de modo que uma câmera não "vaze" na outra, isto é, não surja em seu campo. Esse problema é muito menor no cinema. A iluminação também é completamente diferente nos dois meios. A TV pede uma luz intensa, geral, que banhe todo o campo visual – sobretudo no caso das velhas câmeras P&B, de pouca sensibilidade. Já no cinema é possível trabalhar com mais sutileza, fazendo um tipo de luz para cada cena ou até para cada plano dentro da cena.

Por tudo isso, levar um cineasta para um estúdio de televisão, antes do videoteipe, era como dar um carro de Fórmula 1 a um piloto de lanchas *off-shore* e esperar que ele se classificasse na *pole position*. Não funcionava. Os caras simplesmente não dominavam a técnica e acabavam produzindo uma TV de pior qualidade, muito inferior à que já faziam os melhores profissionais da TV, como o Loffler, o Olive, o Masson.

Porém, quando surgiu o VT, em 1960, tudo começou a mudar. Ele trazia a possibilidade de armazenamento das imagens e de montagem, em processo muito semelhante ao do cinema. Era um avanço técnico que eliminava a instantaneidade compulsória da TV ao vivo e permitia a produção de programas mais elaborados.

Foi assim que surgiu o *Chico Anysio Show*, primeiro programa de TV concebido para o videoteipe. E foi com ele que a televisão conquistou seu primeiro cineasta importante, Carlos Manga, que se aventurou a explorar o novo aparelho. Daí para a frente, a aproximação do cinema com a TV no Brasil foi cada vez maior.

Essa aproximação passou também pelo jornalismo. Quando a TV Rio se firmou na liderança de audiência, começamos a investir em qualidade de programação, atraindo jornalistas para o veículo. Fernando Barbosa Lima teve papel fundamental nisso, com todos os programas que ele fez. Nós trouxemos Armando Nogueira, Villas-Bôas Corrêa, Sérgio Porto, Antônio Maria, Araújo Neto, Haroldo Holanda, um time de jornalistas muito conhecidos. E os cineastas ou eram jornalistas, como Glauber Rocha, recém-chegado da Bahia, e Luiz Carlos Barreto, fotógrafo de *O Cruzeiro*, ou eram amigos próximos de jornalistas.

Enquanto montávamos uma boa estrutura jornalística na TV Rio, o Barreto, por exemplo, explodia no cinema. Já naquela fase final de *O Cruzeiro*, ele se associou a Roberto Farias e produziu *O assalto ao trem pagador*, um filme brilhante, que fez enorme sucesso e deu muito dinheiro. Capitalizado, o Barreto partiu para filmar *Vidas secas* com Nelson Pereira dos Santos e daí decolou de vez, construindo uma carreira cinematográfica sólida, que em algum ponto do futuro cruzaria com a minha.

Eu deveria estrear no cinema também por essa época, numa produção com o Carlinhos Niemeyer, o criador do Canal 100, cinejornal que até hoje melhor filmou o futebol. Nossa ligação, aliás, vinha do esporte. Éramos amigos por parte do Flamengo. Mas o Carlinhos era também um dos grandes personagens do Rio e sócio-fundador do celebérrimo Clube dos Cafajestes, que reunia a fina flor dos *playboys* cariocas.

Os Cafajestes eram tão extrovertidos como os *vitelloni* do filme de Fellini, com uma tendência bem mais aguda para a baderna. Eram o terror dos grã-finos, porque penetravam nas festas sem a menor cerimônia e só Deus sabia o que poderia acontecer. Todos eram sedutores habilidosos e muito bons de briga. Quando cobiçavam a mulher do próximo, o próximo que se afastasse ou se garantisse na briga, porque certamente tomaria umas boas porradas. De tanto penetrar em festas, um dia foram parar numa casa movimentada da Barra da Tijuca, mas se tratava de um velório e eles criaram uma confusão dos diabos.

Entre esses caras, além do Carlinhos, estavam outras figuras famosas: Mariozinho de Oliveira, filho do dono do Moinho São Cristóvão; Carlos Peixoto, grande sujeito; Ibrahim Sued e o irmão dele, Alberto; Paulinho Soledade; Baby Pignatari. Aliás, certa vez, a atriz Linda Christian veio ao Brasil atrás dele, depois de devidamente seduzida e abandonada nos Estados Unidos. Sei lá por quê, o Baby se chateou com o assédio da mulher e organizou uma passeata dos Cafajestes em frente ao Copacabana Palace, com faixas e tudo. A coitada abriu a janela do quarto e viu "Go home, Linda!", com um bando de malucos berrando, como se ela fosse uma vulgar embaixadora do imperialismo ou coisa que o valha.

Mas, de todos os heróis do Clube dos Cafajestes, o maior de todos foi Eduardo de Oliveira, Edu, um tipo e tanto, que conheci muito bem porque era cliente de meu pai. Piloto de Constellation na Panair do Brasil, fortudo, era arrasador com as mulheres e um demônio para os homens. Comia todas as interessadas, além das desavisadas, e cobria de porradas qualquer infeliz que ousasse atrapalhar, fosse irmão, namorado, pai ou o bispo. Ele foi, provavelmente, o maior valentão da zona sul do Rio em todos os tempos. Porém, apesar de candidato permanente a um tiro na cara, Edu morreu num acidente de avião no Rio Grande do Sul, em 1950.

Com, o tempo, o Clube dos Cafajestes foi acabando, mas sobreviveu num evento chamado "Caju Amigo", que o Carlinhos organizava. Tratava-se de uma festa anual em que os maridos iam sozinhos e na qual, obviamente, valia tudo. Na fase final do Caju Amigo, eu era organizador. Uma vez, a farra foi tanta que, na saída, no porre em que eu estava, troquei o meu paletó de smoking com o de alguém. Quando cheguei em casa, a Ilka descobriu no bolso a certidão de nascimento de uma garota de 17 anos. Eu não tinha nada que ver com aquilo, mas paguei o pato.

– Que você vá ao baile, que seja um ordinário, tudo bem! – espumava a Ilka. – Mas voltar com a certidão de nascimento de uma menina menor de idade, isso é imperdoável!

Foram histórias fantásticas que o Clube dos Cafajestes e o Caju Amigo produziram. Tanto que, em 1960, ou 1961, eu e o Carlinhos nos associamos para produzir *Zum-zum-zum*, filme que contaria a vida do Edu e, por meio dela, falaria de tudo aquilo. O nome era tirado da música de Fernando Lobo e Paulinho Soledad que diz "Oi zum-zum-zum, oi zum-zum-zum, tá faltando um / Ele era o porta-

-estandarte do bloco, que fazia lá o zum-zum-zum / Hoje o bloco sai mais triste sem ele, tá faltando um". A direção seria de Silvio Autuori e o roteiro, de Ruy Guerra, que chegara ao Brasil havia pouco. Depois se juntaram a ele Cláudio Mello e Souza e Bartô de Andrade. A fotografia seria de Ricardo Aronovich, depois um dos melhores iluminadores da Europa. Norma Bengell teria o principal papel feminino e, para fazer o Edu, pensávamos em Gabriele Tinti, marido da Norma, que poderia nos dar uma abertura internacional.

Chegamos a pôr um bom dinheiro na produção e a iniciá-la. Ruy, Cláudio e Bartô se instalaram na Pensão Pinheiros, em Teresópolis, e passavam os fins de semana entrevistando o Mariozinho de Oliveira, que tinha um sítio lá, para colher material. Mas o filme acabou gorando. Não sei se faltou dinheiro ou capacidade para articular a produção, mas desistimos dele. De qualquer forma, a tentativa serviu para lançar meu nome como um produtor de cinema. A partir daí, os cineastas começaram a se aproximar de mim.

Eu ajudava muito a todos eles, promovendo seus filmes nos noticiários da TV Rio, fazendo publicidade em troca de uma percentagem ínfima da bilheteria. Eram acordos extremamente generosos, na base de 5% da receita líquida da bilheteria, por um volume de publicidade dezenas vezes mais caro. Com o tempo, essa aproximação baseada no estímulo aos filmes aprofundou-se na colaboração dos cineastas com a TV. Quando fui para a Globo, vendi à Shell um programa de documentários sobre a realidade brasileira, o *Globo Shell Especial*, que abriu um campo de trabalho para os cineastas na televisão e depois evoluiu para o *Globo Repórter*. Foram para lá Paulo Gil Soares, Domingos de Oliveira, Walter Lima Jr. Levei também Silvio Autuori, para dirigir o programa do Chacrinha. E outros ficaram muito próximos da gente: Joaquim Pedro de Andrade, Leon Hirszman, Cacá Diegues, Luiz Carlos Barreto.

No entanto, eu ainda não podia me considerar propriamente um produtor de cinema. No máximo, seria um mecenas, um bom amigo, aquele cara legal da televisão que ajudava os realizadores. A chance de produzir propriamente para o cinema aconteceu quando criamos a ICB. Ali, comecei a conhecer propriamente a mecânica da coisa, especialmente as malandragens. Nesse aspecto, tive o melhor professor do Brasil, pois em matéria de rolo com cinema Luiz Carlos Barreto conhece tudo – e não apenas de rolo de filme.

As primeiras produções da ICB foram *A estrela sobe* e *Guerra conjugal*, ambos com orçamento de 700 milhões de cruzeiros na época (1973). Mas, quando os filmes terminaram, os borderôs fecharam com outros números: *Guerra conjugal* custou 695 milhões, mas *A estrela sobe* extrapolou, fechando em 1.350 milhões. Eu não controlava diretamente a empresa, era apenas o presidente. Quem cuidava da administração era o Zé Otávio. Como estranhamos muito o tamanho do estouro, fomos investigar o que tinha acontecido. Aí, o Luís Roberto Nascimento e Silva, meu cunhado na época, que era assistente de direção do Bruno Barreto no filme, matou a charada.

– Você sabia que nós filmamos três semanas com filme velado? – me informou.

Era verdade. Quando as latas de filme foram abertas no laboratório, já estavam veladas. Imaginou-se na época que teria acontecido algum problema na operação, no manejo dos filmes. Hoje, analisando bem as coisas, tenho minhas dúvidas sobre isso. Não acho nada improvável que as latas tenham sido simplesmente desviadas, trocadas por outras, para utilização na produção seguinte do Barreto, *Dona Flor e seus dois maridos*. É difícil provar que isso realmente aconteceu, mas essas práticas não são incomuns no cinema brasileiro.

O fato é que naquele tempo eu ainda tinha uma confiança absoluta no Barreto. Tanto que, logo que saí da Globo, decidi ampliar meus negócios em cinema e fazer uma sociedade com ele. Nos acertos da saída, eu tinha ficado com a ICB. Os meus sócios na Cantagalo gentilmente me doaram suas cotas da ICB. Foi um gesto simpático deles, mas não tão magnânimo assim, porque a empresa tinha poucos filmes no acervo e eles não valiam grande coisa. O melhor deles, *Isto é Pelé*, aliás, não entrou no negócio. No fundo, ficar com a ICB foi uma completa tolice, porque ela possuía apenas um escritório, era pouco mais que um projeto de empresa. Mas eu tinha dinheiro, prestígio e experiência na área audiovisual e não via nenhuma razão para que a minha investida no cinema fracassasse.

Essa decisão foi tomada logo nos primeiros dias após a demissão, naquelas noitadas de solidariedade e porre com os amigos, em meu apartamento da rua Gastão Bahiana. Mas eu não queria simplesmente produzir filmes. Meu plano era trabalhar como um grande articulador de capitais para o cinema nacional. Eu tinha enorme vivência em vendas, carregava a confiança de gente com dinheiro para investir e me propunha a viabilizar projetos de cineastas, servindo como um canal de financiamento não estatal. Eu queria agir como uma Embrafilme privada e, para isso, achei que o ideal seria uma parceria com o Barreto. Se o maior produtor de cinema do país se associasse ao maior produtor de TV, isso provavelmente teria efeito positivo sobre todo o mercado cinematográfico.

Barreto topou a minha ideia e criamos a nossa Embrafilme, a Clark-Barreto Produções. Com ela, agenciaríamos financiamento para projetos de cinema, cobrando uma comissão de 10% sobre o faturamento. Os filmes seriam produzidos pelas nossas empresas individuais, a LC e a ICB, ou ainda por terceiros. Cada um produziria como quisesse. Nós uníamos forças apenas para selecionar os projetos e levantar os recursos de produção. Em paralelo, montamos uma empresa só para locação de equipamentos, para pagar o investimento numa câmera BL-2, caríssima, que importamos. Como o objetivo era vender os filmes para o exterior, precisávamos de um padrão internacional de produção.

Se a ambição era transformar a Clark-Barreto na grande empresa do cinema brasileiro, um polo de atração para todos os cineastas, ela obviamente não poderia ser instalada numa cabeça de porco qualquer de Copacabana. Eu já pretendia mudar para o apartamento novo da Baronesa de Poconé, então achei que o lugar ideal para a empresa era o imóvel da Gastão Bahiana. Ele tinha a pompa necessária para dar uma imagem sólida à empresa: 500 m^2, dúplex, de frente para a lagoa Rodrigo de Freitas, piscina, o diabo. Eu poderia montar ali o departamento comercial e aproveitar uma parte como área social para receber cineastas, empresários e artistas para um uísque e uma conversa-fiada de fim de tarde, tornando o local um grande ponto de encontro. Assim que o Barreto e eu fechamos o negócio, comecei a reforma do apartamento.

O empreendimento começou com muito entusiasmo. Logo de cara, reuni Leon Hirszman, Cacá Diegues, Arnaldo Jabor, Joaquim Pedro, um grupo dos melhores cineastas, e pedi projetos. Eu queria fazer *Tieta do Agreste*, do Jorge Amado, e cheguei a negociar com Vinicius de Moraes o *Orfeu negro*. Pensei também nas *Memórias do cárcere*, que depois foi aquele sucesso do Nelson Pereira dos Santos. A ideia era partir para grandes projetos, porque a coisa só funcionaria se fosse em larga escala. Não tinha cabimento a Clark-Barreto fazer filmecos de estreantes, não no início, ao menos. Mas havia um detalhe com o Barreto para o qual eu não tinha atentado: a família dele.

Barreto trabalhava num esquema mais familiar do que cantina italiana. Além dos dois filhos diretores – o Bruno e o Fábio –, a mulher dele, Luci, é produtora executiva; a sogra, dona Lucíola, muito amiga do banqueiro Amador Aguiar, era a produtora, a levantadora da grana. Todo mundo na família trabalha com cinema. E, claro, mete o bedelho em todas as decisões. A minha sociedade, portanto, não era bem com o Barreto, mas com a família dele, porque cada decisão nossa passava pelo rigorosíssimo crivo familiar.

Quando entendi o esquema, percebi que teria inúmeros problemas. E não era só isso. *Dona Flor e seus dois maridos,* no qual a Globo não quis investir, deu uma nota pretíssima e deixou os Barreto ricos. Eles estavam montados no dinheiro e no sucesso e não tinham muito interesse em perder tempo discutindo comigo sobre se devíamos fazer este ou aquele roteiro. Compreensivelmente, queriam capitalizar o sucesso do filme e fazer o que lhes desse na telha. Por isso, perdi a parada na decisão sobre o primeiro filme que a Clark-Barreto faria. Eu queria *Tieta*, com direção do Joaquim Pedro; eles preferiam *Amor bandido*, com o Bruno.

A história até que não era ruim, ainda que muito inferior a qualquer uma de Jorge Amado. Mas vários problemas conduziram o projeto diretamente ao fracasso. Primeiro, perdemos para Cláudio Cunha os direitos da música do Roberto Carlos, *Amada amante*, que queríamos para trilha sonora e título original do filme. Depois, o Bruno fez a cagada de escalar Paulo Guarnieri, que é ótimo ator, mas ítalo-paulistano até o último fio de macarrão, gordinho, branquela, para viver um personagem que se chamava Paraibinha e era um garoto nordestino que vira marginal no Rio. Era como colocar o José Dumont para fazer um *viking*. Não funcionaria nem em filme do Renato Aragão. E, para completar, ele ainda fez uma péssima direção.

Previsivelmente, o filme foi um fracasso retumbante. De público e de qualidade, o que era muito pior. Precisávamos de um grande filme para servir de cartão de visita e pisamos na bola logo na saída. A película de Cláudio Cunha, *Amada amante*, teve 2,5 milhões de espectadores e o nosso, apenas 300 mil.

Celso Bulhões de Carvalho investiu em *Amor bandido* e não teve retorno do capital. Ficou, portanto, muito irritado conosco, e seu prejuízo consolidou a ideia de que o cinema tomava dinheiro dos desavisados. O produtor safava a grana dele e o investidor quebrava a cara. É claro que a Embrafilme também ajudou a disseminar essa ideia. Era comum os sujeitos levantarem verba para uma produção a juros perdidos, aplicarem o dinheiro no mercado de capitais e devolverem depois o principal, sem rodar nenhum fotograma. Teve até o caso de um diretor que aplicou a grana numa cirurgia plástica para a mulher e nunca mais pagou a Embrafilme.

Mas isso não foi o pior. Depois surgiu o projeto do *Bye Bye Brasil*, que me entusiasmou na hora, porque Cacá Diegues fazia uma leitura crítica da expansão da TV no Brasil, da sua concorrência com as outras artes – tema que me tocava diretamente –, além de o roteiro ser genial. O filme era muito caro. Teria locações na Amazônia, em lugares onde não havia energia, era preciso levar tudo para lá. Mas eu me entusiasmei e, para vencer o ceticismo do Barreto, coloquei do meu bolso os 20% iniciais do orçamento. Também consegui dois caminhões com a Fiat para a "Caravana Rolidei", a trupe mambembe comandada no filme por José Wilker e Betty Faria. E, bem ou mal, as coisas começaram a andar.

Depois, quando a equipe já estava em Altamira, no Pará, a situação começou a ficar insuportável. Todo dia era aquela história de mandar dinheiro, mandar dinheiro. Aí percebi que tinha sacanagem na história: Eu já tinha mandado mais de 6 milhões de cruzeiros, muito mais do que a minha porcentagem no filme, e era um saco sem fundo, os atores não recebiam, reclamavam. O orçamento inicial era de 12 milhões, mas na metade da produção já estava em 18 milhões. O dinheiro sumia no meio do caminho. Descobri depois que o orçamento estava superfaturado e eu estava pondo o dinheiro de trouxa, porque quem embolsava era o Barreto. Cacá Diegues também estava sendo enrolado, além de Cao Braga, que tinha investido conosco.

Além disso, havia as mesquinharias da família Barreto, que me irritavam profundamente. Luci era aquele tipo de produtora que, em vez de comprar manteiga para o lanche da equipe, comprava margarina, que parece igual, mas é uma droga. Os atores que se danassem. Compreensivelmente, ela tinha o apelido de "Lúcifer". Já o Barreto passava o dia todo no escritório dele na LC e só fazia seus telefonemas internacionais quando ia para a Clark-Barreto, no final da tarde, porque quem pagava as contas do escritório era eu, que ficava ali. Tratava-se de algo tão ostensivo que irritava até a minha secretária.

Outra sacanagem do Barreto comigo foi quando Nelson Pereira dos Santos e Hector Babenco propuseram que eu comprasse cotas de dois filmes, *Lúcio Flávio, o passageiro da agonia* e *A dama do lotação*. Eu me animei, porque os dois filmes eram excelentes. Mas o Barreto disse que era uma loucura, que o risco era muito grande e nós não deveríamos entrar. Meio contrariado, concordei com meu sócio. Porém, sem que eu soubesse, ele comprou sozinho, por fora da Clark-Barreto, 10% de cada um dos filmes. Um teve oito milhões de espectadores e o outro, seis. Ele se encheu de dinheiro, eu fiquei chupando o dedo.

Tudo isso foi provocando um desgaste, claro, mas só decidi engrossar quando a coisa em *Bye Bye Brasil* ficou ostensiva demais. O problema é que é muito difícil brigar com o Barreto. Ele tem uma peculiaridade: é um sujeito absolutamente adorável no trato pessoal, cativante, sedutor. Quando a Flavinha morreu, ele foi uma das pessoas que mais me deram força nos dias posteriores, foi mesmo um irmão para mim. Mas, embora pudesse dar tanto afeto às pessoas, conseguia ser um pulha quando se tratava de dinheiro. Nunca entendi essa característica fortíssima dele. As pessoas amam o Barreto e depois odeiam. Ou amam e odeiam ao mesmo tempo, é difícil analisar friamente. Mesmo agora, anos depois, não consigo ter só raiva dele, ainda mantenho um carinho.

Mas, de toda forma, eu rompi a nossa sociedade quando *Bye Bye Brasil* estava no meio da produção. Nunca recebi um centavo do que o filme arrecadou. O filme faturou horrores, foi vendido para a Europa e fez enorme sucesso nos Estados Unidos, só perdendo para *Dona Flor e seus dois maridos* e *Eu te amo*. Investi nele a maior parte da grana e ganhei um pequeno crédito no fim dos letreiros, no meio de um monte de técnicos. Tive prejuízo até na venda da BL-2 para ele, que custava 150 mil dólares e não me rendeu a metade desse valor quando desfizemos a firma.

Mas esse problema não aconteceu só comigo. Muita gente brigou com o Barreto. Newton Rique e o Cao Braga, sócios dele em *Dona Flor*, também quebraram a cara. Meu único consolo é que da nossa sociedade restou, ao menos, um grande filme, porque *Bye Bye Brasil* é isso.

A experiência da Clark-Barreto me deu um banho de água fria com o cinema. Descobri que havia uma relação absolutamente desrespeitosa com os investidores. Quando surgia alguém com dinheiro, disposto a investir numa produção, o comportamento do pessoal do cinema era igual ao de uma cafetina de puteiro em Salvador quando entrava um coronel do cacau. Todo mundo olhava o infeliz avaliando quanto ele tinha e o que fazer para depená-lo. Como fiquei nessa incômoda posição, senti que os caras queriam me currar mesmo.

Essa postura não é tanto dos diretores, que sempre foram frágeis. Mas os produtores, os articuladores da indústria, esses são quase todos umas aves de rapina. Afinal, eu tinha tudo para ser um grande produtor do cinema brasileiro: experiência no negócio audiovisual, dinheiro, conhecimento de cinema. Não era um babaca paraquedista querendo apenas investir para faturar – eu tinha tesão pela coisa. Mas o que vi de sacanagem, de mutreta para cima dos desavisados que puseram seu dinheiro em cinema me chocou. Foi por isso que, logo depois que rompi com o Barreto, um repórter veio me entrevistar e eu disse uma frase que provocou certa celeuma, mas continua válida: "O futuro no cinema começa no produtor e acaba na *bonbonnière*". É radical, mas é verdade.

Quem me alertava muito para os males do cinema era a Ângela. Talvez em decorrência de um sexto sentido, ela tinha horror do meu envolvimento com o cinema. Não gostava das pessoas, fazia críticas ao Barreto, detestava especialmente a Luci. Eu, muito babaca, não só não levava a sério suas críticas como a acusava de não ser companheira, de não me dar força no meu novo projeto de vida. Entramos num violento processo de crise por causa disso.

– Você acha que um cara como eu vai passar a vida inteira sem fazer nada, comprando tapetes? – eu questionava.

Era óbvio que eu não poderia continuar como nos primeiros meses de nossa relação, quando, ainda abalado pela morte da Flavinha, eu praticamente me fechei dentro da casca, cuidando apenas de decorar o apartamento da Baronesa de Poconé. Mas também não era isso que ela esperava de mim. Ela queria que eu abandonasse o negócio do cinema, e nesse ponto era intransigente. Tanto que a nossa briga definitiva aconteceu quando ela se recusou a me acompanhar à festa de aniversário da Luci, o que considerei um voto de desconfiança inaceitável no rumo que eu queria dar à minha vida.

Isso aconteceu em 5 de junho de 1978, data que guardei porque era a véspera do jogo Brasil × Suécia, na Copa do Mundo da Argentina. Fiquei louco da vida com ela e fui sozinho à festa. Na volta, tivemos uma briga horrorosa, uma baixaria infernal. Ela saiu de casa e foi para a casa da irmã, para onde mandei todas as suas roupas. Depois, viajou para a Europa e, quando voltou, lá por novembro, era tarde demais para recuperarmos qualquer coisa. Nosso caso tinha acabado.

Hoje não tenho a menor dúvida de que fiz um mau negócio ao trocar a Ângela pela Luci e pelo Barreto. Ela queria evitar que eu entrasse numa fria, mas não tive sensibilidade para perceber isso. Aliás, não tive sensibilidade para coisa nenhuma, simplesmente desliguei o botão e retirei-a da minha vida.

No final daquele ano, pouquíssimo tempo depois, eu já estava saindo com a Betty Faria, que filmava *Bye Bye Brasil* com o Cacá. Nós planejávamos passar o ano-novo juntos em Belém, onde estava a locação. Porém, antes passei o Natal na casa do Barreto e aí aconteceu algo que mudou completamente os meus planos: conheci Sônia Braga. Ela estava namorando o Cacá Diegues havia pouco tempo, ambos saídos de casamentos recém-desfeitos. Nesse dia, além da Sônia, sozinha, estavam na casa do Barreto o Toscan du Plantier, grande executivo da Gaumont, com Marie-Christine Barrault, depois mulher do Roger Vadim. Era uma roda divertida de cineastas e atores que se reunia ali para uma celebração de Natal interpares.

Porém, por mais interessante que estivesse o papo, eu só me interessei mesmo pela Sônia. Ela estava com um *tailleur* de linho azul, muito bonita, e eu me derramei em charme. Nessas circunstâncias, evidentemente, os nossos queridos Cacá Diegues e Betty Faria dançaram. Ficamos juntos naquele dia, no outro, no terceiro, e percebemos que estávamos vivendo uma grande paixão. O Cacá eu não sei, mas a Betty saiu olimpicamente do bolo que eu dei no nosso programa de *réveillon*. Soube depois que ela começou a namorar o câmera do filme.

Entre mim e a Sônia a coisa foi forte, com muita paixão. Se com a Betty eu já virava atração turística quando saíamos à rua, com a Sônia, que estava no auge do sucesso de *Dancin' days*, era quase um evento. Tiravam fotografia, vinham conversar, as crianças pediam autógrafos. Mas estávamos tão enlevados pelo amor que achávamos tudo muito bonito, não nos aborrecíamos nem mesmo com os maiores pentelhos.

Nosso romance durou todo o mês de janeiro de 1979. Mas aquele verão estava divertido demais e, mesmo apaixonado, eu não quis abrir mão dele. Eu dava "expediente" diário no Antonio's, onde, aliás, aconteciam as coisas mais engraçadas, como o romance do Tarso de Castro com a Candice Bergen, que começou ali. Certa tarde, chegou o Samuel Wainer com a Candice, para almoçar. O nosso velho homem de imprensa sempre foi um irresistível sedutor e sua última conquista era aquela louraça fantástica.

Acontece que o Tarso, não menos sedutor e não menos irresistível, estava com a macaca naquele dia. Olhou para a Candice e acho que teve uma paixonite aguda. Fulminante. Ali na frente de todos nós, do Samuel e de quem mais aparecesse, derramou-se de charme, fazendo coisas como comprar um maço de flores, ajoelhar-se diante dela e declarar seu amor. Tudo na sacanagem, na gozação, mas era óbvio que aquilo tinha um fundo de verdade. Tanto que o Samuel ficou puto da vida e a Candice, enfeitiçada. No dia seguinte, já era o Tarso que entrava com ela no restaurante, ambos de cabelo molhado, para almoçar.

A gente ficava ali todas as tardes, curtindo essas histórias, numa roda de amigos que tinha Paulinho Garcez, Cláudio Mello e Souza, Márcio Roberto, Tarso, Candice e quem mais aparecesse. Claro que era um negócio irresponsável. No primeiro dia em que me atrasei para um compromisso marcado com a Sônia, ela emburrou e me deixou na geladeira. Ficou sem falar comigo um dia, dois dias. Aí percebi que não ia dar.

– Se você vai ficar de bronca comigo por dois dias, só porque eu cheguei 40 minutos atrasado, acho que não vai dar para nós – eu disse. – Um dia acho até justo, mas dois não vale, é demais. Não vou mudar o meu comportamento, você não vai ter paciência comigo e isso não ajudará o nosso convívio.

Era um domingo, nós estávamos na piscina da minha casa. Ainda era de manhã, a Lilian e o Verde estavam lá, íamos passar um dia gostoso. Mas eu não estava com muito saco para uma guerra fria conjugal. Levei a Sônia para casa e voltei. Depois, fiquei com uma dor de corno horrorosa, mas o estrago já estava feito. A coisa entre nós nunca mais se organizou. Antes mesmo de acabar o verão, nosso caso terminou. Fiquei sem Sônia e sem Betty, novamente sozinho.

Com a Sônia, só me reencontrei depois profissionalmente, mas a Betty eu revi um ano depois, no verão de 1980. Foi um encontro casual, nem lembro onde, e ela me cobrou.

— Puxa, Walter, você não me liga, sumiu...

Eu tinha certa sensação de culpa em relação a ela. Embora não mantivéssemos nenhum compromisso, eu me senti meio cafajeste quando a deixei pela Sônia sem nenhuma explicação. Ali estava a chance de limpar a minha barra. Era um sábado, o tempo estava ótimo, uma ideia me ocorreu.

— Escuta, Betty, que tal a gente passar um fim de semana em Angra? Vamos pegar um sol, conversar, descansar. Vai ser gostoso.

Ela se entusiasmou na hora.

— Maravilha! É uma ideia formidável! Só que eu preciso levar a minha filha.

Não havia problema nenhum nisso. Eu não estava cantando ninguém, apenas convidando uma velha amiga para um fim de semana de repouso na praia. Era só isso mesmo que eu queria, uma companhia agradável. Não haveria, portanto, nenhum problema que ela levasse a Alexandra. Aliás, seria ótimo, porque a Luciana estava na casa de Angra, passando férias, e as duas poderiam ficar juntas.

Tudo acertado, fui almoçar no Antonio's e encontrei o Roniquito. Era um dia de sol abrasador, mais de 40 graus, e o meu amigo estava de terno preto e gravata, vindo da cidade. Quando olhei para ele, senti pena. Eu tinha me livrado do compromisso da gravata e sabia bem o que era usá-la no calor do Rio. Então propus que ele se incorporasse à nossa viagem.

— Angra? Sol? Eu tenho horror disso — ele respondeu.

— Mas vai ser um programa muito tranquilo — insisti. — Ninguém está bebendo, a Betty vai com a filha, vamos ficar lá sossegados, conversando, andando de barco, dando risada.

Aí ele se convenceu. Cheguei a temer que a Betty não gostasse da inclusão súbita do Roniquito no nosso programa, mas ela adorou.

— Que ótimo, Walter! — ela disse. — O Roniquito é tão engraçado!

Era sim, mas só às vezes. Ele também tinha os seus dias de loucura explícita e, miseravelmente, aquele era um deles. No caminho para Angra, logo percebi isso, quando ele se fechou num mutismo completo, no banco de trás. Quando o Roniquito ficava quieto, era sempre o prenúncio de alguma desgraça. Eu estava sereno, com ótimo humor, mas comecei a temer que algo acontecesse.

Betty também estava num ótimo astral. Falava muito, contava casos, dominava a conversa. A Alexandra e eu ouvíamos, o Roniquito ficava lá, quieto, um túmulo. Até que ela começou a falar do Daniel Filho.

— Sabe que eu fiz as pazes com o Daniel, Walter? Agora estamos nos dando muito bem. Até comentei com ele que, para celebrar essa nossa volta a uma boa relação, deveríamos trabalhar juntos. Eu quero fazer um filme. Ele pode dirigir, também pode atuar, eu interpreto. Vai ser legal para nós dois, uma espécie de reencontro, como o Woody Allen e a Diane Keaton em *Noivo neurótico, noiva nervosa*.

De repente, o Roniquito, saindo das catacumbas, perguntou com a voz sombria:

— E quem vai fazer o papel da cenoura, Betty?

"Cacilda, acabou-se o meu fim de semana", pensei na hora. O motivo da separação da Betty e do Daniel era o Mário Gomes, que depois foi difamado com a conhecida história da cenoura. A piada do Roniquito era de um sarcasmo cruel. Mas, por sorte, ela não entendeu, ou não quis entender, e a coisa ficou por isso mesmo. Eu, porém, senti pânico, já temendo o que poderia acontecer nas horas seguintes.

Chegamos em Angra e estava tudo ótimo. Os empregados tinham feito um peixe delicioso com camarão, tomamos um vinho branco para acompanhá-lo e ficamos ali conversando. Betty começou a falar do filho, demonstrando como tinha uma relação aberta com ele.

— Eu inclusive tomo banho na frente do João, acho muito normal – dizia. – A nudez da mãe não tem nada de mais, é bonito se relacionar assim livremente com o filho.

Mas o Roniquito, que no fundo era um caretão, detestava esse tipo de pensamento moderno. Ficou irritado com o jeito meio afetado da Betty e, só para encher o saco, tomou a palavra e defendeu durante duas horas a importância do incesto na sociedade moderna. Falou tanto e foi tão absolutamente chato que a Betty se irritou. Sem dizer nada, sem contestar aquele inoportuno besteirol, nos deu boa-noite e foi dormir com a filha no quarto de hóspedes.

Fiquei chateado com o Roniquito, mas achei melhor não discutir e também fui dormir.

Meu quarto era muito gostoso: tinha um jirau em cima, um mezanino e embaixo a piscina entrava – dava para sair direto da cama para a piscina. Era, portanto, afrodisíaco, mais sugestivo que quarto de motel. Só que eu queria mesmo dormir, estava felicíssimo nesse aspecto, porque conseguia dormir sem remédios já havia algum tempo. O Roniquito, entretanto, ficou imaginando que aquela retirada prematura minha e da Betty ocultava alguma coisa. E resolveu conferir.

Às sete da manhã, ele entrou no quarto, praticamente arrombando a porta. Tomei um susto enorme, quase caí na piscina.

– Que merda é essa, Roniquito? O que você está fazendo aqui? – perguntei, quando consegui me recobrar.

– Quero ver o que vocês dois estão fazendo.

Então notei que ele estava bem alterado. Vasculhava o meu quarto como se a Betty fosse sair de dentro de um armário.

– Aqui não tem dois, Roniquito, só tem eu. Não me encha o saco. Fui até a geladeira, peguei uma garrafa de champanhe e dei a ele.

– Olha, cara, eu vim para passar um fim de semana tranquilo, fica quietinho aí, não me enche o saco. Você virou a noite pensando besteira, então toma esse champanhe que vai te dar sono. Você dorme e acorda legal, tá?

Ele pegou a garrafa, muito ofendido, e trancou-se no quarto. No meio disso tudo, entretanto, a Betty acordou e veio ver o que estava acontecendo. Eu ainda tentei disfarçar, mas o Roniquito, sacana, voltou e confessou a ela sem cerimônia o que ocorrera. Fiquei com a cara no chão, por ele, por mim, por toda aquela maldita situação constrangedora. Mas a Betty foi muito legal.

– Tudo bem, Walter, não tem problema. Esse rapaz agride muito as pessoas, não sei por que faz isso.

Para desanuviar, propus que fôssemos mergulhar. Já que tínhamos madrugado e o sol estava lindo, o melhor a fazer era aproveitar o dia. Quando estávamos no deque tomando café, nos preparando para pegar o barco, apareceu o Roniquito. Eu tinha emprestado a ele um calção, camiseta, roupas de praia. Mas ele veio com o mesmo terno preto, mais ou menos curado do porre, ofendidíssimo comigo. Aquele terno preto, contrastando com a parede branquíssima, sob um sol obsceno, era puro Antonioni.

— Não vou ficar na sua casa — disse. — Vou embora.

E entrou no barco, pedindo para o Manoel, meu mestre, que o levasse à casa do Tuim, amigo nosso que morava ali perto. Foi um custo não rir do ridículo daquela cena, mas consegui me controlar. Ele foi embora e o fim de semana, finalmente, acalmou-se. Betty não ficou magoada comigo, Alexandra se enturmou com a Luciana e seus amigos, e o resto do domingo passou serenamente.

Mais tarde, soube que o Roniquito chegou à casa do Tuim quando este estava saindo para mergulhar com o Roni, outro amigo nosso. Quando os dois viram o Roniquito daquele jeito, não entenderam nada, mas deram uma roupa de borracha para ele e foram para o mar. O Roniquito ficou oito horas vestido com aquela roupa de borracha, dentro do barco, curtindo a ressaca e o mau humor.

Quando essa história aconteceu, eu estava metido novamente com cinema. Na verdade, minha frustração durou pouco: nem cheguei a digerir a raiva do Barreto e já voltei a produzir. Assim que fechamos a Clark-Barreto, transformei a ICB em uma nova produtora, a Flávia Filmes, e me preparei para novos trabalhos. A primeira experiência de produção tinha sido negativa, mas eu não tinha me rendido totalmente à evidência de que fazer cinema, no Brasil, é muito complicado.

O escritório que eu tinha montado na Gastão Bahiana mostrou-se adequadíssimo às suas finalidades. Era algo realmente cinematográfico. No andar de baixo, ficavam os escritórios e, na cobertura, uma grande sala de estar, perto da piscina, onde havia também um viveiro de pássaros. Mas, por comodidade ou até por espírito de sacanagem, mantive o meu quarto como ele era, sem transformá-lo em sala. E era uma suíte fantástica, inspirada num quarto que vi em *Help*, o filme dos Beatles, em que a cama ficava numa espécie de piscina.

Esse quarto dividia a parede com o apartamento vizinho, que pertencia a um jovem proprietário de uma loja de roupas, o qual desenvolveu seu negócio e acabou fazendo muitos guarda-roupas para a TV Globo: Humberto Saade, dono da Dijon. Na área vizinha ao meu quarto, o Saade fez lá uma piscina e pôs uma dessas cabeças de leão que esguichavam água. Como eu andava absolutamente neurótico na época em que morava lá, últimos anos da Globo, aquele barulho do leão cuspindo me irritava, eu não conseguia dormir direito. Aliás, eu só dormia tomando mil calmantes e bolinhas, uma farmácia inteira.

Então, mandei fazer um revestimento acústico igual ao dos estúdios de TV. Ficou tão vedado que não se ouvia nada. Não sei se o Saade e a mulher dele se irritaram comigo por causa da obra, mas lembro que eles achavam o máximo ser meus vizinhos. Um dia, deram uma festa em homenagem ao Faria Lima, que era governador do Rio, e ouvi perfeitamente a mulher do Saade explicando ao seu convidado:

– Quem mora aqui do lado é o Walter Clark – ela dizia, com ar de que aquele muro de alvenaria escondia mistérios extasiantes. – Tanto que nós tivemos de fazer uma vedação aqui para ficar na piscina sem ouvir os barulhos que vêm lá do outro lado.

Essa digressão a respeito do meu quarto é para dizer que foi ali que nasceu o projeto cinematográfico em que me meti em seguida. Aquele quarto foi importante no seu desenvolvimento, porque hospedou o autor do projeto por algum tempo, o bastante para deixá-lo fascinado. Isso aconteceu com o meu amigo Arnaldo Jabor, grande cineasta, companheiro de noitadas no Antonio's e noutros templos da boêmia carioca.

No início de 1979, quando eu já estava em crise com o Barreto, o Jabor se separou da mulher. Como bom árabe que é, a situação ficou difícil para ele, incapaz de encarar a separação da família. Sua mulher era uma psicanalista lacaniana muito inteligente, jovem ainda, eles tinham duas filhas lindas. Sei que o Jabor estava meio enlouquecido, sofrendo como um condenado. Passou a morar no Hotel Carlton, hotelzinho decente e acessível da rua João Lira – que, por isso mesmo, era uma espécie de refúgio das vidas tortas. Todo mundo que saía de casa passava inicialmente por lá.

Quando vi que o Jabor estava num estado emocional delicado, fiquei preocupado com ele. Eu já morava na Baronesa de Poconé e o quarto da Gastão Bahiana estava vazio, então resolvi dar uma força ao amigo.

– Vai dormir lá em casa – propus. – Fica morando lá, até você se acertar. Se você ficar no Carlton, acaba se matando e não vai ser legal para ninguém você se matar, um sujeito de talento, um bom pai. Fica lá e esfria essa cabeça.

Ele topou. Na época, provavelmente já tinha o argumento de *Eu te amo* na cabeça. Muita gente considera o filme autobiográfico, sendo essa interpretação bastante plausível. Afinal, o personagem central, Paulo, está se dissolvendo emocionalmente, numa pior de dar medo. Exatamente como estava o Jabor – e eu também, um tempo antes. E, quando ele foi morar naquele quarto maluco, naquela gaiola das minhas neuroses, encontrou a inspiração para o filme. O apartamento passou a ser referência para o desenvolvimento do roteiro. O ambiente interferia na ação dos personagens, sendo ele mesmo quase um personagem.

Até aí, estávamos os dois com nossos problemas. Eu, brigando com o Barreto. Ele, com a mulher. Então, rompi a sociedade na Clark-Barreto e caí fora da produção de *Bye Bye Brasil,* que me ocupava. Como tinha tempo, dinheiro e tesão por cinema, devo ter parecido ao Jabor o cara ideal para dividir com ele o projeto de *Eu te amo*. Ele passou a me cantar com a ideia.

– Vamos fazer esse filme, Walter! Você está deprimido com essa história do Barreto, está arrasado, vamos fazer um filme bonito para levantar o astral. Vamos recomeçar tudo.

Entrei na dele. Completamente, aliás. Comecei a fazer análise com um psicanalista que ele me indicou, Alberto Goldin, um cara maravilhoso, e mergulhei no projeto da película. Jabor estava certo. Faríamos um filme lindo, que seria uma das coisas mais gratificantes da minha vida. Também me daria algumas decepções, claro, senão não seria cinema brasileiro. Mas foi uma experiência profunda, excelente, e um dos trabalhos importantes que realizei.

O melhor do projeto de *Eu te amo* foi o clima que se criou na produção. Poucas vezes trabalhei com tanto prazer. Fiz amigos ali, como Gilberto Loureiro, Murilo Salles, Mair Tavares. Até o Paulo César Pereio, que é um cara difícil, ficou meu amigo. Havia um carinho muito grande na relação entre as pessoas. E foi assim que me reaproximei da Sônia, que tinha sido convidada pelo Jabor para o papel da Maria e hesitava em aceitar, tinha certo medo do desafio. Nós conversamos sobre isso.

– Você tem de aceitar – eu dizia. – Até aqui, ou você fez filmes eróticos ou protagonizou a nordestina sexy. Encare esse filme numa boa, ele vai ser um salto na sua carreira.

E ela aceitou, para sua sorte e nossa. Dela, porque fez sucesso e chamou a atenção inclusive nos Estados Unidos, para onde orientou sua carreira. Nossa, porque tivemos uma estrela de primeira grandeza e uma atriz competentíssima para defender nossa produção. Ela se engajou no filme com uma garra impressionante. Só podia se dar bem.

A produção de *Eu te amo* começou em setembro de 1979, se não me engano no próprio dia 7. Como o roteiro pedia um apartamento grande, para os devaneios do Paulo e, depois, para seu amor com Maria, conseguimos um no próprio prédio da Baronesa de Poconé, no 6º andar, quatro abaixo do meu. Era o apartamento do Cat Stevens, que vinha eventualmente ao Rio antes de se converter ao islamismo e, em vez de se hospedar em hotéis, preferia ter o próprio canto. Poucas vezes vi o Cat no apartamento, mas consegui que ele nos cedesse o espaço para montar a locação. E, como tínhamos de colocar uma tralha infernal em luzes, geradores, equipamentos de som, *dollies*, o diabo, alugamos também o apartamento do quinto andar, que se transformou numa espécie de almoxarifado da produção. A equipe de produção e a contabilidade foram alojadas num escritório que eu tinha na rua Alberto de Campos, onde ficava a moviola da ICB.

Logo de cara, começaram os problemas. O apartamento era todo envidraçado e ficava impossível iluminá-lo sem produzir reflexos horríveis. Por isso, tivemos de trocar todas as esquadrias, substituindo os vidros por outros, em esquadrias que formavam um ângulo suficiente para eliminar os reflexos. Isso, a rigor, não foi nenhum problema, apenas uma dificuldade da produção, coisa rotineira. Mas os obstáculos surgiram na relação profissional com determinadas pessoas da equipe, que me fizeram recordar rapidamente da má experiência com Luiz Carlos Barreto e das pessoas que trabalhavam com ele.

O fato é que reunimos uma equipe excelente para *Eu te amo*. O diretor assistente do Jabor era o Gilberto Loureiro, um cara extremamente competente. O fotógrafo era o Murilo Salles, que depois dirigiu vários filmes. A cenografia ficou com o Marcos Weinstock, que deu um show, misturando peças boas com caixas de papelão, mostrando criatividade intensa. E, na produção, tínhamos Luiz Carlos Lacerda, o "Bigode", como diretor de produção, e Alberto Flaksman, diretor da Embrafilme, como produtor executivo. Os dois, muito conceituados.

No início da pré-produção, as filmagens nem tinham começado e a Regina, minha secretária, veio me contar uma história que me irritou.

— Seu Walter, esse rapaz da produção, o Bigode, me veio com umas notas fiscais pedindo reembolso. Só que são notas de abril e eu disse a ele que não ia pagar, que isso não está certo. Mas ele nem se abalou. Riu de mim e disse que não tinha problema, que ele arranjava outras, que não tinha a menor dificuldade para arranjar notas frias.

Não hesitei: despedi o cara no ato. Foi aquele ti-ti-ti infernal na equipe, "o Walter dispensou o Bigode!", como se fosse uma coisa do outro mundo. Até o Jabor se preocupou.

– Mas como eu vou tocar o filme sem o Bigode? – perguntou.

– Se você não pode tocar sem ele, não tocaria também com ele. Se o diretor de produção acha normal apresentar para reembolso em setembro notas fiscais de abril, ele vai nos levar à falência. Não posso aceitar de jeito nenhum.

Era aquele velho comportamento bandoleiro do profissional de cinema, a cultura do furto introjetada. É uma coisa tão institucionalizada, tão arraigada no cinema que as pessoas nem consideram estar cometendo uma irregularidade. Se o Bigode fazia isso comigo às claras, descaradamente, imagine o que não foi feito com a Embrafilme nesses anos todos. Como se mamou nas tetas generosas daquela vaca estatal...

Depois do Bigode, foi o Flaksman. Dele, não posso reclamar de furto, absolutamente, mas de um comportamento burocrático demais – talvez adequado para trabalhar na Embrafilme, de onde ele veio, mas inviável numa produção que pretendia ter o mesmo rigor profissional do cinema americano, ou, no mínimo, dos projetos da Globo. Na primeira semana de filmagem, um domingo, o Pereio apareceu em casa furioso, pondo fogo pelas ventas.

– Vou abandonar essa porra de filme!

– Como, Pereio? Nós filmamos três dias apenas e você já vai abandonar? O que aconteceu? – me alarmei.

– Eu fui destratado pelo produtor executivo!

– Como "destratado"? O que o Flaksman fez?

– Eu liguei para ele para pedir passagens, pois preciso ir a São Paulo amanhã, e ele me passou uma descompostura, dizendo que não admitia ser aborrecido no domingo, que é dia de descanso dele.

Pereio tinha toda razão para aquela fúria. Nós havíamos combinado que o dia de folga da equipe seria a segunda-feira e ele estava no seu direito de procurar o produtor executivo para resolver um problema no domingo. Mas o Flaksman, encarando aquilo tudo com alma de funcionário público, achou que não devia se incomodar. Percebi, assim, que também com ele eu teria problemas. O cinema é um trabalho de criação artística, mas se não tiver uma organização eficiente, disciplinada, não funciona. A coisa desanda rapidamente.

Flaksman não só estava furando a disciplina na produção como nem sabia direito o que acontecia nela. Quando cobrei sua atitude com o Pereio, ele quis desconversar, mas a gota d'água foi quando perguntei qual era o plano de filmagem da terça-feira.

– Ah, não sei – ele disse.

– E o que foi filmado hoje? – perguntei.

– Também não sei.

Aí, vi que não ia dar. Claro que é chato sair cortando cabeças logo no início de um trabalho, mas ali era ele ou eu. Ou ele cuidava da produção com rigor, ou eu entrava bem.

– Infelizmente, Flaksman, não vai dar mais para você – avisei. – Quando eu precisar de um diretor, eu te chamo, porque sei do seu potencial criativo. Mas produtor executivo neste filme você não vai ser, senão eu me estrepo. Estou pondo grana aqui, minha grana, e tenho muito apreço por ela.

E foi-se o Alberto Flaksman. Com a saída dele e do Bigode, Angelo Gastal assumiu a direção de produção e eu fiquei com a produção executiva. Podia não ser o cara mais indicado para esse trabalho, mas ao menos eu sabia como o meu dinheiro estava sendo gasto e cuidava de pôr a produção nos trilhos. Daí para a frente, não tivemos mais problemas – de organização, evidentemente, porque de outros tipos não faltaram.

Envolvi-me diretamente em todos os aspectos do filme, como a escalação do elenco. Fiz questão de que a Vera Fischer protagonizasse a ex-mulher do Paulo. Havia uma atriz, muito famosa, que até pagaria ao Jabor para pegar o papel, mas eu insisti, a Vera fez e ficou ótimo. Tarcísio Meira fazendo aquele piloto narcisista que aparece em determinado momento e fica se olhando no espelho também foi ideia minha. Eu banquei, insisti, ele me fez um carinho pessoal aceitando o convite, e acho que me dei bem, porque sua participação, apesar de ínfima, marcou demais.

Mas houve palpites meus em aspectos bem mais prosaicos do filme. No figurino, por exemplo. Todas as roupas usadas pelo Pereio eram minhas. Depois que saí da Globo, eu quase não usava mais terno e, em vez de gastar dinheiro com vestimenta, achei melhor simplesmente abrir o meu armário. Ainda me lembro do Pereio num *closet* do meu quarto, experimentando as roupas, aqueles ternos, as camisas de seda francesas, como um menino deslumbrado. Ele tem aquele jeitão displicente, desarrumado, mas baba numa boa roupa. E até que ficou chique vestindo as minhas coisas.

Gozado mesmo, nesse aspecto, foi quando saí com a Sônia e a Vera para comprar as roupas de baixo que elas usariam no filme. Imagine esse trio entrando numa loja de *lingeries* de um shopping, em plena tarde de um dia de semana, aquilo abarrotado de senhoras consumistas. Foi um deus nos acuda. Gente apinhada na loja, na porta da loja e do lado de fora dela. Virou um evento, um ato público. E nós nos divertimos muito, rimos à beça da situação. Elas experimentavam as peças, eu examinava, dizia se ficavam bem ou não. O tipo do trabalho que milhões e milhões de marmanjos brasileiros dariam um braço para fazer...

Houve esses momentos engraçados, mas também grandes bafafás. O problema é que o filme provocou a junção compulsória das neuroses de três pessoas difíceis: Pereio, Jabor e Sônia. O Pereio é um iconoclasta. Embora tivesse uma ótima relação comigo, ele era de esquerda e achava que estava se aviltando num filme comercial. Ganhava uma boa grana, mas tinha lá sua culpa. Logo no começo das filmagens, entrei no set certo dia e lá estava o Pereio fazendo um discurso, aos brados:

– A minha tese não é explodir o cinema nacional, é implodir. Eu só aceitei entrar nesse filme porque vou destruí-lo.

Felizmente, ele não cumpriu a ameaça e trabalhou seriamente para fazer uma das melhores produções do cinema nacional.

Além dessa neura do Pereio, havia a insegurança da Sônia, que estava saindo do sucesso de *Dancin' days* e sabia que não podia se arriscar a um fracasso. E tinha ainda a inquietação do Jabor, que não filmava desde *Tudo bem*, lançado em 1978. Tudo isso provocava um coquetel de emoções que mantinha o filme em permanente instabilidade. Estávamos sempre a um passo do desastre ou da glória. Era um terreno movediço que segurava aquela produção. E, por isso mesmo, sobraram episódios de brigas, confusões, desentendimentos, equívocos e tudo que combina com os grandes sucessos do cinema.

O Pereio e a Sônia, por exemplo. Que os dois tenham saído desse filme ainda se falando é certamente um mistério que está além da minha compreensão. Porque aconteceu tudo na relação dos dois. Pereio é um passarinho, uma doce alma, mas também um angustiado, um sujeito depressivo, destrutivo. Ele me preocupava tanto que escalei um produtor, Paulo Sérgio de Almeida, só para cuidar dele, garantir que chegasse inteiro e em condições de filmar. Afinal, assim que terminava o trabalho, ele saía para os porres, para a farra. Entrou várias vezes em crises existenciais e o Paulo Sérgio foi buscá-lo. Em determinado momento, ficou amargurado porque a Sônia ganhava mais do que ele, tinha participação na bilheteria, enquanto ele tinha um cachê fechado.

Então, o que o grande Pereio fazia? Antes de entrar no set para contracenar com a Sônia, comia cebola crua e ficava com aquele bafo de onça. Também aparecia todo esculhambado, ainda cheirando ao porre de ontem. E a Sônia, coitadinha, toda frágil naquele momento, tendo de enfrentar aquele ratão do banhado, pelado na cama com ela, fedendo como um bode velho, sem demonstrar repugnância. Profissionalismo era aquilo. O pior é que não adiantava brigar com o Pereio: ele é o tipo do maluco que precisa ser toureado com jeito, com paciência.

Mas o pior era a competição entre ele e o Jabor. A harmonia dos dois não chegou a durar uma semana. Um dia, entrei no estúdio e alguém me fez sinal para me esconder. Fiquei atrás de uma tapadeira, de onde podia ver o Jabor e o Pereio se olhando como duas panteras. Estavam a ponto de saltar um na jugular do outro e beber o sangue até ressecar a carcaça do vencido, sem deixar nada para os urubus.

O Pereio estava fazendo uma cena simples, mas um tanto desconfortável. Ele tinha de falar com um telefone cuja luz acendia. Uma cena banal, mas havia ali um sério problema de iluminação, entre a luz que era preciso jogar no Pereio e a luz do próprio aparelho. O alinhamento da luz no cinema já é um processo aporrinhativo, é aquele bate daqui, corrige de lá, volta, vai, faz de novo, tira a sombra, refaz, algo chato, cansativo. E o Murilo, para complicar, é um perfeccionista, só libera o diretor para rodar a cena quando a fotografia está absolutamente perfeita.

Pereio já estava parado havia quase uma hora na mesma posição, com as luzes batendo diretamente nos olhos, sem poder se mexer, porque sem ele não era possível acertar a iluminação. Aí, perdeu a paciência e começou a desancar o Jabor. Foi exatamente quando cheguei.

– Seu filho da puta! – dizia o Pereio. – Você é um profissional irresponsável, um diretor de merda. Você não respeita o ator! Não sou autômato, não faço mais essa merda de filme! Vou lhe quebrar a cara!

Num momento desses, o que eu podia fazer, mesmo com todo o meu reconhecido espírito de conciliação? Pedir que sossegassem? Dar um esporro? Qualquer coisa que eu fizesse poderia criar um problema de autoridade e ferir suscetibilidades. Então, saí de fininho, tomei o elevador e fui para o meu apartamento. Lá, dei ordens aos empregados para não ser incomodado sob nenhum pretexto, desliguei o telefone e tomei duas pílulas para dormir. Que se fodessem os dois. Fui me encontrar com os anjos.

Lá embaixo, a coisa já estava a ponto de um atirar o *script* na cara do outro, cena de briga em *saloon* de faroeste. Mas, quando disseram que eu tinha visto a baixaria e me recusado a intervir, quando souberam que eu estava dormindo e tinha dado ordens para ninguém interromper, os dois caíram na real e se acalmaram. Por sorte, o dia seguinte era de folga, o que contribuiu para a coisa esfriar. Mas por muito pouco o filme não engripou ali.

Outro episódio que azedou as relações entre o Pereio e o Jabor estava relacionado com umas benditas frutas. Certo dia, houve um problema e a filmagem foi adiada. Jabor ficou provavelmente muito angustiado com isso, sentindo-se culpado, porque o adiamento repercutiria no orçamento, e cometeu uma mesquinharia imperdoável. Uma das cenas previa o uso de uma bandeja cheia de frutas e elas estavam lá, lindas, fresquinhas, dando água na boca. Como a filmagem caiu, a turma no estúdio avançou na direção das frutas, o Pereio incluído. Mas o Jabor não deu moleza.

– Vamos guardar essas frutas para amanhã – determinou.

Evidentemente, o custo de uma cesta de frutas não nos daria nenhum prejuízo incontornável, daí o absurdo da ordem. Aquilo criou um abismo entre o Jabor e o Pereio – que sempre esculhambou o Jabor por causa dessa história. Ali, a coisa se explicava por sua insegurança, por seu constrangimento em estourar o orçamento, mas, de forma geral, concordo que ele tem o sério defeito da falta de generosidade. Seu egoísmo é quase patológico. Eu mesmo, mais tarde, seria vítima de tal egoísmo.

Mas nenhum defeito do Jabor compromete o fato de que ele é um extraordinário diretor, criativo, competente. Mais do que isso, grande roteirista e ótimo escritor – como demonstram a célebre polêmica dele com o Paulo Francis, em que respondeu aos ataques do Francis ao cinema nacional usando o mesmo estilo de escrita dele, ou seus textos em jornais.

Outra característica do Jabor é a obsessão. Não sei se esse traço de personalidade era aguçado, na época, por sua crise emocional, pela necessidade de obter no trabalho a perfeição que não alcançava na vida. Talvez fosse mesmo um traço congênito, que ele aplicava em qualquer situação. Seja como for, às vezes o Jabor tinha ataques de implicância que eram de endoidar qualquer técnico que trabalhasse com ele.

A história do sinteco no chão é típica disso. Jabor queria que o chão do apartamento tivesse determinado brilho, que não podia ser nem maior nem menor do que ele imaginava. O chão era todo em ripas de madeira e não poderia ser pintado de branco, pois o branco devolve a luz que incide nele e complica a iluminação. Então, decidiu-se manter a cor natural da madeira, com um brilho mínimo, para não produzir reflexos indesejáveis. Nós mandamos lixar a madeira e o Marquinhos Weinstock aplicou sinteco incolor. Ficou ótimo, na opinião de todo mundo. Mas o Jabor não gostou.

– Isso aqui não está um pouco branco? – perguntou à mulher, com quem tinha se reconciliado naqueles dias e visitava eventualmente o estúdio.

Ela, constrangida em dar uma opinião que interferia no trabalho de gente que nem conhecia, prudentemente se esquivou.

– Não sei, Jabor...

Mas ele não se deu por vencido. Fechou a questão.

– Marquinhos, isto aqui não é o ideal. Sinteco não é o ideal, não me parece suficientemente incolor.

O Marquinhos, com santa paciência, nem argumentou. Achou melhor aplicar no Jabor o "teste São Tomé". No caso, não era para ver quem lavava mais branco, mas o contrário, quem tirava mais branco do chão. Foi até a cozinha, pegou um copo d'água e voltou.

– Nada é mais incolor do que a água, certo, Jabor? Pois eu vou te provar que o sinteco é exatamente igual.

A água no copo parecia mesmo exatamente igual ao líquido no vidro de sinteco. Mas o Marquinhos passou um pouco dos dois no chão. Evidentemente, ficou tudo igual. Não havia reflexo nem branco na madeira molhada pela água ou pelo sinteco. Jabor fez uma cara de desapontamento e Marquinhos ironizou.

– Para mim, está ótimo. Mas se você conhecer alguma coisa mais incolor do que a água, me avisa, por favor, que eu vou pesquisar para te atender...

Garanto que o Marquinhos só se livrou dessa tarefa porque realmente não existe nada mais incolor do que a água.

A obsessão do Jabor era fantástica, mas sua fúria era muito pior. Ele é o tipo do diretor responsável, organizado, que está sempre mobilizado para rodar a qualquer momento. Jamais teria um gesto de prima-dona, do tipo largar o filme e ir caçar elefantes na África, como fez John Huston. Por isso, ele virava bicho quando alguém atrapalhava o andamento do trabalho por alguma bobagem. Quem experimentou sua fúria, quase na carne, foi um grande amigo meu, o Julinho Rego.

Aconteceu num domingo, que, aliás, começara muito bem. Nós tínhamos de fazer uma cena de aeroporto e, quando estávamos prontos para rodar, no Galeão, pousou um Concorde. Por sorte, ele entrou direitinho no enquadramento previsto, não precisamos nem mexer a câmera. E, claro, um Concorde na cena é sempre um elemento a mais de charme. Felizes, voltamos para o set, para rodar a sequência em que a Maria, naquele jogo neurótico com o Paulo, correria atrás dele com uma faca. Era uma sequência bem tensa, que exigiria o máximo de concentração da Sônia e do Paulo.

Nessa época, já estávamos com as filmagens bem avançadas e visitar o set de *Eu te amo* tornou-se um programa para os meus amigos. Eles vinham me ver e davam uma passadinha no estúdio. Quando essas visitas não atrapalhavam, não havia problema. Mas elas começaram a se tornar frequentes e achei melhor limitá-las. Naquele dia, com certeza, seria impossível algum estranho no estúdio, porque quebraria a concentração dos atores.

Mas chegaram de repente uns amigos, para me visitar. Percebi no ato que eles queriam dar a famosa olhadinha na filmagem, mas desconversei. Ficamos em casa tomando uns uísques, batendo papo. Lá pelas nove da noite, entretanto, me ligou o Angelo Gastal, preocupadíssimo.

– Estou com uma cagada aqui embaixo, Walter. O Jabor está histérico porque surgiu um camarada no meio da filmagem.

Era o Julinho Rego. Ele tinha saído de fininho, descido até o 6º andar e entrado sorrateiramente no estúdio, sem ninguém perceber. Na hora em que a Sônia estava correndo atrás do Pereio com uma faca na mão, alucinada, aquela puta tensão no ar, todo mundo concentradíssimo, o Julinho saiu de trás de uma tapadeira e entrou no campo da câmera. O Murilo deu um berro e o Jabor saiu atrás. Foi uma confusão dos diabos. Em vez de o Pereio tomar a facada, quem quase tomou foi o Julinho.

Mas a melhor história de todas, talvez, foi a do urso. Estávamos no fim das filmagens, já atrasadíssimos, porque deveríamos concluí-la em oito semanas e já estávamos em 13. Além disso, o Cat Stevens tinha vendido o apartamento e o novo proprietário me pressionava a entregá-lo logo. Como se não bastasse, os vizinhos já estavam ficando incomodados. No começo, acharam divertido ter um filme no prédio, artistas famosos, aquela coisa. Mas, com o atraso, já estavam de saco cheio. O pessoal da pesada entrando e saindo do prédio, comendo as empregadas, era uma considerável perturbação da ordem.

Meu vizinho de baixo era um ótimo sujeito, Domingos Pereira, irmão do dono da loja Tele-Rio, que patrocinava o *Times Square* na Excelsior. Ele tinha saído da Tijuca para morar naquele prédio belíssimo na zona sul e, no início, achava tudo muito engraçado, curtia a confusão que fazíamos. Mas a agitação no prédio e, principalmente, o barulho, estavam começando a incomodá-lo. Um dia, ele me ligou.

– Walter, vamos fazer o seguinte. Se hoje tiver muito barulho você me diz, que eu estou sem dormir, ando muito nervoso com uns problemas lá na firma e preciso descansar de qualquer jeito. Se não der para dormir aqui, eu vou para um hotel, não tem problema. É só você me avisar.

Fiquei numa posição incômoda. A grana de produção já estava no fim e seria uma enorme descortesia aconselhar o cara a ir para um hotel sem bancar a hospedagem dele. Consultei o plano de produção e vi que estava faltando apenas a cena do urso. Não atentei para o conteúdo dela e dei garantias ao Domingos.

– Pode ficar tranquilo, amigo. Vai ter só um barulhinho. Você vai poder dormir à vontade.

A cena do urso era um momento extremamente dramático do filme, hitchcockiano, em que a Maria anda no apartamento, com todo um show de iluminação marcando seu deslocamento. Quando chega à sala, ela vê um urso – na verdade, o Paulo vestido com a pele de urso que fazia parte da decoração. O Paulo, então, começa a persegui pelo apartamento, deixando um revólver para ela se defender. Maria fica desesperada e confusa, porque na correria tinha um jogo de espelhos no meio e ela não sabia onde estava o bicho. Então, dá três tiros no que achava ser o urso.

O Paulo cai no chão, com um filete de sangue correndo da boca. Ela se desespera, acha que o matou. "Não era isso que eu queria, você me enlouquece!", ela grita. Aí a câmera mostra que ele está borrifando extrato de tomate. Ela fica histérica, grita com ele. O Paulo levanta, pega o revólver e diz: "O urso era irreal, mas as balas não são". E dá um tiro no espelho, que se espatifa todo.

Pobre do Domingos! Aquilo foi pior do que o bombardeio do Iraque. Tiro espocando pra todo lado, uma gritaria infernal e aquele enorme espelho quebrando. Se o porteiro não soubesse que havia uma filmagem no prédio, certamente teria chamado a polícia, os bombeiros, o pronto-socorro, a carrocinha, tudo junto. Fiquei imaginando como estava o meu pobre vizinho, atormentado por problemas. Acho que ele nunca me perdoou.

Engraçada também foi a cena do travesti. Não tanto por ela, que era até uma cena dramática, mas pelo que nós encarnamos no Jabor. Na cena, o Paulo, desesperado porque brigou com a mulher, vai com um Landau até o Arpoador, pega um travesti e trepa com ele dentro do carro. A coisa é de uma crueza completa, porque o Paulo pega no pau do cara, chupa, os dois se esfregam, se apertam, tudo assim, direto. Inclusive se beijam, o que o Pereio fez com aquele cinismo peculiar, debochando barbaridade do pobre do travesti, do Jabor, de todo o mundo.

Quando chegou a hora da montagem, Jabor, Mair, o montador, na moviola, e eu discutíamos o que fazer da cena. Põe ou não põe? Ficamos várias vezes nessa situação, porque filmamos mais de cem latas, mais de seis horas de material bruto e, no final, derrubamos muita coisa, cenas com Nuno Leal Maia, Luiz Fernando Guimarães, Joel Barcellos, foi tudo para o espaço na montagem. Mas na cena do travesti ficamos discutindo o que fazer. Aí o Jabor deu uma de gostoso pra cima de nós.

— Eu não tenho tabu de falar de homossexualidade, porque nós três aqui demos o rabo quando éramos crianças.

O Mair e eu nos olhamos e foi quase uma senha para sacanear o Jabor.

— Olha, Jabor, eu, felizmente, ou infelizmente, não sei, nunca dei — eu disse.

— Eu também não. Só você que deu — emendou o Mair.

O Jabor era um grande prato para as nossas gozações. O filme era obviamente semiautobiográfico, então encarnávamos nele cada vez que ele queria incluir lá uma loucura, um devaneio. O do travesti era um caso típico – aliás, resultou numa cena fortíssima e importante no contexto do filme. Mas, para nós, o Jabor ficou ali como um famoso comedor de travestis, saudoso de seus inesquecíveis troca-trocas da infância.

Positivamente, Arnaldo Jabor é o meu tipo inesquecível. Só fiquei de fato aborrecido com ele quando *Eu te amo* foi lançado em Nova York. Acho que ali ele cometeu uma grande besteira na comercialização do filme e – muito pior – reduziu a minha importância na realização. Fiquei muito magoado, evidentemente, e tive uma confirmação cabal do profundo egoísmo que é a marca mais característica do Jabor.

Mas comecemos pelo começo. A venda de *Eu te amo* começou a ser feita com o filme ainda em produção. Antes de terminar a rodagem, já havia uma grande badalação em torno dele e a Embrafilme quis negociá-lo conosco. Celso Amorim, presidente da empresa na época, veio sem muitos rodeios, propondo um esquema que só era interessante para ele. Queria simplesmente comprar os direitos sobre o filme, fazendo sua distribuição e faturando o que ele arrecadasse na bilheteria. Mas eu tinha certeza de que o filme faria público e valeria no final muito mais do que o melhor preço fixo que eu pudesse pedir à Embrafilme.

– Eu só vendo a você uma parte do filme pronto, e só se acertar a distribuição com vocês – respondi ao Amorim.

Normalmente, a Embrafilme tomava a arrecadação como base e estipulava uma proposta de 30% a 35% para ela, deixando o restante para ser dividido entre o produtor e o exibidor. Consegui com o Amorim uma taxa de apenas 25%. Nos 75% restantes, que habitualmente eram rachados meio a meio com o exibidor, também fiz uma boa negociação e fechei com a Serrador em 40% para eles e 60% para nós. Mesmo assim, é um esquema injusto para o produtor, que arca com os riscos e, na melhor das hipóteses, fica com uns 30% do total de bilheteria.

Depois da venda, a batalha foi fazer a Embrafilme acreditar no potencial do filme de verdade e distribuí-lo de forma competente. Os caras estimavam que o filme teria algo em torno de um milhão e meio de espectadores, o que era menos que uma avaliação pessimista: era estúpida.

– Se esse filme não tiver no mínimo três milhões de espectadores, eu fecho a Flávia Filmes e desisto da brincadeira, porque não estou aqui para perder dinheiro – eu argumentava. – Onde estão os brios de vocês? Onde está o talento? Vocês têm de divulgar esse filme direito, porque é certeza que o público vai gostar.

No final, *Eu te amo* passou de três milhões de espectadores. Mas isso teve de ser arrancado a fórceps do comodismo da Embrafilme, que não estava muito preocupada em ter lucro ou prejuízo. Quem perdia o dinheiro era o pobre contribuinte brasileiro. E os produtores, claro, quando bobeavam na negociação. No nosso caso, acho que usei bem a minha experiência no assunto e consegui colocar o filme no mercado em condições razoavelmente satisfatórias.

Mas o Jabor, nos Estados Unidos, fez bobagem. Ele foi para lá na minha frente e, como tinha veleidades de negociante, acertou um esquema com os gringos que nos prejudicou. O filme deve ter faturado uns 2 milhões de dólares no mercado americano, o que daria 500 mil dólares para nós, tranquilamente. Mas acabamos levando apenas 100 mil, uma ninharia. Porém, não foi isso que me deixou magoado com o Jabor. Foi o descaso que ele teve comigo no lançamento do filme.

Quando cheguei a Nova York, entusiasmado para ver o nosso trabalho disputando o principal mercado cinematográfico do mundo, tomei um banho de água fria. Assim como em *Bye Bye Brasil*, no qual meu nome entrou no fim dos créditos, escondido entre os técnicos, no cartaz de lançamento do filme eu estava lá embaixo, novamente marginalizado – muito diferente do cartaz brasileiro, em que tive o destaque que mereçia. Eu, que tinha posto todo o meu dinheiro no filme! No mínimo eu esperava o clássico "Walter Clark apresenta...", que é a forma de creditar os produtores nos filmes. Acho que tinha direito a essa vaidade. E não era só vaidade, eu estava querendo me estabelecer como produtor, tinha cacife e prestígio suficientes para operar inclusive internacionalmente. Mas o Jabor me sacaneou. Quando o cara é seu amigo, um amigo muito próximo como o Jabor, essas coisas magoam. Magoam demais. E ele nem se tocou do que fez, porque quando o filme foi lançado em vídeo o problema se repetiu. Meu nome não aparece em nenhum lugar da caixinha que acondiciona a fita. Só consta mesmo é na película.

De qualquer forma, mesmo aporrinhado com esse negócio do crédito, não briguei com o Jabor. Eu já o tratava a essa altura como se fosse um irmão mais velho, compreendendo as falhas, as bobagens, os pecados veniais do mais novo.

Aqueles dias em Nova York foram muito emocionantes para nós. O filme estreou no Cinema Um e nós assistimos a todas as primeiras sessões, contando quantas pessoas havia na sala, observando as reações delas, vibrando quando riam ou choravam. Ao lado, no Cinema Dois, estreava *Victor ou Victoria?*, e ficamos comparando a bilheteria dele com a nossa. Passamos uma noite acordados esperando o *New York Times* chegar às bancas para ler a crítica. O babaca do crítico não gostou, mas mesmo assim não nos aborrecemos.

De toda essa história, ficou um grande filme e o sucesso no empreendimento. Investi uns 500 mil dólares e ganhamos muito dinheiro, sem contar a emoção de ver o filme aplaudido no final da sessão, como aconteceu na estreia em Nova York.

Nas minhas recordações do cinema brasileiro, seus rituais, seus mitos, suas personagens, há ainda dois assuntos que merecem registro. Um evento, o Festival de Cannes, e uma pessoa: Glauber Rocha.

O Festival de Cannes é uma espécie de Semana Santa do cinema. Um período de consagração absoluta dessa arte, que reúne no pequeno balneário francês inúmeras estrelas, que atuam à frente e atrás das câmeras. Sempre tive fascínio pela mitologia desse festival, sempre sonhei em ter um trabalho meu exibido lá. E experimentei as emoções de Cannes pela primeira vez em 1980, quando fui com o Jabor fazer a divulgação de *Eu te amo*.

O filme ainda estava em pós-produção, no Brasil. O concorrente brasileiro, naquele ano, era *Bye Bye Brasil*, que, apesar das sacanagens do Barreto, tinha alguma relação comigo, era também uma produção de Walter Clark. Como a chance de premiação era considerável, a delegação brasileira era grande, incluindo do embaixador na França e o pessoal da Embrafilme a um grupo de cineastas não concorrentes, como Tizuka Yamasaki, Neville D'Almeida, David Neves. *Bye Bye Brasil* estava efetivamente em competição, porque em Cannes há também a mostra paralela, a mostra para a imprensa e um troço chamado *Premier Regard*, competição exclusiva para os filmes de estreia de jovens diretores.

Cheguei a Cannes acompanhado de Ricardo Amaral, que tinha produzido a *A república dos assassinos* com o Miguel Faria Jr. O Ricardo, muito metido a entender de Europa, levou-me para um hotel de Saint-Paul de Vence, que ficava na montanha. Eu crente que ia encontrar todo aquele burburinho do festival e estava lá plantado num hotel muito fino, confortabilíssimo, mas paradão, chatérrimo. Estávamos distantes de Cannes como São Paulo do Guarujá, ou o Rio de Petrópolis.

Não dava para ficar lá, claro, e o Jorginho Guinle me conseguiu um quarto no Carlton, o hotel oficial do festival, no centro de Cannes. Era um quarto bem inferior ao outro. Ficava junto ao mastro da bandeira do hotel e custava a bagatela de 300 dólares por dia. E para conseguir esse quarto foi uma batalha, pois a cidade estava apinhada de gente.

Eu já imaginava ficar no meu reduto montanhês quando a mulher que estava com o Jorginho Guinle se aborreceu com aquilo tudo e o convenceu a ir embora. Parece que o Sylvester Stallone passou por eles, ela cumprimentou e o cara nem deu bola, passou direto. Ela ficou aborrecida. Talvez se tivesse lhe dado uma porrada ele fosse mais simpático, é uma linguagem que ele entende melhor. Mas, enfim, o grande Stallone indiretamente me ajudou. O Jorginho ia deixar o quarto que ocupava e se dispôs a passá-lo para mim.

– Vamos lá, eu falo com o gerente, o *monsieur* Marrais, e ele quebra o seu galho – disse. – Você dá uma gorjeta pra ele, lógico, e ele fura a lista de espera.

Foi assim que, ao custo de 200 dólares para molhar a mão do eminente *monsieur* Marrais, instalei-me no Carlton, a uns 800 metros do antigo Palácio do Festival. O curioso é que, enquanto eu movia essa batalha toda para conseguir um quarto, o Barreto estava lá no bem-bom, numa vasta cobertura com sei lá quantos cômodos, mas o suficiente para hospedar toda a família. E com minha grana, diga-se, porque eu ajudei a pagar as despesas de comercialização do filme e, entre elas, estava a exibição no festival.

Contrastando com o conforto da suíte do Barreto, eu estava num aperto miserável, porque os brasileiros continuavam chegando e quebrei o galho de alguns deles. Ficamos uns oito naquele quarto, o mais caro do Carlton: eu, Jabor, Rui Sober, Neville, Miguel Faria, Domingos de Oliveira, uma porrada de gente, praticamente todos os cineastas brasileiros que estavam na cidade, com exceção da Tizuka. Quando o cara vinha trazer o café da manhã para mim, pulava por cima dos corpos dos que tinham chegado tarde, porque alguns dormiam no chão mesmo.

Naquele ano, *Bye Bye Brasil* competia com *Salto no vazio*, filme de Marco Bellocchio, com um do Antonioni chamado *O mistério de Oberwald* e com *Kagemusha*, do Kurosawa, seu primeiro depois de uma tentativa de suicídio. Lembro-

-me bem dessa exibição porque foi muito triste, constrangedora, considerando o monstro sagrado que o Kurosawa é. Seu filme fora financiado pelo Spielberg, pelo George Lucas, pela Gaumont, mas metade do público saiu durante a exibição, de saco cheio. Para ser franco, também acho *Kagemusha* muito chato.

Já *Bye Bye Brasil* foi bem recebido. O Barreto arranjou uma escola de samba, não sei se do Brasil ou organizada na França, mas era uma agremiação competente. Pequena, compacta, mas capaz de fazer um bom barulho. Ela saiu do hotel, com José Wilker, Betty Faria e Fábio Jr. na comissão de frente, e foi até o Palácio do Festival, com aquela brasileirada toda atrás. Isso deve ter impressionado os caras, porque o filme foi visto com muita atenção e aplaudido.

Eu andava injuriado com o Barreto por causa da nossa malfadada sociedade e mais uma vez me irritei ao ver o meu nome no fim dos créditos, ao lado do da sogra dele, a dona Lucíola. Mas, de qualquer forma, me diverti bastante nos dez dias que passei lá. Certa tarde, entrei na varanda do hotel, onde desfilavam tanto celebridades como obscuridades, e o Ricardo Amaral, que estava comigo, encontrou uma moça.

– Oi, Tânia, como vai você?

O Ricardão, com esse negócio de noite, boates, conhece o mulherio todo, de todos os lugares do mundo. A tal Tânia, examinei, era um espécime que valia a pena conhecer, sem dúvida. Mas ela comentou discretamente com ele, para eu não ouvir.

– Tem um brasileiro aí atrás, finge que não conhece. Brasileiro é chato pra burro.

O brasileiro, obviamente, era eu. Ricardão, muito rápido, tentou desfazer o mal-estar e me apresentou a moça como sendo Tânia Villaverde, boliviana das altas rodas, residente em Nova York. Ofendido com a petulância da moça, nem me dei ao trabalho de me apresentar.

No dia seguinte, estava eu no mesmo lugar, tomando um drinque com o Miguelzinho Faria, e a moça chegou.

– Você viu o Ricardo?

– Foi buscar um terno meu no tintureiro – respondi, no tom mais escroto que me ocorreu.

Eu não estava disposto a dar moleza. E, para sacanear ainda mais, fui sarcástico.

– Você só tem esse vestido? Você o usou ontem e ele nem é bonito...

Para resumir a história, como sempre acontece nos filmes românticos em que o casal começa brigando, não demorou muito para começarmos um romance. Naquela noite, houve uma festa *black-tie* na villa de Gaumont, com a participação de uma galáxia inteira de estrelas. Do Brasil, veio o pessoal que estava em Cap Ferrat na casa dos Monteiros de Carvalho. O fim dessa longa jornada foi com um grupo no bar do Carlton, espocando champanhe entre *starlets*, Niarchos e a doce Tânia, que detestava brasileiros. Ao custo de mil francos devidamente colocados no bolso certo, consegui o último quarto remanescente no hotel, um cômodo sem janelas, talvez dos empregados. Foi lá que amei a minha bela boliviana, porque na minha suíte não havia chance, era um alojamento de quartel.

Tânia e eu ficamos juntos os dez dias. Ela tinha uma história que dava um roteiro, porque era filha do ministro da Saúde da Bolívia, um dos caras do Hugo Banzer, e amante do Adnan Khashoggi, o multimilionário que depois enfrentou problemas com a justiça americana. Quem a cortejava também era aquele coronel Arce, o homem forte do Banzer, um tremendo traficante de drogas. Ela se deslocava entre Nova York e a Califórnia no DC-9 do Khashoggi e, em La Paz, fazia equitação com cavalos puro-sangue que o Arce punha à disposição dela.

E uma mulher dessas, tremenda chave de cadeia, entrou na minha porque eu disse que ela andava malvestida. Um ano depois, ela foi ao Rio no Carnaval, me ligou, combinamos um jantar. Mas, quando fui buscá-la, o encanto se quebrou. Ela tinha uma doença grave, presumo que câncer, e perdera os cabelos. Usava um lenço para cobrir a cabeça. Estava feia, magra e abatida. Nem de longe lembrava aquela beldade disputadíssima de Cannes.

Cannes tinha todo esse mistério, esse fascínio do lugar mágico, onde passeiam as celebridades e é possível ter romances incomuns, como esse. Mas Cannes é, acima de tudo, o templo dos grandes cineastas, e pouca gente fez mais sucesso lá, entre os brasileiros, do que Glauber Rocha. Premiado em 1964 com a Palma de Ouro, por *Deus e o Diabo na Terra do Sol*, mais tarde foi jurado e um dos grandes agitadores do festival – espécie de base de lançamento de onde ele disparava seus mísseis verbais contra o cinema americano, o imperialismo, aqueles temas que tinham a cara dele.

Sempre tive uma imensa admiração por Glauber Rocha e fico feliz que esse filho rebelde do cinema brasileiro, talentoso e genial, tenha sido meu amigo. Ele não pode ser delimitado pelos filmes que fez. Foi muito maior do que eles, era todo um movimento, uma atitude. Tanto que os seus últimos filmes depois de *Terra em transe* eram absolutamente obscuros, indecodificáveis. Glauber era uma torrente tão violenta de ideias que não conseguia registrar o que pensava numa obra. Vulcânico: acho que esse é o termo exato para defini-lo. E isso o faz transcendente, um criador que será lembrado mais do que suas criações.

Nós nos conhecemos no início dos anos 1960, acho que na TV Rio. Mas eu o localizava na geografia cultural do Rio como "aquele cineasta baiano", amigo de vários amigos meus, que tinha feito *Barravento* e estava lá nas rodas, nos bares, convivendo com a gente. Virei seu fã incondicional quando vi *Deus e o Diabo na Terra do Sol*. Desde *O cangaceiro*, do Lima Barreto, eu sonhava com uma grande saga nordestina, achava que o grande filme sobre a seca, a fome, o cangaço ainda ia ser feito, porque o Lima ainda não tinha chegado lá. Eu, imodestamente, na minha pretensão juvenil, pensava poder fazer esse filme. Mas o tempo passou, Glauber fez o dele e, sinceramente, ali estava tudo o que eu gostaria de ter feito.

Na convivência de televisão, cinema, teatro, jornalismo, aquelas tribos todas que se emaranhavam na vida do Rio, ficamos amigos. E, quando ele foi filmar *Terra em transe*, descolou um financiamento do Banco do Estado da Guanabara com o Braguinha, o nosso banqueiro das horas difíceis. Mas o Braguinha, que era amigão mas não era trouxa, pediu a ele um aval.

– Pegue o do Walter, que me satisfaz – sugeriu.

E lá fui eu me pendurar na garupa do papagaio do Glauber. Não pelo meu patrimônio, certamente, que àquela altura ainda era pequeno. Mas pelo meu prestígio, que já não era tanto. Claro que eu punha muita fé no projeto, mas fiquei preocupado, porque meu aval não tinha o lastro necessário para cobrir um eventual fracasso. Além disso, eu passara por um sufoco semelhante quando avalizei a compra de um automóvel para o Alberto Spengler, sobrinho do Pipa Amaral, um famoso labrego descumpridor de compromissos. Por sorte, ele honrou tudo daquela vez, não me pôs em fria.

Glauber não me aprontou nada parecido, mas fez pior. Certo dia, o presidente Castelo Branco ia participar de uma Conferência Interamericana, ou coisa que o valha, que estava se realizando no Hotel Glória. Irritado com a ditadura que ele comandava, um grupo de artistas e intelectuais decidiu se concentrar na porta do Glória para protestar. Estavam lá Flávio Rangel, Antônio Calado, um monte de gente – e o Glauber. Até aí, tudo mais ou menos bem. Apesar de estarmos numa ditadura, os caras iam só protestar, era uma manifestação pacífica. Porém, quando o Castelo chegou, tacaram ovo nele, vaiaram, fizeram uma zona completa.

Resultado: todo mundo em cana. E o Walter Clark solto, mas absolutamente encagaçado, porque se o Glauber não sai da cana não tem filme, e sem filme o que valia era o meu aval. Mas escapei. Ele saiu logo da prisão, a tempo de realizar aquela obra-prima que é *Terra em transe*. Depois disso, continuamos a nos ver sempre e ele me deu de presente uma cópia em 16 milímetros do filme.

Lá por 1980, já no fim da vida dele, tivemos um grande momento juntos. Ele acabara de montar A *idade da Terra*, depois de uma longa batalha com a Embrafilme para obter as cotas de financiamento, e apareceu lá em casa, no meu Xanadu da Baronesa de Poconé, numa tarde de sábado. Foi com o Jabor, e eu estava com o Julinho Rego. Assim, improvisadamente, celebramos o fim da montagem do filme, e foi como dar uma chopada para comemorar a cobertura de uma casa em construção. Fizemos um almoço fantástico, com toalha de renda na mesa, champanhe, uma comemoração em grande estilo. O Glauber, como sempre, dissertou horas para o Julinho sobre a importância do general Golbery do Couto e Silva para o destino nacional.

Na morte dele, eu estava muito abatido, mas também preocupado em não cruzar com o Barreto, que era igualmente amigo dele, mas não meu. Não adiantou. O Barreto, indiferente às nossas pendências, veio dividir sua dor comigo. Abraçou-me, chorando.

– Walter, o nosso Glauber... Perdemos o nosso Glauber...

Ali estava reunido um pouco de tudo que experimentei em minha passagem pelo cinema brasileiro. O afeto de pessoas adoráveis e sua perda, a grandeza de uma arte e sua mesquinharia, o sublime e o cômico, o trágico e o patético.

Abracei o Barreto e chorei com ele. Minhas lágrimas eram por ele, por mim, por Glauber; eram também lágrimas premonitórias por Leon Hirszman e Joaquim Pedro de Andrade. Chorei por todos nós e, acima de tudo, por essa eterna utopia, sempre castigada, sempre derrotada, mas ainda viva, de ver o Brasil consolidar um grande cinema.

14.
Pantanal

Além do cinema, um dos sonhos que a minha saída da Globo permitiu materializar foi o futebol. Nos Tatuís e nos outros times de praia improvisados de que participei, nunca passei de um sofrível lateral esquerdo. Joguei nessa posição não porque fosse canhoto ou um especialista no desarme de pontas direitas, mas simplesmente porque era um dos lugares que ninguém queria pegar. Sobrava para mim o "grosso".

Se não brilhei como jogador, desde cedo demonstrei certo pendor para a "cartolagem". Em Ipanema, era eu quem organizava os grupos de garotos que iam de porta em porta, pedindo aos vizinhos contribuições para comprar camisas e bolas e equipar decentemente os nossos times da praça General Osório. Quando cresci, tomei consciência de que jamais viveria a emoção de ouvir o Maracanã gritando o meu nome, mas poderia trabalhar para que o futebol se desenvolvesse e para que os grandes craques tivessem essa honra. Afinal, o futebol brasileiro nunca teve dirigentes à altura dos grandes atletas que produziu. Tanto que está como está, atolado numa patética decadência.

Um dia, o José Maria Scassa, célebre radialista carioca, fiel escudeiro do Ari Barroso, aproximou-me do Flamengo. Eu ainda era moleque, tinha entrado na TV Rio havia pouquíssimo tempo. E foi justamente a TV que ajudou a estreitar esse meu contato com o futebol. A *Resenha esportiva*, que fazíamos na TV Rio, tinha o patrocínio da Facit, e o seu presidente, Gunnar Göranson, era um sueco fanático por futebol, tanto que acabou vice-presidente do Flamengo. Na convivência com ele, fui me aproximando dos bastidores rubro-negros, e lá por 1963 ou 1964 já fazia parte de um grupo de flamenguistas que pretendia reeditar o poder do Dragão

Negro, o célebre grupo de conselheiros que se reunia na Confeitaria Colombo, comandado por Ari, Scassa, José Lins do Rego e outras personalidades, para interferir nos destinos do clube.

O nível do dirigente esportivo brasileiro é muito pior do que se imagina. São pessoas atrás de promoção, para se beneficiar em seus negócios particulares, ou estão ali simplesmente para faturar, montados na estrutura dos clubes para levar o seu. Já o nosso grupo – Carlinhos Niemeyer, Luiz Carlos Barreto, Newton Rique, Carlos Alberto Andrade Pinto, Armando Carneiro, Marco Aurélio Moreira Leite –, ao contrário, queria a modernização do futebol, lutava pela estrutura empresarial nos times. Para isso, nos reuníamos sempre, geralmente na minha casa, e tomávamos posição sobre os problemas do clube. Agíamos como um grupo de pressão sobre a diretoria.

É claro que, trabalhando sistematicamente, acabamos nos habilitando como uma corrente política que, mais dia, menos dia, disputaria as eleições do Flamengo. Durante um tempo tentamos encaminhar nossas propostas por meio dos dirigentes dos quadros tradicionais do clube, mas como os anos passavam e os resultados positivos não vinham, decidimos lançar candidato próprio nas eleições de 1977. A coisa era meio complicada, todos nós tínhamos outras atividades, e ninguém se sensibilizava com a ideia de viver o dia a dia da política esportiva. No fundo, éramos apenas torcedores que queriam ter um bom time. Foi aí que apareceu o Marcio Braga.

Marcio era um rapaz moderno, bonito, dono de um cartório e casado com Noelza Guimarães, a moça mais bonita da praia de Copacabana em meu tempo de garoto. Lembro que, na reunião em que propusemos seu nome, ele usava o cabelo comprido preso num rabo de cavalo, muito elegante, mas também bastante avançado para a época. Eu olhava para aquele penteado e imaginava, com os meus botões, como a galera receberia o Marcio quando ele pusesse os pés no Maracanã. De qualquer forma, ele parecia um cara arrojado, decidido, e era disso que precisávamos na presidência do clube. Assim, ele virou o candidato da Frente Ampla do Flamengo, movimento articulado pelo João Carlos Magaldi.

Ganhamos a eleição sem dificuldades. O Marcio foi para a presidência e o Carlinhos Niemeyer, na cota de sacrifício, pegou a vice-presidência de futebol. Nos primeiros tempos, nossa gestão foi arrasadora: levou Cláudio Adão, Paulo

César Carpegiani, Cláudio Coutinho. Mas, em meados de 1978, a coisa andava mal. Cláudio Adão tinha uma fratura consolidada sobre uma infecção. Carpegiani atropelou um sujeito, o cara perdeu a perna e ele ficou psicologicamente arrasado. Zico voltou estropiado da Copa da Argentina. E, como se fosse pouco, o Flamengo naufragava no Campeonato Brasileiro, perdendo a final melancolicamente para o Grêmio de Porto Alegre, pelo placar acachapante de 5 a 1.

Enquanto isso, Marcio Braga começou a sacanear o pessoal da Frente Ampla, sobretudo o Carlinhos. Ele não queria assumir a vice-presidência de futebol, só topou na base do sacrifício, e quando as coisas começaram a dar errado o Marcio tirou o dele da reta e deixou o Carlinhos, que era a imagem viva do torcedor rubro-negro, para se arrebentar com a imprensa e a torcida. Quando o Carlinhos já estava bem queimado, sem nenhum apoio, o Marcio demitiu-o secretamente, durante uma entrevista à Rádio Globo, sem ética nenhuma, o que nos deixou muito chocados.

No auge da crise, houve uma reunião para dar um rumo às coisas. A pauta, oficialmente, previa a discussão da proposta de dois conglomerados imobiliários, o do Hélio Barroso e o Grupo Gorenstein, que queriam comprar a sede antiga do clube, na praia do Flamengo, para construir um grande empreendimento. O fato é que, no meio da reunião, todo mundo preocupado e exaltado com a situação do time, viraram para mim e disseram à queima-roupa:

– Você tem de assumir a vice-presidência de futebol.

Era agosto de 1978. Fazia mais de um ano que eu tinha saído da Globo e um ano justo da morte da Flavinha. Separado da Ângela havia dois meses, eu trabalhava com o Barreto em cinema, mas sentia necessidade de repor as perdas da minha vida com tudo que estivesse ao meu alcance. Além disso, mexer com um time de futebol, para alguém que a vida toda administrou talentos e vedetes, era uma experiência fascinante. E eu tinha de desagravar o meu irmão Carlinhos Niemeyer. Como o cinema não me ocupava tão intensamente, achei que devia aceitar o convite.

– Tudo bem, eu assumo – respondi. – Mas desde que seja só até o final do Campeonato. Eu ponho a casa em ordem e depois vou embora, deixo vocês com o título.

E foi assim que passei de palpiteiro, membro de um *shadow cabinet*, a cartola profissional de um dos maiores times do mundo. O Flamengo estava voltando de um torneio na Costa Verde, na Espanha, e assumi a vice-presidência tendo o meu querido amigo Marco Aurélio Moreira Leite como diretor de futebol. Se eu queria reforçar a mim mesmo o conceito de salvador da pátria, fazedor de sucessos, aquele era um caminho promissor. A notícia da minha indicação foi uma sensação na imprensa esportiva, deu manchete em todos os jornais do país. E, para ajudar os jornalistas, eu bolei uma jogada promocional: na hora da apresentação dos novos diretores à imprensa, apareci com um paletó preto com listas vermelhas. Era o *show business* chegando ao futebol.

A apresentação aos jogadores, logo depois, se deu de forma menos espetaculosa, mas absolutamente profética. Foi num dia de treino, no vestiário. Em meu discurso, disse aos atletas que não estava ali de brincadeira, só para aparecer – isso eu já conseguia naturalmente, sem o Flamengo. Afirmei que estava ali para ser campeão e ainda naquele ano, apesar da nossa péssima situação no campeonato. Eu tinha confiança no time e sabia que ele podia render muito mais. Disse até, com toda a pompa, que estava começando ali uma nova geração de craques, que ganharia o terceiro tricampeonato da história do clube. Não sei se os jogadores ficaram sensibilizados com essas previsibilíssimas palavras, mas não vi no rosto de nenhum deles qualquer sinal de decepção.

Nossa tarefa era bem complicada: o time estava caindo pelas tabelas. Porém, tinha muita personalidade. O goleiro era Raul Plassmann, que se incompatibilizou com a torcida do Cruzeiro, em Minas, e foi para o Rio. Não sei qual era a bronca dos mineiros, mas ele sabia o que fazer embaixo das traves e exercia enorme liderança. Na defesa, tínhamos Toninho, zagueiro da Seleção, Júnior na lateral esquerda e Leandro pintando na lateral direita. Contávamos também com o Rondinelli ou o Manguito, para o miolo da área. No meio de campo, o time jogava com Carpegiani, Adílio e Zico, e o Cláudio Adão era o destaque na frente. Pensando retrospectivamente, é engraçado imaginar que um time com esses jogadores estivesse na pior, naquela época. Foi talvez o melhor grupo que o Flamengo reuniu em todos os tempos.

Com paciência, Cláudio Coutinho foi pondo o time em ordem. Ele era um grande treinador, além de um cara extraordinário. Acho que houve muita má vontade com ele, porque era capitão do Exército. Andaram até espalhando a versão de que ele colaborara com os órgãos de repressão. Mentira: durante a repressão ele estava fora do país, treinando times da França, do Peru. Diziam também que ele era um tecnocrata do futebol, por causa dos termos que ele usava: *overlapping*, ponto futuro etc. Mas esquecem que ele defendia um futebol ofensivo, jogado pelas pontas, que só fomos desclassificados da Copa de 1978 graças àquela tremenda armação da Argentina com o Peru, os 6 a 0 que os peruanos tomaram sem explicação nenhuma – apenas a de que a derrota por aquele exato placar classificava os argentinos e derrubava o Brasil. A rigor, não se pode comparar a vigorosa campanha de 1978 com o ridículo papel que fizemos em 1974.

Fui amigo do Coutinho até sua morte, nós nos frequentávamos. Mas não é pela amizade que o defendo. Ele era bom mesmo. Pegou o Flamengo estropiado, arrumou o time e nos levou primeiro ao título da Taça Guanabara, depois ao campeonato carioca. Nos dois anos seguintes, o Flamengo foi campeão novamente no Rio, campeão brasileiro, campeão da Taça Libertadores da América e, em 1981, campeão do mundo. Um técnico incompetente, sinto muito, não consegue tudo isso. Nem a metade disso.

Enquanto o Coutinho segurava as coisas lá na linha de frente, no campo de batalha, o Marco Aurélio e eu cuidávamos da retaguarda. Foi então que tomei conhecimento das mais fantásticas experiências, como as mumunhas da arbitragem, os acertos com os juízes, o suborno. Todo mundo jura de pé junto que não existe, que são fatos isolados, mas na verdade acontece quase às claras, para quem quiser ver.

Havia, por exemplo, um meritíssimo juiz que tomava dinheiro dos dois lados. Ficamos sabendo dessa sua condição de "agente duplo" quando apareceu no Flamengo uma pessoa, ligada ao clube, dizendo que ia dar uma grana a esse juiz para ele amolecer as coisas para o nosso lado. Porém, com dois minutos de jogo, um centroavante nosso, o Tião, fez uma jogada sensacional, entrou na área driblando dois beques e marcou aquele golaço, mas o juiz anulou. Marcou impedimento. Uma coisa inacreditável, o gol tinha sido limpíssimo. Na apuração dos porquês, descobrimos que ele também estava a soldo do outro lado.

Havia ainda um juiz especializado em fazer o leva e traz para seus colegas. Era ele que levava os pacotes de dinheiro para molhar a mão dos árbitros. A coisa, aliás, era até gozada, porque tinha um clima de filme de espionagem misturado com chanchada. O "comprador" deixava o pacote de dinheiro numa banca de jornais abandonada, e o cara passava para pegar, discretíssimo, usando uma roupa militar camuflada... Queria passar despercebido em pleno Rio de Janeiro usando camuflagem de selva! Outro juiz era tão cínico que dizia que o sonho da vida dele era apitar um jogo Flamengo e Vasco e, aos 44 minutos do segundo tempo, marcar um gol feito com a mão, em impedimento, por ele próprio. Esse era o sonho do juiz!

Quanto aos jogadores do Flamengo, presenciei, ao contrário, a sua enorme competência em ganhar dinheiro pelos meios legais, na hora da renovação dos contratos. No intervalo entre os jogos, essa é a tarefa chatíssima do dirigente, a pior de todas. Você ama os jogadores como esportista, mas precisa resguardar o interesse do clube nos contratos e se transforma, compulsoriamente, em antagonista dos seus ídolos.

No campeonato carioca de 1978, descobri que os jogadores podiam até não marcar bem os adversários em campo, mas jamais marcavam bobeira quando o assunto era dinheiro. Quando chegamos à reta final, o Flamengo já estava pintando como campeão e os jogadores nos procuraram para negociar os prêmios. O Marco Aurélio, que era um administrador de empresas de primeiro time, negociador espertíssimo, e eu nos reunimos com Eduardo Mota, assistente do Departamento de Futebol e professor de matemática do Colégio Santo Inácio, para estabelecer nossa estratégia na negociação.

Nós três nos achávamos os donos da bola: Marco Aurélio, porque já tinha feito e acontecido; Eduardo, porque entendia de matemática; eu, porque já tinha negociado com Chico Anysio, Chacrinha, grandes feras da TV. Pensávamos que seria fácil levar os caras na conversa. Porém, já na primeira reunião, com Cantarelli, Carpegiani e Zico, o Eduardo começou a se enrolar nos cálculos e o Zico deu uma calculadora eletrônica para ele. Imagine a nossa cara! O dirigente era o bom na matemática, mas quem estava equipado para os cálculos era o jogador...

Para encurtar a história: eles eram bem mais espertos do que nós. Falaram, calcularam, argumentaram, fizeram, aconteceram e nós entramos bem. No clímax da negociação, ainda aparece o Júnior; ninguém sabia, mas ele era o verdadeiro craque dos negócios. Chegou inteiramente em forma e nos deu um baile de dar dó. Olé em cima de olé. No final, fechamos um acordo de gratificação pela vitória no campeonato que era uma beleza – para eles. Tive até de pôr dinheiro do meu bolso para inteirar a quantia combinada. E, de quebra, ainda demos a renda inteirinha de um jogo. Nós, os três patetas, entramos na roda...

Minha surpresa com os jogadores não parou aí. O Rondinelli, zagueirão, era um jogador que não me despertava a menor simpatia. Ele cometia muitas ingenuidades, errava quando não podia. Num jogo com o Vasco, por exemplo, ele fez um pênalti no primeiro minuto. O Roberto entrou na área, ele baixou o pau. Quando o juiz apitou, ele ainda se irritou e partiu pra cima do camarada. Resultado: foi expulso e tomamos o gol. Claro que o Vasco deu um passeio na gente naquele dia. Eu queria vender o Rondinelli de qualquer jeito, mas a torcida gostava dele, chamava-o de "deus da raça" e tive de me calar. E, para minha surpresa, foi justamente o Rondinelli quem fez o gol que nos deu o título, contra o mesmo Vasco. Subiu para a área, cabeceou e liquidou a fatura para o Flamengo.

A torcida, às vezes, é sábia, como demonstra esse episódio. Mas normalmente é obtusa, porque é movida apenas pela paixão. Se é fantástica a emoção de entrar em campo com o time, ouvindo a explosão de alegria da torcida, é simplesmente aterrador quando essa mesma torcida pega no pé da gente. Como o Nelson Rodrigues dizia, o Maracanã vaia até minuto de silêncio. Para escapar disso, sempre entrei em campo junto com o time. Escapei das vaias, mas tomei muito bagaço de laranja e xingamentos nos momentos em que bobeei.

Certa vez, no campo do Bangu, eu estava no banco, ao lado do Cláudio Coutinho. Como naquele campo não havia fosso nem proteção atrás do banco, ficávamos diretamente expostos à torcida.

Pior: o banco ficava junto do alambrado, e nós estávamos obstruindo a visão dos torcedores. Os caras, evidentemente, se irritaram. E um gaiato gritou, para me sacanear:

– Aí, ó, Walter Clark! Vai cuidar da televisão e não enche o saco da gente!

Em outra oportunidade, no vestiário do Flamengo, antes de um jogo, o Adílio estava conversando com um grupo de torcedores por uma janela quebrada. Eu passei e lhe disse oi, mas esqueci de cumprimentar os caras, passei direto. Quando estava me afastando, um deles disse bem alto, para eu ouvir:

– Esse aí é metido a besta! O Adílio fala com a gente, mas essa besta acha que é o bom!

Percebi a mancada e achei melhor consertar. No melhor estilo populista que pude adotar, voltei, todo sorridente.

– O que houve, gente boa? Algum problema com você?

O torcedor não me deu moleza:

– Deixa de puxar o saco, cara. Você está querendo o quê? Passaporte para o Morro do Borel?

Enfiei a viola no saco e saí de fininho, com aquela conhecidíssima cara de babaca. Sem chiar.

Uma única vez perdi a paciência durante o meu tempo de cartola, e não foi com torcedor, mas com um juiz: Luís Carlos Félix. O jogo, difícil, era Flamengo e Bangu. Lá pelas tantas, o Tita fez um golaço, um petardo do meio da rua. Explosão total, alegria, mas o árbitro anulou, alegando impedimento sei lá de quem. Aí o sangue ferveu. Invadi o campo e voei pra cima do cara. Provavelmente ia tomar tanto quanto dar, mas por sorte fui contido pelo supervisor do clube, o Domingos Bosco.

Essa experiência de cartola teve um lado muito bom: a oportunidade, inacessível ao torcedor comum, de conviver com os ídolos e curtir as emoções do futebol dentro do campo. Mas teve também intermináveis reuniões, conversa com gente chata, centenas de aporrinhações e a decepção com o Marcio Braga, que prometia ser um renovador e tornou-se um cartola oportunista como todos os outros, fazendo do Flamengo trampolim para a política. Por tudo isso, quando o time levantou a taça de campeão carioca de 1978, fiz exatamente como tinha prometido. Deixei o clube com o título, disse adeus e caí fora.

Por mais que o cinema e o futebol me divertissem, e por mais que eu procurasse me manter afastado da TV, era inevitável que uma alma televisiva como a minha fosse tentada a voltar ao ninho. Escapei da proposta da TV Tupi, me frustrei com a rejeição do governo ao meu projeto de TV educativa e passei algum tempo desligado da ideia de voltar a fazer televisão. Mas, ainda em 1978, antes de me seduzir e deixar levar pelo projeto de *Eu te amo*, a TV começou a jogar novamente em mim o seu canto de sereia e por pouco não voltei a ela pelas mãos de uma personagem absolutamente improvável: Paulo Salim Maluf.

Maluf já havia ganhado a convenção da Arena e estava indicado a governador de São Paulo. Zé Alcântara Machado e Alex Periscinoto o estavam assessorando na área de comunicação. Os dois, muito meus amigos, andavam preocupados com a desorientação da minha vida e começaram a me buzinar no ouvido que eu deveria voltar a São Paulo e me engajar no governo do Maluf.

— Você não pode ficar aqui com essa bobagem de cinema e futebol — eles argumentavam. — Tem de ir pra São Paulo, o Maluf quer você como secretário. Você tem um compromisso com o Brasil, sempre pensou no interesse público.

A insistência deles foi tanta que passei a considerar a ideia. Eu conhecia o Maluf da Secretaria de Transportes, sabia que ele tinha feito um bom trabalho, que era um técnico competente, obstinado. Naquela época, ele ainda não demonstrara nem seu lado folclórico, nem o lado autoritário, e eu não tinha motivo para não apresentar a ele um projeto de trabalho, se de fato ele estava interessado na minha contribuição. Para um sujeito realmente interessado em fazer televisão educativa, montar uma estrutura de teledifusão a partir de São Paulo era meio caminho andado para estender o projeto a todo o país. Depois, o Maluf já estava interessado em ser presidente da República. Eu podia pegar carona na ambição dele para implantar uma TV educativa realmente eficaz no Brasil.

Com esse raciocínio, elaborei um plano de trabalho para o governo Maluf, na área de comunicações. Era um negócio sintético, apenas duas ou três laudas, mas tinha uma concepção muito boa, modéstia à parte. Previa, por exemplo, o aluguel de um canal de satélite exclusivo para o estado de São Paulo, a ser operado pela Telesp em esquema semelhante ao da Embratel (na época, ainda não havia o satélite brasileiro, e nenhuma rede de TV operava o sistema 24 horas por dia, como é comum hoje; a Embratel alugava canais do Intelsat, o consórcio internacional de satélites).

Outra ideia era oferecer juros subsidiados a todas as estações de TV do estado, para que elas fizessem a cobertura do interior. Eu queria que todas as cidades recebessem todos os canais de TV, fosse por satélite, fosse por micro-ondas. Na área da transmissão de dados, não haveria banco sem uma linha de computador, abriríamos vários canais para o uso de empresas. E, no setor propriamente educativo, eu pensava em montar um projeto que unisse a USP, a Unicamp e a Fundação Padre Anchieta, mantenedora da TV Cultura, para ter os melhores cérebros de São Paulo pensando o problema da educação pela TV.

Qual era a proposta por trás disso tudo? Extinguir a imagem de que São Paulo é a locomotiva puxando os vagões vazios. Para mim, São Paulo deveria aparecer como um grande centro produtor de informações e educação, que seriam compartilhadas com os outros estados, num processo de distribuição de riquezas eficaz e viável. Meu argumento com o Maluf, que tinha experiência com transportes, é que 100 quilômetros de comunicação sairiam para o estado pelo preço de meio quilômetro de asfalto. São Paulo atingiria todo o país, daria uma contribuição cultural efetiva, e ele, como o realizador daquilo, que colhesse os frutos de sua obra.

Fui apresentar o projeto numa reunião em sua casa, na rua Costa Rica. Ele estava mal-humorado naquele dia, brigava com o Zé e o Alex porque queria três minutos por dia no *Jornal Nacional*. Meus queridos amigos, na maior paciência, tentavam convencê-lo de que era um delírio, uma utopia – Roberto Marinho jamais lhe concederia essa regalia –, mas Maluf insistia, demonstrando crassa ignorância sobre os meandros da comunicação. Foi nesse clima que apresentei minhas ideias. Ele leu umas três linhas, dobrou, botou no bolso do paletó.

– Isso é muito *romántico*, Walter Clark, muito *romántico*! – sentenciou, com aquela voz anasalada.

Não discuti. Deixei o projeto para que ele examinasse melhor, se tivesse interesse, e voltei ao Rio. No avião, comentei com o Zé que não ia dar pé, Maluf não tinha atinado para o alcance da proposta. Porém, algum tempo depois, uns 15 dias antes da posse, ele me chamou para uma reunião, no escritório eleitoral da rua Boa Vista. Sentado numa cadeira de mola, já com ar de xeque, ele me convidou a entrar no seu time.

– Walter Clark, você é um *génio*! Eu quero *você* perto de mim 13 horas por dia!

Não entendi direito o que passava pela cabeça dele e brinquei:

– Treze horas, Paulo? Porque não 11 ou 12?

Mas ele falava sério.

– *Você* vai *sér* o *méu* secretário da Comunicação! Vai ganhar tanto da Eucatex, vai ter uma suíte no Caesar Park!

– Olha, Paulo – respondi. – Acho ótimo ter uma suíte no Caesar, acho ótimo ganhar tanto da Eucatex, acho ótimo trabalhar para você. Mas apenas se o projeto que eu fiz existir. Se você não implantá-lo, não fará sentido eu ficar 13, 17 ou 20 horas por dia ao seu lado. Se você está procurando um sujeito para lhe dizer que tem de ir à Glorinha Beuttenmüller para fazer impostação de voz, que o lenço do paletó deve ser assim ou assado, que mande notas para o jornal falando de você, chame o Mauro Salles, que ele é muito mais competente para isso do que eu.

Ele ficou surpreso com a reação. Devia imaginar que eu andava louco para recuperar algum poder, depois de perder o que tinha na Globo. Não entendia que eu abrisse mão de uma secretaria de estado, em São Paulo.

– Não vou *póder* implementar o *séu plano*, pelo menos no início – ele disse. – Você sabe, *priméiro* eu *ténho* de pagar a dívida do estado, não vou ter *dinhéiro* para nada. Depois a gente vê. Tenho muitos *plános*, para todas as áreas.

Era pura enrolação e achei melhor cair fora. Dei tchau ao Paulo e nunca mais o procurei. Nem fui procurado. Quando ele teve o dinheiro em mãos, gastou na Paulipetro, um projeto inútil. Poderia implantar uma TV educativa de interesse social legítimo. Faria uma revolução e estaria eleito. Mas preferiu o faraonismo. Do meu plano ele prismou algumas coisas, a seu modo. Expandiu a TV Cultura usando canais de UHF, mas em vez de fornecer educação aos outros estados, ofereceu ambulâncias. Ele tentou um caminho mais objetivo para chegar ao colégio eleitoral em 1985, mas não funcionou. Subestimou os problemas do país e o que São Paulo poderia fazer com eles, insistindo na política do conchavo e do suborno.

Mas, afinal, eu queria o quê? Ele é apenas o Paulo Maluf...

O fato é que desisti do governo de São Paulo, mas não desisti do meu projeto. Havia o governo federal. Eu ainda lamentava a negativa do Ney Braga a um projeto bem semelhante, que lhe apresentei quando era ministro do Geisel, mas mesmo assim tentei novamente quando Said Farhat montou a Secretaria de Comunicação Social, no governo Figueiredo. Naquela época, 1979, eu tinha uma coluna na revista *Senhor* e escrevi um artigo elogiando a iniciativa. Para mim, a comunicação não podia ficar com o Ministério da Justiça nem com o da Educação, porque era muito específica, e muito menos com o Ministério das Comunicações, que cuida da coisa técnica, da transmissão de sinais etc.

Provavelmente o Said Farhat leu o artigo e gostou. Algumas semanas depois, me chamou para uma conversa em Brasília. Nós nos encontramos na casa dele, na presença de sua mulher, Rai, uma maranhense muito inteligente com a qual, sem dúvida, ele discutia os problemas de trabalho e se aconselhava. Foi uma noite agradável, em que conversamos muito, jantamos, tomamos um ótimo vinho branco. Apresentei o projeto de teleducação e os dois ficaram entusiasmados.

– O Walter é o cara para ser o seu vice-ministro! – dizia Rai. – Você não pode abrir mão dele! Ele vai te ajudar muito!

Eu sentia que o Farhat estava também cativado pelo projeto. Andava pela sala conjecturando, pensando alto, enquanto rolava uma bengala na mão. Ele não sabia se me colocava na secretaria geral, se me dava a Radiobrás, de que forma podia aproveitar o meu trabalho. Quando saí de sua casa, levava quase a certeza de que, daquela vez, minha TV educativa finalmente sairia do papel. Porém, uns dez dias depois, Afrânio Nabuco me ligou de Brasília com más notícias.

– Sinto muito, Walter, mas o Farhat me disse que o SNI vetou o seu nome.

SNI? Eu imaginara que, quando Farhat me chamou para conversar, tivera o cuidado de fazer um levantamento, para saber se eu estava "limpo" ou se era ladrão, comunista, cocainômano, veado... Mas me enganei. Ele deixou para fazer a checagem depois. E o "Serviço", talvez usando as fichas que Armando Falcão, operosamente, sempre tratou de manter abastecido, sempre me fodendo, julgou que eu não era o cara adequado para trabalhar no projeto de comunicação do governo.

Não sei hoje se lamento ter perdido a oportunidade de fazer televisão educativa ou se me orgulho de ter sido vetado pelo SNI. O que sei é que, a partir daí, abandonei as minhas veleidades de achar que o governo, no Brasil, pode enxergar a comunicação um palmo além do nariz. Caí na real.

Algum tempo depois, no final de 1979, surgiram os primeiros rumores de que o governo federal, cansado da insolvência crônica da Rede Tupi, estava pensando em intervir. Aquela história de atrasos constantes nos pagamentos, greves de funcionários, insatisfação dos fornecedores, o clima ruim que a Tupi transpirava, já havia extrapolado as preocupações do mercado de comunicação e tornava-se assunto de Estado. Depois de quase 30 anos, a Tupi corria o sério risco de ter suas concessões de canais cassadas por Brasília.

Quando percebi que isso poderia de fato acontecer, procurei Manoel Francisco do Nascimento Brito, no *Jornal do Brasil,* para retomar as conversas sobre um possível canal de TV do jornal. Lá por 1975 ou 1976, ele me propusera pilotar um projeto de televisão que o *JB* queria executar, em associação com Walter Moreira Salles. Os dois estavam entusiasmadíssimos com o assunto, especialmente o Walter, que via dois de seus filhos – João e Waltinho – se encaminhando para a área audiovisual, e o terceiro, Fernando, com muita afinidade por ela, porque também era um intelectual. O *JB* tinha um canal no Rio e estava sendo pressionado para colocá-lo no ar.

Mas eu, muito babaca, não percebi na época o potencial daquela ideia. Ainda estava preso à minha equipe na Globo, se não por solidariedade, pela sensação de que só com eles eu poderia fazer um bom trabalho em TV. Como eles rechaçaram a proposta de sair, eu também desisti, tentando dissuadir o Brito de fazer a TV naquele momento.

– Acho que não é uma boa hora para investir em televisão, Brito – argumentei. – Vocês vão perder dinheiro. Sugiro que você consiga o máximo possível de protelações para não pôr o seu canal no ar.

Brito levou em conta as minhas considerações, mas também teve dificuldade de viabilizar a TV e sua concessão caducou. Com a possibilidade de a Tupi sair do mercado, as condições tornavam-se favoráveis e senti-me na obrigação de procurá-lo para retomar o projeto. A coisa foi em frente. Em 1980, criamos uma empresa chamada JBC Comunicações. A sigla não era explicitada, mas sugeria a associação do *JB* com Clark. Montei o quartel-general no escritório da Flávia Filmes, na rua Alberto de Campos, levando comigo Arce para a direção de marketing, Otacílio para a administração e Clemente Neto, que acabara de deixar a assistência do Boni, para ajudar na programação e na produção. Esse grupo começou a desenvolver o projeto da futura TV-JB.

A ideia central era fazer uma televisão 100% jornalística. Quando eu pensava nisso, não tinha em mente uma estação com 24 horas de notícias, modelo implantado nessa mesma época pela CNN americana, mas um canal inteiramente comprometido com a realidade, que tivesse uma programação mista de jornalismo e entretenimento, mas não hesitasse em derrubar o entretenimento e jogar toda a sua força no jornalismo quando houvesse notícias importantes. Uma Guerra do Golfo, por exemplo, seria coberta 24 horas por dia, porque era o tipo do fato que mobilizaria intensamente a opinião pública e justificaria a cobertura. Eu queria isso: uma emissora que fizesse prioritariamente jornalismo, tivesse uma ficção sempre ligada à realidade e realizasse coproduções internacionais.

A vinculação com um grande jornal, por outro lado, era um trunfo a seu favor. O *Jornal do Brasil* estava localizado no início da avenida Brasil, junto da ponte Rio-Niterói, lugar de acesso fácil e rápido a qualquer ponto do Grande Rio. Também tinha instalações adequadas. A estação poderia ser montada nos dois últimos andares do prédio, com as parabólicas no terraço superior. Usando micro-ondas, entraríamos de qualquer ponto e usaríamos o satélite para transmitir os sinais e receber imagens do exterior.

No meio do ano, quando o projeto já estava completamente amadurecido e havia a certeza de que a Tupi seria mesmo cassada, o Brito e eu fomos a Brasília fazer o nosso *lobby*. Ele foi falar com Otávio Medeiros, eu com Golbery do Couto e Silva. Além de nós, havia três outros grupos na disputa do espólio da Tupi: Bloch, Silvio Santos e Editora Abril. Esta, aliás, tentou fazer um projeto conjunto conosco. Minha amizade pelo Victor Civita e seus filhos, Roberto e Richard, e a simpatia deles pelo Brito os animavam a tentar uma associação. Mas eu desestimulei.

– Sou contra as duas empresas entrarem nesse negócio juntas – eu disse. – Acho que é importante que haja as duas, a TV Abril e a TV-JB. O que falta no Brasil é alternativas na televisão, não podemos contribuir para a monopolização do setor. Para isso, já tem a Globo.

Sem problemas nem rancores, a sociedade não foi adiante. Éramos bons amigos. De forma que, ao procurar o Golbery, eu estava tentando vender o meu peixe, com a consciência de que havia naquela praia outros pescadores tão ou mais espertos do que eu.

A velha raposa da política brasileira me recebeu muito bem, com grande interesse. Eu tinha preparado um discurso especial para essa ocasião e ataquei.

– Sinto-me cassado desde que saí da TV Globo, ministro – disse, ciente de que ele era avesso a esse negócio de cassação. – Tentei colaborar com o governo, propondo projetos de TV educativa. Mas o ministro Ney Braga me respondeu que não queria problemas com Roberto Marinho e o ministro Said Farhat me disse que sou vetado pelo SNI. Eu só quero fazer novamente uma boa televisão no Brasil. Não sei, acho que me julgam um romântico, não consigo entender...

– Mas há coisas que sem romantismo não se fazem, Walter – respondeu Golbery. – Ao contrário, o romantismo é fundamental para elas, e esse é o caso da televisão.

Ele se confessou favorável à minha pretensão e praticamente me assegurou de que, se de fato o governo cassasse a Tupi, os mais prováveis herdeiros do espólio seriam a JBC e o Grupo Abril. Enquanto isso, armava-se fora da sala um pequeno show de mídia. Repórteres chegavam, fotógrafos e cinegrafistas tomavam posição. Espertíssimo, Golbery marcou a audiência comigo no mesmo dia em que o Ministério das Comunicações anunciou a cassação da Tupi: 15 de julho de 1980. Eu não sabia de nada. Falava com ele hipoteticamente, enquanto os jornalistas corriam para nos ouvir. É claro que todos somavam um mais um e concluíam que a JBC era a provável indicada para preencher a lacuna da Tupi.

Quando saí da audiência, havia uma infinidade de microfones e caderninhos de notas à minha frente. Os repórteres estavam ansiosos para saber o que havíamos conversado. Dei declarações genéricas, admirado com o maquiavelismo do Golbery e felicíssimo em constatar que eu fora o escolhido. Mas as coisas acabaram não saindo como o general concebeu. Por alguma razão que me escapa, provavelmente porque Silvio Santos e Adolpho Bloch fizeram o seu *lobby* diretamente com o Figueiredo, Golbery perdeu a briga interna do governo para a indicação dos sucessores da Tupi, e a JBC perdeu a vaga, junto com a Abril. Ainda não foi dessa vez que voltei à televisão.

A decepção, mais uma vez, foi enorme, mas não passei muito tempo me lamentando – embora eu deva reconhecer que estava em condições privilegiadas para "curtir um bode". Vivia muito bem no Xanadu tropical, passava os dias tomando sol na piscina, bebendo vinho branco na companhia de amigas maravilhosas, almoçando depois no Antonio's – era um tédio de primeira qualidade. Mas, ainda que muito bom, era tédio, e eu queria me livrar dele. A chance surgiu em janeiro de 1981, quando me ligou um sujeito chamado Zeca Duailibi, em nome da TV Bandeirantes.

Zeca era genro de João Saad e foi incumbido de sondar meu eventual interesse de conversar com a Bandeirantes sobre uma futura contratação. Eu nunca pensara nessa opção profissional, mas também não achava nenhum absurdo. Ao contrário, tinha o maior apreço pelo João, acompanhava seu esforço em implantar a TV desde o início, quando a Globo de São Paulo ainda era apenas uma pequena competidora. Então, por que não conversar? O Zeca me pediu para ir a São Paulo e eu aceitei.

O primeiro encontro foi com Johnny Saad, filho do João, a quem eu conhecia só de nome. Tive a melhor impressão possível dele. Um moço inteligente, de bom senso, motivado – lembrou-me o João Batista do Amaral quando assumiu o lugar do Pipa na TV Rio. O encontro foi na casa do João, na avenida Angélica, e teve aquela hospitalidade bem árabe: dez marcas de uísque na mesa, pistache, depois um lauto almoço. Johnny me cobriu de gentilezas e disse que eu era o cara de que eles precisavam para alavancar o crescimento da Bandeirantes. Mais tarde, João se juntou a nós e continuou batendo na mesma tecla.

– Nós nunca tivemos cadeira para o tamanho da sua bunda, mas agora temos – disse ele. – Eu gostaria que você aceitasse o nosso convite.

– Eu não sei, João – respondi. – Estou lançando o *Eu te amo*, investi uma grande soma nesse filme, não sei se esse é o momento adequado de assumir um compromisso com você. Não posso brincar agora, tenho muito dinheiro em jogo.

– Mas eu te dou cobertura – ele assegurava. – Você faz a divulgação do filme pela Bandeirantes, eu te dou o espaço que você necessitar, mas gostaria que você começasse agora, em tempo de lançar a nova programação. Não queria o desgaste de lançar alguma coisa e logo depois alterá-la. Você entra já e implanta o seu projeto.

Era uma proposta interessante. Àquela altura, sem Tupi, com o SBT engatinhando e a Manchete ainda em projeto, a Bandeirantes era a segunda rede do país, com um número razoável de emissoras. Em termos técnicos, não só estava equipada como andava na vanguarda do setor. João tinha uma fábrica de equipamentos de radiodifusão e investia em tecnologia. Estava adquirindo numa permuta, por exemplo, 35 câmeras Thomson de uma só vez e mais não sei quantas Fernsehen. Estava trocando o transmissor e já fazendo planos para alugar um canal de satélite. Ao que parecia, a empresa estava comprometida com a renovação, com o avanço. Se era assim, ela sem dúvida me interessava.

Quando dei por mim, já tinha topado. Eu não sabia, mas estava entrando na maior fria de toda a minha vida profissional. Achava que ia novamente levantar uma emissora, reeditando o sucesso que tive na TV Rio e na TV Globo. Com isso, atenderia às pessoas que esperavam que eu lançasse na mesa, novamente, os meus ases, e daria uma satisfação a mim mesmo. Porém, enquanto eu voltava para o Rio para preparar minha mudança, João Saad se reunia com sua equipe para traçar planos para a programação de 1981 da Bandeirantes. Ora, se ele queria que eu assumisse a coisa, por que diabos estava discutindo a programação na minha ausência? Muito em breve eu descobriria que essas contradições eram o próprio espírito da Bandeirantes.

Havia um problema sério no estilo de gestão do João. Em vez de privilegiar a eficiência e a competência acima de qualquer outra virtude de seus colaboradores, ele enfatizava a lealdade e o tempo de casa. Por isso, a televisão, que era relativamente nova, com apenas 14 anos de existência, carregava todos os vícios e as velharias da Rádio Bandeirantes, tradicionalíssima, no ar desde a década de 1930. Em muitas áreas, ela parecia um posto de assistência do INSS, estava cheia de uns tipos ultrapassados que se apegavam ao cargo como cracas. Não tinham brilho, vigor ou criatividade. E não conheço nenhuma emissora que tenha sucesso sem uma equipe com essas características.

Quando assumi, estávamos bem perto do Carnaval. Em minha opinião, qualquer emissora que se preze, que queira oferecer uma programação sólida e variada, não pode deixar de cobrir o Carnaval. É um evento muito importante, forte, que marca o público e ajuda a impulsionar a audiência no resto do ano. A Manchete, por exemplo, depois que ganhou da Globo num Carnaval desses, consolidou-se de fato e ganhou a simpatia dos telespectadores. Eu queria a mesma coisa para a Bandeirantes e preparei a emissora para fazer uma grande cobertura do Carnaval de 1981.

Acho que fizemos ótimo trabalho, dadas condições que tínhamos. Sem a melhor equipe, sem o equipamento adequado para operar na avenida, cobrimos os desfiles de sábado e domingo com garra, conseguindo audiências que ficaram sempre acima de dois dígitos. Para uma estação que dava traço, 1 ou no máximo 2 pontos de audiência, foi uma maravilha. Mas no terceiro dia de cobertura, numa segunda-feira, pifou uma peça do transmissor e a Bandeirantes do Rio saiu do ar umas três ou quatro vezes. Quando mandamos São Paulo embarcar urgente uma peça de reposição, avisaram que o almoxarifado estava fechado e o responsável tinha ido passar o feriado fora da cidade, levando a chave com ele.

No sufoco, conseguimos que a TV Educativa do Rio emprestasse a peça e a muito custo nos mantivemos no ar, na segunda-feira, com extrema precariedade. Na terça, porém, o equipamento pifou de vez, e a Bandeirantes, que estava dando mais de 10 pontos de audiência, ficou o dia inteiro fora do ar, sem chance de voltar, porque o chefe do almoxarifado tinha levado a chave com ele... Claro que, assim que voltei, pedi a cabeça do infeliz. Um sujeito como aquele jamais poderia trabalhar numa emissora, porque simplesmente não entendia o ritmo do negócio, a urgência que a coisa tem. Mas o João não concordou.

– Não, Walter, ele é boa gente. Não vou demiti-lo.

Comecei então a perceber que a Bandeirantes não queria mudar coisa nenhuma. A tal "nova fase" que ela se dispunha a começar era um sonho do Johnny e não a realidade concreta da estação que João Saad administrava com mentalidade de lojista da rua 25 de Março. Eu estava cercado de burocratas, de gente sem tesão, sem o menor pique para uma reforma, quanto mais para a revolução que esperavam que eu fizesse. E meu patrão, que estava me pagando uma boa nota, não dava apoio a mim, mas aos sacripantas que orbitavam em torno de seu saco.

Como não sou de desistir facilmente, fui em frente, peitando todos os adversários. Mais uma vez, levei comigo meus fiéis escudeiros, Arce para o Comercial, Zé Otávio para a programação e Clemente Neto para dar ritmo às operações. Minha ideia era implantar na Bandeirantes uma televisão com a cara de São Paulo, solidificá-la como uma emissora paulista, em contraposição à carioquice da Globo. Queria unir à linha de novelas que ela vinha seguindo um jornalismo de alta qualidade, menos pasteurizado que o da Globo. E fazer eventos, muitos eventos. A não ser pela dramaturgia e pelo sotaque paulista, era o mesmo projeto da TV-JB.

Foi um custo montar a programação. Quando eu definia os nomes ideais, o João não topava ou os candidatos recusavam. Eu imaginava colocar novelas históricas das 18h30 às 19h30. Daí, até as 20h, o jornal. Depois, até as 21h30, o *Variety – 90 minutos*, um jornalístico de variedades. A seguir, uma novela mais densa, comprometida com a realidade e mais curta, até as 22h. E, a partir daí, eventos variados todos os dias, fechando a programação com um filme. Não era um esquema que nos permitisse competir de igual para igual com a Globo, mas sem dúvida nos permitira conquistar uma audiência média de 10 pontos.

Tanto que deu. Mesmo com todos os problemas, conseguimos ficar entre 10 e 12 pontos. Mas eu não consegui montar nem de longe o elenco que queria. Osmar Santos, por exemplo, deveria ser o apresentador do *90 minutos*, isso muito antes de ele estrear na TV. Para isso, porém, ele teria de trocar a Rádio Globo pela Bandeirantes, seria um pacote de rádio e TV. Mas o João não topou, não quis mexer em Fiori Gigliotti e Pedro Luís. Eu queria o Osmar para somar com eles, dividir os jogos, reforçar o time esportivo da Bandeirantes. Mas o João, mais uma vez, raciocinou pelo interesse dos funcionários e não da estação, e perdemos o Osmar.

Eu também queria Fernando Barbosa Lima para o jornalismo, mas ele, gato escaldado, já conhecendo o João, pulou fora. Tive de me contentar com a Silvinha Jafet na direção de jornalismo. Sobrinha do João, era boa moça, mas não tinha nem remotamente a estatura profissional necessária para a função. Outro que não quis ir foi o Nilton Travesso. Ele fechava comigo e depois desistia, fechava novamente e desistia. Acabou não indo. De gente boa mesmo estavam lá Walter Avancini, Atílio Riccó, Ivani Ribeiro e mais um ou outro.

Em compensação, estava contra mim todo o resto da estação. Havia muita conspiração e sacanagem para o meu lado e o de meus amigos. O líder dos conspiradores era um tal de Hélio de Souza, funcionário de décimo escalão, a quem eu chamava de Louva-Deus, porque se vestia sempre de verde, da camisa ao sapato, e não parava de puxar o saco do João. O que esse infeliz intrigou, armou, sacaneou, não está em nenhum manual conhecido. Mas, quando eu quis demiti-lo, tive a maior dificuldade. Mais uma vez, foi aquela coisa de a Bandeirantes dar colinho aos incompetentes. Esse, além do mais, era um traidor.

Mas não era o único. Havia inúmeros outros vermes iguais a ele. Essa gentalha criou um clima péssimo de fofocas, numa ciumeira danada das pessoas que vieram comigo. Como eram quase todos egressos da Globo, ficou aquele negócio dos "globais", dos malandros cariocas, que enganavam o João Saad, fingiam que trabalhavam. Zé Otávio, coitado, se matava para sustentar a criatividade daquela programação, vivia dia e noite com o problema na cabeça. E os caras diziam que ele não trabalhava. Com o Arce, era a mesma coisa. Chegavam a ponto de dar blitz no departamento dele, para ver se seus funcionários estavam bebendo depois do expediente...

Nós agredíamos muito aquela mentalidade estreita da Bandeirantes, essa é a verdade. Aquilo não era propriamente uma emissora, mas um lúmen. Estava cheio de caras malvestidos, infelizes, mal-amados, gente que fazia apologia da miséria. Quando eu entrava no pátio com a minha Ferrari – uma Ferrari linda, preta, reluzente –, parecia até que era a Cicciolina chegando. Os caras saíam na janela para ver.

No mundo da aparência, do espetáculo, da imagem que é a TV, uma Ferrari não deveria chamar a atenção nem dos porteiros. Mas, na Bandeirantes, era uma comoção.

A mesquinharia ali não tinha limites. O Loffler veio para dirigir alguns programas, mas a Bandeirantes se recusava a lhe pagar o hotel, mesmo tendo permuta. Comigo não foi diferente. Assim que cheguei, tratei de mobiliar decentemente a minha sala, que eu dividiria com o Johnny. Além de achar que todo mundo deve trabalhar num ambiente bonito, agradável, porque isso influi diretamente na produtividade, eu receberia clientes ali. Não era uma questão de vaidade ter uma sala arrumada. Nós tínhamos uma permuta com a Mobilinea, onde eu vira uma bela linha italiana de móveis de escritório, então pedi que fosse adquirida.

Os caras do comercial foram lá buscar os móveis e voltaram trazendo outros, completamente diferentes.

– A linha italiana não pode, porque é muito cara – disseram.

– Como muito cara? Não é permuta? – estranhei.

A pergunta foi inútil. Tive de ir sozinho, pessoalmente, à Mobilinea para trazer os móveis. Evidentemente, não tinha nada de "não pode porque é cara". Eles simplesmente tiveram má vontade para com os móveis que eu escolhera. A decoração do escritório foi completada com peças minhas, que mandei vir da Flávia Filmes, do Rio. Eram móveis bonitos, sem dúvida, mas a Bandeirantes era uma emissora tão estranha que, na hora do almoço, havia "visitas turísticas" à minha sala, para o lumpesinato ver onde habitava o perdularíssimo Walter Clark...

A propósito de visitas, aquela sala era um absurdo. Não havia uma antessala com secretárias, barrando o acesso. Estávamos o Johnny e eu trabalhando e entrava um fulano qualquer, perguntando se sabíamos onde ele podia encontrar o beltrano. Isso acontecia umas 50 vezes por dia. Eu ficava irritadíssimo, achava um absurdo que a sala da alta direção da emissora ficasse totalmente franqueada ao público. Mas para eles devia ser normal. Quando pedi que nos mudassem para um cômodo com antessala, levaram oito meses para resolver o problema.

A cultura da miséria, a ideia de que o bom patrão é aquele que sofre na pobreza com os funcionários era uma instituição na empresa. João Saad se orgulhava de ter uma mesa de trabalho velhíssima, escrotérrima, com lâmina de fórmica lascada. Dizia sempre que aquela mesa o acompanhava onde ele fosse. Era uma forma indireta de dizer que eu era um esnobe, um petulante, que fazia questão daquelas frescuras de móveis, ostentação. Ele era o humilde, eu o arrogante. No tapete da minha sala, junto da minha mesa, via-se uma enorme marca de vômito, provavelmente de algum porre de fim de ano. Eu queria trocar essas coisas, alterar a imagem da emissora – sua autoimagem – e os caras me chamavam de fresco.

A responsabilidade por esse processo era do João, sem dúvida. Do Johnny, eu não tinha nenhuma queixa, ao contrário. É um sujeito aberto, realmente interessado em arejar aquele mausoléu, investir em coisas novas. Mas o João e o outro filho dele, Ricardo, são mesquinhos, passivos, pensam como perdedores. Tiveram anos para fazer uma rede forte, consolidar-se num tranquilo segundo lugar e estão aí hoje, em quarto lugar em São Paulo, atrás de todas as redes, incluindo a Record.

A diferença entre João Saad e Roberto Marinho pode ser medida pelo patrimônio que cada um deles acumulou, partindo praticamente do mesmo ponto. Roberto herdou um jornal, João uma rádio. Porém, enquanto Roberto sempre soube administrar suas limitações e delegar poderes a pessoas que podiam tocar seus negócios melhor do que ele, João nunca teve essa visão. Como eu disse numa entrevista que o deixou muito magoado, anos depois de ter saído da Bandeirantes, ele é um caboclo otomano. Tem um tino comercial tipicamente oriental, mas raciocina como o Jeca Tatu.

Uma mania resume bem sua personalidade é a de carregar na cintura uma chave-mestra de todas as portas da emissora. Você está trabalhando tranquilo na sua sala, ou de papo pro ar, ou dando uns beijos na atriz da novela, sei lá, enfim está na sua privacidade, com todo o direito que qualquer cidadão tem a ela, e aparece repentinamente o João sala adentro, com cara de fiscal do trabalho e dos bons costumes. Cada vez que ele fazia isso, eu tinha vontade de jogá-lo pela janela. Tanto que troquei a fechadura da minha sala, para acabar com esse seu "esporte".

Desnecessário dizer que, nesse ambiente, meu entusiasmo definhou rapidamente. Comecei a ficar em casa dois, três dias seguidos, até que perdi totalmente a disposição de trabalhar. Fui à Bandeirantes para realizar um projeto ambicioso de televisão, não para brincar de gato e rato com um bando de medíocres acobertados pelo João. Esperava seu apoio, seu entusiasmo para mudar, mas só tive auxílio do Johnny, que me deu também a sua amizade e me convidou para ser seu padrinho de casamento – uma grande honra, tão grande quanto o meu afeto por ele. Mas a seriedade que eu esperava da Bandeirantes me faltou. Com isso, aguentei até o Carnaval de 1982, tive as minhas últimas brigas e, mais uma vez, caí fora.

15.
All that jazz

A Bandeirantes não me proporcionou nada de bom, a não ser a oportunidade de voltar a viver em São Paulo e, mais tarde, de conviver com Dina Sfat, uma das mulheres mais interessantes do Brasil. Devo a ela o estímulo a um projeto profissional que se transformou numa enorme paixão e mudou o meu destino. Ela me seduziu pelo teatro.

Conheci a Dina no final dos anos 1960, ao assistir ao *Macunaíma* de Joaquim Pedro de Andrade. Aquela guerrilheira sensual, de olhos enormes e expressão inteligente, me encantou. Na primeira reunião da Globo que fiz depois de ver o filme, falei tanto dela e de forma tão entusiástica que o Boni não demorou a contratá-la, junto com o Paulo José. Era uma dupla de atores que qualquer emissora que se pretendesse a melhor do país não poderia jamais ignorar. O tempo se encarregou de mostrar quem eram eles e o que fizeram pela TV brasileira.

Mas, durante o tempo da Globo, não tivemos uma amizade especial. Paulo e Dina tiveram uma série de filhas e eu achava curioso que ela sempre engravidava no início de uma novela. Era um enorme problema de produção esconder a gravidez de uma atriz cuja personagem não estava grávida. E havia também as situações mais delicadas, perigosas para uma gestante, como uma cena em que ela teria de descer um tobogã. Nessa vez eu até brinquei, sugerindo que a Ilka atuasse como sua dublê. Eu via uma grande semelhança entre as duas, talvez já inconscientemente projetando uma atração por ela. Mas nunca houve nada entre nós, nem clima, nem a hipótese. Em 1981, entretanto, lá pelo final do ano, eu andava na Bandeirantes, e a Dina, já separada do Paulo, ia estrear em São Paulo a peça *As criadas*, de Jean Genet, com Ittala Nandi. Ela apareceu na emissora para gravar uma chamada e nós nos reencontramos. Dina tinha acabado de fazer 40 anos e andava tensa, porque tinha posado para a *Playboy* e não sabia o que aconteceria depois. Achava importante ter feito aquele depoimento fotográfico de sua vitalidade, de sua beleza na maturidade, mas, com seu senso crítico extremado, temia pela repercussão. Nós começamos a conversar sobre o assunto, emendamos em outros, depois saímos e, em pouco tempo, estávamos envolvidos.

Esse encontro foi marcante para nós dois, na medida em que atravessávamos um tempo de mudanças. Se, de um lado, eu vivia as últimas decepções na Bandeirantes e andava perdido, ela acabara de se transformar numa espécie de "musa da redemocratização". Sua entrevista com o general Dilermando Gomes Monteiro, comandante do II Exército, no programa *Canal livre*, de Fernando Barbosa Lima e Roberto D'Avila, quando disse que, como qualquer cidadão brasileiro, tinha medo dos militares, foi um marco no combate à onipotência do regime militar. Ao mesmo tempo, ela estava mergulhada no projeto de *As criadas* e já começava a preparar a produção de *Hedda Gabler*, de Ibsen, peça indispensável ao repertório de qualquer grande diva do teatro.

Nossa história começou e, quando chegou o Natal, decidimos passá-lo juntos, mas em Nova York. Poucos lugares do mundo ficam tão bonitos no Natal como Nova York, com milhões de luzes, vitrines deslumbrantes e montanhas de neve. Além disso, Dina não conhecia a cidade, o que aumentava ainda mais o interesse do nosso plano. Para ela, era um capricho quase juvenil conhecer o centro do mundo com um homem que a intrigava, encarnava coisas bem distantes de seus valores e, como ela mesma reconhecia, mudara o rumo de sua vida ao trazê-la para a televisão. Assim, na companhia de um grupo de amigos – Zé Alcântara Machado, Oriovaldo e Ticiana, Johnny Saad e Maria Alice, estes dois em lua de mel –, lá fomos nós para a Big Apple ver o Papai Noel passar com seu trenó e suas renas.

Não me esqueço da emoção da Dina, seus olhos brilhando de excitação, quando, na volta de um almoço no Cremoiller, levei-a a Times Square, e ela viu pela primeira vez todo aquele imenso território artístico, que à noite fica completamente iluminado, oferecendo um espetáculo de cores e luzes nas fachadas dos teatros. Lembro também, com certa ironia, de nosso *réveillon* no Regine's, eu de *black-tie* levando pelo braço uma elegantíssima revolucionária, vestida num *habillé* pra lá de burguês, o que não deixava de ser deliciosamente paradoxal. Mas o momento mais marcante da viagem foi a noite em que fomos ver *A chorus line* na Broadway, ela pela primeira vez, eu pela quarta ou quinta.

Eu era apaixonado por aquela peça. Não se tratava simplesmente de um grande espetáculo, como *My fair lady* ou *Cabaret*, mas da síntese de todo um modo de vida, de um mundo que, pela semelhança com a televisão, eu conhecia muito bem. Trabalhava a inquietação, a insegurança, a grandeza e a miséria das pessoas que vivem do *show business*, essa gente que depende de agradar, de se exibir e do conceito que os outros fazem dela. E os seus heróis eram os coristas, os profissionais mais marginalizados no mundo do teatro, aqueles caras que, como diz o enredo, vão ficar vendendo sanduíches ou trabalhando de balconistas se não passarem no teste para um espetáculo.

Quando vi *A chorus line* pela primeira vez, me encantei e jamais perdi a vontade de revê-la, quantas vezes fossem. Esse impacto foi igual para Dina. Ela também saiu do New York Public Theater completamente fascinada pela magia daquele espetáculo. E, nas conversas que tivemos, discussões entusiasmadas em que eu relacionava a história da peça com a história da nossa vida, gente de teatro, cinema e televisão, aquele mundo inseguro de fantasia, a Dina sentiu que ali podia estar um caminho profissional para mim.

– Você não vai se realizar na vida se não fizer teatro – ela dizia. – Teatro é uma emoção diferente, é muito mais quente que a televisão. Você precisa experimentar.

Até então, eu nunca pensara nessa possibilidade. Estava distante do teatro até como espectador, porque assistia a muito menos peças do que devia. Claro que, nos anos 1950, toda vez que eu ia a São Paulo, programava uma escala no TBC ou no Teatro Maria Della Costa. Vi Maria, Cacilda Becker e várias das nossas grandes estrelas atuando, mas não era um frequentador tão assíduo de teatro quanto era de cinema. Mas havia a minha amizade com Nelson Rodrigues, que me levava sempre a conversar sobre o assunto.

Foi com o Nelson, aliás, que tive a minha primeira experiência como produtor teatral. Por 1974 ou 1975, o Teatro do BNH, no Rio, estava prestes a ser inaugurado, e a TV Globo decidiu aproveitar a oportunidade para patrocinar uma remontagem de *Vestido de noiva*, peça que marca o início do teatro moderno no Brasil. Tive o maior prazer em produzir essa peça para o Nelson, com todo o rigor que a Globo aplicava em suas realizações. A montagem foi dirigida pelo mesmo Ziembinski da versão original de 1943, com a cenografia do Santa Rosa revivida pelo Fernando Pamplona. No elenco, Norma Bengell, Camila Amado e Luiz Linhares, eterno ator do Nelson, o preferido dele.

Mas *Vestido de noiva* foi a única coisa que fiz em teatro e, mesmo assim, porque era um projeto da Globo, em homenagem a um grande amigo meu. Não foi, portanto, uma ideia minha, um sonho pessoal que realizei. Porém, em 1981, no acaso de minha passagem pela TV Bandeirantes, já sabendo que não iria ficar muito mais ali, o teatro aparecia como possibilidade concreta. Por que não experimentar a emoção de que falava a Dina? E por que não experimentá-la com *A chorus line*, justamente a peça que mais me emocionava? A semente que Dina plantou, o vírus que inoculou em mim começou a vingar ainda em Nova York. Quando cheguei ao Brasil, eu já estava tomado pela ideia.

Logo depois do Carnaval de 1982, saí da Bandeirantes. Se eu tivesse um pouco mais de juízo, ficaria uns tempos no meu canto, recuperando as finanças, mas eu não era dado a esse negócio de juízo. A Bandeirantes, com a qual eu nem sequer tinha um contrato assinado, não me pagou a participação nos lucros daquele ano, se é que existiram. Além dos meus gastos pessoais, que eram cobertos pelos meus rendimentos, ainda investi na compra de uma casa em São Paulo, no jardim Paulistano. Não era, portanto, a época ideal para colocar dinheiro numa produção, ainda mais a de um grande espetáculo como *A chorus line*.

Mas havia o lado psicológico da coisa. Eu sentia necessidade de dar uma resposta rápida ao fracasso do projeto na Bandeirantes, porque sabia que seria muito cobrado. Precisava mostrar que ainda estava vivo, que mantinha a centelha acesa. Assim, não hesitei. Logo que saí da Bandeirantes, enquanto meus amigos ainda pensavam no rumo que iam dar à vida, cheguei com a nova ideia.

– Vamos fazer A *chorus line* – eu disse, e não mudei mais de ideia.

Eu, que tinha feito o filme brasileiro de maior sucesso em 1981, faria o maior espetáculo teatral do país de todos os tempos.

Esse foi, provavelmente, o primeiro dos meus erros nessa história. A peça não tinha para o Zé Otávio e o Arce o mesmo valor sentimental que para mim. Mas, como trabalhávamos como uma equipe inseparável e – pior – como ainda carregávamos aquela sensação de onipotência adquirida na Globo, os dois toparam entrar na produção comigo. Se havíamos feito de uma estação de TV falida a quarta rede do mundo, uma simples peça de teatro seria refresco, algo assim como um intervalo, a hora do recreio entre a Bandeirantes e outro trabalho mais sério em televisão.

A rigor, os dois entraram em *A chorus line* com perspectivas diferentes. O Zé, sonhador, romântico, um porra-louca genial, acabou se envolvendo com o espetáculo. Mas o Arce não. Achava tudo aquilo uma merda, "aturar essa gente xexelenta, esses bailarinos veados". Não era mesmo a praia dele. Por um sentimento de lealdade a mim, entretanto, ou pela ideia do time indivisível que nós formávamos, ele mergulhou conosco no projeto. Fizemos uma sociedade em que o Zé e eu entrávamos com 40% cada um e o Arce, com os 20% restantes.

Em abril, o Zé e eu fomos aos Estados Unidos negociar os direitos da peça. *A chorus line* tinha surgido quase como uma brincadeira entre bailarinos, ou um laboratório psicanalítico. Era a história da seleção do elenco de um espetáculo transformada no próprio espetáculo. Discutia os problemas mais elementares dos bailarinos, suas angústias imediatas; talvez por isso mesmo era uma peça simples, despojada, sem a parafernália de outras produções da Broadway. Mas era muito forte e acabou se transformando no grande sucesso do teatro em Nova York. De forma que, quando chegamos lá para negociá-la, já estava bem longe da brincadeira que fora o início.

Para nos vender os direitos, os americanos impuseram uma série de condições. Queriam a supervisão da escolha do elenco e exigiam gente sua para a cenografia, a iluminação e até o piano. Isso significava que, além dos 15 mil dólares que pagaríamos pelos direitos, teríamos de bancar a viagem de uma equipe de americanos para acompanhar no Brasil a montagem do espetáculo. Além disso, o despojamento tinha uma contrapartida: a necessidade de um palco muito grande, com espaço para os movimentos de todo um corpo de baile. Exigia no mínimo 12 metros de boca de cena e mais outros tantos de fundo, uma área que poucos teatros em São Paulo podiam oferecer.

Aí começou o drama da escolha do espaço. Entre as casas de maior porte, o Cultura Artística mostrou-se inviável, pois seu fundo é irregular, tem um lado mais estreito do que o outro. O São Pedro, antigo teatro lírico, estava completamente abandonado e ficava na Barra Funda, numa área de cortiços, longe do Bexiga, a "Broadway" paulistana. Sobrava o Teatro Sérgio Cardoso, que pertencia ao estado de São Paulo, era bem amplo, dava conforto ao público e estava bem localizado. Pelas características de *A chorus line*, imaginei que ela seria a peça ideal para aquele teatro, e que o governo gostaria de ver novamente a casa cheia, o que não acontecia desde a abertura com *Gota d'água*, de Chico Buarque e Vianninha.

O governador do Estado era José Maria Marin e, por intermédio do meu amigo Paulo Mário Mansur, seu homem forte, fui conversar com João Carlos Martins, secretário da Cultura. Propus alugar o teatro por 15% da bilheteria, assumindo ainda as reformas que era preciso fazer. O ar-condicionado não funcionava, havia infiltração de água pelo teto e as seis primeiras filas de poltronas do balcão eram mal posicionadas, não davam uma boa visão do proscênio. Comprometi-me a arrumar tudo, deixando o teatro novo em folha.

Em qualquer lugar civilizado do planeta, era uma ótima proposta. Eu praticamente restauraria um teatro sem custo nenhum para o estado, pagaria um bom aluguel mensal e ainda colocaria ali uma peça com ótimo potencial de público, que garantiria um movimento cultural intenso na região e teria reflexos, obviamente, sobre outros espetáculos, bares, restaurantes – a vida do Bexiga, enfim. Mas havia um sujeito chamado Lenine Tavares, burocrata teatral ligado ao PT que produzia as peças do Antônio Fagundes e tinha ambições políticas. Esse cara resolveu se interpor no negócio. Ele queria o controle do teatro para manobrar o poder na classe teatral e entrou em disputa comigo, requisitando o Sérgio Cardoso para as temporadas finais de duas peças de sucesso, *Meno male* e *O beijo da Mulher-Aranha*.

A partir daí, o aluguel do teatro, que era líquido e certo, transformou-se numa inacreditável batalha. Esther Góes, presidente do sindicato dos atores, começou a dizer que eu era uma "multinacional", um perigoso tubarão capitalista que estava desembarcando de paraquedas no teatro, num arrivismo que só poderia ser danoso à classe. E apoiou a postulação do Lenine. Virou então uma luta PT *versus* Walter Clark, ou PT *versus* Rede Globo, que era a leitura mais obtusa que os caras faziam, como se eu ainda tivesse qualquer poder ou ainda representasse algum projeto cultural ligado à emissora.

Era incrível, mas se repetia o mesmo problema de quando decidi investir em cinema. Eu cheio de boas intenções, com dinheiro, apto a entrar na área como um produtor sério, profissional, escolado por duas décadas de trabalho em televisão, e os caras me vendo como uma ameaça, a ponta de lança do imperialismo cultural no teatro, o explorador impiedoso da classe artística em proveito apenas de seu ego monstruoso. Os cuidados com a produção, a recuperação do teatro, os empregos que eu ia gerar, tudo isso não contava. Era preciso exorcizar esse demônio "multinacional" de nome Clark...

A pressão da Esther, do Lenine e do grupo xiita deles sobre João Carlos Martins era intensa, e ele hesitava. As reuniões que fazíamos para tratar do assunto eram elas próprias um espetáculo teatral, parecia coisa do Ionesco. Nós nos encontrávamos em seu gabinete na secretaria, onde havia um piano para que ele não interrompesse seus exercícios. Eu ia negociar e ele chamava a Ruth Escobar e o Zé Celso Martinez Correia, que também tinham pendências com a secretaria. A Ruth alugava salas ao governo, e o Zé precisava de verba para terminar a construção do Teatro Oficina. Então, o João Carlos, muito malandro, tentava capitalizar tudo isso politicamente, reunindo os três patetas para coadjuvar o seu show. Zé Celso fazia duetos ao piano com ele, cantava, enquanto a Ruth e eu ficávamos apalermados naquelas reuniões absurdas.

Durante todo o ano de 1982, foi essa epopeia para alugar o teatro. Se eu tivesse alguma alternativa, teria mandado o Teatro Sérgio Cardoso para o espaço, mas não tinha, infelizmente. Era obrigado a engolir todos os sapos do brejo e ainda achar gostoso. À medida que nos aproximávamos do fim do ano, a coisa se complicava, porque o governo ia acabar e eu teria de negociar com um novo secretário da Cultura. Mas, nesse aspecto, dei alguma sorte. João Carlos finalmente fechou comigo, e o Pacheco Chaves, que o sucedeu na pasta no governo Montoro, não contestou a locação. A resistência ficou apenas na classe.

Enquanto a pendenga acontecia, tocávamos a produção. Aí a coisa era gostosa, recriava o clima de sonho e luta para viabilizá-lo que era o próprio conteúdo da peça. Para a seleção do elenco, inscreveram-se 4 mil pessoas, das quais umas 800 se apresentaram efetivamente para os testes. Veio gente da Bahia, de Santa Catarina, do Rio Grande do Sul, de todas as partes do Brasil, em busca de um papel. E nós passamos um tempo muito bom nesses testes, ali na escola de dança do Theatro Municipal, na praça Ramos de Azevedo, embaixo do Viaduto do Chá.

Dos testes, resultou um elenco jovem e cheio de garra, que via na peça uma grande oportunidade de se afirmar na carreira. Thales Pan Chacon, Cláudia Raia, Raul Gazolla, Maria Lúcia Priolli, Kátia Bronstein etc. – um punhado de garotos cheios de entusiasmo – aliavam-se a veteranos como Ricardo Bandeira. Minha filha Luciana fazia a coordenação do elenco, entre o qual tinha vários amigos. Eu mantinha uma relação paternal com todos eles; sentia-me bem regredindo uns três mil anos no tempo, deixando a sofisticação tecnológica da televisão para encarar a essencialidade do teatro, e com um grupo novo, cheio de tesão, ambicioso, com gana de vencer. Era fortíssima a emoção que eu sentia.

Mas havia também a parte desagradável dessa emoção. Além da briga pelo teatro, havia os custos. Jamais imaginei que teatro consumisse tanto dinheiro. Estava acostumado com a escala de custos da TV e supunha que o teatro, muito menor e mais simples, fosse também mais barato. Vã ilusão. O dinheiro corria solto, numa velocidade que me espantava. Mantínhamos três americanos – o iluminador, o cenógrafo e o pianista –, pagos em dólar, hospedados no Hilton. Usávamos uma orquestra no espetáculo em vez de música gravada. Pagávamos todo aquele elenco e ainda cometíamos bobagens indescritíveis, que saíam bem caras.

Na divisão de papéis na produção, eu cuidava da direção geral e da supervisão artística, Arce se encarregava do marketing e das vendas e Zé Otávio respondia pela parte técnica. Fazíamos questão de que a qualidade do espetáculo fosse a melhor possível, e isso, convertido em moeda, significava uma fortuna incalculável. Só no equipamento de iluminação investimos mais de 100 mil dólares. Mas o Zé ainda cometeu a besteira de comprar as sapatilhas de dança nos Estados Unidos, a 50 dólares o par, quando tinha um japonês em Osasco que fazia os mesmos calçados por 3 dólares, como descobrimos depois.

Enfim, era um sangradouro de dinheiro, que saía rapidamente sem que resolvêssemos definitivamente o problema do teatro. Ele estava alugado e as obras de recuperação eram tocadas, mas a locação estava *sub judice,* porque o Lenine e a Esther haviam entrado com uma ação. Eu estava investindo toda aquela dinheirama e podia ficar chupando o dedo a qualquer instante se a justiça cancelasse o contrato de locação. Vivia no fio da navalha.

Para complicar, aconteciam também problemas extrapeça que me atormentavam. Na noite do primeiro ensaio do elenco, por exemplo, eu quis fazer uma comemoração. Luciana morava comigo, hospedava Cláudia Raia e Nadia Nardini, e tínhamos juntado todo o elenco. A casa estava cheia de gente, todos nós muito alegres e entusiasmados. Afinal, a coisa começava a andar pra valer. Mas no momento em que eu abri uma garrafa de champanhe, quando a rolha saltou celebrando a nossa primeira vitória, o telefone tocou. Era Lilian, minha irmã. Infelizmente, com más notícias.

– Walter, se segura porque o Roniquito morreu.

Meu querido amigo estava hospitalizado havia mais de um ano. Ele fora atropelado em dezembro de 1981 na porta do Antonio's, quebrara as duas pernas, ficara todo estropiado e só sobrevivera por milagre. Sua recuperação foi lenta e difícil, o que certamente o deixou desesperado. Tomando dezenas de remédios, ele não se segurou e continuou bebendo muito. Aí a coisa degringolou. Roniquito passou 1982 na cama, muito mal, piorando cada vez mais. E, em fevereiro de 1983, não resistiu.

O impacto daquela notícia foi enorme. O champanhe da comemoração, que deveria resultar numa embriaguez de alegria, deu no porre do mais sombrio desespero. Fiquei arrasado, deprimidíssimo, me sentindo mal de não estar com ele na sua morte, de tê-lo acompanhado pouco nos últimos meses de vida. Era a perda de meu melhor amigo, do velho companheiro, do confidente. De tão derrubado, não consegui ir ao enterro, mas fui à missa de sétimo dia. Na volta, outra surpresa amarga: minha casa tinha sido assaltada. Os ladrões pularam o muro, prenderam os empregados num quarto e ficaram cinco horas em casa. Felizmente, Luciana e as meninas não estavam, mas os caras aprontaram com os empregados. Não levaram muita coisa porque a babá do Fernando conseguiu escapar, avisou a polícia e os caras fugiram.

Foi nessa maré de azar, portanto, que cheguei às portas da estreia. Dias antes do primeiro espetáculo, o Lenine organizou uma assembleia no sindicato dos atores, para fazer oposição à peça. Murilo Alvarenga, músico importante que regia a orquestra em *A chorus line*, achou que devíamos fazer alguma coisa. Então, sugeri que os atores fossem até lá, explicar que tipo de "tubarão capitalista" era eu, afinal. Minha melhor defesa seria os próprios atores explicando as condições de trabalho e os salários que recebiam. Se o que eu oferecia era exploração, eu não sabia mais o significado dessa palavra.

Uma das minhas "advogadas" era a Ivonice Satie, que fazia a Suzie Wong na peça e depois foi para o balé do Arrais, em Bruxelas, como coreógrafa.

– Eu não entendo essa oposição de vocês, gente! Pela primeira vez na vida eu tenho carteira assinada! – ela dizia.

Mas a turba, fanatizada pelo esquerdismo mais infantil, gritava em coro, histérica:

– Puta! Puta! Puta!

Regina Duarte e Juca de Oliveira, que se propuseram a me defender desinteressadamente, apenas porque eram experientes e sabiam o que representava a entrada de um produtor no teatro brasileiro, também não foram poupados.

– O Walter não está pondo o dinheiro dele em ações, nem está construindo prédios – argumentava o Juca. – Ele está pondo dinheiro em teatro! Tenham um mínimo de bom senso para entender que esse cara, independentemente de ser bom ou mau, de vocês gostarem dele ou não, está sendo positivo para a gente, está investindo no nosso setor!

Mas também o Juca foi contestado com insultos, assim como a Regina, e todos os que foram defender o sujeito que ia investir em teatro. Sou grato a eles, ainda me emociona aquele gesto, mas contra a tacanhice de gente como Esther Góes, Lenine Tavares e sua caterva ululante não havia argumentos racionais. Havia, sim, o interesse sub-reptício. Eles controlavam a Associação dos Produtores de Espetáculos Teatrais do Estado de São Paulo (Apetesp), tinham seis teatros nas mãos e queriam o domínio também sobre o Sérgio Cardoso. Era um jogo de mercado, política comercial da mais crua, que eles tentavam transformar em disputa ideológica para conseguir o apoio dos ingênuos e dos imbecis.

De tudo que aconteceu nessa briga, a maior vilania foi o que fizeram com o meu carro. Nessa época, eu tinha uma Ferrari e, certo domingo, caí na besteira de ir com ela ao teatro. Nos fundos do Sérgio Cardoso, na rua Conselheiro Carrão, existia uma área para estacionamento e eu parei ali, direitinho, de frente para a parede. Quando estava na bilheteria, conferindo o borderô, alguém me avisou:

– Quebraram o vidro do seu carro!

Tinham dado uma martelada no vidro. Não fora uma pedra, um objeto caído de um prédio, nada disso. Examinei todas as possibilidades. Alguém tinha mesmo quebrado o vidro de propósito. E, como o carro era italiano e havia todas aquelas dificuldades de importação de peças, fiquei com ele parado um ano. Os idiotas me odiavam mesmo e faziam tudo para que eu desistisse.

Mas não conseguiram. Mesmo com o teatro contestado na justiça, o projeto foi em frente, não sem uma série de contratempos que devem ter feito o Lenine morrer de satisfação. Os figurinos, por exemplo, quase não ficaram prontos para a estreia. Eu tinha fechado uma permuta com a Soft Machine para fazer as roupas do espetáculo, mas o Arce esnobava o Ted Paez, não atendia o cara, enrolava. Aí ele resolveu não entregar as roupas. Tive de implorar para que ele terminasse o trabalho, me humilhei. Às 20h45 do dia da estreia para a crítica, com o espetáculo marcado para as 21h, lá estava eu no ateliê do Ted passando roupas, para voar com elas para o teatro.

Outro problema foi com o cenário, que também não ficou pronto. Não houve jeito: o espetáculo estreou com a cenografia incompleta mesmo. Então resolvi dar uma explicação ao público. Armado com a maior cara de pau que consegui colocar, fui para o palco e saquei uma frase da mais absoluta babaquice, que vai ficar nos anais das desculpas mais esfarrapadas de todos os tempos:

– Não há de ser por causa de uma simples moldura que vocês vão perder um bom quadro...

Mas o grande galho aconteceu no dia seguinte à estreia, quando a coisa parecia estar em ordem e o coreógrafo até já tinha voltado para os Estados Unidos. Marcia Albuquerque, a bailarina que fazia a Cassie, o papel principal, teve um acidente no palco e ficou com uma fissura no calcanhar. Por incrível que pareça, numa produção de grandes proporções, não havia ninguém especialmente treinado para substituí-la. Cheguei a pensar em cancelar o espetáculo no dia seguinte. Mas a providência, dessa vez, ajudou. Daniela Panessa, uma das garotas do elenco, filha do querido Panessa, meu eterno homem de promoções, acompanhava atentamente os ensaios e tinha fascinação pela personagem da Cassie. Sabia perfeitamente todas as suas marcações. Assim, por uma sorte incrível, graças à aplicação profissional de Daniela, *A chorus line* foi salva. Daniela fez o papel da Cassie por 40 dias, até a recuperação da Marcia.

Se eu não tivesse depois me tornado padrinho de seu casamento com Raul Gazolla e não a tivesse abençoado no altar, ainda assim ela teria a minha bênção por toda a vida.

Afinal, depois de tantos contratempos, a peça foi um sucesso. A emoção que havia na montagem americana nós conseguimos colocar igualmente aqui. Para o pessoal do balé e do teatro, especialmente, *A chorus line* era um psicodrama. O elenco, o público, os técnicos na coxia, eu, todo mundo se debulhava em lágrimas a cada espetáculo. Aquele era um trabalho que todos faziam com os nervos, com o coração, com o sangue. Rolavam cascatas de adrenalina no palco e na plateia.

A partir daí, abril de 1983, minha vida foi o teatro. Eu tinha um pequeno escritório no próprio Sérgio Cardoso, acompanhava os ensaios durante o dia, ficava na bilheteria quando o público chegava, conferia o borderô, ia assistir ao espetáculo, puxava palmas nos momentos de emoção – vivia aquilo integralmente. Depois do teatro, saía com a turminha para jantar nas cantinas do Bexiga, de madrugada, como fazem os atores. Eu já estava separado da Dina, com quem fiquei uns quatro meses, no máximo. Mas ela estava certa: eu não tinha ideia do que era a emoção do teatro. Quando descobri, não quis saber de outra coisa.

Porém, depois de me estimular a fazer teatro, de me acender o fogo pela coisa, Dina não foi à estreia da peça. Eu queria mostrar o trabalho primeiro a ela, já que lhe dedicara o projeto – de certa forma, era uma prova de amor. Mas ela não foi. Só assistiu ao espetáculo no Rio, meses depois.

A *chorus line* foi provavelmente o maior amor que eu tive na vida e, como tal, atribulado, cheio de altos e baixos, de euforias e crises. Mas transformou-se numa obsessão, assim como uma ameba colada em meu corpo. Desde o auge do meu envolvimento com a televisão, dos meus melhores momentos na TV Rio e na TV Globo, não sentia um tesão tão intenso por um trabalho. O resultado disso é que desconsiderei completamente a inviabilidade financeira do projeto e continuei pondo dinheiro, mesmo quando tudo indicava que o prejuízo era certo. *A chorus line* foi o meu êxtase, mas também a minha ruína.

O Arce não conseguiu vender sequer uma mísera página de anúncio no programa do espetáculo. Ele, um dos mais lendários vendedores que a televisão já produziu, uma fera do marketing, um gigante comercial, não conseguiu pôr dinheiro em *A chorus line*. Teatro não era mesmo o negócio dele. Enquanto eu me preocupava com a peça, ele queria desenvolver o projeto do Coliseum, um grande estádio para várias atividades artísticas, que afinal não conseguiu viabilizar. O Coliseum, no seu gigantismo, na sua proporção global, foi o máximo que o Arce conseguiu pensar em termos de teatro. *A chorus line* não era desafio significativo para ele.

Montamos um esquema de financiamento por cotas, reproduzindo o sistema que financia os projetos da Broadway. Como em qualquer sociedade por ações, os cotistas adquiriam o direito a uma parcela dos lucros, injetando algum dinheiro na produção. O dinheiro entrou, pingando daqui e dali. Mas o lucro, infelizmente, não veio. A nossa megalomania na produção, os erros nas compras, a reforma caríssima do teatro, os cachês dos artistas – que foram fazendo sucesso e reivindicando na mesma proporção –, tudo isso acabou nos levando inapelavelmente para o vermelho.

Quando a temporada paulista terminou, por falta de fôlego financeiro (público não faltava), ficou claro que os cotistas não teriam nenhum retorno. Muito menos os sócios. O Arce simplesmente pulou fora e o Zé Otávio perdeu quase todo o entusiasmo, me deixando sozinho na constrangedora obrigação de enfrentar os 70 cotistas da peça em reuniões dificílimas, me autoflagelando, pedindo desculpas pelo fracasso.

– Sinto muito, gente, mas vocês entraram num investimento de risco conosco e ele não deu certo. Infelizmente, vocês perderam o dinheiro, assim como nós.

Se aquilo fosse apenas um empreendimento racional e não uma obsessão, uma tara, é claro que eu deveria ter parado por ali, quando ainda tinha meios de bancar as dívidas. Mas eu estava além de qualquer consideração racional e decidi levar a peça para uma temporada no Rio.

Zé Otávio continuou comigo, mas já bastante contrariado. Com aquela sensação de onipotência que trazíamos da Globo, a derrota da Bandeirantes, seguida da derrota em *A chorus line*, era demais para ele. Na verdade, todos tínhamos ainda certo sentimento de culpa por termos saído da Globo e não admitíamos que o projeto de teatro não desse dinheiro. Eu não tinha cabeça para pensar muito friamente no assunto, mas ele tinha. Decidiu continuar na sociedade, mas refizemos os contratos com os atores, trocamos o elenco, fizemos cortes drásticos na produção, trocamos a orquestra pelo *playback*, impusemos uma economia radical. Tanto que fomos ao Rio com o elenco de trem, pretextando um golpe publicitário, mas no fundo pensando nos custos. De qualquer forma, não deixou de ser bonito e alegre aquele grupo chegar de trem à Central do Brasil.

A única casa disponível para o espetáculo no Rio era o Teatro Tereza Rachel, que tinha 600 lugares e uma boca de cena compatível com as nossas necessidades. Eu achei que ia me livrar da pentelhação do Sérgio Cardoso, dos Lenines e das Estheres da vida, mas ainda havia um Ipojuca Pontes pela frente e ele seria um espinho ainda maior na minha garganta. O sr. Tereza Rachel era o administrador do teatro da esposa, instalado na num shopping da rua Siqueira Campos, um pardieiro inacreditável, do qual eram sócios, aliás, Roberto Marinho e Arnon de Mello. O *glamour* de *A chorus line* e o público sofisticado que a peça atraía eram completamente incompatíveis com aquele ambiente de quinta categoria. Mas não havia alternativa.

Ipojuca Pontes é um sujeito de notável indigência mental, além de uma nulidade ética. É um tipo que combina tudo com você para pegar o contrato, mas depois que pega começa a dar para trás item por item. A instalação elétrica, por exemplo. Quando o Zé Otávio fechou o contrato com ele, deixou claro que nós tínhamos o maior parque de luz que já fora instalado num palco brasileiro, o que evidentemente puxava uma força incrível. Ipojuca deveria reforçar a rede elétrica do teatro, pois precisávamos do triplo da capacidade. Na verdade, ele tinha apenas de pedir o reforço à Light – era mera questão burocrática, não envolvia custos.

No dia do ensaio geral, às vésperas da estreia, em fevereiro de 1984, às 23h, entrei naquele maldito shopping, vindo de uma entrevista na TV Manchete, e caiu a luz. Ficou aquele breu completo. Evidentemente, o Ipojuca não tinha providenciado reforço nenhum na rede. A brincadeira me custou a queima de alguns spots, além do trabalho de cuidar eu mesmo, com o Zé, da eletricidade. Depois, dei dinheiro a ele para reforçar o ar-condicionado, porque funcionava mal e não é possível suportar um teatro fechado no Rio em pleno verão. Claro, ele não reformou ar-condicionado nenhum e ainda deu ordens ao administrador do teatro para não ligá-lo, a não ser na hora do espetáculo.

Eu chegava e pedia para o fulano ligar o ar umas duas horas antes, para que o público encontrasse a sala fresca quando entrasse. Mas o cara não me atendia.

– Só ligo meia hora antes – dizia. – Seu Ipojuca mandou economizar.

Certo dia, perdi a paciência. Eu voltava do casamento do Gazolla e da Daniela e vi uma enorme fila saindo da bilheteria. Fui até a administradora, uma portuguesa chamada Maria Luísa, e comentei, animado.

– Que bom, hein, dona Maria Luísa! Uma excelente bilheteria!

– Nada disso, seu Walter – ela respondeu. – Isso é devolução.

– Como devolução?

– É que não tinha ar-condicionado funcionando e o elenco se recusou a entrar. O espetáculo foi cancelado.

O lambe-botas do Ipojuca não tinha ligado o ar, mais uma vez. Não aguentei. Não sou nenhum valentão nem gosto de resolver os problemas na base da violência, mas enchi o imbecil de porrada. Bati nele e não me arrependi, nem mesmo quando ele raspou a careca no chapisco da parede e fez um corte. O cara foi parar num distrito, fez queixa contra mim e eu tive de pedir ao Técio Lins e Silva para me defender de uma ação de agressão.

Aquele infeliz do Ipojuca me levou ao limiar da loucura. Criou uma situação tão ruim que a coisa começou a degringolar. O elenco já se sentia no direito de não fazer o espetáculo, tudo me escapava ao controle. Ele não honrou as cláusulas básicas do contrato, como me conceder uma sala para montar o escritório da produção. Meu escritório era um botequim imundo em frente ao teatro. Eu ficava lá numa mesa, com os livros, conferindo o borderô, fazendo os pagamentos. Vivi sete meses infernais nos meandros daquela espelunca, comendo os quibes do chinês da frente ou o sanduíche de pernil de um português pé-sujo. Para dar uma noção do ambiente naquela galeria, aconteceram três assassinatos nos corredores durante a nossa temporada.

A temporada carioca de *A chorus line* foi, talvez, a fase mais pirotécnica da minha vida. Fui pai, patrão, psicanalista e diretor de um grupo de quase adolescentes, hoje artistas maduros por quem tenho o maior carinho e de quem sinto saudade. Eles foram meus cúmplices nessa aventura apaixonada, a maior da minha vida. Ainda que seja incrível, até para mim mesmo, que eu não tenha namorado ninguém do elenco, vivi grandes peripécias sentimentais nessa temporada. Meu coração pirou, naquela solidão de autêntico fantasma da ópera. Não sei como, comecei a namorar uma menina de 19 anos, filha de uma das mais ilustres famílias cariocas, ainda que já desquitada e com um filho. Era um romance absolutamente improvável, consideradas as diferenças de idade e de perspectivas, mas ela era uma garota doce e supria as minhas carências.

Eu tinha alugado um apartamento muito confortável na Fonte da Saudade e, de madrugada, tocou o telefone. Minha garota não estava comigo. A voz feminina no aparelho, aflita, dizia que tinha batido o carro e precisava de ajuda. Não estava ferida, apenas desorientada. Cá com os meus botões do pijama, pensei: "Por que ela não recorre ao Touring Club?" Mas intuí que o seu desejo não era exatamente de apoio. Estava certo. Em meia hora, ela estava dormindo comigo. Era linda, loura e psiquiatra, e começamos um namorico sem compromisso. Paralelo ao outro, evidentemente.

Aliás, foi terrível o dia em que a minha namoradinha chegou sem avisar e deu de cara com a psiquiatra. Situação chata, como a das mais estúpidas fotonovelas, que acabou me afastando das duas. Mas não cheguei a sossegar o facho. Um dia, na praia, encontrei a Jane Bezerra. Gaúcha, manequim, lindíssima, ela estava passando férias no Rio. Vivia num sítio alternativo, perto de Porto Alegre, com os dois filhos. Eu não tinha bem o perfil de um membro da geração *hippie*, mas fui almoçar com ela no Antonio's e não nos separamos mais durante os três meses seguintes. Meu envolvimento foi tão grande que resolvi casar com ela, mesmo com os dois filhos e apesar da miséria que já se anunciava no meu horizonte financeiro. Era o amor total. Ela voltou a Porto Alegre com a certeza de que havia arranjado um novo marido, mas antes que nos reencontrássemos o anjo da guarda protetor dos bêbados e dos enlouquecidos deu o alarme e me salvou de um novo equívoco. Quando ela ligou, estranhando minha demora, eu lhe dei adeus.

As confusões sentimentais daquele tempo não eram apenas as que eu arranjava. Havia também as que aconteciam em torno de mim. Eu tinha contratado como motorista o irmão de um antigo empregado meu, que trouxe a mulher para ser a empregada e, junto com ela, o filho. O moleque era meio doentinho e chorava a noite inteira. E a mulher traía o rapaz frequentemente. Não foram poucas as noites em que apartei brigas infernais do casal, ou saí à procura de um médico para o garoto. Além de administrar minha precária estabilidade emocional, eu tinha de cuidar de uma família de malucos. Mas eram essas histórias todas, por mais banais que fossem, que faziam para mim o fascínio de *A chorus line*.

Aconteceu de tudo naquele tempo, inclusive grandes perdas afetivas. Assim como o Roniquito se foi quando estávamos com o espetáculo em São Paulo, na temporada carioca de *A chorus line* também perdi uma pessoa muito querida e importante: meu pai. Nos últimos anos de sua vida, ele desenvolveu uma doença degenerativa e teve de ser internado em clínicas. Quando comprei a casa do Jardim Paulistano, entretanto, no começo da peça, eu o levei para lá. Meu pai ficou mais ou menos um ano comigo, na confusão daquela residência cheia de jovens, com uma movimentação danada de artistas. Se ele estivesse bem, teria adorado, mas tinha pouca consciência das coisas, precisava de uma enfermeira para cuidar dele.

Quando estávamos para levar o espetáculo ao Rio, eu o internei em uma clínica em Bauru. Ele adorava a cidade e eu sentia que ele queria terminar lá os seus dias. Quando estávamos ainda preparando *A chorus line*, seu médico me ligou de Bauru.

— Walter, seu pai caiu da cama e fraturou o fêmur. A situação é muito delicada. Temos de operar, mas o risco é enorme. Ele pode morrer. Você me autoriza?

Eu ia dizer o quê? Dei o sinal verde. Tomei um bar inteiro para segurar a ressaca moral, mas eu não podia fazer outra coisa. Assim que pude, fui a São Paulo, mas cheguei num final de tarde e já não havia avião para Bauru. Se eu fosse de carro, levaria umas cinco ou seis horas. Então, fretei um jatinho. Porém, pouco antes de eu embarcar, recebi o recado de que ele acabara de morrer.

Entrei numa depressão profunda. Eu recordava todos os momentos gostosos passados com meu pai, tudo que ele tinha me ensinado, quanto foi importante para mim. Irritava-me com as sacanagens que as pessoas que queriam me atingir fizeram a ele durante seu período de Globo. Magoava-me demais que ele fosse humilhado por minha causa. Quem me deu força nesse momento foi o Arce, que apesar de ter horror de hospital e um medo terrível da morte me ajudou a levar o corpo para São Paulo. Viemos os dois no avião, com o caixão ao nosso lado, e sobre São Paulo tomei uma talagada de uísque em homenagem ao velho, ali no meu colo.

Essa foi a maior das minhas muitas perdas naquele ano. O sucesso da peça no Rio foi igual ao de São Paulo, mas a insolvência continuou. Aliás, piorou muito. Zé Otávio também se mandou, me deixando inteiramente só para segurar o rombo. Com extremo esforço, toquei a coisa até julho, mas então decidi encerrar a temporada. Eu já tinha empatado mais de um milhão de dólares, devia outros milhares, não podia mais suportar. Por mais que aquilo fosse a minha vida, por mais que o meu tesão estivesse todo naquela peça, eu não podia também ir à falência por causa dela.

O que eu não sabia, entretanto, é que já estava falido. Uma semana depois de o espetáculo terminar, quando consegui finalmente me levantar da enorme ressaca moral, preparei a minha mudança e voltei a São Paulo. No caminho, almocei em Roseira. Quando fui pagar, não tinha cartão de crédito e os caras não aceitavam cheque. Peguei os dez mil cruzeiros que eu tinha, fiz o pagamento e fiquei só com uns mil e poucos no bolso. Chegando a São Paulo, liguei para o Otacílio Pereira.

Otacílio, meu velho amigo da Globo, fio-terra dos nossos delírios administrativos e financeiros, continuava me ajudando. Ele teria uma participação nos lucros da peça, mas foi talvez o primeiro a perceber que não haveria lucro nenhum. Apesar disso, continuou me ajudando pacientemente até o fim, assim como o maestro Murilo Alvarenga, que também me auxiliou em tudo, da direção ao controle do borderô, até o último espetáculo. Dois grandes amigos, amigos da vida inteira.

Mas o fato é que liguei para o Otacílio e pedi que ele depositasse algum dinheiro na minha conta pessoal. Foi aí que caí na real.

– Você não tem dinheiro, Walter – ele disse.

– Como não tenho dinheiro?

– É isso mesmo. Você está zerado, acabou tudo. Tem o rendimento dos seus apartamentos, mas os caras já pagaram esse mês e você já gastou. No momento, você está completamente quebrado.

Até a esse ponto eu cheguei, na loucura por *A chorus line*. O sujeito que teve o maior salário do mundo não podia ir até a esquina comprar uma média com pão com manteiga por dois dias seguidos, porque o dinheiro não dava. Era absolutamente patético, inacreditável. Mas era verdade. Acho que nunca senti tanto desamparo como no momento em que desliguei o telefone, depois de falar com o Otacílio, e olhei em torno da minha casa, ciente de que não tinha mais fundos para manter aquele padrão de vida.

Quem me "salvou" nos primeiros dias foi a Márcia, querida amiga que tinha sido minha namorada antes de a peça ir para o Rio. Márcia era prima do Zeca Duailibi e tinha comprado umas cotas, coitada. Foi por meio disso que nos conhecemos e começamos a namorar. E, naquele momento difícil, foi ela quem segurou a minha barra. Até que o Zé Alcântara Machado me emprestasse um dinheiro e eu começasse a reorganizar a minha vida, Márcia me alimentou, levando-me sanduíches. E deu aquela mão forte, absolutamente necessária para um homem que acabara de beijar a lona.

Essa foi a experiência do teatro na minha vida. Entrei nela rico, andando de Ferrari e tomando champanhe; saí quebrado, dirigindo um Voyage emprestado pelo Zé Alcântara e comendo sanduíches de mortadela trazidos pela Márcia. Mas não me queixei na hora, nem me queixo agora. Faria tudo novamente, sem vacilar um minuto. *A chorus line* foi meu delírio, minha paixão. Amor de perdição, sem dúvida. Mas valeu a pena. Eu faria meus, tranquilamente, os versos de Diana Morales, na canção mais bonita da peça, *What I did for love*.

Sim, o que eu fiz por amor...

O processo de sair do buraco foi muito doloroso. Quando você é um sujeito que ama os seus quadros, é uma violência se desfazer deles para pagar dívidas. Mas foi a minha única alternativa. De repente, minha casa virou uma galeria em liquidação, gente entrando e saindo para ver o que eu ia tirar da parede. Com imensa dor no coração, vendi meus Segall, Portinari, Guignard, Mabe, Antônio Dias, Raimundo de Oliveira, Pietrina, Tomie Ohtake. E, quando fazia fundos, pulava miudinho para administrar as dívidas. Deixava os títulos irem para protesto a fim de não ter de pagá-los com correção monetária. Humilhava-me com credores pedindo o perdão dos papagaios. Arrumava problemas com as ex-mulheres porque não podia pagar as pensões.

Mas a suprema humilhação foi encarar os bancos. Eu, que era rico, que sempre resolvia meus problemas bancários pelo telefone, era atendido na própria Globo e não cheguei a conhecer nem sequer um gerente, agora tinha de apelar à compreensão dos diretores para eles não me executarem. O Fernão Bracher, que não conheci pessoalmente (falei por telefone), foi legal comigo ao permitir uma composição das minhas dívidas com o Bradesco. O Grizzi e o Totó, do BCN, também me quebraram o galho. Nessa via-crúcis patética, houve até um momento insólito com o meu amigo Antônio Carlos de Almeida Braga, então presidente do Bradesco.

Não sei por que diabos, ele marcou comigo às seis da manhã no Bradesco da rua Itapira. Nessa hora, qualquer rico que se preza está dormindo ou ainda gastando dinheiro, jamais pedindo perdão de dívida. O Braguinha dizia que tinha mais prazer em trabalhar logo cedo e eu não estava em posição de pleitear outro horário. Assim, lá fui eu, morrendo de sono, subir a pé seis andares até o escritório dele – por azar, não havia luz naquela manhã e o elevador estava parado. Mas ele me recompensou o sacrifício, ajudou num momento importante.

Quando eu estava atolado nessa merda toda quase até o nariz, apareceu alguém para me dar aquela força definitiva: Horácio de Mendonça Netto, superintendente da Bolsa de Valores de São Paulo. Eu nem o conhecia. Ele foi à minha casa como comprador de quadros, interessado na pinacoteca que eu estava vendendo. Conversamos um bom tempo, ele acabou não levando quadro nenhum, mas por alguma razão encasquetou que eu era o cara necessário para fazer um trabalho de comunicação de que a Bolsa precisava. Horácio me ofereceu a consultoria, eu topei e passei lá quase um ano, em 1985.

A experiência valeu mais por ter conhecido o Horácio e também o Eduardo da Rocha Azevedo, o presidente, que se tornou um amigo querido. Ambos perceberam, no meio da tormenta que varria minha vida, que tudo de que eu precisava era produzir. E me deram a oportunidade. Dei vários palpites nos problemas de comunicação da Bolsa; desenvolvi, inclusive, um projeto de videotexto. Acho que contribuí com eles. Nesse período, houve até quem achasse que eu estava mudando de ramo, me transformando num homem de finanças. Foi o caso do meu doce Sepp Baendereck, dono da Denison, uma figura maravilhosa.

Um dia, o Sepp ligou marcando um almoço. Como ele não informou o assunto do encontro, imaginei que ia entrar numa fria. Um dos meus credores era justamente a Denison e eu, obviamente, achei que o Sepp ia me cobrar. Porém, quando cheguei ao restaurante do Othon Palace, tive uma surpresa.

– Walter, estou com um problema – ele disse. – Eu não sei mexer com dinheiro e preciso que você me ajude. Eu gostaria que você fosse meu consultor financeiro, que me ajudasse nas aplicações. Você está na Bolsa, entende disso, pode me dar uma força.

O fantástico Sepp! Ele não só não ia me cobrar como queria que eu cuidasse do resto do dinheiro dele! Eu gostaria que outros endividados tivessem essa mesma compreensão dos seus credores. A experiência da falência seguramente seria muito menos traumática e humilhante do que é.

No entanto, se Sepp Baendereck se mostrou um ser humano excepcional, não posso dizer o mesmo de muitos dos que vivem aquele mundo da Bolsa de Valores. Conheci corretores impiedosos, com os piores valores possíveis. Especulavam o tempo todo, passavam por cima de quem fosse, faziam qualquer negócio para ganhar dinheiro, para ampliar esse dinheiro, ganhar mais e mais. Tinham uma ambição desmesurada, doentia e sofrida. No fundo, eram caras infelizes: acumulavam uma massa de ódio que os envenenava, acabava com eles.

É claro que a Bolsa de Valores também tem muita gente decente, que trabalha de forma honesta e ética. É até a maioria. Mas aquele não era o meu mundo. O Horácio e o Eduardo eram grandes sujeitos, meus amigos, mas o meu negócio era outro. Eu tinha necessidade de trabalhar, realizar coisas, retomar o velho pique empreendedor, e só poderia fazer isso na área de que eu entendia: a comunicação. Porém, não adiantava pensar em cinema, teatro, propaganda, videotexto, o que quer que fosse. Tudo de que eu precisava, o que meu coração me pedia, era voltar à televisão. E esse caminho de volta seria difícil e tortuoso.

A primeira parada dessa peregrinação foi na TV Manchete. Um belo dia, por intermédio de Leopoldo Collor, diretor da emissora em São Paulo, Oscar Bloch ligou me convidando para almoçar. Fomos ao Santa Colomba e ele me propôs que trabalhasse na Manchete. Do jeito que falava, pelo entusiasmo que demonstrava, achei que a coisa era mesmo a sério. Para os conhecidos que encontrava e, naturalmente, ficavam curiosos em vê-lo comigo, ele exultava.

– Ah, o Walter já é nosso! Já está conosco!

Depois desse almoço, marcamos uma reunião no Rio, para ter a conversa definitiva com Adolpho Bloch. Minha chegada foi em grande estilo. O Zózimo tinha ouvido falar do encontro e pôs uma nota em sua coluna. No aeroporto, havia uma Mercedes para me levar ao Othon Palace. Tratamento cinco estrelas para o futuro diretor da TV Manchete. Mas não era bem isso. Ou até era, mas não nas condições que eu imaginava. Adolpho estava me preparando uma surpresa, mas não era nada agradável.

Eu o conhecia havia muito tempo. Como comecei menino na TV Rio, tinha um relacionamento fácil e íntimo com a maior parte dos empresários de comunicação. Por vezes, nós nos encontramos durante viagens ao exterior e passamos algum tempo juntos. Houve uma noite, por exemplo, em que jantamos no El Morocco, de Nova York. Eu estava acompanhado de uma loura americana muito bonita, e o Adolpho não cansava de elogiá-la. Toda vez que nos encontrávamos depois disso, ele se lembrava da loura, estivesse eu com quem estivesse.

Mas ele levou um dia inteiro para fazer a reunião sobre a minha contratação. Sinto que a minha personalidade, talvez, ou mais certamente a minha trajetória de vida, as fantasias que ela evoca, o mito, inibe qualquer dono de estação de TV. Os caras não conseguem olhar apenas para o Walter Clark profissional, ou prioritariamente para ele. Olham para o sujeito dos carros esporte, dos apartamentos de cobertura, das mulheres, dos amigos, das farras – um perdulário, um gastador. Quando não fazem isso, olham para o Walter Clark como um espelho, um modelo a ser seguido, o cara que sabe administrar TV, sabe fazer programação, sabe vender e, além disso tudo, é um tremendo *bon vivant*, come as melhores mulheres da praça.

Não sei se o Adolpho entrou mesmo nessa em relação a mim, mas foi o que senti. Não havia razão para que eu fosse para a TV Manchete se ele elegera a estação como seu brinquedo predileto. Seu narcisismo sempre foi notório – quase toda edição da revista *Manchete* trazia fotos suas ou de suas cadelas. Ele sempre se julgou uma grande notícia. E, depois que montou a TV, o narcisismo decolou. Aquela história de assinar a "ideia original" da novela *Kananga do Japão* foi o quê, senão narcisismo, egolatria? O dono de uma TV precisa assinar um programa? Já não tem a maior assinatura de todas? Já não assina todos os cheques?

Só sei que o Adolpho me recebeu naquele dia de um jeito muito estranho. Tratou-me com uma cerimônia incompreensível, nós que falávamos de louras americanas e outras amenidades. Levou-me para conhecer as instalações da emissora e depois fomos almoçar num dos oito restaurantes que ele instalara na Manchete (nunca vi uma estação tão preocupada com a boa mesa). Aí, ele começou com um papo que não entendi.

– O Otto Lara me falou que você é um gênio...

Porra, precisava o Otto dizer alguma coisa a meu respeito? Ele já não me conhecia muito bem? Que diabo era aquilo? Adolpho não me olhava nos olhos, parecia estar envergonhado. Eu não entendia patavina.

– O Otto disse também que você é gênio, mas muito pessimista.

– O Otto é extremamente generoso em dizer que sou gênio – respondi –, mas pessimista eu não sou. Se fosse, não estaria aqui conversando com você. Depois de tudo que fiz na televisão, e também do que tentei fazer e não consegui, estou aqui, pronto para começar de novo. Isso não é pessimismo.

– Bom, se você é otimista, então tudo bem, porque eu gostaria que você viesse trabalhar conosco, mas não tenho dinheiro para lhe pagar. Quero que você venha como um *dollar-a-year man*.

Dollar-a-year man! Salário simbólico! Era por isso que ele estava tão estranho. De fato, era para se sentir mesmo envergonhado naquela situação. Chamar um profissional para lhe falar de um contrato, sabendo que o cara não está nisso para brincar, que vem de dificuldades financeiras recentes, que precisa ganhar para sobreviver, e propor um salário simbólico era mesmo uma vergonha.

Entendi que a coisa não tinha seriedade nenhuma, que tudo não passava de um delírio do Oscar ou do próprio Adolpho, não sei. Para não perder a viagem, ainda propus que eu desse a eles uma consultoria, obviamente remunerada. Mas o Adolpho desconversou. Na saída do almoço, encontrei o Carlinhos Sigelmann, filho do Oscar, que estava com poder na época. Ele tinha uma visão muito clara de como eram as coisas na Manchete.

– Aqui todo mundo chega gênio e em seis meses já é um merda.

Observação perfeita a do Carlinhos. Mas ele se mostrou interessado em que eu ficasse e me pareceu sincero.

– Vamos tentar um esquema em que você nem precisa vir à emissora. A gente marca dois encontros por mês. Eu vou a São Paulo, a gente se encontra no meu hotel ou no meu escritório, ou então você vem ao Rio e a gente se vê em algum lugar. Mas não na Manchete. Se você entra aqui, está morto.

Até achei a ideia interessante, mas 30 dias depois o Carlinhos já não era diretor da emissora. Provavelmente, já se haviam passado seus seis meses e ele já era um merda. Foi removido...

Depois dessa instrutiva lição sobre a cultura da Bloch Editores e seu braço eletrônico, a televisão voltou a bater à minha porta, só que falando castelhano. Certo dia, recebi um telefonema de Jesús de Polanco, presidente do jornal *El País*. Ele estava no Rio fazendo contatos e recebeu indicações de que eu poderia ser um bom profissional para seu projeto de televisão. Na época, 1986, a TV espanhola estava sendo privatizada e Felipe González ia distribuir três canais: um para um grupo de esquerda, outro para um grupo de direita e o terceiro para um centrista. *El País* era esse do centro.

Voltar à TV dirigindo uma estação na Espanha era uma ideia muito interessante. Eu poderia me dedicar àquilo de que gosto e sei fazer, mas em outro país, longe das pressões e das cobranças por resultados imediatos que sempre existiram no Brasil. Lá eu não precisaria ter o toque de Midas instantâneo que me exigem aqui. Eu poderia ser apenas um executivo de televisão, tentando implantar ideias para um público de tradição cultural diferente do brasileiro. Era uma aventura, um desafio extremamente sedutor.

Fui ao Rio e encontrei o Jesus no Nino's, para um almoço. Ele estava acompanhado do diretor executivo do jornal, um rapaz. Achei ótimo, trabalhar com gente jovem é sempre melhor. A conversa foi muito boa: falamos por umas cinco horas, passamos a tarde no restaurante. Conversamos sobre a televisão brasileira, sobre o Roberto Marinho, com quem ele já tinha estado, sobre a Espanha, as perspectivas da TV privatizada etc. Acho que o sujeito se interessou por mim. Pediu que eu ligasse dentro de um mês e, nesse intervalo, já organizasse a minha ida para Madri, para aprofundarmos a negociação.

Fiquei morrendo de tesão pelo negócio. Saí por aí montando o meu *lobby* para garantir que o cara não recuasse da ideia de me contratar. Francesc Petit, catalão e meu amigo da DPZ, deu uma força e me apresentou ao prefeito de Barcelona, que viera conhecer São Paulo. Não sei se ele somaria a meu favor, mas era um contato importante. Fiz o que pude para que a coisa desse certo. Mas o Jesús ligou contando que a concessão tinha sido postergada e pedindo que eu aguardasse mais um pouco. Senti que estava entrando areia na minha farofa.

Será que o problema era na Espanha mesmo? Enquanto acontecia essa história do *El País*, uma agência de publicidade me convidou a ser presidente, mas eu soube que a ideia foi derrubada, internamente, porque algumas pessoas consideraram que Roberto Marinho não ia gostar de me ver novamente pilotando um grande esquema. Então, imaginei que o contrato do *El País* poderia estar emperrado pela mesma razão. Teria o Roberto trabalhado contra mim, desestimulado os espanhóis? Essa ideia acabou me dando uma terrível angústia, uma verdadeira claustrofobia, e decidi colocar a coisa em pratos limpos.

Liguei para o Roberto, atendeu a secretária.

– Queria falar com o doutor Roberto Marinho.

– E quem quer falar?

– É Walter Clark.

Deve ter dado um bruaá fantástico naquele escritório. Veio um assistente, atendeu, passou para outro. Veio um segundo, falou, passou para o terceiro. Uma confusão danada. Parecia a coisa mais insólita do mundo eu telefonar para o Roberto, mesmo depois de trabalhar com ele por quase 12 anos. Walter Clark, imaginei, deveria ser ainda um grande fantasma na Rede Globo, aquela alma penada que não abandonava a matéria e ficava ali, assombrando os pobres mortais. Depois de um tempão, o Roberto afinal atendeu.

– Ô Walter, há quanto tempo! Como vão as coisas? O que você tem feito?

– Estou com um problema e queria saber se o senhor pode me receber. Só o senhor pode me ajudar a resolver a questão.

– Tudo bem – ele respondeu. – Vamos almoçar juntos.

No dia marcado, uma quarta-feira, lá estava eu na Vênus Platinada. Era a primeira vez que eu voltava àquele prédio, nove anos depois. Quando entrei no saguão, houve certo frisson, as pessoas já começaram a fazer as maiores conjecturas. Isso sempre acontece quando um profissional conhecido visita uma televisão, mas, no meu caso, havia bons motivos para as mais delirantes especulações. Eu podia ver a curiosidade estampada no rosto das pessoas. Só não causei maior impacto ali porque era hora do almoço e não havia muita gente no prédio.

O encontro com o Roberto foi muito bom e cordial. Comemos uma carne seca bem-feita, acompanhada de um Chablis. Depois das amenidades de praxe, entrei no assunto.

– O senhor sabe, doutor Roberto, que estou há muito tempo procurando um novo desafio. Trabalhamos juntos e eu creio que foi um tempo muito próspero. Como prometi no nosso primeiro encontro, na sua casa, a estrutura que criamos está sobrevivendo e vai sobreviver por muito tempo. Mas, do meu lado, as coisas estão ficando incômodas, porque o senhor hoje é um homem poderoso e por vezes as pessoas querem ser mais realistas que o rei. Então, procuram me prejudicar, achando que com isso agradam ao senhor. Mas tenho certeza de que não agradam.

Ele me olhou preocupado.

– Claro que não agradam, não tenha a menor dúvida.

Continuei.

– Eu sei, por exemplo, que quando a minha peça ia mal o senhor chamou o Armando Nogueira e pediu a ele para me ajudar, para me dar cobertura no jornalismo. Mas não recebi ajuda nenhuma dele, embora o Boni tenha me dado apoio, o Roberto Irineu tenha me emprestado equipamento de luz e a Globo tenha consertado meus equipamentos quando quebraram.

Ele tomava o vinho e me olhava, intrigado. Eu seguia em frente.

– Agora, eu recebi uma proposta da Espanha. O pessoal do *El País* esteve aqui, falando com o senhor. Eles me convidaram para ir para lá e eu queria deixar bem claro que, se eu for, será muito útil ao senhor. A Globo está com o projeto da Telemontecarlo na Itália, vou consumir programas da Globo, estarei lá para quebrar qualquer galho. Eu posso ajudar.

– É claro, Walter, tenho certeza disso – disse ele.

Chegamos ao fim do almoço e ele entendeu perfeitamente o meu recado. Sem falar de modo direto, pedi-lhe que não me desaconselhasse aos espanhóis, caso o tivesse feito ou pensasse em fazê-lo. A história de que eu seria um ponto de apoio para a Globo na Espanha era verdadeira. Claro que eu procuraria um intercâmbio com quem podia me oferecer os melhores programas. E ele compreendeu isso. Mas, infelizmente, não adiantou. O tempo passou e o contrato com o *El País* não saiu. Intencionalmente ou não, a sombra da Globo continuou me inibindo e ainda hoje é um espectro que paira sobre a minha vida profissional.

Depois das tentativas com a Bloch e os espanhóis, minha volta à televisão acabou acontecendo em 1987 – e, por ironia, na mesma TV Rio onde comecei na profissão. Na mesma, não, porque a emissora criada pelo Pipa Amaral foi definhando na insolvência até perder a concessão. Mas o Canal 13 do Rio de Janeiro foi dado mais tarde ao pastor Nilson do Amaral Fanini, evangélico que auxiliou o Figueiredo a tentar eleger Moreira Franco para o governo do Rio, em 1982. Ele organizou um ato no Maracanã que reuniu 200 mil crentes, o Figueiredo e o Moreira foram lá, foi aquela festa. Na eleição, porém, não deu certo, pois o Brizola venceu. Mas ficou a gratidão do Figueiredo, que retribuiu com o canal. E, quando o pastor Fanini resolveu montar sua estação, achou melhor aproveitar a tradição do Canal 13 e rebatizá-lo de TV Rio.

Fanini é um homem de bem, sério, muito diferente desses outros pastores que andam por aí enganando os desavisados, alguns deles até comprando canais de TV. Mas não entendia nada de televisão nem tinha o dinheiro necessário para se lançar no ramo. O sócio dele, Claudio Macário, diácono da Igreja Batista de Niterói, também estava caindo de paraquedas na nova atividade. Mas ao lado deles estava José Arrabal, ex-dirigente da TV Tupi e meu bom amigo, que veio me procurar.

O problema da TV Rio era duplo: falta de dinheiro e de ideias. Eles estavam com o canal na mão, queriam pôr no ar, mas não tinham a menor proposta, não sabiam o que fazer para criar uma TV diferenciada e enfrentar a competição com os outros seis canais do Rio. Por isso, o Arrabal me chamou, no início de 1987, pedindo uma consultoria. Fui até lá, analisei o problema e fiz a minha proposta.

– Vocês têm duas alternativas – eu disse. – Podem contratar o Wilton Franco e fazer *O povo na TV* o dia inteiro, o que certamente vai dar certo. Vocês vão ter audiência e ganhar dinheiro. Ou podem pegar a imagem da antiga TV Rio, que ainda é muito forte, e fazer uma televisão carioca, modesta, mas ligada nos assuntos da cidade, com uma programação de bom gosto. Isso também vai funcionar.

Eles optaram pelo segundo caminho e voltaram ao nome TV Rio. Pediram-me para desenvolver o projeto, pagando até muito bem. Nessa época, eu tinha um contato intenso com os jovens produtores independentes que estavam surgindo em São Paulo e peguei o Marcelo Machado, da Olhar Eletrônico, para me auxiliar. Nós bolamos um esquema radical, em que cada duas horas de programação eram comandadas por um apresentador e misturavam clipes, entrevistas de estúdio, informações de utilidade pública e reportagens de rua. Era uma emissora com jeito de rádio AM, que privilegiava os "comunicadores", mas com acabamento de FM – isto é, com o charme da linguagem do vídeo independente.

A implantação do esquema custaria pouco. Toda a transmissão seria feita ao vivo; praticamente não teríamos custos de gravação, edição, pós-produção. A própria reportagem teria um custo muito menor do que a do jornalismo nas emissoras convencionais. A ideia era utilizar câmeras DXC-3000, semiprofissionais, mas com qualidade de vídeo razoável, rodando pela cidade em pequenas unidades de externa que batizei de "Carioquinhas". Eram uns carrinhos pintados de laranja e azul-bebê, bem escandalosos, com um alto-falante em cima. Quando o repórter fosse a algum lugar, ele já chegaria fazendo enorme estardalhaço, atraindo a atenção das pessoas.

Como não tínhamos equipamentos portáteis de micro-ondas, os repórteres não transmitiriam ao vivo do local das matérias; gravariam as reportagens e um motoqueiro as levaria para a estação, de onde iriam ao ar sem edição. Como queríamos economizar nessa fase, as reportagens seriam feitas como boletins ao vivo, o repórter abrindo a matéria, contando a história e encerrando, sem deixar nada para editar. E ele poderia tanto fazer o noticiário como registrar apenas flagrantes da cidade, crônicas urbanas. Queríamos apenas que eles voltassem com alguma coisa da rua, houvesse ou não notícia naquele dia.

Era um esquema simples e econômico. Pensei numa estação que custasse no máximo 200 mil dólares por mês e faturasse inicialmente uns 250 mil. Era uma ninharia para qualquer padrão de TV, mas funcionaria, pagaria todos os funcionários, daria algum lucro aos proprietários e permitiria que eles usassem o horário matinal, como queriam, para fazer os seus programas religiosos, o seu proselitismo. O investimento inicial necessário também era pequeno. Com um milhão de dólares era possível montar tudo: um predinho bonitinho, o transmissor, a antena, três estúdios com equipamento Sony de 3/4 de polegada, uma supermesa de efeitos BVU-880, algumas ilhas de edição também de 3/4, 16 câmeras e só. Nada de frescura, de sofisticação.

Minha ideia era apenas entregar o projeto a eles, no máximo supervisionar a montagem do esquema, e depois me mandar. Não tinha interesse no negócio, porque a minha mão de obra era mais cara do que eles podiam pagar. Porém, quando apresentei o esquema, os caras adoraram e insistiram para que eu ficasse e pusesse tudo de pé. Não era bem o que eu queria, mas eles foram me envolvendo, me seduzindo, e eu fui ficando. Pedi que alugassem uma casa para mim no Rio e me mudei para encarar novamente o desafio de erguer uma emissora.

Mas o Fanini e o Macário não tinham dinheiro nem sequer para fazer uma TV barata. O plano era inaugurar a estação em setembro de 1987 e o mercado ficou na maior expectativa com isso, houve uma simpatia enorme dos anunciantes e dos publicitários, a imprensa também deu força. Mas o tempo foi passando e não havia dinheiro nem para terminar a construção da antena da emissora, no morro do Sumaré. Evidentemente, também não havia dinheiro para me pagar. Nem o apartamento que eu aluguei, a dois mil dólares por mês, eles conseguiam manter. Mas não desisti. Fechei um esquema de permuta com o Hotel Rio Palace e me mudei para lá. Teimoso, eu me mantinha com recursos próprios, punha dinheiro meu para trabalhar.

Com a maior dificuldade, fomos montando a equipe. Chamei Gilberto Loureiro, diretor assistente do Jabor em *Eu te amo*, para cuidar da programação; Tércio de Lima, da TV Bandeirantes, para gerenciar o jornalismo; Nei Cantinho, vice-presidente da Norton do Rio, para fazer as vendas; e Otacílio, meu fiel escudeiro nesses projetos loucos, para administrar e fazer a interface com os pastores. Eu nem me reunia muito com eles, para me poupar do desgaste. Era o Otacílio quem mantinha os contatos, ia às reuniões, tentava tirar dinheiro dos caras – sem sucesso, claro, porque eles estavam lisos.

Raras vezes me envolvi diretamente com os donos da emissora na batalha por dinheiro. Uma delas foi quando o Fanini procurou o Paulo Mandarino, presidente da Caixa Econômica Federal, para pedir ajuda. Fui com ele e nós dois saímos de lá com um carão.

— Vocês são gozados — tripudiava o Mandarino. — Ganham a concessão do governo, não têm como tocar a estação e depois querem também verba do governo para pagar a operação. Assim é mole ser empresário de TV!

Ele estava corretíssimo, o que eu ia responder? O problema era exatamente esse. O governo distribuía fartamente os canais de TV, sem se preocupar se os concessionários tinham ou não condições de tocá-los. O que contava era exclusivamente a questão política, a fidelidade dos caras ao governante de turno. E, na hora de transformar aquele acordo político em televisão propriamente dita — aquele serviço que o cidadão sintoniza em busca de informação e entretenimento decente —, era um problemão. Aí chamavam o Walter Clark, o Arrabal, o Otacílio, aqueles que mourejam nesse ramo, para dar um mínimo de rumo à aventura.

Eu não pedia grandes recursos para montar a estação, mas de alguma estrutura eu precisava, o mínimo que fosse. Dizia ao Fanini e ao Macário que não precisava de caviar, mas eles tinham de me garantir ao menos a carne-seca. Não precisava de forno micro-ondas, mas não podia cozinhar se eles não me dessem um fogareiro Jacaré de duas bocas. Mas eu não tinha nem o fogareiro nem a carne-seca. Tive de montar a equipe na base da raça, sem poder trazer algumas pessoas que eu achava indispensáveis.

A Cidinha Campos, por exemplo. Ela seria a estrela maior da companhia. Eu queria que ela fizesse na TV um programa semelhante ao que conduzia na Rádio Tupi. Com seu talento, com a experiência de muitos anos de TV e a sensibilidade para o gosto popular que adquiriu no rádio, não tinha como dar errado. Venci toda a hesitação dela, mas não consegui contornar a falta de dinheiro.

— Você vai ter toda a liberdade para trabalhar, Cidinha — eu argumentava. — Você entra no ar e manda pau, eu nunca vou dizer que não pode isso ou não pode aquilo.

— Ah, não sei, Walter — ela dizia. — No dia em que eu esculhambar não sei quem, o pastor vai brigar, vai me encher o saco. Não tenho mais paciência com esses caras da televisão.

— Não, eu garanto que não. Esse pastor é um bom sujeito. E, assim que começarmos a faturar, garanto que ele arquiva até os últimos pruridos. Vou conseguir até anunciar cigarros e bebidas, você vai ver.

Mas a Cidinha não teve a segurança financeira para entrar na parada. Eu também quis levar Pedro Bial e Leilane Neubarth, da TV Globo, para comandar um programa semelhante ao *Variety 90 minutos,* que pus no ar na Bandeirantes. Fiz até uma boa proposta para eles, mas a Globo decidiu segurá-los. Deu um bom aumento, melhorou as condições de trabalho dos dois e me deixou de fora da disputa. Porém, tive também vitórias. Consegui levar o Perfeito Fortuna, do Circo Voador. Testei algumas locutoras de rádio e dei sorte com duas delas, Adriana Riemer, da Rádio Cidade, e Selma Vieira, da Rádio Transamérica. Nos testes, ambas se revelaram ótimas âncoras dos blocos de programas.

No entanto, tudo isso não deu em nada. Quando chegamos a setembro, não havia nem sombra de estação montada para entrar no ar. Os meses iam passando e a coisa não andava. A falta de dinheiro transformava-se em dívidas, porque a equipe estava contratada, ganhava e a estação não operava, não resolvia de jeito nenhum o problema da antena e do transmissor. Minha paciência foi chegando ao limite e, para complicar, ainda tomei um tombo numa escada da estação, quebrei a perna direita e fiquei todo engessado, andando de bengala.

Foi essa perna engessada, aliás, que me livrou de uma situação chatíssima que teria me causado o maior constrangimento. Em janeiro de 1988, como o *lobby* evangélico pressionava o Fanini e exigia a inauguração da emissora onde estava investindo dinheiro, ele resolveu fazer outra festa no Maracanã, dessa vez a pretexto de um show de inauguração. Não havia simplesmente nada para inaugurar – a emissora ainda não estava em condições operacionais –, mas o Fanini achou de fazer lá o seu espetáculo, reunindo novamente as 200 mil pessoas para "orar" pela graça de um novo canal de TV, ou coisa equivalente. Ele queria pôr aquilo no ar, numa transmissão experimental, que certamente seria precaríssima. E, claro, insistiu para que eu fosse.

Mas era demais para mim. Pedir-me sacrifícios, não me pagar, me fazer montar uma equipe sem dinheiro, me deixar completamente sem explicações sobre o atraso para o mercado publicitário eu ainda suportava. Mas fazer ponta em show evangélico excedia qualquer limite. Era pedir muito de mim, acho que não merecia um castigo tão grande. E não fui, dando como desculpa a minha perna quebrada e a dificuldade de locomoção.

No que eu pude assistir daquilo na TV, a coisa só não foi pior porque não houve cenas de exorcismo, aqueles delírios pentecostais. Fanini apresentava o

Otacílio, o Tércio, o Nei e a massa aplaudia. Dizia também que "Walter Clark, o gênio da televisão, está conosco". E a massa ululava. Fiquei imaginando o que os meus amigos pensariam se ligassem naquele absurdo e me vissem lá, num palco infestado de pastores evangélicos, agradecendo a Deus pela graça de uma nova TV. Acho que eu teria perdido totalmente a credibilidade. De qualquer forma, o Maracanã orou pela minha recuperação, muito gentilmente, e sou grato por isso.

Minha paciência para o impasse da TV Rio durou até maio de 1988. As coisas continuavam igualmente emperradas, faltando dinheiro para as despesas mínimas. Foi então que o Fanini me procurou.

– Se eu não inaugurar essa emissora até junho, estou falido – disse.

– Lamento desapontá-lo – respondi –, mas você já está falido. Pode inaugurar sua estação hoje mesmo, pois sem dinheiro você nunca conseguirá estabilizá-la. Se você não tem recursos para segurar a televisão pelo menos um ano no vermelho, daí para mais, não vai emplacar.

E disse a ele que ia embora. Quando saí, ele pôs a estação no ar, improvisadamente, no desespero. E, claro, não teve sucesso. A programação que bolamos, o esquema das Carioquinhas, tudo foi reduzido a um décimo do projeto original. A precariedade geral era dramática.

Logo depois, Claudio Macário deixou a emissora. Quando fiquei sabendo de seu interesse em vender sua parte, até pensei em reunir um grupo de investidores de São Paulo e fazer uma proposta de compra da estação ao Fanini. Tenho certeza de que, no desespero, ele toparia. Mas o Múcio Athayde, empresário de radiodifusão de Goiás, sujeito esperto e ligado, já estava de olho na TV Rio. Quando o Claudio anunciou a saída, ele comprou sua parte no negócio. Porém, também não investiu nada, não injetou os recursos de que a estação precisava para decolar. Assim, depois dessa experiência, cheguei ao meu epílogo em matéria de canoas furadas na televisão. Tirei o meu sinal do ar.

16.
A próxima atração[1]

É **1991 e acabo de** completar 55 anos. Ainda espero viver outros tantos, mas sei que estou no apogeu da maturidade e já iniciei o caminho para a última etapa da vida. É nessa fase que as pessoas se preocupam em deixar um depoimento sobre o que experimentaram em sua jornada, e comigo não é diferente. O sentido deste livro, seu objetivo, é exatamente o de registrar fatos que testemunhei e traçar o perfil de personalidades com as quais tive o prazer – ou o desprazer – de conviver, com a certeza de que isso pode ter algum valor para aqueles que se interessam por comunicação, sua história e seu destino.

Eu seria injusto comigo mesmo se achasse que o *glamour* que já não caracteriza minha vida – uma das mais comentadas, invadidas e expostas do Brasil contemporâneo – poderia tornar esta biografia desinteressante para o leitor. Principalmente para os jovens, que são aqueles que mais pretendo atingir. Eu sempre acreditei que poderia dar um testemunho rico e sério sobre os bastidores da televisão, da publicidade, do cinema e do teatro brasileiros, que foram o meu palco nos últimos 40 anos. Por isso, talvez tenha frustrado aqueles que esperavam apenas uma crônica mundana, cheia de amenidades e fofocas. Escrever este livro proporcionou-me uma profunda retrospectiva de minha vida e, no balanço geral, estou certo de que deixo um saldo sólido de trabalho, ética e seriedade, incomparavelmente mais importante do que as frivolidades que eu tenha protagonizado.

Os depoimentos para este livro foram verdadeiras sessões de psicanálise. Deixei registrados alguns fatos e observações que antes pertenciam apenas a mi-

---

1. Obviamente, as informações presentes neste capítulo estão desatualizadas, visto que a primeira edição desta obra foi lançada em 1991. [N. E.]

nha memória mais íntima e recôndita. Por isso, cada vez que uma sessão de gravação terminava, eu me sentia exausto, como se viesse de uma longa confissão. E, na verdade, foi isso mesmo que fiz. Abri o coração e, sem qualquer autocensura, mesmo sabendo que poderia chocar e ferir algumas pessoas com certos detalhes, deixei fluir tudo que eu trazia dentro de mim. A intenção, portanto, não foi a de causar polêmica, muito menos escândalo, mas a de fazer um registro – o mais verdadeiro possível – das emoções que acumulei nesta vida agitada.

Embora eu tenha feito muitas críticas nestas páginas, amparado na certeza de que não devo nada a ninguém, nada foi feito com rancor ou sentido destrutivo, pois tenho certeza de que o que sei mesmo é construir. Também não me deixo seduzir pelas pessoas que me paparicam e me homenageiam. Atingi um ponto de amadurecimento, neste início da grande reta final da vida, que me dá serenidade e isenção para falar de qualquer assunto – inclusive dos erros e das bobagens que cometi, que foram inúmeros, imensos e já suficientemente julgados.

Durante toda a vida, permiti que as características da minha personalidade, os detalhes particulares, fossem expostos à curiosidade pública. Todos nós que vivemos no foco dos refletores somos, de certa forma, pessoas malditas, porque a sociedade nos exige, neuroticamente, a grande exibição, o dó de peito, o ponto além que justifique os 15 minutos de fama de que falou Andy Warhol. Minha exposição durou bem mais até que 15 anos, e ainda determinei o meio pelo qual seria exposto: a televisão. Por muito tempo, não avaliei de forma correta a força e o poder que eu tinha, as reações que suscitava com meu comportamento. Se tivesse, talvez fosse um pouco mais cuidadoso. Em vez de tomar meus porres em público, alimentando as fofocas de centenas de pessoas, talvez eu tivesse me trancado numa suíte de hotel, criando apenas a imagem do misterioso, do inacessível.

Não sei se isso teria feito de mim um sujeito mais ou menos feliz. Sei, com certeza, que sou um escravo da verdade, e foi a verdade da minha vida que sempre ofereci à curiosidade pública. Meu bom amigo Otto Lara Resende, com sua fantástica habilidade de cunhar frases lapidares, costumava dizer: "O Walter não sabe mentir nem para a mulher".

Sei que existe uma televisão pré-Walter Clark e outra pós, eminentemente marcada pelo meu trabalho. Não se trata de arrogância, mas de consciência, e com base nisso quero ser julgado menos pelo que fui do que pelo que fiz – se isso for possível. "Nada é gratuito na vida", dizia Carlos Alberto Loffler, entre uma sardinha e um Dreher, num boteco da rua Joana Angélica, debaixo do Zequinha Estelita e em frente à sauna de Ipanema. Se as coisas foram feitas, era porque tinham de ser feitas.

O que alcancei, por força do sucesso de meus primeiros trabalhos, foi essa imagem de Zé Arigó da televisão, de feiticeiro capaz de resolver todos os problemas. Até o Carlos Lacerda, que conheci melhor no fim da vida dele, numa confraria de *gourmets* da qual participávamos, escreveu um dia que eu tinha o toque de Midas, que transformava em ouro tudo em que encostava a mão. Mas não era bem assim. Eu não podia determinar completamente o sucesso ou o fracasso de um projeto. De qualquer forma, o êxito estrondoso de um deles – a Rede Globo de Televisão – acabou me marcando a ponto de me transformar no meu próprio padrão de exigência.

Minha experiência na Globo foi tão intensa que, quando saí de lá, mal-acostumado, entrei imperceptivelmente num processo de autodestruição, que demorou para ser estancado. Descobri que não se deve cultivar o poder em excesso, pendurar-se emocionalmente nele, porque um belo dia esse poder acaba, e o que vem depois é terrível. Não se deve viver anos a fio uma oitava acima do tom, como eu fiz. É preciso encontrar o meridiano, a linha normal da vida, desfrutar de coisas simples como comer uma pizza no domingo à noite numa cantina barulhenta ou caminhar na orla; se você investir apenas no *highlight*, se mantiver a voltagem muito alta, não conseguirá suportar a vida.

Vejo isso muito claramente agora, 14 anos depois de ter deixado de comandar a maior fábrica de ilusões já instalada no Brasil. Porém, quando eu estava lá dentro, sobretudo entre 1975 e 1977, eu me sentia sempre na ponta de um foguete Saturno V, prestes a ser detonado de Cabo Canaveral. As coisas tinham essa intensidade, um ritmo sideral, ciclópico. E é absolutamente impossível ter serenidade e clareza quando se está exatamente no olho do furacão.

Por isso, quando saí da Globo, não me permiti levar a vida numa escala mais real, mais palpável. Continuei perseguindo os grandes objetivos, as grandes realizações. Não fui fazer apenas cinema, tentei me colocar como um Dino de Laurentiis, um Steven Spielberg, o superprodutor. Não fiz apenas uma peça em *A chorus line*, mas o musical mais fantástico, caro e perdulário de todos os tempos. Não dirigi apenas o Flamengo, mas lutei para ser campeão, para formar um time invencível, para criar uma lenda no futebol brasileiro. Sempre exigi o máximo. Sempre andei com o motor no giro total, e acho que por vezes ele fundiu. Por isso, paguei muito caro e vi saírem da minha parede as telas maravilhosas de Segall, Guignard e tantos outros que eu adorava.

Terei eu agido certo ao me exigir demais e cobrar também dos outros? É correto andar além dos próprios limites? Creio que, de tanto torcer meus parafusos, eles acabaram espanando. Não devem existir muitos caras neste país que ganharam 500 mil dólares mergulhando de cabeça num filme para perder 1 milhão de dólares indo ainda mais fundo em uma peça de teatro. Muito menos sujeitos que, depois de ganhar tanto dinheiro, não se importaram em perdê-lo.

Minha obsessão por atingir os limites, a luta obstinada pelo sucesso acabaram criando uma incompatibilidade entre o que eu verdadeiramente posso oferecer e as demandas que me fazem. Sou o homem providencial. Poucos me chamam para um projeto *low profile*, para coisas simples. Roberto Marinho me entregou uma estação de TV praticamente falida e esperou dez, 11 anos, para vê-la transformada num império quase indestrutível. Hoje, porém, quase ninguém chega e diz: "Vamos fazer um projeto bonito, tenho aqui x milhões de dólares para gastar em dez anos, e nós podemos mudar a comunicação deste país". Não, é tudo para amanhã.

O diabo é que, quando você exerce muito poder, acaba criando um modelo de atuação e tenta viver com base nele. Com todas as plumas e paetês, confetes e serpentinas, Walter Clark transformou-se numa marca, num logotipo *super high-tech*. E, de repente, todos querem que você seja o McDonald's – enorme, poderoso, produzindo grandes sucessos como quem faz hambúrgueres numa linha de montagem. O excesso de expectativas em relação ao que se pode fazer inibe, bloqueia.

Não estou querendo aqui posar de herói, coisa que nunca fui, nem me crucificar. Não tenho talento para Hércules nem para São Sebastião, muito menos para Sísifo. Acho que tenho a obrigação de questionar a ideia do sucesso, de como ele entra na vida de um sujeito, condiciona seu comportamento, de como é difícil administrá-lo. Porque, no fundo, as pessoas ainda me veem como mito. O mito em derrocada, o bêbado que baba pelas sarjetas, lambido pelos cães vadios, ou o mito invencível, o conquistador que pode comer a sua mulher com um simples olhar. Sinto que não há meio-termo. Ou você está no último estágio da decadência ou é o onipotente, o ameaçador.

Saí da TV Globo querendo fazer grandes coisas. Tinha um compromisso com a grande escala, uma sensação de grandiloquência. E, quando não tive resposta, entrei em depressões sombrias, bebi muito, dei trabalho às pessoas que gostam de mim – e tinham me dado trabalho também, mas o campeão era eu; é horrível não poder exigir dos outros aquilo que cobram de você. Parte da frustração veio da constatação de que nem sempre funcionaria aquele esquema corporativo, aquela coisa de patota, de grupo, que montei na Globo.

Tudo em mim sempre funcionou assim, corporativamente. Nunca deixei de me preocupar com a minha turma de amigos e colaboradores. Leguei muito mais atenção a eles do que aos puxa-sacos, dependentes e tietes que viveram em torno de mim. O que ninguém pode negar é que fui o paradigma de todos. O que não se fez na Globo pelos meus acertos não se fez pela minha ausência. Meu amigo Thomaz Souto Corrêa dizia que todos funcionavam bem no vácuo do meu carro, mas quando tiveram de dirigir sozinhos perderam a bússola. A própria bússola perdeu o rumo. Sempre fui prisioneiro dessa ética meio católica, meio protestante, de servir ao próximo, de ser solidário, de dar tudo aos amigos. Não sei se é certo ir aos extremos dessa atitude, como fui.

Mas não tenho dúvida de que os sapos que engoli, as concessões que fiz deram margem para a Globo existir, para ela ser o que é. Se eu tivesse agido como temperamental ou egoísta, se mandasse tudo à merda, não sei se a equipe teria se estabilizado. O Jabor sempre diz que o meu talento é o de criar estruturas, formar equipes, liderar indivíduos. Acho que foi essa capacidade de aglutinação das pessoas, mesmo quando estavam todas se engalfinhando numa disputa infernal, que permitiu manter unida uma equipe competente no momento crucial de afirmação da rede. Aí está a síntese do meu talento de executivo.

Certas pessoas dizem, na sacanagem, que o segredo do Walter Clark era o Boni. Pois eu acho, sinceramente – e sem demérito da competência dele, que jamais deixei de exaltar neste livro –, que é o contrário. Boni é rigorosamente um filho meu; se os outros não veem isso, tenho certeza de que ele admite o fato, ainda que no sótão de sua alma. Ele sabe. Por melhor que seja um profissional, ninguém consegue ser o dono do mundo. É preciso que alguém articule as coisas para que você possa produzir. E fui eu quem articulou as coisas e as pessoas para que o Boni se tornasse o que é.

De outro lado, se Walter Clark não tinha nenhum valor, por que ainda hoje é tão conhecido, paparicado, aporrinhado e criticado? Por que se preocupam tanto em saber se ele está bem, mal, bêbado, se cheirou cocaína, se comeu ou deixou de comer alguém? Se eu não tenho nenhuma importância, por que tanta preocupação comigo?

Os anos pós-Globo não foram, em absoluto, perdidos. Com certeza, não consumiram a plenitude das minhas potencialidades, mas também serviram para liquidar em mim o sentimento da onipotência. Levei um bom tempo para me localizar, para saber qual era realmente o meu papel e a minha importância na ordem das coisas. Mas caí na real e hoje tenho uma noção muito clara do que posso fazer e das minhas impossibilidades, embora muita gente – talvez a maioria – ainda me veja como mito.

A vida me deu a oportunidade de experimentar alguns extremos das emoções humanas. Vivenciei tudo de bom e de ruim que alguém pode viver. Fui do maior salário do mundo à falência em apenas sete anos. Fui o homem mais bem-amado e perdi muitos amores. Perdi uma filha no mesmo dia em que ganhei um filho. Fui o mais aplaudido e o mais vaiado. O que me tranquiliza é que posso examinar minha existência com serenidade, sem nenhum débito. Eu poderia ser cínico diante da vida, mas tenho uma atitude essencialmente positiva, otimista.

Outro dia, num filme do Bertolucci, uma personagem mais velha perguntou a uma mulher jovem, que havia passado o diabo:

– Quantas vezes você viu uma lua cheia? Quantas vezes ainda vai ver?

A gente não é feliz totalmente sob as luzes da Broadway, nem é totalmente infeliz na derrota. A capacidade de entender o tempo, de deixar as coisas rolarem serenamente, no seu ritmo, é fundamental. É preciso aproveitar os bons momentos, o sucesso, mas não com a intensidade efêmera dos fogos de artifício. É preciso buscar a densidade das coisas, a substância. É isso que trará tranquilidade quando o sucesso não vier. Os problemas não precisam ser vividos com histeria, autoviolentação, autopiedade. Devem apenas ser compreendidos e administrados no ritmo certo.

Gosto muito do jeito em que me encontro nestes redondos 55 anos. A saúde está inacreditavelmente boa para um sujeito que tripudiou dela o quanto pôde. E o coração, o afeto, está absolutamente atendido no privilégio de uma filha de apenas 3 anos, uma filha do amor e da sabedoria, tida numa idade em que seria mais provável curtir apenas netos, mas que representa agora a minha perspectiva mais palpável do eterno.

Amanda nasceu da cupidez de meus olhos, numa noite de 1984. Recém-chegado do Rio, onde encenei o ato final da ópera de minha vida – *A chorus line* –, meus amigos Zé Victor Oliva e Giancarlo Bolla me ofereceram, carinhosamente, um jantar no La Tambouille. Evidentemente, o *night cup* foi no Gallery, onde avistei uma mulher elegantíssima de azul. Tive a impressão de que só ela existia na pista de dança superlotada. Num arrebatamento franco, normal em mim, elegi-a a mulher da minha vida. Foi assim no primeiro minuto e é assim em todos os outros, desde então. Depois que nos conhecemos, Rossana e eu nunca mais nos separamos. Amanda chegou em 1988, em pleno transe da TV Rio, e hoje é nossa querida companheira destes dias banais. Ela é fruto de um legítimo amor à primeira vista – se é que existe outra forma de encontro amoroso.

Hoje, estou bem distante das tensões que marcavam a minha vida na Globo. Trabalho prazerosamente para desenvolver o projeto de marketing do Museu Pelé e do Pelé Center, que vai administrar o patrimônio cultural do maior jogador de futebol que o mundo já conheceu e estabelecer um método para ensinar às novas gerações a arte na qual ele foi rei. É um trabalho sólido, sério e tranquilo, como eu necessito nesta altura da vida.

Enquanto isso, como estão as pessoas que marcaram a história da TV brasileira com o evento Globo, e tiveram tanta importância nos rumos da minha vida?

Roberto Marinho, firme e forte, já no terceiro casamento e ameaçando entrar nos 90 anos, é um dos homens mais prósperos e poderosos deste país, a partir da estrutura que eu lhe prometi em 1965. Boni deve estar realizado, pois comanda com os requintes de sua obsessão uma rede de TV de conceito internacional. Arce lutou bravamente contra a doença e morreu dois anos atrás, muito só, mas ainda sonhando e montando uma gravadora de discos. Zé Otávio, o verdadeiro *gourmant* daquela turma, tem um restaurante no Rio e, nas horas vagas, brinca com um computador de não sei quantos mil megabytes. Enquanto isso, comenta-se nos jornais que o *must* da televisão brasileira são as novelas mexicanas...

Não vejo com bons olhos a televisão que se faz hoje no Brasil. Acho engraçado que as pessoas que lutaram para me ver fora da Globo, com a ideia de tomar nas mãos o poder que eu tinha, não o tenham usado para criar coisas novas. Apertaram-se alguns parafusos na qualidade, surgiu uma ou outra ideia, mas o que foi feito de concreto no sentido da renovação? Absolutamente nada. A grade de programação da Globo, em 1991, é a mesma que deixei em 1977 e foi criada em 1966. Certamente não posso culpar o Roberto Marinho por isso, mas tenho de responsabilizar o Boni. Catorze anos depois da minha saída, o que houve de realmente novo?

Criei a grade para ordenar os programas, facilitar a segmentação dos públicos e auxiliar a programação publicitária. Isso correspondeu às necessidades de determinado momento da televisão. Mas hoje a Globo e as outras emissoras são escravas da grade. O que era um instrumento de programação transformou-se num monstrengo que inibe a criatividade e prende os realizadores a enormes compromissos comerciais. Estamos assistindo a uma televisão burocrática, sem emoção, sem tesão.

Felizmente, porém, o universo da televisão é infinito. Muitas coisas poderão acontecer e muitas novidades ainda chegarão ao nosso vídeo. A demanda de internacionalização da TV é cada vez maior, e precisamos caminhar nesse sentido. Certo, vamos assistir às novelas, ou ver a Xuxa. Mas vamos receber por satélite, ao vivo, direto, a cobertura da Guerra do Golfo, como fez a CNN. Vamos comprar a transmissão de um show da Madonna em Londres, em Cingapura ou em Vladivostok. Vamos assistir à final do campeonato iugoslavo de futebol. Vamos, enfim, abrir as portas para o mundo entrar.

A nova televisão é uma donzela se oferecendo aos mancebos que tenham a ousadia de seduzi-la. Para tanto, eles terão de conquistar mais informação, mais notícia; precisarão estreitar os vínculos com os telespectadores, atendendo a seus mínimos desejos; terão de olhar perto e longe, para o quintal e para o horizonte; deverão romper com a rotina e os vícios de programação que hoje entediam a TV.

Essa é, sem dúvida, uma tarefa para a juventude. Como foi, a duras penas, para mim, que realizei muito quando ainda jovem. Tudo aconteceu comigo bem cedo, tanto que aos 40 anos eu já havia completado a parte mais expressiva do meu trabalho, para não dizer da minha vida. Fui um jovem executivo num tempo em que o mundo ainda não considerava aceitável a precocidade. Hoje, ao contrário, a juventude é uma virtude e o preconceito que havia contra os moços agora se transferiu para os idosos.

E valeria a pena conhecer a experiência de um ex-moço como eu? Certa vez, perguntaram ao Nelson Rodrigues que mensagem ele tinha para os jovens; ele, com a síntese de sua genialidade, respondeu:

– Envelheçam.

Pois eu sinto vontade de inverter a coisa e dizer a alguns amigos de velhos carnavais, quando os encontro:

– Adolesçam.

Tenho muita esperança na juventude. Os garotos que hoje esculhambam a televisão que criamos há 30 ou 40 anos terão a responsabilidade de renová-la. Estou certo de que essa nova TV já começou a ser gestada, e confio que ela será melhor, mais rica e mais democrática do que a de hoje. Se eu puder deixar algo como "testamento" para esses futuros Bonis, ou Walter Clarks, deixo apenas esta ideia: não façam televisão apenas para ganhar dinheiro. TV só tem sentido se for para algo mais amplo, mais sólido do que o interesse pessoal.

Aquele que se mete nesse negócio apenas por dinheiro é como um médico farsante, desses que vendem remédios miraculosos para curar tudo e só aumentam a doença. Ou como aqueles advogados de porta de cadeia, à espreita de uma oportunidade de explorar o próximo. A televisão do futuro, que substituirá a que temos, só cumprirá seu papel se for feita com ética, com decência e com espírito público.

E que televisão será essa? Com certeza, muito diferente da atual. Lembro perfeitamente que, numa certa tarde de 1977, o Arce entrou afobado em minha casa, brandindo um exemplar da revista *Variety* e denunciando uma grave conspiração americana contra a TV brasileira.

– Vento, estão te plagiando!

A revista trazia uma reportagem sobre Fred Silverman, executivo da NBC, que logo identifiquei como alma gêmea. Um ano mais novo que eu, parecia um pouco com o meu pai e também era considerado o gênio da comunicação. Tinha revolucionado a TV americana, levando a CBS à liderança de audiência com uma programação baseada em séries humorísticas. Com isso, foi contratado pela ABC e, depois, "comprado" a peso de ouro – 1 milhão de dólares – pela NBC. Assim que ele assumiu, nomeou dois vice-presidentes para assessorá-lo diretamente: o chefe do setor de pesquisas da RCA Victor e o presidente da IBM.

O significado disso era claro: o *broadcasting* fazia o casamento das duas pontas da tecnologia, a pesquisa eletrônica e a informática. Numa reunião com os 250 afiliados da NBC, Silverman decretou, em alto e bom som, que a era do *broadcasting* terminara, pertencendo o futuro da televisão às novas tecnologias, como o satélite e a TV a cabo. Meu similar americano acabou cometendo um grande erro quando comprou os direitos de transmissão das Olimpíadas de Moscou por 60 milhões de dólares, sem cláusula de seguro, e os Estados Unidos decidiram boicotar os jogos. O erro lhe custou o emprego, mas seu vaticínio do futuro da TV permanece completamente válido.

Os anos 1980 caracterizaram-se pelo crescimento da mídia alternativa nos Estados Unidos. Dos mais de 90% que as redes de TV em *broadcasting* abocanhavam das verbas publicitárias no início da década, sua participação caiu para menos de 50%. Com o surgimento no Brasil das emissoras em UHF, das tevês por assinatura, dos primeiros sistemas de TV a cabo, e com a perspectiva da regulamentação do uso de satélites, é provável que, até o final desta década, algo parecido ocorra por aqui. Espero acompanhar mais essa transformação da TV brasileira.

Que mais dizer depois disso tudo?

Talvez deixar aqui, de forma sintética, alguns "mandamentos" que colecionei (e testei) ao longo da minha vida profissional. Eles são provavelmente óbvios, mas, como dizia o meu querido Nelson Rodrigues, as grandes verdades estão no óbvio ululante. Lá vão eles:

1. A televisão deve estar a serviço da sociedade e não o contrário.
2. A ética da TV não pode ser regida pelos números das pesquisas.
3. A estética da TV deve se apoiar nos valores culturais mais profundos da sociedade a que ela serve.
4. Na era da tecnologia, a relação entre a mídia e o consumidor que não for interativa será autoritária e perniciosa.
5. A televisão será tão mais democrática quanto maiores forem as opções e alternativas que ela oferecer.
6. A melhor televisão, a mais democrática, é a comercial. Por isso, ela deve ser a mais responsável.
7. Nos países subdesenvolvidos e em desenvolvimento, a TV é mais importante que a bomba atômica.
8. A consciência do concessionário deve estar na ordem direta das necessidades de informação e bem-estar do consumidor.
9. A televisão deve ser muito mais substantiva que adjetiva.

10. A televisão, quando mergulha demais na ficção, distancia-se da realidade e torna-se alienante.
11. Em TV, é sempre melhor errar depressa do que acertar devagar.
12. Marketing é um meio, nunca um fim.
13. Enquanto integrou, a televisão foi revolucionária; quando passou a contemporizar, tornou-se reacionária.

Enfim, depois desse "sumo da sabedoria televisiva" – que deixo como tributo aos profissionais que farão a grande TV do futuro –, quero afastar, mais uma vez, qualquer suspeita de que este depoimento tenha sido feito como obra do ressentimento. As pessoas tiveram mais ou menos importância na minha vida, mas fui eu que determinei o meu destino. Tive perdas e ganhos – não sei se mais estes que aquelas ou o contrário. Mas tudo que transmiti neste livro, tudo que contei e critiquei nas pessoas, é passado, pretérito imperfeito.

Agora, resta seguir o meu caminho. Muitas biografias costumam terminar com a óbvia pergunta do autor: se nascesse de novo, faria tudo da mesma forma? Tenho para isso uma resposta diferente. Não *faria* alguma coisa, mas *farei* várias. Ainda espero realizar muita coisa nesta vida e não me preocupar com os rumos que poderia, ou deveria, ter dado a ela no passado.

Quero curti-la com a sabedoria que só a idade traz. Quero usar de parcimônia para vivê-la como quem devora uma melancia. Quero aprender a delicadeza dos gestos e a música dos minutos. Viver a família com a intensidade que ainda não vivi, sobrepujar os anos e curtir os netos que Luciana e Eduarda hão de me dar. Ver o Fernando traçando seus rumos sem cometer os erros que cometi e aprimorando os meus acertos. E ver a pequena Amanda desabrochando numa mulher bonita, no início de um novo século. E a doce e eterna lembrança de Flavinha.

Quero estar ao lado deles, de tudo e de todos os que amo, até a minha última gota de vida.

Posfácio

No dia 24 de março de 1997, uma segunda-feira que iniciava a Semana Santa, Walter Clark voltou finalmente à TV Globo. Era o seu grande sonho, jamais confessado (ao menos a mim), mas claríssimo, transparente para todos os que tinham alguma proximidade com ele. Não foi, entretanto, o retorno que ele desejava, com um convite para reassumir o comando da emissora. Muito pelo contrário. Walter voltou da forma mais triste, como personagem de notas fúnebres, veiculadas em todos os telejornais da casa.

O relato mais detalhado do que se passou foi publicado no dia seguinte, pelo jornal *O Globo*. Matéria de uma página com o título "Walter Clark, 60 anos, um homem de televisão" resumiu a sua vida e carreira, informando aos leitores que ambas estavam encerradas:

> Walter Clark morreu na madrugada de ontem, aos 60 anos, em seu apartamento na Lagoa. O médico que atestou a morte de Clark, Tanus Somemson Tauk, afirmou que ele teve uma parada cardiorrespiratória, provavelmente em decorrência de uma crise de hipertensão. Ele acredita que Clark tenha morrido enquanto dormia, por volta das 3h00. Bombeiros e policiais militares foram chamados, mas o médico da família diagnosticou que a morte foi natural. O apartamento da Lagoa foi usado como cenário do filme *Eu te amo*.
>
> Há cerca de quatro anos, o problema de hipertensão tinha sido diagnosticado. O corpo foi encontrado na cama por um dos empregados, que estranhou o fato de Clark, que acordava cedo, não ter se levantado até as 9h00. Ele tinha ido se deitar no domin-

go por volta das 22h30. Segundo o advogado Luiz Eugênio Müller, amigo de Clark, ele não vinha se queixando de problemas de saúde nos últimos tempos. Estava, segundo o advogado, muito animado com seu novo projeto: filmar a biografia de Tom Jobim. O contrato sobre os direitos autorais foi assinado semana passada e o longo começaria a ser produzido em 30 dias, sob a direção de Haroldo Marinho Barbosa.

Ontem de manhã, poucas pessoas foram ao apartamento de Walter Clark. Uma das primeiras a chegar foi a atriz Ilka Soares. A filha do casal, Luciana, mora em Amsterdã e deverá chegar hoje para o enterro. Até o início da tarde, a família não tinha conseguido avisar Fernando, o outro filho de Clark que mora em Los Angeles. A preocupação era dar a notícia para a mãe de Clark, Lucia, que tem mais de 90 anos.

O corpo de Walter Clark está sendo velado na capela 1 do Cemitério São João Batista, em Botafogo, e será enterrado hoje às 11h00. Sobre o caixão, uma bandeira rubro-negra. Amigos como Carlos Niemeyer, Chico Anysio e Borjalo foram os primeiros a chegar ao velório, à noite.

Na quarta-feira, 26 de abril, a seção de óbitos de *O Globo* publicou nova matéria. "Cem pessoas no adeus a Walter Clark", dizia o título. E o texto narrava o último ato do nosso personagem:

> Cerca de cem pessoas, entre parentes, amigos, empresários, atores, jornalistas e antigos companheiros de trabalho, acompanharam ontem, no Cemitério São João Batista, o enterro de Walter Clark, ex-diretor geral da TV Globo e um dos maiores nomes da televisão brasileira. Marcado para 11h00, o sepultamento atrasou em uma hora para que o filho de Clark, Fernando, que mora em Los Angeles, nos Estados Unidos, pudesse chegar a tempo. Caía uma chuva fina e a emoção tomou conta de todos quando os filhos de Clark – Fernando, Luciana e Eduarda – jogaram pétalas de flores no túmulo do pai [...]
>
> Cinco das ex-mulheres – a atriz Ilka Soares, Rossana Uva, Maria do Rosário Nascimento e Silva, Fernanda Bruni e Eleonora Clark – se revezaram ao lado do caixão, na capela 1. A filha Luciana (do casamento com a atriz Ilka Soares) chegou cedo de

Amsterdã e, muito emocionada, permaneceu o tempo todo com a irmã Eduarda (filha de Maria do Rosário do Nascimento e Silva).

O filho Fernando (da união com Fernanda Bruni) foi diretamente do Aeroporto Internacional para o cemitério, chegando às 11h30 à capela onde o corpo de Clark estava sendo velado. Abraçado a Luciana, ele chorou muito, pôs um pequeno ramo de folhas nas mãos do pai e o beijou emocionado.

Durante toda a manhã, parentes e dezenas de amigos foram prestar sua homenagem a Walter Clark. Entre eles, o jornalista Roberto Marinho, presidente das Organizações Globo, e seu filho Roberto Irineu Marinho, vice-presidente-executivo da Rede Globo; Alice Maria, diretora da Globo News; e diretores da TV Manchete e da CNT. Além deles, foram se despedir de Clark artistas como Stephan Nercessian, Scarlet Moon, Maria Cláudia, Antônio Pitanga, Lúcio Mauro e Tessy Callado; o diretor de teatro Aderbal Freire Filho; e a colunista Danuza Leão. O jornalista Roberto Marinho lamentou a perda do amigo e do grande profissional de televisão:

– Ele era uma figura extraordinária, imprescindível, que vai fazer muita falta. Era um homem de espírito moderno, dinâmico, muito apaixonado pela profissão e amigo de todos. Guardarei uma recordação muito carinhosa de Walter Clark, uma grande alma, um grande homem de televisão, a quem devemos o lançamento da TV Globo – disse o jornalista, referindo-se ao chamado padrão Globo de qualidade, implantado por Clark na emissora.

Ao lado do caixão coberto com a bandeira do Flamengo, o ex-presidente do clube Antônio Dunshee de Abranches relembrou a passagem vitoriosa de Walter Clark pela vice-presidência de futebol, em 78, e a fundação da Frente Ampla pelo Flamengo (FAP), que reformulou o clube o levou o time rubro-negro a conquistas históricas.

– Clark foi o grande responsável pelo salto qualitativo que o Flamengo deu no fim da década de 70 e que culminou com a conquista do Mundial de Clubes, em 81 – ressaltou o ex-dirigente. [..]

A morte de Walter Clark foi notícia em todo o Brasil, com manchetes na primeira página dos jornais. Em *O Globo*, além da chamada, teve caricatura de Chico Caruso, retratando-o sorridente, de smoking e gravata-borboleta, levantando uma estatueta do Oscar como se fosse a Taça Jules Rimet. Em toda parte, o fato foi informado no tom compungido e elogioso que as personalidades públicas brasileiras costumam merecer quando morrem. Mas ninguém relatou o que aconteceu de verdade nos anos finais do morto ilustre, nem as circunstâncias reais de seu falecimento.

As coisas não saíram como Walter queria e deixou registrado no epílogo deste livro. Talvez ele tenha curtido a vida restante "a partir da sabedoria que só a idade traz", mas curtiu muito pouco, apenas mais seis anos, e nem chegou a saber o que é ser idoso. Talvez ele tenha aprendido mais sobre "a delicadeza dos gestos e a música dos minutos" e tenha procurado viver a vida "como quem morde uma melancia". Mas não conseguiu "sobrepujar os anos", para "viver a família com a intensidade que ainda não vivi", nem para "curtir os netos que Luciana e Eduarda hão de me dar". Também não viu muito "Fernando traçando seus rumos sem cometer os erros que cometi", nem viu "a pequena Amanda desabrochando numa mulher bonita, no início de um novo século". Ainda assim, esteve ao lado deles, ou em contato com eles, e de tudo e de todos que amava, até a sua "última gota de vida".

Walter separou-se de Rossana Uva em 1994 e voltou a morar no Rio de Janeiro, onde vivia apenas a filha Eduarda. Conheceu a primeira neta, Luísa, mas pouco conviveu com ela, porque a menina morava com Luciana na Holanda. Namorou Eleonora Christine Paes Carvalho, mas o novo romance, o último de sua agitada vida amorosa, não durou mais que nenhum outro. No plano profissional, teve uma passagem breve e discreta pela TV Educativa do Rio, para onde foi levado por Clemente Neto, e tentou alavancar outros projetos, sem muito sucesso. As dificuldades financeiras vieram, complicando tudo. Com isso, o fluxo vital de um homem tão intenso e caudaloso foi, de fato, rareando e convertendo-se em gotas.

Os anos finais foram de depressão. Walter voltou a beber em ritmo não exatamente social, o que, de prazer, converteu-se em escape de alto risco, quando foi diagnosticada a sua hipertensão arterial. Mesmo proibido pelos médicos, ele misturava álcool com os remédios e passava mal. Em razão da imprudência, teve crises e acidentes domésticos, alguns dos quais resultaram em internações hospitalares. Quem o acudiu foi Clemente Neto, o amigo de todas as horas. E quem custeou as despesas médicas – para provável surpresa de quem seguiu essa história até aqui – foi o Boni, o amigo falsamente odiado, a quem ele se referia com mágoa, mas que, na verdade, amava e de quem sentia falta.

O álcool acelerou a depressão, mas foi mais efeito dela do que causa. A estaca no coração, que seguiu cravada nele para a eternidade, foi mesmo a frustração de deixar a Globo e de não conseguir retornar. Foi ela que consumiu a gota final de sua vida. No domingo de Ramos, véspera da morte, o *Domingão do Faustão* fez uma grande homenagem a Boni, apresentando-o como o criador da Rede Globo, a maior e mais moderna estrutura de televisão do Brasil. Walter não foi citado nem de passagem. Assistindo ao programa, ele se entristeceu demais, a ponto de telefonar para a Clemente para desabafar. Bebeu de novo nessa noite e o organismo desistiu de resistir a tanta agressão.

No enterro, a presença entristecida de Roberto Marinho e a fala que revelou que gostaria que Walter voltasse à Globo não chegaram a surpreender, nem destoaram. O ex-patrão e seu ex-executivo de ouro sempre tiveram afeto e respeito mútuos, como fica evidente nestas páginas. Marinho não fez o gesto que Walter tanto ansiava, não deu o telefonema tão aguardado, talvez porque acreditasse que águas passadas não movem moinhos ou que o moedor já não tinha mais o antigo toque de Midas. De qualquer forma, ele foi generoso no afeto que demonstrou na hora final – e também ao custear as despesas do funeral.

Uma semana depois da sua morte, em 3 de abril de 1997, escrevi para a *Folha de S.Paulo* um epitáfio, publicado com o título "Walter Clark e a transformação da TV", que resume o que penso do homem com quem aprendi tanto e por quem tive o privilégio de ser escolhido, para ouvir e contar a sua história. O texto fica como fecho desta obra, só efetivamente concluída nesta segunda edição, que resumiu a vida de Walter e que é também um capítulo central da minha própria existência.

> Os 60 anos da vida de Walter Clark Bueno, ora encerrada, podem ser divididos em três fases distintas: a formação do profissional de publicidade, entre 1936 e 1956; o esplendor de um gênio da televisão, de 1956 a 1977; e o doloroso ostracismo das últimas duas décadas. A criatura fantasmática que acumulou insucessos depois de perder o cargo de diretor-geral da Rede Globo de Televisão e o salário de executivo

mais bem pago do mundo (US$ 4 milhões ao ano) pode levar à conclusão de que Walter Clark foi um homem de uma obra só, incapaz de sobreviver a ela. Mas quem se concentrar minimamente no período anterior verá que ele foi grande e múltiplo, e que deu uma contribuição inestimável, anterior mesmo à Globo, para que o Brasil atingisse o status de potência mundial no setor de televisão.

Walter Clark foi, para começar, o grande disciplinador dos negócios publicitários na TV brasileira. Em setembro de 1956, quando ele deixou a agência de publicidade Interamericana para ser assistente da direção comercial da TV Rio, a publicidade de televisão era absolutamente caótica. Os grandes anunciantes produziam seus próprios programas, usavam como queriam os intervalos comerciais e nem sempre pagavam às emissoras um valor justo pela exibição. Os demais anunciantes tinham que se contentar com os intervalos entre os programas e pagavam suas inserções de acordo com o humor dos diretores comerciais, porque não havia critério definido para a formação do preço dos anúncios. Um comercial de 30 segundos podia custar X, Y ou Z, dependendo da cara do freguês. E os técnicos operadores da faixa comercial ainda aumentavam a bagunça, tomando algum "por fora" para esticar o tempo das inserções. Era prejuízo para as emissoras e um suplício para o telespectador. A TV Rio, por exemplo, chegou a exibir um intervalo comercial com 63 minutos corridos de duração!

As estações de TV, em síntese, não eram donas nem dos programas nem dos intervalos comerciais. Não tinham controle de nada. Não percebiam que a sua matéria-prima era o tempo e que cabia comercializá-lo com critérios técnicos, nítidos e universais. Pois foi Walter Clark quem pôs ordem nesse caos. Ele introduziu na TV brasileira o conceito de "segundagem", calculando o custo industrial do segundo de televisão e usando esse índice para estabelecer o valor justo do segundo comercial. Acabou com os "pacotes" de anúncios negociados ao léu, erradicou as gorjetas aos operadores de programação, estabeleceu a igualdade de condições para todos os clientes. Com isso, a televisão conquistou o controle sobre o seu próprio caixa e teve recursos para investir em produção e programação, retirando essa tarefa das mãos dos anunciantes. Com Walter Clark, a televisão brasileira tomou as rédeas de seu destino e virou negócio sério, organizado.

Deve-se a ele, também, a introdução do conceito de "grade" de programação, isto é, a programação pensada verticalmente, nas diversas faixas horárias, e horizontalmente, nos diversos dias da semana. Foi Clark quem "amarrou" a programação com telenovelas diárias, que chamam público e induzem-no à fidelidade. Foi ele quem "ensanduichou" as novelas com telejornais. Foi ele também quem comprou e produziu o dramalhão cubano "O direito de nascer", até hoje o maior sucesso da telenovela em todos os tempos. Tudo isso foi feito – diga-se – antes da Globo, que ele pegou mal das pernas em dezembro de 1965 e transformou, em três anos, em líder absoluta de audiência, usando inicialmente, sem preconceitos, o mau gosto popularesco de Chacrinha, Dercy Gonçalves e Raul Longras, e implantando paulatinamente, com a ajuda de José Bonifácio de Oliveira Sobrinho (Boni), o hoje célebre "padrão Globo de qualidade".

Walter Clark vai permanecer, finalmente, como o homem que implantou a televisão em rede nacional no Brasil, a partir de 1969. Equipando emissoras país afora, espalhando transmissores de micro-ondas e utilizando pioneiramente os recém-inaugurados sistemas de telecomunicações da Embratel, ele estruturou a Globo nos moldes das "networks" americanas, centralizando a produção no Rio de Janeiro, reduzindo custos e faturando em escala nacional. Saiu de sua cabeça o "Jornal Nacional", que coube a Armando Nogueira implantar. Foi o primeiro programa de TV brasileiro em rede nacional e um campeão de audiência instantâneo, que até hoje, apesar de muitos percalços, ainda não perdeu a liderança do horário.

A estrela de Walter Clark perdeu o brilho depois que ele saiu da Globo. Mas é injusto que fique dele apenas a imagem do executivo "bon vivant", mulherengo e boêmio, que consumiu em uísque e cocaína o imenso poder que detinha no império global. A televisão brasileira deve muito a Walter Clark – e teve a decência de enterrá-lo com honras de herói, que, com certeza, ele fez por merecer.

Gabriel Priolli
São Paulo, 27 de junho de 2015.